Organisationsdesign 4.0 von A-Z.

Gerhard Westermayer

Organisationsdesign 4.0 von A-Z.

 Springer

Gerhard Westermayer
Geschäftsführer, BGF Gmbh
Berlin, Berlin, Deutschland

ISBN 978-3-662-63514-8   ISBN 978-3-662-63515-5   (eBook)
https://doi.org/10.1007/978-3-662-63515-5

Die Deutsche Nationalbibliothek verzeichnet diese Publikation in der Deutschen Nationalbibliografie; detaillierte bibliografische Daten sind im Internet über http://dnb.d-nb.de abrufbar.

Planung/Lektorat: Marion Kraemer
Springer ist ein Imprint der eingetragenen Gesellschaft Springer-Verlag GmbH, DE und ist ein Teil von Springer Nature.
Die Anschrift der Gesellschaft ist: Heidelberger Platz 3, 14197 Berlin, Germany

Inhaltsverzeichnis

Vorbemerkungen

Zur Konstruktionsweise dieses Buches

Dieses Buch ist aus tausenden Texten erstellt worden, die in über mehr als 30 Jahren in der alltäglichen Praxis der BGF-Berlin und davor entstanden sind.

Einige der Grafiken werden deshalb auch im historischen Originalzustand gezeigt.

Von der Dissertation des Autors im Jahre 1996 bis zu aktuellen Notizen, E-Mails, Protokollen und Artikeln zum Zeitgeschehen, insbesondere aber Berichten und Evaluationen von etwa 300 Projekten in der Arbeit für Krankenkassen und Großunternehmen wurden vielfältigste Datenformen genutzt.

Dabei wurde auch mithilfe von KI-gestützten Suchalgorithmen versucht, Wiederholungen weitgehend, wenn auch sicher nicht völlig zu vermeiden und gleichzeitig die inhaltlich wesentlichen Aussagen zu einzelnen Begriffsgruppen zusammenzufassen.

Daraus ist tatsächlich eine **Theorie des Gesundheitsmanagements und der resilienten Organisationsentwicklung** entstanden, die empirischer Überprüfung standhält und für den Praktiker gut anwendbar ist. Diese Vorgehensweise ist auch den inhaltlichen Zielen des Buches geschuldet, welches einen Beitrag zur Verbindung von Megathemen erreichen möchte: Digitalisierung, demografische Veränderung, Storytelling, neue Formen der Arbeit und des Lernens bei gleichzeitiger Anstrengung, mehr oder weniger ehrgeizige Klimaziele zu erreichen und soziale Unterschiede bei Bildungs- und Gesundheitschancen zu minimieren.

Natürlich birgt das „Zerreißen" von komplexen Texten und die Zerlegung und Zuordnung zu Begriffen von A–Z die Gefahr der Auflösung von Komplexität, damit der Verringerung von Wahrheitsgraden und die Gefahr von Einseitigkeiten. Aber auch ein gegenläufiger Prozess wird erkennbar: Durch das konsequente, ja maschinelle Vermeiden von Wiederholungen in den verschiedensten Texten schält sich deren theoretische Weiterentwicklung heraus und schiebt sich vor die chronologische – ein deutlicher

Erkenntniszuwachs wird in unerwarteter Weise möglich. Aus historischen Gründen und aus Gründen der besseren Lesbarkeit wird in diesem Buch überwiegend das generische Maskulinum benutzt. Oft werden zwei Formen (Mitarbeiterinnen und Mitarbeiter) verwendet, oft verschiedene Formen der Gendersternchen. Dies impliziert für uns immer beide Formen, schließt also die weibliche und die männliche Sprachform mit ein. Da immer noch nicht eindeutig geklärt ist, wie die Genderdiversität in der deutschen Sprache zum Ausdruck kommen soll, und wir uns auch nicht in diese Diskussion einmischen wollen, benutzen wir einfach alle Formen und hoffen damit, der Verschiedenheit der Standpunkte dazu ein wenig gerecht zu werden, ohne das Thema allzusehr in den Mittelpunkt zu stellen. Genderprobleme werden vor allem im realen Leben durch reale Interventionen, hier der resilienten Organisationsentwicklung gelöst, die Sprache ist wichtig, aber nicht das Wichtigste.

Deshalb wurden diese Strukturentscheidungen sehr ernst genommen, wenn auch das wichtigste Kriterium für Entscheidungen bei der Auswahl und Neuzusammenstellung der Texte immer die möglichst genaue Gedankentreue und vor allem die Nutzbarkeit durch mündige Leserinnen und Leser war.

Die Idee dieses Buches ist die eines Handbuchs, in das immer mal hineingeschaut werden kann, wenn in der alltäglichen Praxis Unklarheiten entstehen. Dieses Handbuch wird schon in der im Jahr 2021 startenden Ausbildung zum Organisationsdesigner aktiv benutzt.

Dazu kommt ein Projektkomplex, der von der Erinnerung und Würdigung einer großen Persönlichkeit aus der Gestaltpsychologie (vgl. die Kampagnen „Wir holen Kurt Lewin zurück nach Berlin", Kurt-Lewin-Gesellschaft), bis zur Organisation neuer Arbeitsformen (Arbeiten im Paradies) reicht, Projekte, die sich alle auf Lewins Pionierarbeiten historisch zurückverfolgen lassen und in seinem Geiste weiterentwickelt werden.

Begleitet wird die Entstehung des Buches und die Arbeit mit dem Buch durch die Arbeit der Arbeitsgemeinschaft für betriebliche Weiterbildungsforschung (ABWF e. V.), in der sich Wissenschaftlerinnen und Wissenschaftler aus der Weiterbildungsforschung, der Arbeits- und Organisationsentwicklung und der Lernforschung engagieren. Dieses Buch ist so nicht nur eine Zusammenfassung von Verstreutem, sondern auch ein sicherer Boden für neue Entwicklungen. Es wird die Diskussion der Grundbegriffe resilienter Organisationsentwicklung vereinfachen und die Neuentwicklung von erfolgreichen Techniken der resilienten Organisationsentwicklung befördern.

Damit verfolgt es einen eindeutigen politischen Zweck: Die Verbesserung der Arbeits- und Lebensbedingungen durch resiliente Organisationsentwicklung als Mittel zur Stabilisierung von erfolgreicher Unternehmensentwicklung sowohl in Krisenzeiten wie der gegenwärtigen Coronazeit als auch in Phasen der relativen Stabilität zu etablieren.

(Bernd Floßmann)

Vorwort

Dieses Buch ist eine Anleitung zur aktiven Steuerung Ihrer Wahrnehmung und dazu, Ihre Aufmerksamkeit auf Erfahrungsinhalte zu richten, die Ihnen dabei behilflich sein werden, in einem **resilienten Geisteszustand** zu bleiben.

Achtsamkeit ist einer der vielen Begriffe, die zurzeit benutzt werden, um diese Haltung zu beschreiben.

Dabei sind *gleichzeitig* zweierlei Wahrnehmungsoperationen im Gang:

Auf der einen operativen Ebene nehmen wir **etwas** wahr, zum Beispiel das angenehme Gefühl einer konzentrierten Gelassenheit, beispielsweise wenn wir eine Meditationsübung vollziehen.

Auf der anderen operativen Ebene nehmen wir wahr, **wie** wir dieses Gefühl wahrnehmen, und nun tatsächlich in der leicht verschobenen anderen Bedeutung des Wortes „Wahrnehmen", nämlich als aktives Herstellen von etwas: Ich nehme die Gelegenheit wahr, Ihre Aufmerksamkeit für eine Mitteilung zu nutzen. Ich nehme die Wahrnehmung des Gefühls der konzentrierten Gelassenheit wahr, um sie weiterzuführen und zu verstärken.

Vielleicht haben Sie jetzt schon eine Idee, wo die Reise hingehen könnte. Resiliente Organisationsentwicklung bzw. resilientes Organisationsdesign von A-Z, also das Alphabet des Organisationsdesigns, hat nun nicht nur mit der individuellen Aufmerksamkeitssteuerung zu tun, sondern mit der von vielen Menschen in Organisationen. Ziel dieser Anleitung in 29 Kapiteln ist es, Methoden zu finden und zu erfinden, die es erlauben:

1. während der und durch die Art und Weise der Arbeitsorganisation für die Mitarbeiterinnen und Mitarbeiter des Unternehmens einen **Zustand von überwiegend positiven Gefühlen der Arbeitsfreude und des Selbstvertrauens** herzustellen, einen Zustand, der nicht nur eine hohe Arbeitsmotivation bewirkt, sondern auch nachhaltig die Gesundheit Ihrer Mitarbeitenden fördert;
2. in periodisch wiederkehrenden Befragungen der Belegschaft diejenigen **Haupteinflussfaktoren für Motivation, Produktivität, Arbeitsfreude und Selbstvertrauen** durch statistische Verfahren zu ermitteln, die sie hervorbringenden Kommunikationen zu identifizieren und zu beschreiben sowie ihre Verbreitung im ganzen Unternehmen logistisch sicherzustellen;
3. die Reorganisation des Unternehmens in einen permanenten, **zusammen mit der Belegschaft** zu vollziehenden Planungs- und Lernprozess zu überführen.

Diese drei Prozesse greifen ineinander über und sehen von Unternehmen zu Unternehmen ganz unterschiedlich aus, abhängig von den dort jeweils geltenden Haupteinflussfaktoren in der Unternehmenskultur, von den persönlichen Unterschieden in Sozialisation und genetischer Ausstattung der Belegschaft sowie den akkumulierten Erfahrungen in der Organisation mit bereits vollzogenen Reorganisationsprozessen.

Kein Unternehmen gleicht hier dem anderen, wobei es sicher übertragbare Lernerfahrungen gibt, die zwischen Unternehmen, Branchen und Kommunen ausgetauscht werden könnten und sollten.

Nicht nur demografische Veränderungen in Deutschland, nicht nur unvorhergesehene Ereignisse wie Pandemien, nicht nur Umweltprobleme stellen Unternehmen und soziale Sicherungssysteme gegenwärtig vor große Herausforderungen.

Schon im Alltag der Unternehmen gibt es genügend Faktoren, die wesentliche, wenn nicht sogar lebenswichtige Grundlagen der unternehmerischen Tätigkeit angreifen.

Schwerpunkte sind gegenwärtig dabei:

- Die Förderung der Gesundheit und Resilienz älterer Mitarbeiter.
- Die Rekrutierung und Bindung junger Fachkräfte und Arbeitnehmer und Förderung von deren Gesundheit und Resilienz.
- Die Entwicklung von Managementsystemen, die wechselseitig individuelle und organisationale Resilienz steigern.
- Die Pandemie-Krise, wie sie, während dieses Buch entstand, den öffentlichen Diskurs beherrschte, zeigte deutlich, dass die meisten Probleme durch Krisen nur an den Tag treten, nicht entstehen.

Diese Herausforderungen zu meistern bedeutet, eine Theorie zu entwickeln, welche sowohl individuelle als auch organisationale und betriebliche Resilienzfaktoren in einem einheitlichen **Begriffssystem** darstellt, welches dann für die **empirische Überprüfung** der Wirksamkeit dieser Faktoren in einem daraus abgeleiteten **Evaluationssystem** genutzt werden kann.

Aus dieser empirischen Überprüfung wiederum lassen sich klare Kriterien für die Identifikation von **Best-Practice-Modellen** und für die Durchführung erfolgreicher **Projekte** ableiten.

Dieses Design könnte sehr hilfreich sein für alle Beteiligten, zum Beispiel für die *Bundeszentrale für gesundheitliche Aufklärung* bei der Übernahme der ihr zugedachten Evaluation von GKV-Ansätzen im Rahmen des neuen Präventionsgesetzes.

„Betriebliches Gesundheitsmanagement", „betriebliche Gesundheitsförderung", „Gesundheitsförderung im Betrieb", „Primär-, Sekundär-, Tertiärprävention", „Belastungs- und Gefährdungsanalyse", „Ressourcenmanagement und Potenzialanalysen", diese Begriffe und wahrscheinlich noch einige mehr beschäftigen derzeit allein in Berlin und Umgebung Studierende und Lehrende in mehr als 60 verschiedenen Studienfächern an Universitäten und Fachhochschulen, getrieben durch die Pandemie dürften noch eine Vielzahl hinzugekommen sein.

Diese Begriffe bezeichnen Theorieversatzstücke, mit deren Hilfe das Feld **Betriebliches Gesundheitsmanagement** abgesteckt und für praktische Maßnahmen erschlossen werden soll, führen aber in ihren theoretischen Implikationen zu unterschiedlichen, ja teilweise gegensätzlichen Handlungsaufforderungen an Praktikerinnen und Praktiker.

Ich glaube, dass sich der terminologische Nebel erst dann lichten wird, wenn präzise definiert wurde, was unter „Betrieblicher Gesundheit" zu verstehen ist und wie diese beeinflusst und gemanaged werden kann. Aus dieser Definition werden sich dann die anderen Definitionen ableiten lassen.

Es bedarf also zunächst einer Theorie der Betrieblichen Gesundheit, bevor wir über eine Methode des Managements von Betrieblicher Gesundheit verfügen können.

Diese Theorie wird in ihren wesentlichen Bestandteilen auf den folgenden Seiten dargestellt. Dabei wird sich zeigen, dass die Schwierigkeit einer präzisen Begriffsbildung grundsätzlicher Natur ist und nur über eine Erweiterung des Verständnisses der Theorie vorangehenden Grundannahmen anthropologischer und ethischer Herkunft möglich scheint, was wiederum belegt, dass hier tatsächlich aus empirischen Erkenntnissen der Bedarf nach einer neuen Theorie gerechtfertigt scheint.

Praktisch zeige ich Ihnen in diesem Buch nicht nur, wie Sie Absentismus systematisch vermeiden können, sondern auch, wie sich Produktivität, Kreativität und, ganz nebenbei, Motivation und Gesundheit Ihrer Mitarbeiterinnen und Mitarbeiter verbessern lassen und diese Verbesserung in Euro gemessen werden kann:

Ein Euro hier investiert, kommt drei- bis vierfach zu Ihnen zurück.

Hier kann man nur noch spekulieren, weshalb gesetzliche Krankenkassen dieses Wissen nicht systematisch an ihren Betrieb weitergeben, warum unter dem Strich und in Wirklichkeit eher kosmetische bis unwirksame Maßnahmen der Gesundheitsförderung, wie Yogakurse und Rückenschulen, anstelle von wirklich tiefgreifenden **Entwicklungen in der Organisation der Arbeit** die Arbeit der Krankenkassen im Betrieb bestimmen, trotz der gut gemeinten Ankündigungen auf den diversen Webseiten und in den diversen Papieren.

Bevor ich beginne, darüber zu schreiben, **wie** wir eine Kultur im Arbeitsleben und in der Politik aufbauen können, die tatsächlich **Selbstvertrauen, Stolz und Arbeitsfreude** bewirkt, und nicht, wie das zurzeit sehr oft der Fall ist, Gereiztheit, Erschöpfung und Krankheit, möchte ich Ihnen eine Strophe aus der „Ode an die Freude" zitieren:

> „Freude heißt die starke Feder
> In der ewigen Natur;
> Freude, Freude treibt die Räder
> In der großen Weltenuhr
> Blumen lockt sie aus den Keimen,
> Sonnen aus dem Firmament,
> Sphären rollt sie in den Räumen,
> die des Sehers Rohr nicht kennt."
> (Schiller)

Herbert von Karajan hatte 1987 den Auftrag bekommen, die „Ode an die Freude" als Instrumentalfassung neu zu gestalten und zwar als Hymne für die Europäische Union. Diese sollte ein Signal setzen, dass wir in Europa so zusammen leben und so zusammen arbeiten wollen, dass wenig Stress und viel Freude entsteht. Wenn ich mir die europaweiten Daten dazu ansehe, kann man sagen, das hat wohl bisher nicht funktioniert.

Des Sehers Rohr meint in dieser antiquierten, aber schönen Sprache den wissenschaftlichen Blick und die damit verbundene Ausdruckssprache.

Sehr viel, was wir heute gesichert wissen, über Motivation, über Freude, über den Zusammenhang von Selbstvertrauen und Gesundheit, kann von niemandem verstanden werden, weil viele Wissenschaftler es verlernt haben, mit ganz normalen Leuten zu reden.

In diesem Buch wird es um Arbeitsfreude und Selbstvertrauen gehen. Wie Sie sicher bemerkt haben, handelt es sich dabei um eher weichere Größen. Es handelt sich um **Gefühle.**

Was sind eigentlich Gefühle? Schwierige Frage, jeder weiß zwar, was damit gemeint ist, es ist aber schwer, präzise zu fassen und zu beschreiben, was sie jetzt genau sind.

Wie stellt man Freude her? Sicher anders als einen Schrank. Wie stellen Sie Selbstvertrauen her? Setzen Sie sich hin und sagen: So, heute fühle ich mal Selbstvertrauen, denn das macht ja mehr Spaß (schon wieder ein Gefühl), als die ganze Zeit Trübsal zu blasen. Viele Menschen, die versuchen, sich zur Freude zu zwingen, wirken eher gezwungen als freudig, nicht echt.

Also lassen sie es eben wieder und tun was Vernünftiges, z. B. arbeiten, Geld verdienen, Möbel herstellen. Wer hat denn auch behauptet, dass es wichtig sei, sich dauernd zu freuen?

Es gibt aber in der Tat neue, wirklich sehr spannende Erkenntnisse darüber, wie Freude und Selbstvertrauen, Arbeit und Gesundheit zusammenhängen.

Dabei werde ich nebenbei erklären, was eine Unternehmenskultur sein soll und wie diese von Ihnen, wenn Sie Chefin oder Chef sind, genutzt werden kann, um die Leistung Ihrer Mitarbeitenden zu steigern, und wie diese Unternehmenskultur von Ihnen, wenn Sie Mitarbeiterin oder Mitarbeiter sind, genutzt werden kann, sich selbst gesund zu erhalten.

Ich werde Ihnen außerdem unsere Projekte vorstellen, diese Projekte sind Teil der Anstrengung, ein neues „*Mindset*", genauer ein **neues „Business Mindset"** zu entwickeln und dieses weltweit zu fördern.

„Mindset" bedeutet so viel wie „Einstellung", geistige, emotionale Haltung mit entsprechenden Überzeugungen und Resilienztechniken, eine Aufgabe, fast wie in einem technischen System die Regler für Feinabstimmungen zu suchen. Nur, im menschlichen Bereich geht das nicht mit Steuerung, sondern nur durch Dialog.

Hier kann unsere bereits bei mehr als 30 000 Menschen[1] in Dialogprozessen eingesetzte *Software MiGeLe* helfen. Die Menschen werden darüber nicht nur angesprochen, sondern in Dialogprozessen als Experten und Lebewesen mit Überzeugungen, Bedürfnissen und ihren individuellen Eigenarten einbezogen. Dieses Einbeziehen wird getragen sein von einer respektvollen Distanz, welche es erst erlauben wird, Nähe zu entwickeln.

---

[1]Wir werden im Verlauf des Buches noch häufiger empirische Untersuchungen mit unserem Datenpool zitieren, der sich in Anzahl der darin gespeicherten Daten je nach Untersuchung unterscheiden kann.

Psychologische Felder: Zwischen Politik und Verschwörungstheorien

Wie oben schon formuliert, es geht um ein neues „Mindset".

Der vielfältig übersetzbare englische Begriff „Mindset" beschreibt ein Dialogfeld, ein System von Regeln, welches anerzogen, entstanden, selbst auferlegt oder mehr oder weniger traumatisch aus Erfahrungen generiert wird. Dieses Dialogfeld ist die Ausgangs-basis für Verhalten in Systemen, für Stellungnahmen wie für Aktivitäten.

Betrachten wir die **kollektive Vereinzelung** von Menschen in sozialen Medien: Anscheinend ist die Tatsache von der wenigstens zeitweise erfolgreichen psycho-logischen Machtergreifung über die Hälfte aller US-Bürger durch Donald Trump mittels Twitter noch nicht recht als warnendes Beispiel bei unseren Politikern angekommen.

Als eine SPD-Vorsitzende respektfrei von *Covidioten* redete und damit sehr viele noch demokratisch auftretende Bürger beleidigte und folgerichtig in weite Distanz zur eigenen Partei, der SPD, rückte, war ihr offensichtlich die von Trump und von anderen Faschisten extrem professionell durchgeführte Technik des **Political Framings** nicht klar.

Political Framing, wie es von Elisabeth Wehling (Wehling 2018) beschrieben und in tausenden Tweets von Trump genutzt wurde, bedient sich einerseits aktueller Kenntnisse über die **Neuroplastizität des Gehirns,** andererseits aktueller Kenntnisse der **Eigen-schaftspsychologie,** die in den letzten Jahren wieder ein Comeback unter dem Titel **Big five** erfahren hat: das sogenannte **OCEAN-Modell** (vgl. Henzler 2017).

Neuere Erkenntnisse über die sogenannten Selbst-Systeme in unserem Gehirn, in welchen die durch Spiegelneuronen erzeugte Resonanz ein mehr oder weniger ent-wickeltes Selbst habe entstehen lassen, bilden insgesamt ein neues Verständnis mensch-licher Entwicklung und ein neues Verständnis für politische Manipulationstechniken (vgl. Bauer 2019; Rosa 2016, 2018).

Die inzwischen insolvent gegangene Agentur *Cambridge Analytics* (interessanter-weise hat zwischenzeitlich eine russische Gruppe diese Agentur gekauft) erprobte diese neue Kombination in verschiedenen Wahlkämpfen und hatte wohl zwar bei ihrem ersten Kandidaten Barack Obama großen Erfolg, konnte sich aber nicht sicher sein, ob dieser Erfolg nicht doch Obama selbst zuzuschreiben war, weil der ja nun offensichtlich auch ohne Agenturunterstützung charismatische Wirkung auf seine Anhänger ausübte.

Daher brauchte man zur Überprüfung der Wirksamkeit ein abschreckendes Beispiel und das war damals Donald Trump. Ist es möglich, so die Frage der Agentur und damit auch all ihrer populistischen Anhänger, dass man *jeden Widerling* durch Manipulation von Wählern in eine Machtposition bringen könnte? Ja, war die Antwort der Agentur. Dazu brauchte man drei Zutaten:

- eine bestimmte Konstellation der Big-Five-Eigenschaften,
- eine an Neuroplastizität orientierte Sprache,
- eine Kombination von Tracing und empirischer Überprüfungsmöglichkeit in großem Stil.

Nachdem die Agentur von Facebook die Nutzerdaten von 50 Mio. Nutzern gekauft hatte, konnten daraus die sogenannten *Persuadables* als Zielgruppe identifiziert werden.

Es ist selbstverständlich eine gewagte Hypothese, dass es diese *Persuadables* tatsächlich als Subgruppe des Ocean-Modells gibt, auf der anderen Seite ist es eine bekannte Tatsache aus der Führungslehre, dass Menschen relativ schnell die Eigenschaften annehmen, die ihnen zugeschrieben werden.

Auch die neuen Resonanz-Theorien können mit dem Hinweis auf relativ „leere" Selbstsysteme plausible Erklärungen für diese Verführbarkeit gezielt identifizierter Wählergruppen geben. Was allerdings gut wissenschaftlich belastbar ist, ist die unterschiedliche emotionale Wirkung von Begriffen, je nachdem, ob sie abstrakte Eigenschaftsbegriffe oder Tätigkeitsbegriffe darstellen.

Ein Beispiel aus der Trump-Rhetorik: Zwischen Mexiko und USA gibt es Drogenhandel. Das beeindruckt normalerweise niemanden, aber *„Böse Männer kommen und vergiften das Blut des Volkes und der amerikanischen Kinder"*, das hat Wirkung.

Ein weiterer wichtiger Aspekt ist die Wiederholung: Zuerst erfolgt eine Beleidigung oder Unterstellung, die unwahr ist. Wenn diese dann von demjenigen, der beleidigt wurde, zu Zwecken der Verteidigung wiederholt wird, **verfestigt** sie sich. Über diese Mechanismen und ein Dauertwitter-Bombardement von Menschen, die – isoliert in unterschiedlichen sozialen Mediengruppen – sich immer weiter von den als Fake News bezeichneten Sachverhalten entfernen, entstehen **eigene Wirklichkeiten,** genau das, was **Kurt Lewin** bereits in den 1920ern und 1940ern **als psychologische Felder und soziale Räume** definierte, die genauso existierten, wie das physikalische Felder tun würden.

Man muss sich klarmachen, dass Trumps Sohn tatsächlich Goebbels zitierte, als er den totalen Krieg forderte. Allerdings vielleicht auch, hier typisch, weit weniger geschickt als der Propagandaexperte Goebbels, der wusste, dass nur eine Frage an die Anwesenden auch deren eigene Entscheidung provozieren konnte.

Die Zusammensetzung der Trump-Anhänger beim Sturm auf das Capitol in Washington, D.C., am 6. Januar 2021 hat bei aller Tragik auch diese teilweise komischen Aspekte beleuchtet: Im Falle des als Indianer gekleideten Sektenführers etwa der Kommentar: „Ja, wenn man auf Acid (LSD) ist und eigentlich zum Burning Man Festival wollte, kann es natürlich sein, dass man sich beim Sturm auf das Capitol wiederfindet." Passend hierzu sind die zahlreichen Informationen zu Hitlers Drogensucht und dem Konsum von Pervitin (einem Metamphetamin) durch die Nazigrößen.

Auch das hat **Lewin** in den nun wieder vorgelegten, heute so hoch aktuell scheinenden Schriften mehrfach betont:

Kleine Gruppen, partizipative Diskussionen von intellektuell hochwertigen Themen und vor allen Dingen die Möglichkeit, sich für oder gegen etwas zu entscheiden, machen kollektive Erziehung und demokratische Führung möglich.

Dagegen steht: Kleine Gruppen, ausschließliche Konzentration auf Emotionen, keinerlei Hintergrundinformationen und absolute Unnahbarkeit des Führenden führen zu einer deutlich aufwendigeren Dauer von Zeit und Anzahl von Aktivitäten (jeder Schritt ist im Marsch vorbestimmt), damit zu insgesamt viel geringerer Effektivität und Effizienz, zu einem Klima der Konkurrenz sowie einer fast unvermeidbaren Identifizierung von Sündenbock-Rollen im Team.

Wenn man nun die Lewin'sche Beschreibung autokratischer Führung, die er im Studium von Hitlers Technik an einer Pfadfindergruppe nachstellen ließ, mit den derzeitigen Lockdown-Maßnahmen vergleicht, ist es in der Tat fast traurig zu sehen, dass es hier leider viel mehr Übereinstimmung in der Beschreibung der Autokratie gibt als mit der demokratischen Haltung.

Denn bei all diesem möglicherweise gut gemeinten Ausprobieren von Kommunikationstechniken zur Präsentation der Pandemiezahlen: „Wir wollen die Menschen verunsichern – wir wollen die Menschen *nicht* verunsichern" etc. führt so oder so in die falsche Richtung und nährt eine immer mehr anwachsende, z. T. völlig absurd wirkende Zahl von Verschwörungstheorien.

Warum ist es schräger, von der Gefahr, Biocomputer zu werden, oder der Wiederkunft des Heilands zu schwafeln, als zu fragen, ob das Impfprogramm nicht tatsächlich das größte je in der Pharmabranche gemachte Geschäft ist? Weshalb sollen sich 40 000 um ihre Existenz besorgte Bürger auf einer Demonstration von 300 verrückten Reichsbürgern distanzieren, die für Filmaufnahmen den Reichstag zu stürmen vorgeben? Wie der Bundestagspräsident Schäuble sagte, die waren alle namentlich bekannt und haben angekündigt, was sie tun werden. Warum hat man diese eigentlich nicht wie andere Hooligans vor einem Fußballspiel rechtzeitig festgesetzt?

Ein alter Freund aus der Schulzeit, den ich völlig aus den Augen verloren hatte und erst bei einer Beerdigung wiedergetroffen habe, hat sich mir gegenüber als extrem rechtsradikal geoutet. Seit zwei Jahren beschimpfen wir uns gegenseitig, ganz im Sinne von Walter Steinmeiers Aufforderung, miteinander im Gespräch zu bleiben. Am Samstag der versuchten Reichstagsstürmung, die ich live miterlebt habe, ich wohne nah am Reichstag, erwiderte mir mein Nazifreund abends: „Das ist doch wieder typisch für dich linke Zecke, nur blöde Sprüche in dieser historischen Stunde." Da er die für ihn sich bereits geänderte Situation als Fake News nicht beachtet hatte, war er tatsächlich *überzeugt* davon, dass der Reichstag eingenommen worden war, **ein sehr realer sozialer Raum.**

SPD, CDU, Grüne, FDP und Linke sollten die Bürger vor den Zumutungen dieser Menschen schützen, das ist deren Recht. Dass die AFD aus dieser Verunsicherung der vielen Menschen Kapital schlägt, war zu erwarten.

Wir hatten im Juni 2020 als das erste von acht als Reaktion auf Pandemie und Lockdown-Maßnahmen zu entwickelnden Verbundprojekten festgelegt, dass die Berichterstattung der Regierung darin unterstützt werden sollte, die Kommunikation zu Fragen der Pandemie und des Lockdowns in einer *fürsorglichen* Art und Weise zu gestalten. Sie sollte nicht nur von Virologen, sondern von Kommunikationsexperten der Sozialepidemiologie getragen werden, denn der Unbekanntheit des Virus stand die gerade groß diskutierte Bekanntheit der Folgen des Lockdowns klar gegenüber.

Noch im September 2019 war dem RKI und anderen Forschungsinstitutionen klar, dass benachteiligte Arbeitnehmer einer verkürzten Lebenserwartung ausgesetzt sind, das wird unterstrichen von den Forschungsergebnissen des Max-Planck-Instituts in

Rostock vom Dezember 2020. Dafür hatte das Max-Planck-Institut, basierend auf der Auswertung von 28 Mio. Datensätzen der deutschen Rentenversicherung gefunden, dass das, abhängig von Arbeitsstatus, Bildungsstand und Einkommen, bis zu 15 Jahre Unterschiede in der Lebenserwartung ausmacht.

Danach, also mit Entdeckung des Virus, spielte **das Immunsystem** dieser dauergestressten Menschen, also genau das, welches sie 15 Jahre früher sterben lassen wird als andere, für das RKI und Verantwortliche des Gesundheitsministeriums **keine Rolle** mehr.

Zu Beginn der Pandemie-Bekämpfung galt beim RKI offensichtlich **nur das Alter** als Risikofaktor.

Bereits im Jahr 2013, dessen Jahrgang in Daten der Rentenversicherung das Max-Planck-Institut zur Feststellung der großen Unterschiede in der Lebenserwartung zwischen armen und wohlhabenden Menschen genutzt hatte, wurde durch das RKI ein Szenario durchgeführt, das die möglichen Auswirkungen einer Pandemie (damals tatsächlich schon als Corona-Pandemie konzipiert) auf Gesellschaft und Gesundheitssystem hochrechnen sollte. Die Ergebnisse dieses Szenarios waren weit dramatischer als die aktuelle Situation durch die tatsächliche Pandemie heute. Entgegen diesen durch das nach allen Regeln der Kunst durchgeführte Planungsexperiment erhaltenen Ergebnissen wurden nicht etwa die damals vorhersehbaren Personalmängel in Pflege und Verwaltung als gefährlich eingeschätzt, sondern es wurde, rein ökonomische Kosten einsparenden Vorgaben folgend, weiterhin *Personal abgebaut*, hier zu den Originalquellen des Szenarios: RKI 2016.

Nun zu den Schlussfolgerungen, die die damalige und heutige Bundesregierung daraus gezogen hat. (Besonders die Bundestagsdrucksache 17/12051 ist verblüffend: Auf Seite 75 wird dort behauptet, „Personalengpässe in Regierung und Verwaltung können durch Anpassungen abgefangen werden." Das wäre in der Pflege schon schwerer, aber möglich. Welch fatale Fehleinschätzungen schon damals, die offensichtlich in beiden Bereichen nochmal zu Personalabbau führten (Bundestag 2013)).

Meine Firma BGF hat im Auftrag von Health Capital, von sechs Krankenkassen und der Deutschen Rentenversicherung im Jahr 2012 einen länder- und kassenübergreifenden Gesundheitsbericht vorgelegt, in dem die Krankenkassendaten von 50 % aller Arbeitnehmer in Berlin und Brandenburg ausgewertet wurden (Westermayer und Brand 2012).

Ich zitiere zwei Abschnitte aus dem Vorwort, die auf verschiedenen Pressekonferenzen diskutiert wurden, auch in der Berliner Abendschau und allen Berliner Tageszeitungen wurde darüber berichtet:

> „Im Jahre 2011 gingen der Volkswirtschaft in Berlin und Brandenburg knapp 25 Millionen Arbeitstage durch Krankheit verloren, wenn man nur die Daten der Versicherten in diesem Bericht berücksichtigt. Das entspricht, wenn man einer gut belegten Faustregel der BAUA folgt, einem Betrag von (25 Millionen mal 200 €) 5 Milliarden Euro. Da in diesem Bericht „nur" 52,8 % aller versicherten Arbeitnehmer und Arbeitnehmerinnen in Berlin und Brandenburg berücksichtigt sind, darf man den Betrag guten Gewissens auf knapp 10 Milliarden verdoppeln. Das entspricht nicht ganz der Hälfte des gesamten Haushalts für Berlin."

Und:

> „Dramatisch sind die Ergebnisse dieses Berichtes insbesondere für zwei Branchen: Beschäftigte von Verwaltungen (besonders Erzieher) und Beschäftigte des Gesundheitswesens (insbesondere Pflegekräfte). Dramatisch sind die Ergebnisse jedoch nicht nur für diese Berufsgruppen, sondern für unsere Gesellschaft insgesamt. Es scheint paradox: wir verschleißen gerade die beiden Berufsgruppen, die wir aufgrund des demografischen Wandels in Zukunft am meisten benötigen: Pflege und Erziehung. Wir brauchen jeden Jugendlichen im Arbeitsmarkt der Zukunft gerade wegen der zunehmenden Überalterung der Gesellschaft und deshalb brauchen wir jeden Erzieher und jede Erzieherin gesund und leistungsfähig. Und wir brauchen Pflegekräfte, die ohne Burnout und Verschleiß der stark anwachsenden Zahl von älteren Menschen ihre professionelle Hilfe für ein menschenwürdiges Altern bieten können. Es ist höchste Zeit, etwas zu tun oder anders ausgedrückt: Es ist längst fünf nach Zwölf."

Beide Zitate stammen aus der Einleitung des Berichts.

Das in den letzten 13 Jahren entstandene Problem eines massiven Personalmangels wird nun durch die Wahl von Kennzahlen, die zu einer massiven Verwirrung der Bevölkerung auf der einen Seite, aber auch zu einem erheblichen Image- und Machtverlust auf politischer Seite führen, in seiner, die Pandemiefolgen verstärkenden Wirkung, zu wenig gewürdigt.

Hier ist also nicht nur eine fortlaufend verwirrende und irreführende Kommunikation der politisch Verantwortlichen zu beobachten, sondern auch der meisten mit psychischer Gefährdungsbeurteilung und Gesundheitsförderung gesetzlich beauftragten Institutionen und Organisationen.

Nach ersten vielversprechenden Ansätzen zu Beginn der Pandemiebekämpfung durch die Regierung – die an Weick und Suttcliffs Ansatz der organisationalen Resilienz „Das Unerwartete managen" (Weick and Sutcliffe 2015) – erinnerten, zeigen sich zunehmend **Rückfälle in autokratische Kommunikationsmuster (Lewin)**.

Ob da die Rede davon ist, dass man auf Superspreader-Events *„voll draufschlagen"* müsse, permanent die Attribute aller Maßnahmen als *„hart"* bemüht, anstatt von *fürsorglichen* oder *schützenden* Maßnahmen zu sprechen – es scheint eine allgemeine Übereinstimmung darüber zu bestehen, das Pandemiegeschehen mit einer martialischen, stresserzeugenden Sprache zu begleiten.

Auch sicher hoch qualifizierte Virologen wie der nun schon berühmte Herr Drosten von der Charité scheinen immer noch einer Kommunikationsberatung zu folgen, die das Geschehen wie in einer Kampfhandlung beschreibt.

So ist im Tagesspiegel vom 31.03.2021 beim Verweis auf den sehr populären Podcast von Drosten beim NDR davon die Rede, dass Drosten auch bei der dritten Welle darauf bestehe, dass der Begriff „Dauerwelle" eher in anderen Berufsgruppen gebraucht werden solle und nicht bei der Analyse der Epidemiologie der Viren, hier sollte man eher von „Holzhammer" sprechen.

Ich denke, dass diese Beispiele ganz gut zeigen können, dass die sogenannte 5. Gewalt der Demokratie – die Presse – auch ein großes Stück der Fortentwicklung von

Pandemieprävention, Politik und der weiteren damit zusammenhängenden wirtschaftlichen Entwicklung mitbestimmt.

Denn viele Menschen, die durch die Pandemieberichterstattung völlig verunsichert wurden, sehnen sich jetzt nach Schutz durch eine starke Führung. Dass hierdurch eine Polarisierung der Gesellschaft gefördert wird, scheint scheinbar zum Kalkül bestimmter politischer Gruppen zu gehören.

Es scheint nicht mehr nur um den Schutz der Bevölkerung, sondern auch um Machtspiele und Wahlkampf zu gehen.

Was aus psychologischer, resilienzbasierter Sicht notwendig wäre, ist ein System der Kommunikation, das nicht gegen, sondern mit der Bevölkerung in einen fürsorglichen Kontakt tritt.

Die neuseeländische Ministerpräsidentin hat dafür zusammen mit ihrem *Team* (ihre Wortwahl) von 5 Mio. Einwohnern, die füreinander da sind, ein wunderbares Beispiel gegeben: Dort wird der komplette Lockdown als gegenseitiges **Füreinander-Sorgen** betrachtet und bezeichnet.

Mit dieser Strategie brachte die charismatische Politikerin ihre sozialdemokratische Partei auch zur absoluten Mehrheit.

Es scheint so, dass die SPD in Berlin (etwa die Größenordnung von Neuseeland) in ihrem Wahlprogramm bei diesem Erfolgsmodell Anleihen nimmt: Franziskas Giffeys Kampagne „Herzensangelegenheit Berlin", aber auch Olaf Scholz' Dialog mit allen SPD-Mitgliedern über Respekt, Europa, soziale Unterschiede und Klimaneutralität sowie besonders über die Zusammenhänge zwischen diesen Themen zeigen einen neuen, frischen, ungewohnten, ja zugewandten Kommunikationsstil, den es so in der Politik noch nicht gab. Als Wissenschaftler freue ich mich darüber.

Aus dem Lockdown-Pandemie-Dilemma kommt man nur durch **gemeinsame, auf die Erhaltung der Integrität und Resilienz der Menschen fokussierte Projekte** raus.

Projekte

Wir haben uns als Gegengift zur Verschwörung nach der Technik des Political Framing der **Technik des resilienten Reframing** verschrieben.

In meiner Vorlesung im Sommer 2020 bei der FOM „Organisationsentwicklung und Organisationsdesign" für berufstätige Studenten aus verschiedenen Personalabteilungen großer internationaler Firmen haben wir die Aufgabe gestellt: Wer findet die schönste Verschwörungstheorie? Wobei *schön* bedeutet: Datenbasiert und mit Happy End (was in jedem wissenschaftlichen Prozess als Hypothesengenerierung bezeichnet wird).

Happy End bedeutet nach dem Narrationskonzept von Erik Ringmar (Ringmar 2007): keine Tragödie, keine Satire, sondern eine **Mischung aus Abenteuer, Romanze und Komödie.** Dass dies tatsächlich gut funktionieren kann, haben wir in verschiedenen Change-Management-Projekten ausprobieren können. Dieses Schema liegt auch unseren acht Schritten der Veränderung nach Kotter zugrunde, nach denen alle Projekte organisiert werden.

Die Vorgabe der Mischung von Romanze, Abenteuer und Komödie vermeidet psychologische Fallen: Tragödien und Satire beschwören nichtmenschliche Kräfte, wie das Schicksal, böse undurchsichtige Mächte, eben Verschwörungsmythen (Enkel greifen Oma und Opa an, Bill Gates isst kleine Kinder) als Treiber menschlichen Verhaltens.

Oder, psychologisch gesprochen: Der **Locus of control wird in die Außenwelt** gesetzt und kann dann dort von den Menschen nicht beeinflusst werden. Tragödie und Satire verführen den Zuhörer also, anzunehmen, dass es keine Möglichkeit gibt, selbst erfolgreich tätig zu werden. Die maßgeblichen Handlungen fokussieren sich auf die storytellerisch genussreichen, aber konsequenzlosen Topoi *Aufdecken, Anklagen und Zynismus.* Ihre Rolle ist die des „Mannes vom Lande" bei Kafka, der sein Leben mit dem Türsteher „Vor dem Gesetz" verbringt, statt selbst durch die Tür zu gehen.

Das trifft für die Kommunikationen über das Virus auch in gewisser Weise zu. Je abstrakter die Beschreibungen von Handlungsmöglichkeiten sind – siehe Formulierungen wie „bei vermuteten Superspreadern muss man gleich draufhauen" (gemeint waren allerdings nicht Prügel, sondern Maßnahmen zur Isolation) –, desto weniger werden sie verstanden. Je weniger sie verstanden werden, desto mehr eröffnen sie das Bedürfnis nach alternativen verstehbaren Erklärungen.

Warum ist eigentlich ein positiver Test so negativ, das fragen sich tatsächlich durchaus nicht nur Kinder, von den Experten werden allerdings auch Erwachsene wie Kinder behandelt.

Deshalb brauchen wir als soziale, internationale, menschliche Gemeinschaft eine **neue Story,** ein neues Narrativ, das nicht nur raus aus der Pandemie führt, sondern **über die identifizierbaren und attraktiven Helden eines Abenteuers, einer Romanze und einer Komödie Lust macht, sich auf sinnvolle und zukünftige Tätigkeiten einzulassen.** Die Pandemie überwindet man gerne, wenn klar ist, wofür. Auch Lockdown-Maßnahmen werden gerne akzeptiert, wenn man ihren Sinn in einem größeren Zusammenhang verstehen kann. Das Große und Ganze ist wichtig und hier muss man unserer Kanzlerin vehement widersprechen: Da ist nicht alles ganz gut verlaufen, sondern schiefgegangen, was nur schiefgehen konnte.

Wir wollen u. a. ein solches Narrativ, eine **Story für Berlin** entwickeln. Auch dafür holen wir Lewin zurück nach Berlin.

Diese und andere rhetorische Themen werden Teil einer Ausbildung, die wir beim Capital Club in Berlin für Berater und Unternehmer anbieten werden. Das Angebot richtet sich in erster Linie an interne oder auch externe Berater von Großunternehmen, die bereits die Erfahrung gemacht haben, dass intensive und effektive Dialoge schwer mit 5000 oder 50.000 Menschen gleichzeitig durchgeführt werden können. Dafür haben wir jetzt mit unserer Echtzeitauswertungssoftware **MiGeLe** eine Lösung gefunden, das geht ab sofort.

Das alles werden wir zu einer neuen Bewegung bündeln müssen. Und das wird Spaß und Freude machen.

Vielleicht entwickelt sich der Aspekt des *Social Distancing* der verschiedenen Lockdown-Maßnahmen als ungewollter positiver Effekt für die zukünftige Konstruktion einer neuen gemeinsamen Geschichte einer Klimakultur.

Unsere **Vision einer neuen Arbeit im Paradies** enthält einen Rückbezug auf von Al Gore und anderen Klimaaktivisten der frühen 1990er betrachtete Schwerpunkte, und, auch das wird Sie überraschen, auf **Orang-Utans** als Chance für das Klima. Wir sind in diesem Projekt mit unseren Partnern Max Tramboo und Philipp Georges in Thailand schon relativ weit in eine Realisierung dieser neuen Form der Arbeit getreten und machen aktuell große Fortschritte.

Unser Projektkomplex **Berlin begeistert** weckt das Interesse von Menschen von Thailand über Sumatra, Mexiko und Kanada bis nach Schweden. Wir können, leicht scherzhaft, sagen: Schweden hat Greta, die Klimaaktivistin, wir bei der BGF-Berlin haben Orang-Utans adoptiert und wir respektieren beide als reale Symbole, als Klimabotschafter.

Berlin begeistert könnte, wie zehn schwedische Städte schon jetzt, die wunderbare und märchenhafte **Story des Erreichens der Klimaziele** erzählen, der Chancengleichheit in Bildung und Entwicklungsmöglichkeiten und der interkulturellen Versöhnung durch spannende Diversity.

Das ist eine Story, die, um erzählt werden zu können, erstmal uraufgeführt werden muss: mit echten Berlinern, die, wie Kennedy das schon Anfang der 1960er wusste, überall auf der Welt zu Hause sind.

All diese Projekte sind keine Fiktionen oder Wunschträume, sondern gerade eben entstehende *Realitäten*. Es wurden und werden bereits viele Vorgespräche mit hervorragenden und talentierten Partnerinnen und Partnern zu diesen Vorhaben geführt. Eine Online-Vorlesung bei der FOM-Hochschule wurde im Sommer 2020 in der Form von angewandter Organisationsentwicklung als Start der erwähnten acht Verbundprojekte gehalten (Westermayer 2020).

Es wurde ein international besetzter Steuerkreis mit Vertreterinnen und Vertretern unterschiedlicher Unternehmen und Institutionen gegründet, der bei den oben genannten Verbundprojekten einmal pro Monat tagen wird.

Eine NGO „Cross Continental" ist gerade in ihrem Gründungsprozess, um mittel- bis langfristig verschiedene Meisterwerke unserer Netzwerkteilnehmer Wirklichkeit werden zu lassen: „Opus Magnum" ist der Titel für alle kreativen Neuentdeckungen von positiven Arbeitsformen in einer klimaneutralen, respektvollen, globalen und sozialen Wirtschaftskultur zu Beginn des Jahres 2030.

Literatur

Bauer, J.: Wie wir werden, wer wir sind. Blessing, München (2019)
Bericht zur Risikoanalyse im Bevölkerungsschutz 2012. Deutscher Bundestag 17 Wahlperiode Drucksache 17/12051: https://dipbt.bundestag.de/dip21/btd/17/120/1712051.pdf. (2013)

Henzler, H.: Cambridge Analytica und das Ocean-Modell. https://www.smart-digits.com/2017/02/cambridge-analytica-und-das-ocean-modell/ (2017)

Ringmar, E.: Identity, interest and action. Cambridge University Press, Cambridge (2007)

RKI: Soziale Unterschiede in der COVID-19-Sterblichkeit während der zweiten Infektionswelle in Deutschland. https://www.rki.de/DE/Content/GesundAZ/S/Sozialer_Status_Ungleichheit/Faktenblatt_COVID-19-Sterblichkeit.html (2021)

RKI: Nationaler Pandemieplan Teil II. Wissenschaftliche Grundlagen. https://www.rki.de/DE/Content/InfAZ/I/Influenza/Pandemieplanung/Downloads/Pandemieplan_Teil_II_gesamt.pdf?__blob=publicationFile (2016)

Rosa, H.: Resonanz. Suhrkamp, Frankfurt am Main (2016)

Rosa, H.: Unverfügbarkeit. Residenz Verlag, Salzbug und Wien (2018)

Wehling, E.: Politisches Framing. Ullstein Buchverlage, Berlin (2018)

Weick, K.E., Sutcliffe, K.M.: Managing the unexpected. Wiley, Hoboken (2015)

Westermayer, G., Brand, D.: Länderübergreifender Gesundheitsbericht für Berlin und Brandenburg 2009–2011. Berlin Tsb Innovationsagentur Berlin (2012)

Westermayer, G.: Verbundprojektskizze: Berlin begeistert – ein Abenteuer, eine Komödie und eine Romanze. https://www.abwf.de/verbundprojektskizze-berlin-begeistert-ein-abenteuer-eine-komoedie-und-eine-romanze-von-dr-gerhard-westermayer/ (2020)

Worum geht es in diesem Buch?

Ausgangspositionen

Es gibt in Bezug auf Resilienz und Betriebliches Gesundheitsmanagement offensichtlich zwei Grundstrategien: Krisenbewältigung und Prävention.

Strategie der Krisenbewältigung Wenn Arbeitnehmerinnen und Arbeitnehmer schlecht bezahlt werden, sich der Zeitdruck permanent erhöht, keine Zeit mehr bleibt für Familie oder Hobbys, die Chefs heute das eine, morgen das Gegenteil verkünden, die Firma in der Presse eher negativ oder gar nicht erwähnt wird, man selbst den Kolleginnen und Kollegen nicht mehr trauen kann, weil Zielvereinbarungssysteme und Prämien aus der Arbeit einen nimmer endenden Wettkampf gemacht haben, dann sind die Mitarbeiter frustriert, häufig krank und wenig produktiv. Diese Mitarbeiterinnen und Mitarbeiter leben ungesund in einem ungesunden Unternehmen. Diese Situation verschärft sich über die Zeit, bis Krisen eintreten, die dann als Schicksal, Tragödie zum Ende, das heißt Absentismus, Kündigung seitens der Mitarbeiter oder gar des Unternehmens aufgrund von schlechten Wirtschaftszahlen und von Personalmangel führen können.

Betriebliche Gesundheitsförderung wird zwar gelegentlich als eine von vielen möglichen Strategien zur Krisenbewältigung in Betracht gezogen, bleibt aber eine Post-festum-Strategie und wird zugunsten anderer Krisenbewältigungsstrategien (Unternehmensteilung, Bankrott, Verkauf, Austausch der Mitarbeiter) nur symbolisch durchgehalten oder gar schnell wieder aufgegeben.

Strategie der Prävention Wenn Arbeitnehmerinnen und Arbeitnehmer *gutes Geld* bezahlt bekommen, wenn sie *lernen* können, ein gewisses Maß an *Entscheidungsfreiheit* zu haben, sich mit dem *identifizieren* zu können, was sie tun, wenn ihre Firma einen

© Der/die Autor(en), exklusiv lizenziert durch Springer-Verlag GmbH, DE, ein Teil von Springer Nature 2021
G. Westermayer, *Organisationsdesign 4.0 von A-Z.*,
https://doi.org/10.1007/978-3-662-63515-5_2

guten Ruf hat und ihre *Chefinnen und Chefs das sagen, was sie meinen und das tun, was sie sagen,* dann bleiben diese Mitarbeiterinnen und Mitarbeiter nicht nur gesund, sondern erbringen auch sehr gerne Höchstleistungen. Dann ist das Unternehmen gesund und die Mitarbeiter auch.

Den meisten Lesern dürften beide Situationen bekannt sein, entweder aus eigener Erfahrung oder aus den in auch den Medien zunehmenden Berichten aus der Arbeitswelt. In Letzteren erscheint oft die erste Situation als „normal". Die Arbeitswelt wird zunehmend als „Irrenhaus" beschrieben, was auch Bestsellern zu verdanken ist, wie etwa der von Martin Wehrle mit dem Titel „Bin ich hier der Depp?" (Wehrle 2013).

Nun gab es solche polarisierenden Beschreibungen schon immer. Man freute sich kurz darüber oder empörte sich und ging dann wieder zur Tagesordnung über.

Das geht aber heutzutage nicht mehr: Die Frage, ob ein Unternehmen gesund ist oder ungesund, hat nicht mehr nur für die betreffenden Unternehmen und ihre Mitarbeitenden große Bedeutung, sondern für unser gesamtes Sozialsystem.

Betriebliches Gesundheitsmanagement muss Grundbestandteil der Unternehmensstrategie sein.

Dort, wo das geschieht, wurde auch die Corona-Krise nicht nur überstanden, sondern zur Quelle von neuen Chancen und Veränderungen, welche sich in neuen, stabilen Organisationsstrukturen manifestieren.

Langsam und deutlich zeichnet sich ab, dass die Megathemen

- Demografiewandel,
- Rentengesetzgebung,
- Lehrer- und Erziehermangel,
- allgemeiner Arbeitskräfte- und Facharbeitermangel,
- die Veränderung von Arbeitsbedingungen durch zunehmende Technologisierung,
- Mitarbeiterbindung- und Mitarbeiterrekrutierung,
- *Neue Medien* und – damit verbunden –
- neue Formen der Kommunikation und des Marketings

lediglich verschiedene Beschreibungen desselben Phänomens sind: Es gibt schlichtweg zu wenig junge Arbeitnehmer, die in die Sozialversicherungssysteme einzahlen können und nach jetzigem Stand zu viele Bezieher von Leistungen aus diesen Systemen. Weiterhin erschwerend kommt hinzu, dass die große Reform der Agenda 2010, also die Hartz-IV-Regelungen, einen bisher noch nicht genügend gewürdigten Nebeneffekt haben: Bis zu 40 % der von dieser neuen Verwaltung von Arbeitslosigkeit betroffenen Menschen entwickeln eine klinische Depression, wobei gleichzeitig die Feststellung genau dieser Tatsache erschwert wurde, weil sie nicht mehr systematisch in den Krankenkassenstatistiken geführt werden.

Warum behauptet der weltweit führende Unternehmenskulturforscher **Edgar Schein** sehr plausibel, dass der Kern einer jeden Unternehmenskultur (die Grundregel der Gründer) im späteren Entwicklungsstadium erst wieder befreit von Artefakten (Managementregeln und andere Oberflächenerscheinungen des Unternehmens – Kennzahlen, Gebäude etc.) wahrgenommen werden könne, wenn sich das Unternehmen in einer Krise befinde, nur dann würden sich alle Mitarbeiter fragen, wer sie seien und wofür das im Unternehmenskontext gut sein könnte (Sinn)? (Schein 1995).

Einige Klassiker der modernen Resilienzforschung (Weick und Sutcliffe 2015) zum Beispiel wurden gar als Krisenbewältigungsprogramme nach dem Angriff auf die Twin Towers in New York von der US-Regierung bestellt. Nach dem Motto: Ab jetzt ist die Krise der Normalfall.

Walter Steinmeier beschreibt in einem Artikel eine neue Außenpolitik mit einem Schwerpunkt auf Förderung internationaler Kulturgüter, welche angesichts der weltweiten Krise notwendig geworden sei (Steinmeier 2020).

Bei allen Studien steht die Krise (explizit oder implizit) als Pate im Hintergrund. Bei Edgar Schein und **Antonovsky** ist sie die zu studierende Ausnahme, bei **Kotter** die zu organisierende Regel, bei **Emmy Werners** Hawaii-Kindern (Werner und Smith 2019) und **Weicks** Krisen-Organisationen (High Reliable Organizations) das Vorbild für die gegenwärtige und zukünftige Normalität.

Resilienzforschung als organisiertes Paranoia-Projekt? Oder ist die Krise tatsächlich so normal geworden, dass sich die Menschen kollektiv in den Überlebensmodus der Resilienz versetzen sollten?

Das sind sehr verschiedene Menschen- und Weltbilder, die sich hier unter dem weiten Überbegriff Resilienz tummeln und bei näherer Prüfung sich zumindest teilweise gegenseitig ausschließen.

Diese Situation wird als so unerträglich empfunden, dass Wissenschaftler, wie **John Kotter** in seinem Leitfaden für erfolgreiches Change Management, als wesentliche Erfolgsbedingung die **Erzeugung einer Krise** vorschlagen, da nur diese den „sense of urgency" bewirken könne (Kotter, 2012).

Kotters Schritte des Change Managements werden bei der Entwicklung einer belastbaren Theorie organisationaler Resilienz noch eine Rolle spielen, seine Vorschläge sind nicht alle schlecht, vor allem sein strategischer Ansatz ist nützlich. Betrachten wir das 8-Stufen-Modell des Change Managements nach J. Kotter:

1. Gefühl der Dringlichkeit erzeugen
2. Führungskoalition aufbauen
3. Vision und Strategie des Wandels entwickeln
4. Vision und Strategie des Wandels kommunizieren
5. Mitglieder befähigen und Hindernisse wegräumen
6. Kurzfristige Ziele setzen
7. Erfolge konsolidieren und weitere Veränderungen ableiten
8. Veränderungen in der Kultur verankern

Ich weise Kotters Vorschlag zurück, ein erfolgreiches **Change Management durch Erzeugung von Krisen** zu organisieren, obwohl und weil gerade sein Ansatz der gegenwärtig in der Literatur am meisten rezipierte sein dürfte.
Wo liegen meiner Meinung nach die Fehler?

Zunächst in der Verwechslung von Landkarte und Landschaft. Es ist sicher richtig, dass besonders viele erfolgreiche Change-Management-Prozesse durch eine Konfrontation mit einer krisenhaften Entwicklung erst in Gang kamen. Nur hat keines dieser Unternehmen, die dann mit der Krise erfolgreich umgegangen sind, diese Krise erzeugt, um mit ihr umzugehen. Hier liegt ein typischer Fehler in der Analyse von Kotter vor (der sich in vielen Best-Practice-Ansätzen finden lässt), der darin besteht, zurückliegende Ereignisse als relevante Planungskriterien für die Zukunft misszuverstehen. Man analysiert die gemeinsamen Variablen der besten und unter diesen findet sich auch eine Krise. Also, so der Kurzschluss Kotters, sei eine der Erfolgsbedingungen eine Krise. Also, so Kotter: Lasst uns, um Erfolg zu haben, eine Krise erzeugen.
Mit der gleichen kruden Logik könnte man sagen: Machen wir nochmal einen Weltkrieg, weil dieser die Voraussetzung für einen Masterplan für Deutschland war, und der hatte nachhaltigen Erfolg für unsere Wirtschaft.
Das ist gefährlich und unüberlegt.
Man kann retrospektiv sauber analysierte Entwicklungsbedingungen nicht als Vorgaben für eine noch nicht eingetretene Zukunft definieren. Wenn man das tut, bekräftigt man einen Mangel an Verständnis für Veränderungsprozesse, selbst wenn man dann als Bestsellerautor und Experte für Change Management gefeiert wird.
Ich behaupte, gemeinsam mit Weick/Suttcliff und vielen anderen Autoren, die unsere heutige Welt plausibel als „Zeit der Unsicherheit" und Krisen beschreiben: Wir haben schon genügend Krisen, um die wir uns kümmern sollten, wir brauchen also nicht noch neue zu erzeugen, um Krisenmanagement zu lernen.
Mit der Krisenlehre eines Klassikers der Organisationsentwicklung (**Greiner**) (Greiner und Schein 1988) kann man gelassen darauf hinweisen, dass **jede** Organisation typische Wachstumskrisen durchläuft, sobald sie auf mehr als 20 Mitarbeiter anwächst. Das ist Grundlagenwissen jedes Managers und noch nichts Besonderes.
Typisch für die gegenwärtige Theorieentwicklung ist sein Bezug auf **Kurt Lewin** (Lewin et al. 1951), einem der wichtigsten Forscher zur experimentellen Sozialpsychologie, der die Basis für sehr viele der gegenwärtig immer wieder begeistert aufgegriffenen Theorien und Techniken begründet hat. Dieser wird in diesem Buch noch eine große Rolle spielen.
Lewins Schema der Organisationsveränderung mit den Phasen des „Auftauens", „Veränderns" und „Wiedereinfrierens" von Organisationen verweist auf den eigentlichen Zweck von Organisationsentwicklung: das Bewusstmachen von zur gegenständlichen Selbstverständlichkeit geronnenen Regeln, welche, gerade weil sie für so selbstverständlich gehalten werden, außerhalb der Möglichkeit einer kritischen Analyse und des

Hinterfragens liegen. Ein Hinterfragen solcher Regeln erfordert ein behutsames und psychologisch verantwortungsbewusstes Vorgehen. Das wird nicht nur in der Praxis von Reorganisationen oft insbesondere von den Mitarbeitern schmerzlich vermisst, sondern weicht auch bei durchaus differenziert denkenden und schreibenden prominenten Vertretern der Organisationsentwicklung offensichtlich mehr oder weniger gezielt einem gesundheitsgefährdenden Aktionismus.

Neue anthropologische Grundannahmen, die den Kern einer **Ethik der Prävention** bilden, beziehe ich von **Peter Sloterdijk,** der in den letzten 20 Jahren mit seinen Werken „Sphären 1–3" (Sloterdijk 1999) und insbesondere in seinem Buch „Du mußt dein Leben ändern" (Sloterdijk 2010) eine neue Form einer dialogisch medialen Beschreibungsmethode von intersubjektiv zu erfassenden Referenzräumen, eben **Sphären,** geschaffen hat.

Diese korrespondieren mit den topologischen Ansätzen von Lewin.

Wichtige Einflussgrößen im Betrieblichen Gesundheitsmanagement wie etwa eine „Unternehmenskultur" können mit Sloterdijks Begriffsapparat so beschrieben werden, dass einerseits die Stärke ihres Einflusses auf die individuelle Gesundheit verständlich wird, andererseits Ansatzpunkte zu ihrer gewollten Veränderung sichtbar werden, die über bekannte und vielfach erprobte Interventionen aus der Organisationsentwicklung und Kulturveränderung (hier der Ansatz von **Edgar Schein**) hinausgehen.

Lernen durch Krisen versus Lernen durch Förderung

Was ist denn nun das Attraktive einer Krise bzw. einer krisenhaften Weltsicht? Wer wie ich in seiner Jugend bei Pfadfindern oder ähnlichen Organisationen war (dazu zähle ich auch Militär, autoritäre Schulen, Sportvereine etc.) wurde wahrscheinlich in der einen oder anderen Form mit Leitsprüchen wie „Alles, was nicht direkt zum Tode führt, macht hart" etc. konfrontiert. Ins kalte Wasser geworfen werden, und wenn man Glück, Freunde, Geld, Bildung und hoffentlich einen guten Schwimmlehrer hat, dann auch gleich Schwimmen lernen zu dürfen, ist sicher eine einprägsame Form des Lernens, wahrscheinlich intensiviert dadurch, dass man sieht, dass andere, die zwar denselben Schwimmlehrer haben, aber weniger Glück, Freunde, Geld (Familie) und Bildung haben, jämmerlich absaufen. Ähnlich scheint mir zurzeit die Resilienzpropaganda zu funktionieren:

Stelle zehn Leute in eine Reihe, schlage jedem mit einem Hammer auf den Kopf und siehe da: Drei Dickschädel bleiben einfach stehen. Na also, geht doch?! Oder nicht?

Dieses bewusst grobschlächtig gewählte Bild scheint mir auf einen Punkt in der Resilienzforschung hinzuweisen, der in den meisten Rezensionen vernachlässigt wird: Selbst die tatsächlich nicht von der Hand zu weisende Tatsache, dass es immer ein paar Menschen geben wird, die schier alles aushalten, rechtfertigt nicht den Sinn des Einsatzes des „Hammers".

Auch mit diesem Thema hat sich **Kurt Lewin** schon in den 1920er-Jahren beschäftigt bei der experimentellen Analyse der Effektivität verschiedener Führungsstile, des autokratischen, des demokratischen und des Laissez-faire-Stils (Lewin 1939).

Der „Hammer", so wie er in Betrieben erscheint, wird heute oft als *unvermeidliche Steigerung von Stress* beschrieben. In unserer Resilienzstudie hatten wir ein als Best-Practice-Kandidaten gehandeltes Unternehmen: die deutsche Lufthansa.

Dort wurde tatsächlich ein hervorragendes Programm zum Training individueller Resilienz eingeführt und evaluiert mit der Begründung, dass die bevorstehende Reorganisation des Unternehmens die psychischen Gefährdungen enorm steigern werde. Das wusste man bereits aus früher durchgeführten Reorganisationen. Die Mitarbeiter lernen in den Trainings, mit den bereits geplanten Steigerungen der Gefährdungen so umzugehen, dass sie nicht in die bereits erwarteten als Burn-out, Anpassungssyndrome und depressive Verstimmungen beschriebenen Zustände verfallen werden. Sie sollten sich vielmehr bewusst und achtsam mit den Gefährdungen arrangieren und diese gesund bewältigen.

Auf unsere Frage, weshalb das Unternehmen nicht eine Form der Reorganisation wählt, die diese Gefährdungen *gar nicht erst erzeugt*, wusste der interne Projektmanager tatsächlich keine Antwort, obwohl er, wie er mehrfach betonte, sich und anderen Verantwortlichen des Unternehmens dieselbe Frage mehrmals gestellt hatte. Diese Möglichkeit kam einfach nicht in Betracht, was dieses Unternehmen für uns als Best-Practice-Beispiel für organisationale Resilienz ausschloss, obwohl, das soll hier nochmal betont werden, die Trainings nicht nur gut besucht waren, sondern ganz offensichtlich messbare Erfolge aufweisen konnten.

Dieses **Muster der systematischen und gezielten Steigerung der Gefährdungen,** insbesondere der psychischen Gefährdungen, die dann von Mitarbeitern mit Copingstrategien bewältigt werden sollen, die sie vorher in ad hoc durchgeführten Trainings erlernen sollten, trifft auf etwa 90 % der von uns befragten Unternehmen zu. Nur wurde bei den meisten, anders als bei Lufthansa, nicht mal der Versuch unternommen, zu überprüfen, ob die gelehrten Seminarinhalte tatsächlich einen positiven Effekt für die Mitarbeiter hatten – insofern könnte auf die Lufthansa das sprichwörtliche Lob für den einen Einäugigen unter lauter Blinden ganz gut zutreffen, zumindest was die Organisation von BGM angeht.

In diesem sehr breit angelegten Aktionsfeld der „blinden" Reorganisation mit ihren typischen Effekten der Gefährdungssteigerung und Potenzialverminderungen können unterschiedlichste Formen der Anwendung von Resilienztrainings sehr große Nachfrage erhalten: Da wird meditiert und Achtsamkeit eingeübt, es wird den Mitarbeiterinnen und Mitarbeitern beigebracht, wie man ungerechte Arbeitsbedingungen zu akzeptieren lernt, sie werden darin geschult, selbst die Verantwortung für die Gefährdungssteigerungen zu übernehmen und auch dort und dann Lösungen zu präsentieren, wo die Situation als schier aussichtslos erlebt wird. Wer wie in der Pflegebranche oder als engagierter Lehrer durch die dort besonders starken Gefährdungssteigerungen körperlich und psychisch verschlissen wird und sich mit einem Burn-out in der Sprechstunde eines Psychiaters wiederfindet, hat offensichtlich nicht gut genug seine Resilienz trainiert. Das ist eine traditionelle Technik der Schuldzuschreibung.

Es ist eine alte Tendenz bei BGM-Ansätzen, Ursachen für Gefährdungssteigerungen in Betrieben ausschließlich auf der Mitarbeiterseite zu verorten. Dazu werden gezielt oder mit routinierter Sicherheit typischerweise drei Schritte der Komplexitätsreduktion argumentativ vollzogen:

Die **Personalisierung** – es treten zum Beispiel verstärkt Rückenschmerzen auf. Was könnte die Ursache sein? Zwangshaltung oder mangelndes Training?

Mit der Einführung von Rückenschulen ist sowohl die Personalisierungsfrage beantwortet worden und – besonders geschickt – als auch die zweite, noch gar nicht gestellte, **Individualisierung**sfrage.

Mit der Ablehnung des Angebots durch das Individuum wird nicht nur die Verortung der Ursachen für verstärktes Auftreten der Symptome im Individuum und dem Personal nochmal bekräftigt, sondern auch noch dazu die **Verantwortung für das Scheitern der angebotenen Therapie auf die Mitarbeitenden verlagert.** Das Individuum, das das großzügige Angebot des Unternehmens, eine Rückenschule zu besuchen, nicht wahrnimmt oder gar bewusst ablehnt, schadet offensichtlich nicht nur sich selbst, sondern auch dem Unternehmen und damit indirekt den Kollegen, die im Falle von Krankheit Mehrarbeit schultern müssen. Dabei spielt es nun interessanterweise kaum eine Rolle, dass 80 % dieser Kurse vorzeitig beendet werden, weil nach dem dritten Mal keiner mehr hingeht.

Wenn man sich als Arbeitgeber, als Personalverantwortlicher, Betriebsrat, Betriebsarzt etc. von der Verantwortung für das Scheitern von Maßnahmen der Prävention und der Gesundheitsförderung freisprechen lassen möchte, funktioniert die oben angeführte Drei-Stufen-Argumentation fast immer. Allerdings kommt man mit dem Hauptproblem der wachsenden Gefährdungen keinen Schritt weiter. Im Gegenteil, nach einem solchen „Scheitern" von Maßnahmen verschlimmert sich die allgemeine Situation in der Regel.

Lösungsorientierung und Kreativität und die anderen Faktoren

Schauen wir uns mal ein typisches Werk zur Resilienz an (Amann 2015):

> „Krisenzeiten zeichnen sich dadurch aus, dass Best-Practice-Lösungen, Routinen und Gewohnheiten mit einem Mal nicht mehr funktionieren." (Amann 2015, S. 93)

Ist das so? Best-Practice-Lösungen werden hier in eine Reihe mit Routinen und Gewohnheiten gestellt – warum? Best-Practice-Lösungen heben sich gerade in Krisenzeiten von den dann tatsächlich oft nicht mehr funktionierenden Routinen ab, das macht sie ja zu Best-Practice-Lösungen. Es sind in der Tradition der Best-Practice-Studien, zu denen ja auch die Pionierstudien der Resilienzforschung gehören, per Definition **diejenigen Handlungen, die gerade auch in einer Krise funktionieren.**

Unter den Stichworten Selbstregulation und Selbstfürsorge, Selbstverantwortung und Entschlossenheit, Beziehungen, Netzwerke und Vorbilder sind relativ allgemeine Formulierungen zu finden, wie sie auch jeder Stressmanagementratgeber bietet.

Herauszustellen wären vielleicht noch Sätze zu dem, was **Amann** eine gute Fehlerkultur nennt: „Sie lernen das Falsche, wenn Sie nicht die richtigen Fehler machen" (Amann 2015, S. 103). Dieser Satz wird erst eine Seite später richtig verständlich: „Sie sind auf dem richtigen Weg zum Aufbau von mehr Flexibilität und Widerstandskraft, wenn Sie sich und Ihrem Team angewöhnen, immer wieder *neue* Fehler zu machen" (Amann 2015, S. 104).

Wozu? Danach wäre ja das resilienteste Team jenes, welches den Laden zugrunde gerichtet hat, mit Fehlern, die so neu waren, dass selbst die erfahrensten Experten nichts mehr dagegen tun konnten.

Da bleibt wahrscheinlich wirklich nur noch Improvisation. Mit dieser kurzen Analyse eines populären Resilienzratschlagbuches soll nicht behauptet werden, dass dieses Buch keinen Nutzen für den Leser hätte. Leser neigen dazu (wie ich übrigens auch), sich das herauszugreifen, was sie für ihre eigenen Zwecke brauchen können. Für mich zeigt der Ratgeber von Amann, dass ganz allgemein eine befriedigende Definition von Resilienz auf organisationaler, betrieblicher und individueller Ebene **aussteht.**

Erhellender ist die Lektüre des Resilienzklassikers von **Weick und Suttcliff** (Weick und Sutcliffe 2015), die sich mit HRO (High Reliability Organizations) und den Eigenschaften ihrer Mitarbeiter und deren Kultur beschäftigen. Sie führen das ein, was im Amerikanischen *Mindfulness* heißt und im Deutschen als *Achtsamkeit* übersetzt und diskutiert wird.

Notwendigkeit eines Resilienzmodells

Was notwendig ist, ist ein **Resilienzmodell,** das sowohl individuelle, betriebliche als auch Begriffe für die Wechselwirkungen zur Verfügung stellen können muss.

Lernen durch Krisen als besonders erfolgreiche Methode der Aneignung individueller Resilienz zu fördern, dient meist eher der Entlastung der für Prävention Verantwortlichen als einer tatsächlich als nachhaltig zu bezeichnenden Veränderung.

Es bleibt sicher unbestritten, dass man durch den Sprung ins kalte Wasser u. U. besonders schnell schwimmen lernen kann, wenn man dafür die inneren und äußeren Voraussetzungen zur Verfügung hat: Dann und genau dann, gelingt einem auch der Sprung aus dem Becken mit dem kalten Wasser zurück ans rettende Ufer. Resilienz wird von Weick definiert als „die Fähigkeit eines Systems, seine Funktionsfähigkeit und Struktur angesichts innerer und äußerer Veränderungen zu bewahren und erzwungene Einschränkungen erfolgreich auszugleichen" (Weick und Sutcliffe 2015, S. 73).

Was Weick für Organisationen definiert, wird von vielen Resilienzforschern zu Unrecht auf Individuen übertragen.

Das ins Wasser geworfene System Individuum, das kein Selbstvertrauen, keine Freunde, keine Bildung erfahren und kaum Geld zur Verfügung hat und vielleicht nur deshalb die zynischen Anweisungen des Schwimmlehrers missversteht und absäuft, ist keine Organisation.

Da helfen auch Bilder wie die des Bambus oder des Grases, die sich nach Sturm oder Getrampel wieder aufrichten, nicht viel weiter. Auch das Stehaufmännchen, ein gern verwendetes Bild für Resilienz, führt hier nicht viel weiter, wobei es in seiner technischen Version ehrlicher ist als der Bambus und das Gras, da der Resilienzbegriff, wie übrigens auch der Stressbegriff, ursprünglich der Materialforschung entstammt.

Es bleibt als erste Erkenntnis festzuhalten, dass der **Resilienzbegriff bisher in der Literatur ohne Krisenkonstruktion** nicht auskommt.

Mit dem Siegeszug der Resilienz wird die Krise zum Normalfall. Wir werden weiter unten sehen, welches Geschäftsmodell hier Pate steht und dass es handfeste ökonomische Gründe gibt, am Krisengerede festzuhalten. Durch diese unten noch näher zu erläuternde Rhetorik der Krise wird nach bewährten Regeln der Kommunikation der Blick auf ein eigentlich näher liegendes und verständlicheres **Modell des Lernens** verstellt und scheinbar ausgeschlossen: Lernen durch Zuwendung, Potenziale und Berücksichtigung der individuellen Voraussetzungen, meist angeleitet durch Lehrer, Coaches und Führungskräfte, die eine Leidenschaft für die Entwicklung von verborgenen Talenten haben und diese beruflich ausleben. Also Kandidaten für eine positive Identifikation, die ihren Schützlingen so viel Respekt entgegenbringen, dass diese trotz des Meister-Schüler-Verhältnisses oder des Vorgesetzten-Mitarbeiter-Verhältnisses immer die für die eigene Integrität notwendige Entscheidungsfreiheit behalten und von und vor krisenhaftem Einfluss für die Zeit des Lernens geschützt bleiben.

Glück für die schlecht mit Resilienzfaktoren ausgestatteten Individuen, wenn sie auf einen **solchen** Schwimmlehrer treffen. Dann geht der Kurs inhaltlich weit über einen Stoß ins kalte Wasser hinaus und könnte mittel- bis langfristig sogar einen eleganten Sprung hinein und auch wieder hinaus umfassen – *resilire* heißt wörtlich übersetzt „zurückspringen". Anders formuliert: In der Krise mit dem Resilienztraining zu beginnen oder Resilienz angesichts einer Krise plötzlich von den Mitarbeitern zu erwarten, ist – moderat formuliert – unfair.

Mit einem weiteren rhetorischen Trick, der oft angewendet wird, wird in der Regel auch diese Unfairness als eine *nicht vorhandene* beschrieben.

Eine alte bewährte Fragetechnik, vielfach in Seminaren angewandt, lautet etwa: Wollen Sie Tee oder Kaffee? Womit Bier, Cola und Wasser schon mal ausgeschlossen sind. Übertragen auf das Thema Resilienz könnte die Frage lauten: Wollen Sie angesichts der Krise überleben oder untergehen? Natürlich wollen wir dann doch eher überleben, selbst wenn wir darüber die **Möglichkeit der Krisenfreiheit nicht mehr in den Blick** nehmen. Wie durch Zauberhand wird die Welt zur Dauerkrise und Gefahr und das eigene tägliche Überleben auf einmal als „Resilienz" erfahren. Resilienztests, die zu Beginn eines Seminars ausgeteilt und von den Teilnehmern selbst ausgewertet werden, zeigen, wie nah oder fern man dem Untergang durch die Krise ist. Gleichzeitig wird die Lösung gleich mitgeliefert: Trainiere, glücklich zu sein, dich in Akzeptanz und Verantwortungsübernahme etc. zu üben. Denn dann ist man nochmal davongekommen.

Angesichts dieser hypothetisch immer vorhandenen Dauergefahr der allgegenwärtigen Krise werden wir uns der positiven Faktoren unserer selbst mehr bewusst, diese gefallen uns und von diesen wollen wir auch nicht mehr lassen, selbst wenn das bedeutete, dass die Welt auch in Zukunft in möglichst düsteren Farben gezeichnet werden muss.

Ich lebe, also bin ich resilient, sonst wäre ich angesichts der überwältigenden Gefahren insbesondere im Arbeitsleben doch schon gestorben oder zumindest dem stressbedingten Burn-out oder der Depression verfallen oder möglicherweise noch schlimmer wie der Rückenschulen verweigernde Kollege ein Outsider, einer, der sich, dem Unternehmen und mir schadet – er tut freiwillig nichts für seine Gesundheit!

Wieso Organisationsentwicklung?

Da Betriebliche Gesundheitsförderung als Methode der Wahl im Präventionsgesetz hervorgehoben wird, soll vorab kurz skizziert werden, was man darunter versteht.

Betriebliche Gesundheit ist der Sammelbegriff für positive wie negative Einflussfaktoren, für ein empirisch gut überprüftes Indikatorenmodell individueller Befindlichkeit (ebenfalls positiv wie negativ) sowie für Effekte der Einflüsse auf die individuellen Befindlichkeiten, die sich dann in wirtschaftlichen Kennzahlen und/oder Arbeitsunfähigkeitsdaten der Krankenkassen abbilden lassen.

Das Feststellen von **Gefährdungen** wird in traditionellen Verfahren der Prävention und der Arbeitssicherheit mit sehr unterschiedlichen und in der Regel medizinischen sowie ingenieurwissenschaftlichen Verfahren durchgeführt, die nicht unbedingt die Beteiligung der betroffenen Mitarbeiter voraussetzen. Für die Kooperation zwischen Akteuren moderner Ansätze der Gesundheitsförderung und Akteuren klassischer Ansätze der Prävention, Arbeitsmedizin und Arbeitssicherheit muss daher bedacht werden, dass die zugrunde liegenden Begriffe Betrieblicher Gesundheit systematisch unterschiedlich sind.

Gesundheit als Folge der erfolgreichen Abwehr von Krankheitssymptomen ist eine andere Gesundheit als diejenige, die sich in einem hohen Kohärenzgefühl (Sense of Coherence, SOC nach Antonovsky) und vergleichbaren salutogenen Ansätzen ausdrückt. Das Kohärenzgefühl nach Antonovsky beschreibt psychische Faktoren der **Gesunderhaltung.**

In eigenen Untersuchungen (N > 24 000) konnten wir als **betriebliche Haupteinflussfaktoren „Lernen bei der Arbeit", „Identifikation" und „Entscheidungsspielraum"** identifizieren. Bei diesen drei Haupteinflussfaktoren finden sich hoch signifikante Zusammenhänge mit dem Gesundheitsindikator „Arbeitsfreude" (als Teil der psychischen Gesundheit operationalisiert) und eine relativ hohe Varianzaufklärung.

Während in der präventiv orientierten Gesundheitsförderung ein arbeitsmedizinischer und sicherheitsingenieurwissenschaftlicher Gesundheitsbegriff Gültigkeit hat, sind es bei

salutogenen Ansätzen psychologische, sportwissenschaftliche, soziologische Ansätze, ergänzt um Methoden aus wissenschaftlich fundiertem Management der Betriebswirtschaft und Qualitätssicherung.

Dass hier die Kommunikationen und Kooperationen zwischen den unterschiedlichen Akteuren und ihren wissenschaftlich abgesicherten Methoden regelmäßig einer gezielten Analyse unterworfen werden soll, zielt in die richtige Richtung, dass sich allein dadurch die Kommunikationen und Kooperationen der Zukunft verbessern werden, ist noch völlig ungewiss.

Die Grobeinteilung in eine präventive Gesundheitsvorstellung und eine Vorstellung der Existenz von resilienten und salutogenen Faktoren sagt ja noch nichts aus über das hohe Ausmaß an Diversität innerhalb jeder Fraktion, dort herrscht alles andere als Einigkeit darüber, was man eigentlich unter Gesundheit verstehen soll.

Organisationsentwicklung (OE) als Betriebliche Gesundheitsförderung (BGF) bedient sich unter anderem der von *Kurt* Lewin entwickelten Methode des **Datenfeedbacks.** Hierzu werden die Mitarbeiter über positiv wirksame (Potenziale) und negativ wirksame (Gefährdungen) Einflüsse ihres Betriebes befragt und systematisch über Feedback- und Verbesserungsworkshops (Arbeitssituationsanalysen, Gesundheitszirkel) in den Aufbau von gesunden Vertrauensorganisationen (Salutogenese und Partizipation) einbezogen.

Dabei wird im Rahmen eines qualitativ heuristischen Vorgehens der systematischen Hypothesenbildung und Hypothesenüberprüfung ein Befragungssystem und die dazugehörige Auswertungssoftware eingesetzt, die höchsten wissenschaftlichen Standards genügen.

Als zentrales Ergebnis dieser Auswertungsverbesserungsaktivitäten dieses Aktionsforschungsprogramms (Kurt Lewin) werden die maximal 15 stärksten Einflussfaktoren (negative und positive) auf die Motivation, Produktivität und das gesundheitliche Befinden der Mitarbeiter und Führungskräfte identifiziert und zur Grundlage einer Führungskräfteausbildung in gesunder Mitarbeiterführung gemacht.

Auch die allgemeinen Organisations- und Kommunikationsregeln werden kontinuierlich diesen grundlegenden Wertorientierungen der Unternehmenskultur angepasst.

Betriebliche Gesundheitsförderung als Organisationsentwicklungsansatz wird daher zu einem großen Teil als Austausch von Daten und Informationen betrachtet, die verschiedene Bereiche einer Organisation erfassen und verschiedene Perspektiven auf eine Organisation unter der Fragestellung richten, wie eine Organisation Gesundheit ihrer Mitarbeiter fördert oder beeinträchtigt. Dabei ist es nicht nur von Bedeutung, ob und welche Daten und Informationen ausgetauscht werden, sondern auch, wie diese Daten aufbereitet, visualisiert und kommuniziert werden, damit Veränderungen geplant, effizient umgesetzt und im Unternehmen akzeptiert werden können.

Dieser Grundsatz macht deutlich, dass Organisationen in ihrer Entstehungsgeschichte und Kultur jenseits ihrer spezifischen technisch-wirtschaftlichen Merkmale Entwicklungsmuster aufweisen, nach welchen sich Analysen und Interventionsstrategien zu richten haben, um Organisationen effektiv beeinflussen zu können. Diese Muster in der Veränderung von Verhältnissen kann man auch als Verhalten von Organisationen, als das *Verhalten der Verhältnisse* bezeichnen. Wenn man *Verhältnisprävention* als alle Maßnahmen der Arbeitsschutzplanung versteht und *Verhaltensprävention* als alle Maßnahmen, welche gesundheitsschützende und -förderliche Verhaltensweisen und Einstellungen erzeugen, dann ist BGF als Organisationsentwicklung eine Methode, die gezielt Verhaltensweisen und Einstellungen der Mitarbeiter nutzt, um dieses *Verhalten der Verhältnisse* zu steuern: nämlich **die jeweilige Kultur des Unternehmens** (*Kultur* nach Edgar Schein).

Es werden zwei wesentliche Aspekte von Gesundheitsförderung als Organisationsentwicklung vorgestellt: Der *strukturale Aspekt* und mit ihm die Frage nach der Angemessenheit von Analysemethoden sowie verschiedene Varianten der Dynamik von Organisationsentwicklung.

Der Strukturaspekt

Zunächst ist hier der **Strukturaspekt** zu sehen. Was man auf den ersten Blick von einer Organisation wahrnimmt, ist nicht das Wesentliche. Wie bei einem Eisberg sieht man in der Regel nur einen kleinen Teil der organisationalen Wirklichkeit – etwa ein Siebentel. Mit anderen Worten formuliert: der größte Teil der Organisationswirklichkeit ist verborgen – im Bild vom Eisberg „unter Wasser".

Um die Binnenstruktur einer als „Eisberg" vorgestellten Organisation näher zu bestimmen, habe ich mir erlaubt, dem Eisbergbild eine Differenzierung nach Systemebenen hinzuzufügen.

Wir haben es mit vier Eisbergen zu tun:

1. der Mensch in der Organisation,
2. das Arbeitsteam und die Gruppe,
3. die Aufbau- und Ablauforganisation des jeweiligen Betriebes und
4. die technisch-wirtschaftlichen und physikalischen Bedingungen des Unternehmens.

Diese vier Ebenen der Organisationen haben jeweils einen mehr sichtbaren und mehr unsichtbaren Teil. So wie Menschen die Organisationswirklichkeit nicht nur durch ihr sichtbares und verstehbares Verhalten beeinflussen, sondern in ihren bewussten und unbewussten Wünschen und Bedürfnissen, in individuellen Lernstilen und Einstellungsmustern Wirkung zeigen, so gibt es in jedem Team neben den gewünschten und geteilten Regeln der Kommunikation und des zwischenmenschlichen Umgangs Dynamiken, deren Ursprung und Regeln nicht einfach zu erkennen und zu verstehen sind.

Das Gruppenklima muss nicht immer mit den Regeln für Teamarbeit übereinstimmen, da es bisweilen ganz anderen Gesetzen folgt.

Die Aufbau- und Ablauforganisation ist in jedem Betrieb – der dritte Eisberg in unserem Bild – nur die eine Seite der Medaille: Immer haben wir es auch mit informellen

Regeln im Austausch von Informationen oder Entscheidungen in der Hierarchie oder konkreten Arbeitsabläufen zu tun. Wer diese nicht kennt und beachtet, wird schwerlich ein erfolgreiches BGF-Projekt starten können.

Last but not least finden wir in jedem Unternehmen einen bestimmten wirtschaftlich-technisch-physikalischen Rahmen vor. Es werden bestimmte Dinge in einer bestimmten Umgebung unter konkreten Arbeitsbedingungen produziert. So sind zum Beispiel die Produktionsmittel, etwa ein bestimmter Maschinenpark, eine bestimmte Software etc., sowie die Bedingungen der Produktion wie etwa der Zustand der Gebäude und Räume, das jeweils vorhandene Controllingsystem oder die finanzielle Ausstattung des Unternehmens verschiedene Aspekte eines **Systems von Wechselwirkungen,** das deutlichen Einfluss auf Veränderungen und die Veränderbarkeit von Organisationen nimmt. Auch bei diesem letzten **organisationalen** „Eisberg" gibt es mehr und weniger deutlich sichtbare Aspekte des Einflusses auf die Organisation insgesamt.

In der Sprache der Organisationsanalyse könnte man sagen, es gibt immer harte und weiche Wissensbestände, die jeweils ihnen entsprechende Methoden, Instrumente und Vorgehensweisen der Analyse erfordern. Die vielschichtige Struktur einer Organisation versinnbildlicht sich für uns am einfachsten durch das Bild der vier Eisberge. So weit zu dem oben als statisch-struktural bezeichneten Aspekt der Organisationsbeschreibung, der im Rahmen eines BGF-Projektes zu berücksichtigen ist.

Die Dynamik der Organisationsveränderung

In einer dynamischen Hinsicht unterscheide ich zwei Arten von Dynamik in der Betrieblichen Gesundheitsförderung.

Dynamik 1
Jede Organisation ist ein dynamisches Gebilde. Anders ausgedrückt: Ein Unternehmen verändert sich laufend, ohne dass über geplante Interventionen von außen Veränderungen hervorgerufen werden. Dieser Aspekt ist sehr wichtig sowohl für Fragen der Analyse als auch für Fragen der Intervention. Gerade in für größere Zeiträume geplanten Projekten der betrieblichen Gesundheitsförderung sollte man einen gewissen Einblick in unternehmenstypische Veränderungsprozesse haben. Dies kann langfristige Prozesse betreffen, wie etwa Traditionsbildung und Entwicklungsgeschichte des Unternehmens, so wie sehr kurzfristige Prozesse, zum Beispiel formal gelenkte und informell entstandene Arbeitszeitrhythmen, Pausen, Urlaube und Krankheiten von Mitarbeiterinnen und Mitarbeitern oder periodisch wiederkehrende Zeiten von hoher Anspannung und Stress und Zeiten von Ruhe. In jedem Unternehmen wird man solche Rhythmen finden, die betriebstypisch sind und die bei einer Organisationsentwicklung beachtet werden müssen.

Dynamik 2
Eine gezielte und geplante Organisationsveränderung – und dies ist in der Regel das Ziel von betrieblicher Gesundheitsförderung – muss also berücksichtigen, dass das, was verändert werden soll, **sich ohnehin schon verändert:** *die Verhältnisse verhalten sich.*

Analysestrategien und Interventionsmaßnahmen müssen also ihrerseits dynamisch und flexibel einsetzbar sein, sich an die Rhythmen und Veränderungszyklen des Unternehmens, an seine Kultur anpassen können. Dies meinen wir, wenn wir von prozessorientierter und ganzheitlicher betrieblicher Gesundheitsförderung sprechen. Für diesen Zweck haben wir ein Methodenarsenal entwickelt, das sich an die jeweiligen Phasen der aktuellen und geplanten Entwicklung anpassen kann.

Das Zusammenführen dieser möglichen Untersuchungsergebnisse ermöglicht es, Betrieben Vorschläge zu Veränderungen zu machen, die sowohl die Interessen der Mitarbeiter, des Managements, des Betriebsrates und des Unternehmens selbst erfüllen.

Zur Umsetzung dieser Vorschläge bieten wir Betrieben einen umfangreichen Katalog an einzelnen **Seminarreihen,** die Durchführung von **Gesundheitszirkeln** oder die **Umgestaltung von Arbeitsabläufen** nach arbeitswissenschaftlichen Erkenntnissen an.

Oft ist jedoch allein schon die **Analysephase** ausreichend nützlich: Betriebe entdecken, wie viel Ressourcen bei ihren Mitarbeitern oder Stabsstellen ungenutzt sind oder wo sie gar kontraproduktiv arbeiten. Das **Entdecken** solcher bisher nicht genutzten Kräfte im eigenen Unternehmen ist ein Hauptziel der Arbeit des *Arbeitskreises Gesundheit,* der als das zentrale Steuerungsinstrument eines Projektes der Betrieblichen Gesundheitsförderung betrachtet werden muss.

Unser Ziel in der Arbeit für Unternehmen ist es, uns als externe Berater möglichst schnell überflüssig zu machen. Betriebliche Gesundheitsförderung, als Organisationsentwicklung verstanden, muss ein „Selbstläufer" werden. Dann wird man dem Ziel der „Healthy Company", der gesunden Organisation, näher kommen, die unter dem Strich nur Vorteile für alle Beteiligten bietet: Gesundheit für die Mitarbeiter und ökonomischen Erfolg für das Unternehmen.

Ein BGF-System lohnt sich für alle Beteiligten vielfach. Da die Krankenkassen gehalten sind, dieses auch zu finanzieren, lohnt es sich nochmal deutlich mehr. Die Konzentration von BGM-Maßnahmen auf die unteren Gehaltsgruppen, auf schlecht ausgebildete Arbeitnehmer, auf besonders gefährdete Berufsgruppen ist viel Erfolg versprechender, als sie auf die Arbeitnehmer, die ohnehin ein ausgeprägtes Gesundheitsbewusstsein haben, auszurichten.

Es müssen parallel und während der Arbeit zwei Entwicklungsprozesse gesteuert werden:

- die jeweilige individuelle Entwicklung der Arbeitnehmer zu mehr Gesundheitskompetenz im Sinne der Aneignung resilienter Haltungen, der Wahrnehmung betrieblicher Gesundheitspozentiale und
- die Entwicklung und das routinierte Zur-Verfügung-Stellen der Gesundheitspotenziale, die durch die Befragung identifiziert werden konnten.

Kurz: Es geht hier um einen gemeinsamen Lern- und Veränderungsprozess, der eine gesundheitsförderliche Unternehmenskultur schafft, die von gegenseitigem Respekt zwischen Führung, Management und Belegschaft gekennzeichnet ist.

Wie erfolgreich dieses Vorgehen sein kann, werden wir immer wieder anhand der Firma *Moll Marzipan* demonstrieren, bei der die Konzentration der Veränderungsprozesse tatsächlich auf die unteren, meist ungelernten Arbeitnehmer erfolgte. Von dieser Firma haben wir die ausdrückliche Erlaubnis und Aufforderung erhalten, ihre Probleme, Vorgehensweise und Erfolge zu dokumentieren und zu publizieren. Dafür sind wir sehr dankbar.

Dieses Vorgehen heißt **Resiliente Organisationsentwicklung** und diese kann durch jedes bewährte Training in den Feldern Stressmanagement, Sport, Führung und Kommunikation *ergänzt* werden.

Kurt Lewin

Der hier beschriebene geplante und strukturierte Veränderungsprozess stammt aus dem Bereich der Organisationsentwicklung und geht auf die Schule von **Kurt Lewin** zurück, der in den 1920er-Jahren in Berlin und dann später in den USA die **Gestalt- und Feldtheorie,** die sich voll und ganz auf die Wahrnehmungspsychologie konzentriert, entwickelte (Abb. 1).

Wenn Menschen in die Lage versetzt werden können, sich ihre Umwelt proaktiv und gezielt anzueignen, und wenn sie effektives Lernen gelernt haben, dann ist nicht nur für die Politik, sondern auch für die Gesundheit dieser Menschen viel getan worden. Dazu müssen die Menschen allerdings lernen, ihre Wahrnehmung zu steuern, Geistesreichtum durch achtsames Lernen zu entwickeln. Und das können auch Mitarbeiterinnen und Mitarbeiter, die als „bildungsfern" bezeichnet werden.

Wir haben erfahren, dass es oft schon ein **Wechsel der Fragestellung** ist, der zu neuen Ansätzen führen kann, so wie es bei den bekannten Kippbildern unterschiedliche Wahrnehmungen gibt, je nachdem, welche Frage gestellt oder welche Rahmenbedingungen in die Beobachtung einfließen (Abb. 2).

Organisationsentwicklung geht auf diesen von Kurt Lewin entwickelten **gestaltpsychologischen Ansatz** zurück. Resiliente Organisationsentwicklung ergänzt diesen

Abb. 1 Kurt Lewin

Abb. 2 Kippbild: Wie man
in diesem Bild, je nach Fokus,
eine junge Frau oder eine
alte Frau wahrnehmen kann,
kann in einer Befragung
nach Potenzialen oder nach
Defiziten, danach, warum
10 % der Mitarbeiterinnen
und Mitarbeiter krank sind
oder danach, warum 90 %
der Mitarbeiterinnen und
Mitarbeiter gesund sind,
gefragt werden. Die Antworten
wie die Handlungsorientierung
werden durch das
Erwartungsfeld, welches durch
die Frage aufgebaut wird,
determiniert

Ansatz um die reichhaltigen Forschungsergebnisse zur Widerstandsfähigkeit, Achtsamkeit, Flexibilität und Stressresistenz aus verschiedensten Disziplinen der Gesundheitsforschung. Resilient heißt dieser Ansatz deshalb, weil er sowohl alle in der Forschung bekannten individuellen Haltungen der Resilienz berücksichtigt und diese mit den sogenannten Haltungen der organisationalen Resilienz verbindet.

Resilienz

Resilienz erscheint also nach der Lektüre der unterschiedlichen Definitionsansätze als ein Begriff zur Beschreibung eines beschleunigten und nachhaltigen durch „Krisen" erzeugten Lernens, das gesund sein soll. Dabei gibt es Abgrenzungen von und Überlappungen mit Betrieblicher Gesundheitsförderung auf individueller und organisationaler Ebene, die im Folgenden erläutert werden.

Wie schön wäre es, wenn die Mitarbeiter eines Betriebes dankbar und mit Begeisterung jede An- und Aufforderung annehmen würden, mit einem Lächeln Widerstände und Gefährdungen elegant umschifften, um dann zum eigenen Ruhm und zum Profit des Unternehmens Spitzenleistungen und Spitzenerfindungen produzierten und nach hundert erfüllten Lebensjahren von dankbaren Chefs, Kollegen und Familienmitgliedern auf einer schönen Beerdigung als Vorbild für die Hinterbliebenen gepriesen würden – das wäre zusammenfassend die Darstellung eines idealen resilienten Arbeitslebens.

Zurzeit konzentriert sich ein Teil der Forschung im Betrieblichen Gesundheitsmanagement gerade wegen der (übrigens leicht zu erklärenden) Seltenheit des

Phänomens Resilienz (der Wunsch danach ist nicht selten, ja sogar sehr diskutiert) auf die Erforschung dieses Phänomens: Warum sind beispielsweise Kinder, die in Slums aufwachsen, in ihrem späteren Leben erfolgreich, obwohl ihre statistische Bestimmung es vorgeschrieben hätte, ähnlich wie 80 % ihrer Kohortenkollegen nachhaltig zu scheitern. Warum haben knapp ein Drittel der Teilnehmer einer inzwischen weltweit bekannten Kontrollgruppe ehemaliger Konzentrationslagerhäftlinge einen höheren Sense of Coherence (der heute am weitesten verbreitete Gesundheitsindikator, der eben aus der Forschung zu von einfach wider die Erwartung gesund gebliebenen Häftlingen entdeckt werden konnte) als ihre Mithäftlinge und als die meisten der in der von **Aaron Antonovsky** durchgeführten Studie teilnehmenden Probanden? Von diesem werden wir noch unter dem Thema „Salutogenese" viel lesen.

Resilienzbilder in der Literatur

Vielleicht nicht unpassend zur modernen Touchscreen-Facebook-Kultur handelt es sich bei der Flut von Veröffentlichungen zum Thema Resilienz oft um Wortspiele, die mit impliziten Bildern arbeiten.

Es wird weniger analysiert und mehr suggeriert. Aus meiner Sicht ist es nun höchste Zeit, ein wenig Analyse nachzuliefern, denn nur sie scheint mir in der Lage zu sein, die in der Tat wertvollen Gedanken dieses neuen Gesundheitsmodells von den haltlosen Behauptungen und den Folgen nicht korrekter Übersetzungen zu befreien.

Vieles von dem, was da in einschlägigen Büchern gesagt wird, scheint mir schlichtweg auf Übersetzungsfehlern zu beruhen. **Resilienz** mit Flexibilität zu übersetzen ist genauso falsch wie **Mindfulness** mit Achtsamkeit zu übersetzen. Es ist fast komisch: Ins Deutsche übersetzte englische Literatur verhindert durch falsche Übersetzungen, **die Essenz des Resilienzansatzes,** die in den USA etwa als *„geistreiche situations- und gemeinschaftsbezogene kollektive Reaktion einer Organisation in einer Kultur der positiv-optimistisch-pragmatischen Ausrichtung"* zu verstehen wäre, in ein angemessenes deutsches Verständnis zu übertragen. Wo aus Geistesreichtum Achtsamkeit wird, aus Resilienz Flexibilität, da kann man einen Mentalakrobaten durchaus schon mal für einen Bambus halten.

Mindful Leadership bedeutet übersetzt geistreiche Führung und kann nicht mit dem Wort Achtsamkeit in Verbindung gebracht werden, denn hier geht es um eine Art der Kommunikation, die aus gegenseitigem Respekt Entwicklungen fördert, die so vorher nicht für möglich gehalten wurden.

„Achtsame" Führung findet zwischen Müttern und ihren Kindern statt, daher wird das Wort achtsam ab jetzt in diesem Artikel über Mindful Leadership nicht mehr verwendet, denn hier geht es um geistreiche Führung.

Geistreiche Führung in der Tradition von verschiedenen Resilienzansätzen wird nach Waldhauser und Langer wie folgt definiert:

Geistreiche Führung baut an einem

- gemeinsamen Verständnis von umstrittenen Problemen
- mithilfe von Offenheit gegenüber neuen Sichtweisen,
- einer Wachheit gegenüber feinen Unterschieden,
- einem Spürsinn für unterschiedliche Zusammenhänge,
- einer Bewusstheit darüber, dass es unterschiedliche Perspektiven und Realitäten gibt, und insbesondere
- einer starken Orientierung an der gegenwärtigen Situation mit
- dem Ziel, Veränderung zu ermöglichen.

(Waldhauser 2018, S. 17, eigene Übersetzung).

Das spannende und fast zu übersehende Schlüsselwort an dieser Definition von geistreicher Führung steckt im Text „constant questioning" (Abb. 3).

Die Krisenorientierung als gemeinsamer Bezugspunkt von individueller und organisationaler Resilienz verdoppelt das Verständnisproblem: Ein Individuum wird in einer Krise vermutet, wenn seine Umwelt nicht die fördernden Unterstützungen hervorbringt, die das Individuum eigentlich erwarten dürfte. Dass das Individuum trotz dieser Entbehrungen eine positive Entwicklung nimmt, wird durch einen rhetorischen Trick zur Ausnahme hochstilisiert: Die Geltung der Hypothese, dass Individuen, insbesondere Kinder und Jugendliche, nur dann eine positive Entwicklung vollziehen können, wenn die Rahmenbedingungen des Forderns und Förderns eingehalten werden, wird durch die Annahme einer Ausnahmeeigenschaft – eben der Resilienz – unter der Hand wieder infrage gestellt. Normalerweise müssten diese Kinder scheitern. Weil sie das aber nicht tun, müssen sie mit einer besonderen psychischen Ausrüstung ausgestattet sein, die man Resilienz nennt. Erklärt wird hier ein eigentlich erwartbares Phänomen: die gesunde Entwicklung der Kinder durch ein mysteriöses psychisches Stärkepaket, was nun seinerseits zum Forschungsgegenstand erhoben wird. Es ist wichtig zu sehen, dass hier durch pure Rhetorik die Ausnahme zur Regel wird und die Regel zur Ausnahme. Der Resilienzbegriff wäre ohne das Krisengetöse völlig überflüssig, man wüsste nicht mal entfernt, was damit gemeint sein soll.

Die gesunde Entwicklung der Kinder war vor der Resilienzforschung die Regel: Sie musste nicht erklärt werden, sondern die Ausnahmen von ihr. Nun ist plötzlich das Erwartbare und Selbstverständliche das Erklärungsbedürftige. Wie kommt es nur, dass Kinder sich gut entwickeln?

Der eigentliche Forschungsgegenstand der Resilienzforschung wird, so betrachtet, das „böse" gute Kind.

Eigentlich sollte das böse Kind (es ist angesichts der feindlichen Umweltbedingungen ja verständlich, dass dieses Kind böse ist) eben weil es so böse ist, gnadenlos scheitern.

Table 1: Influence factors on mindful leadership in an organisation

Core category	Category	Concept	Support factors of mindful leadership
Organisationale Einflussfaktoren	Organisationskultur	• Flat hierarchies • Clear responsibilities • Freedom of executives	➤ Quick information exchange
	Organisation skultur	• Communication of organisational philosophy • Transparency of decisions • Feedback system • Learning orientation • Constructive error culture • Constant questioning of process standardisation	➤ Quick reaction to change ➤ Creative thinking ➤ Community spirit ➤ Mutual understanding
	Gebäude architektur	• Spatial proximity	➤ Alertness to distinction
Interpersonale Einflussfaktoren	Information saustausch	• Open communication • Value of different perspectives	➤ Sensitivity to different perspectives
	Führungsstil	• Empathy, support and participation	
	Produktivität	• Optimisation orientation	➤ Orientation in the present
Individuelle Einflussfaktoren	Führungs attribute	• Willingness to take over leadership responsibility • Critical view • Creativity • Openness to change	➤ Sustainable thinking

Source: Own presentation, based on the empiric results of the interview study

Abb. 3 Einflussfaktoren Mindful Leadership. (Waldhauser 2018, S. 35)

Aber siehe da: es ist gar nicht böse und weil es nicht böse ist, scheitert es auch nicht. Oder mehr im Resilienzjargon formuliert: Was ist los mit diesem Kind, es will partout nicht scheitern? Das soll es jetzt aber wirklich selbst erklären!

Damit könnte eigentlich alles gut sein. Nur: jetzt sollen wir erklären, wie aus dem bösen Kind ein gutes geworden ist – und da hilft uns die Resilienz: Sie macht aus bösen Kindern gute, so einfach war das auf jeden Fall bei Emmy Werner auf Hawaii. Diese Erkenntnis setzt sich bis heute immer wieder durch: aus bösen gute machen gelingt dir nur mit Resilienz. Dass aus dieser Rhetorik die schwarze Pädagogik des 19. Jahrhunderts rauslächelt, mag nur wenig verwundern.

Auch Focault lässt grüßen, wenn das Individuum – hier das Kind – von wohlmeinenden Pädagogen und ihrem guten Willen umzingelt worden ist. Im Internet kursierte längere Zeit ein Foto, das einen überfüllten S-Bahn-Bahnhof in der Nähe von München zeigte: Etwa 50 Fahrgäste waren dort zu sehen und etwa 49 blickten in ihr Smartphone. Nur ein einziger Fahrgast nahm sich die Freiheit, nach oben zu einem realen oder vorgestellten Gegenstand seinen Blick zu richten, was die fast wütende Bildunterschrift verständlich machte: „Was ist los mit diesem Typen?" Kann er sich nicht wie alle anderen benehmen? Kann er sein Verhalten legitimiert erklären? Wahrscheinlich ist er resilient.

Die Entstehung eines neuen Paradigmas

Thomas Kuhn hat in seinem Buch „Die Struktur wissenschaftlicher Revolutionen" (Kuhn 1973) **Paradigmenwechsel** beschrieben. Diese Wechsel von Paradigmen, griechisch für Beispiel, meint dabei einen komplexen gesellschaftlichen Veränderungsprozess, in dem sich nach und nach alle Meinungsführer und Träger von wissenschaftlichen Ideen, Methoden und den dahinterstehenden Grundannahmen an einer neuen Grundauffassung orientieren. Dieser kollektive kognitive Veränderungsprozess, so Kuhn, folgt selbst keineswegs den in der Scientific Community sonst geltenden Regeln der Denk- und Wahrnehmungsveränderungen, wie sie durch dort anerkannte Schlussfolgerungsprozeduren institutionalisiert sind. Paradigmatische Veränderungen gehen immer mit dem Bruch von alten Regeln der Beobachtung (*theorein,* griechisch für beobachten) und dem Aufstellen neuer Regeln für die Beobachtung einher.

Das Neue lässt sich zwar im Nachhinein als solches vom Alten abgrenzen, es lässt sich aber nicht mit den gängigen wissenschaftlichen und rationalen Verfahren planen. Das ist auch der Grund dafür, weshalb Heuristik und die qualitative Analyse von nicht verstandenen Phänomenen als vorwissenschaftlich und Theorien generierend beschrieben wird.

Knorr-Cettina hat in ihrem sehr informativen Buch „Die Fabrikation der Erkenntnis" (Knorr-Cetina und Harré 1981) verschiedene Verhaltensweisen von Forschern identifiziert, die typisch sind für die Phase des „Erfindens". Die zentrale Tätigkeit in dieser Phase nennt sie das „Analogien Räsonieren", das immer dann ausgeübt werde, wenn auf der einen Seite der Auftrag gegeben ist, eine neue Lösung für ein Problem zu finden, auf der anderen Seite die eigentlich dafür benötigten technischen, finanziellen und personellen Mittel nicht zur Verfügung stehen. Hinter dieser Beschreibung verbirgt sich mehr, als das banale Sprichwort von „Not macht erfinderisch" ausdrücken kann. Was in diesen sehr spezifischen Konstellationen häufiger geschieht als sonst, ist das, was die Gestaltpsychologen einen **Gestaltswitch bzw. einen Figur-Grundwechsel** nennen, der emotional fast immer mit der Erfahrung des sogenannten Aha-Gefühls einhergeht. Die Forscher beschreiben dies oft auch als eine Art euphorischer Wahrnehmungsveränderung: *Auf einmal passte alles zusammen.*

Man könnte das Phänomen, das einen Wechsel der Veränderung kognitiver Regeln der Wahrnehmung umfasst, auch als Lernen oder Persönlichkeitsveränderung beschreiben.

Thomas Kuhn betont, dass der Übergang von einem Paradigma zum nächsten nie dadurch bewerkstelligt werde, dass alle Forscher nun kollektiv diesen Lernprozess

vollzögen, sondern dadurch, dass die Vertreter des alten Paradigmas nach und nach aus-
stürben.

Das *Neue Paradigma* muss sich erst langsam etablieren, indem neue Institutionen
und Forschungsverbände gegründet werden, sich neue Schulen etablieren und das neue
Denken eher eingeübt, denn verstanden wird. Kuhn nennt als Beispiel für dieses Einüben den aus dem Lateinunterricht sattsam bekannten scheinbar mechanischen Vorgang
der Aneignung von Grammatikregeln durch permanentes Wiederholen einer Deklination.
Hier würde auch niemand den Sinn der grammatischen Regeln hinterfragen (Derrida
vielleicht ausgenommen), sie gelten als Grundausrüstung jeder Sprache.

Kurzer historischer Abriss zum Betrieblichen Gesundheitsmanagement

Betriebliche Gesundheitsberichterstattung kann nun auf mehr als ein Vierteljahrhundert
bewegter Geschichte zurückblicken. Der Bogen spannt sich vom Arbeitssicherheitsgesetz in seiner ersten modernen Fassung von 1973 bis zu den aktuellen gesetzlichen
Veränderungen, welche die Aktivitäten von Krankenkassen und Unfallversicherungsträgern regelmäßig neu regeln.

Jenseits der Veränderungen in der betrieblichen Gesundheitsförderung, die durch
die Gesetzgebung geregelt wurden, hat sich für Unternehmen mit der betrieblichen
Gesundheitsberichterstattung eine neue Form von Controlling entwickelt, die für Unternehmensleitung, Führungskräfte, aber auch Betriebsräte und Mitarbeiter ein hervorragendes Instrument der Organisationsentwicklung bietet. Hierfür mussten neben
Fragen des Datenschutzes aber auch Fragen der Datenaufbereitung und des Datenfeedbacks als Interventionsinstrument der Organisationsentwicklung bearbeitet werden.
Betriebliche Gesundheitsberichterstattung erfüllt genau dann ihren Zweck, wenn sie
von den betriebsinternen Nutzern (Führungskräften und Mitarbeitern) tatsächlich
als Orientierungshilfe für zukünftige Verhaltens- und Verhältnisveränderungen eingesetzt werden kann und die Abhängigkeit von internen und externen Experten möglichst gering gehalten wird. Dabei spielt die sinnliche Erfassung von komplexen
Informationen eine wichtige Rolle.

Im Jahre 1973 wurden mit dem Arbeitssicherheitsgesetz die rechtlichen Grundlagen
für betriebliche Gesundheitsförderung als eigenständige Disziplin geschaffen. Damals
wurde erstmals den deutlichen Veränderungen im Bereich des Krankheitspanoramas
und den Wandlungen im Arbeitsleben Rechnung getragen. Der Begriff „arbeitsbedingte
Erkrankungen" wurde geschaffen und in § 3.3.c des Arbeitssicherheitsgesetzes eingeführt (vgl. Ferber 1977, S. 74). Der Ausdruck „arbeitsbedingte Erkrankungen"
bezeichnet nach der klassischen Definition von L. v. Ferber „(...) solche chronisch-
degenerative Krankheiten, für die sich eine enge Beziehung zur Berufstätigkeit nach-
weisen lässt, die aber weder zu den Unfällen noch zu den Berufskrankheiten gehören."

Die Autorin gibt folgende nähere Bestimmung für arbeitsbedingte Erkrankungen:

> „Arbeitsbedingung und Krankheitsentstehung stehen nicht in einer einfachen Kausal-
> beziehung zueinander, vielmehr bestimmt die Genese der arbeitsbedingten Krank-
> heiten ein multifaktorielles Bedingungsgefüge: psychosoziale Einflüsse am Arbeitsplatz,
> ihre subjektive Wahrnehmung, Verhaltens- bzw. Reaktionsformen in der Situation, die
> somatische Disposition.
> Es handelt sich bei den arbeitsbedingten psychosozialen Belastungen nicht um
> außergewöhnliche Ereignisse (lifeevents, lifechanges), sondern um alltägliche ubiquitäre
> Belastungen im Betrieb, die Krankheitswert erst durch ihre Summation und ihre
> Konstellation in dem multifaktoriellen Belastungsgefüge gewinnen. Vor allem aber führen
> sie erst nach jahrzehntelanger, gleichförmiger Belastung zur Überforderung. Es sind daher
> vorwiegend ältere Arbeitnehmer von diesen Krankheiten betroffen.
> Die Messbarkeit der psychosozialen Belastungsfaktoren mit naturwissenschaftlich-arbeits-
> medizinischen Methoden ist fragwürdig. Zumindest fehlen bisher Normen und Maßsysteme
> zur Erfassung der psychosozialen Belastungen, die für den Arbeitsschutz anwendbar
> wären."(Ferber 1982, S. 128; Slesina 1982, S. 137)

Die Beschäftigung mit solchermaßen definierten Erkrankungen brachte die Forschungsgruppe um v. Ferber und Slesina auf die Idee, mithilfe *von Krankenkassendaten Verläufe
individueller „Krankheitskarrieren"* nachzuzeichnen, um hieraus eine Heuristik zur Entwicklung einer Theorie und Prävention arbeitsbedingter Erkrankungen zu erhalten (vgl.
Ferber 1977, S. 87 ff.). Es ging also zunächst, was aus heutiger Sicht verwundern mag,
um die Erfassung individueller Verläufe der Krankheitsgenese mithilfe von Kassendaten.
Eine Theorie der „arbeitsbedingten Erkrankungen" müsste also in der Lage sein, sich
über Jahrzehnte hinweg entwickelnde psychophysiologische Muster zu identifizieren,
„subjektive" Wahrnehmungen mit „objektiven" Organisationsbedingungen begriff-
lich-theoretisch in einen systematischen Zusammenhang zu stellen, darauf bezogene
Belastungen aus dem Bereich alltäglicher, situativer Ereignisse heraus zu identifizieren und diese mit somatischen Dispositionen in Verbindung zu setzen. Wenn man
die organisatorische und wissensbezogene Arbeitsteilung der Fachdisziplinen in den
medizinischen, psychologischen und soziologischen Bereichen der akademischen Welt
kennt, weiß man, welch hohe Anforderungen in einem solchen Vorhaben an die Inter-
disziplinarität von Forschung gestellt wurden. So verwundert es auch nicht, dass es
nach wie vor keine einheitliche Theorie zur Entstehung arbeitsbedingter Erkrankungen
gibt. Doch wurde die Idee zur Entwicklung einer systematisch aufgebauten betrieblichen Gesundheitsberichterstattung, die meines Wissens zum ersten Mal von v.
Ferber in einem Beitrag zu den „Loccumer Protokollen" 1977 formuliert worden ist,
konsequent weiterverfolgt (Slesina 1978; Ferber 1977, 1982). Auch die Arbeiten des
Wissenschaftszentrums Berlin zur Erforschung der Genese von Herz-Kreislauf-Krankheiten bei unteren Vorgesetzten haben wichtige Beiträge zur Entwicklung von Verfahren der Gesundheitsberichterstattung geliefert (Friczewski 1982). Hier zeichnete die
Konzentration auf Stresskonzepte und Handlungstheorien als Brückenkonzepte zwischen
psychologischer, arbeitswissenschaftlicher und medizinischer Theorienbildung die
Arbeiten aus. Denn bereits bei der Definition von „arbeitsbedingten Erkrankungen" wird

auf die im Stressparadigma im Vordergrund stehende Frage der Problematik einer eindeutigen Definition von „Belastung" in Abhängigkeit von den jeweils subjektiven Verarbeitungsmöglichkeiten explizit Bezug genommen (Ferber 1977, S. 78).

Einen deutlichen Auftrieb bekam das Vorhaben einer ganzheitlichen und umfassenden Behandlung des Problembereichs „arbeitsbedingte Erkrankungen" durch das 1988 erlassene *Gesundheitsreformgesetz,* das im § 20 den Krankenkassen formal eine aktive Rolle bei der Prävention arbeitsbedingter Erkrankungen zugestand. Hiermit hatten die Kassen nicht nur die Möglichkeit, sondern den gesetzlichen Auftrag, ihren nach wie vor einzigartigen Datenbestand zur Prävention arbeitsbedingter Erkrankungen systematisch zu nutzen.

Heute haben wir es durch die vom Gesetzgeber angeregte Aktivität der Krankenkassen mit einer ganzen Palette von Verfahren der Gesundheitsberichterstattung zu tun.

Trotz einer seit Anfang der 1990er-Jahre fortgeschrittenen und systematisch eingesetzten betrieblichen Gesundheitsberichterstattung durch die großen Kassen, trotz einer zunehmenden Konzentration auf die Frage einer ganzheitlichen Prävention arbeitsbedingter Erkrankungen und einer zunehmenden Popularität von Projekten, die inzwischen selbstverständlich Gesundheitsberichterstattung als Analyse- und Präventionsinstrument nutzen, sind grundsätzliche Fragen der Gesundheitsberichterstattung noch nicht beantwortet:

- Wie lassen sich Daten verschiedener Herkunft verknüpfen?
- Wie können qualitative Erkenntnisse aus Interviews, Workshops und standardisierten Befragungen zu Krankenkassendaten und Daten der Unfallversicherungsträger in Beziehung gesetzt werden?
- Welchen Erkenntnisgewinn bieten die auf Diagnosen beruhenden und nach ICD-Schlüssel systematisierten Daten der Kassen für die Servicenehmer, also Unternehmen und die versicherten Mitarbeiter?

In einem ersten Aufgreifen der Forderung des Gesetzgebers haben also die wahren Pioniere des Feldes Betriebliches Gesundheitsmanagement Prof. Selina und Prof. von Ferber den Versuch unternommen, mithilfe von individuellen Krankenkassendaten Krankheitskarrieren in Abhängigkeit von Arbeitsbedingungen, unterschiedlichen Berufen und Branchen zu rekonstruieren. Dieser tatsächlich neue Ansatz eröffnete das weite Feld Betrieblicher Gesundheitsberichterstattung, wobei sich einerseits aus berechtigten Datenschutzvorbehalten, andererseits aus wissenschaftlich methodischen Gründen eine Verschiebung des Untersuchungsgegenstandes von Krankheitskarrieren einzelner Personen auf Krankheitserzeugungsmuster ergab.

Was sich mit dieser Verschiebung allerdings auch ergab, war eine Veränderung des Forschungsfeldes: Ein Beitrag zur Prävention von arbeitsbedingten Erkrankungen konnte mit einer betrieblichen Gesundheitsberichterstattung, die sich ausschließlich auf bereits in Diagnosen dokumentierten Endpunkte eines Krankheitsentwicklungsprozesses konzentrierte, per Definition nicht mehr geleistet werden. Der rückwärts vollzogene

Schluss auf Entstehungsbedingungen von Krankheiten aufgrund von Daten, die Jahre nach den aktuellen vermuteten Einflussbedingungen erhoben wurden, läuft ins Leere und überfordert insbesondere das Klientel, für das diese Daten zur Verfügung gestellt werden: Manager und Entscheider in Unternehmen, welche diese Gesundheitsberichte erhalten, werden mit ihrer berechtigten Frage, was sie denn nun mit diesen Daten anfangen können, alleine gelassen.

Das ist auch verständlich, denn die Frage kann bis heute von niemandem – auch und gerade von den zuständigen Epidemiologen nicht – beantwortet werden.

Mit professionell erstellten Gesundheitsberichten haben wir keinen präventiven Erkenntnisgewinn, aber eine anhaltende **Ermahnungskultur** etabliert, innerhalb derer Unternehmer permanent an ihre Verantwortung für die physische und psychische Unversehrtheit ihrer Mitarbeiter erinnert werden.

Die tatsächlich erreichten Erfolge und Fortschritte im Betrieblichen Gesundheitsmanagement sind alle und ausschließlich auf Initiative von großen Unternehmen meist in enger Kooperation mit einer Krankenkasse erzielt worden.

Es scheinen sich zwei völlig voneinander getrennte Entwicklungen in der Prävention und Betrieblichen Gesundheitsförderung zu vollziehen. Auf der einen Seite haben wir wechselnde Ministerien, die das Thema immer wieder in Forschungsprogramme aufnehmen und nach mehreren Jahren intensiver Forschung als relevant bezeichnen lassen (ein Beispiel bietet U. Walter in dem zusammenfassenden Memorandum zum Programm Gesundheitsförderung und Prävention 2004 bis 2012 des BMBF), auf der anderen Seite haben wir zum Teil sehr erfolgreiche Programme, in der Regel initiiert und getragen von allen großen Krankenkassen, die aber in den seltensten Fällen von den mit den Forschungsprogrammen beauftragten wissenschaftlichen Institutionen zur Kenntnis genommen werden.

Der jüngst vollzogene Schwenk aller wissenschaftlichen Institutionen zur sogenannten *Evidenzbasierten Forschungsevaluation* verstärkt diese Trennung zusätzlich: Evidenzbasierte Forschung macht nur Sinn, wenn es bereits etablierte Forschungsstandards gibt, die auf einen in den für das Fach führenden Publikationsinstitutionen gemeinsam geteilten Konsens über die Qualität und Güte der Forschungsergebnisse verweisen können. Es gibt aber in der Gesundheitsförderung, der Prävention und insbesondere im Betrieblichen Gesundheitsmanagement weder diese Institutionen noch den Konsens, noch die Standards. Darauf weist zum Beispiel am Ende eines solchen Programms wie dem des BMBF das Memorandum von Frau Prof. Walter hin: Ziel müsse es nun sein, solche Standards zu entwickeln.

Wir stehen mit der Gesundheitsberichterstattung immer noch am Anfang der Entwicklung einer Gesundheitsförderungswissenschaft. Erst wenn diese genauere Konturen gewonnen hat, lässt sich der Nutzen von Krankenkassendaten bewerten. Im Moment erhalten wir aus diesen Daten lediglich Heuristiken, also begründete Ideen, welche Fragen an Unternehmen gestellt werden sollen. Die Verbindung des Begriffes „arbeitsbedingte Erkrankungen" mit der Analyse von Krankenkassendaten weist ja darauf hin, dass das Ergebnis einer solchen Verbindung niemals eine Theorie der

Gesundheitsförderung sein kann, bestenfalls eine Theorie der Krankheitsvermeidung. Für eine Theorie der Gesundheitsförderung brauchen wir eine Theorie der Gesundheit. Diese ist aber nicht ohne Umwege, Kosten und Risiken zu haben und strukturell völlig anders zu denken als die im weltweit verbindlichen ICD-Schlüssel bereits genutzten in Diagnosen aggregierten Symptombeschreibungen. Im Folgenden werde ich zeigen, dass eine Theorie der Gesundheit und damit auch eine Theorie der Gesundheits-förderung nichts weniger erfordert als das Postulieren einer völlig neuen Modellsicht der Zusammenhänge Arbeit und Gesundheit, welche eher als Paradigma zu bezeichnen wären denn als Theorie.

Gesundheitsförderung im Betrieb

Gesundheitsförderung im Betrieb wird verstanden als Verhaltensprävention und individuelles Erlernen von gesundheitsförderlichen Verhaltensweisen. Dies ist tatsächlich die älteste und **erfolgloseste Strategie der Gesundheitsförderung.**
Zur Steigerung des Erfolgs wurde die Strategie der Betrieblichen Gesundheitsförderung entwickelt. In den 1980er-Jahren war Gesundheitsförderung im Betrieb nahezu identisch mit sogenannten Rückenschulen. Bei einer Überprüfung der Wirksamkeit dieser Maßnahmen (Lenhardt 2003) ergaben sich zwei Erkenntnisse:

13. Die angebotenen Maßnahmen selbst waren durchaus geeignet, gesund erhaltende Verhaltensweisen zu lehren und diese auch beizubehalten.
14. Die Zielgruppe der im betrieblichen Setting identifizierten gewerblichen Mit-arbeiter mit höheren Krankheitsraten und geringeren Gesundheitschancen wurden durch diese Maßnahmen kaum erreicht. Und: selbst, wenn man alle betroffenen Mitarbeiter und/oder Versicherte erreichen würde, wäre der Aufwand so hoch, dass zumindest in finanzieller Hinsicht die Kosten den Nutzen übersteigen würden.
    1. Gesundheitsförderung im Betrieb hatte darüber hinaus noch einen weiteren negativen Effekt:
    Dort, wo sie erfolgreich umgesetzt wurde (Ausnahmen bestätigen die Regel) lenkte sie den Blick weg von den
15. betrieblich verursachten Gefährdungen für die Gesundheit und
16. betrieblichen Potenzialen der Gesundheitserhaltung und -förderung, weil mit der Wahl der Verhaltensprävention quasi unter dem Tisch die Verursachungsfrage mit gelöst worden ist: Nicht der Betrieb, sondern der Mitarbeiter ist dafür verantwort-lich, Gefährdungen zu bewältigen.

Es ist hier übrigens sehr interessant zu analysieren, wie insbesondere die Vertreter dieser Richtung, ob dies nun Sportlehrer, Physiotherapeuten, Ökotrophologen, Arbeits-mediziner oder Sicherheitsbeauftragte sind, für ihr Feld werben: Sehr selten wird hier die Gesundheit selbst als Ziel der Maßnahme benannt, sondern in der Regel sind es der wirtschaftliche Erfolg, die Steigerung der Motivation und Identifikation der Mitarbeiter, die Produktivität oder die Kostenreduktion.

Doch der Erfolg bleibt in der Regel aus, was sich in der geringen Teilnahmefrequenz bei Kursen oder Schulungen leicht nachvollziehen lässt.

Betriebliche Gesundheitsförderung, und das sollte man sich vielleicht gerade gegenüber den jüngeren Kollegen nochmal ins Gedächtnis rufen, ist wegen der Erfolglosigkeit des Verhaltenspräventionsansatzes als eine andere, ja fast gegenläufige Strategie entwickelt worden, deren Start mit der Entwicklung von betrieblichen Gesundheitszirkeln und der Entwicklung betrieblicher Gesundheitsberichterstattung datiert werden und nun auf etwa 25 Jahre recht erfolgreicher Arbeit zurückblicken kann.

Betriebliche Gesundheitsförderung (BGF)

Betriebliche Gesundheitsförderung (BGF) ist klassische Organisationsentwicklung mit ihren Kennzeichen der *Mitarbeiterbeteiligung,* der *analysebasierten* und durch *Datenfeedbackprozesse* gesteuerten *Veränderungsansätze* sowie eines zielbezogenen *Evaluationsdesigns,* das Effizienz und Effektivität in Relation zur Evaluationsgröße *Akzeptanz* setzt.

Dabei meint Effizienz das Verhältnis von Aufwand und Nutzen bei der Zielerreichung, Effektivität den Grad der Zielerreichung und Akzeptanz das Ausmaß der Zielübereinstimmung. Gerade der letzte Satz dürfte dabei deutlich gemacht haben, dass der Zieldefinition in der Betrieblichen Gesundheitsförderung die höchste Aufmerksamkeit geschenkt werden muss.

Nun, und das ist ein weiteres wesentliches Unterscheidungsmerkmal zur Gesundheitsförderung im Betrieb, wäre es in der Betrieblichen Gesundheitsförderung höchst naiv anzunehmen, dass es im betrieblichen Kontext ein hohes Maß an Zielübereinstimmung, was Themen der Gesundheit angeht, geben kann. Betriebliche Gesundheitsförderung ist ganz im Gegenteil ein Verfahren, das von vornherein davon ausgeht, dass die Zielübereinstimmung hart ausgehandelt und erkämpft werden muss – wie auch andere Themen, welche die wirtschaftliche Existenz eines Unternehmens berühren können und gleichzeitig die individuelle Integrität und Rechte der Mitarbeiter belangen. Es geht hier tatsächlich nicht um Sport, wenn auch durchaus um für die Projektdauer auszuhandelnde Regeln des Fair Plays.

Hierzu wurden im Lauf der Jahre Verfahren und Institutionen entwickelt, erprobt und modifiziert wie Gesundheitszirkel, Steuerkreis Gesundheit, verschiedene Verfahren der Gesundheitsberichterstattung mit Krankenkassen- und betrieblichen Daten, Mitarbeiterbefragungsinventare und die dazu gehörenden Formen der Ergebnispräsentation und Ableitung von Interventionsverfahren. Unter Letzteren könnten durchaus auch welche sein, die man auch im Feld der Gesundheitsförderung im Betrieb finden kann, was allerdings dann Grenzen des betrieblichen Einflusses offenbaren würde.

Wenn man durch eine gelungene Führungskräfteschulung Vorgesetzte in die Lage versetzt, ihre Mitarbeiter so für ihre Arbeit zu begeistern, dass diese alles dafür tun, um sich für diese Arbeit fit zu halten, ist das ganz etwas anderes, als wenn man feststellt, dass es wegen eines nicht auszugleichenden Personalmangels unvermeidbar ist, den Stress für die Mitarbeiter zu erhöhen, und dann versucht, Mitarbeiter durch Stressmanagement gegen die Gesundheitsgefährdung des Stresses resilient werden zu lassen. Erster Fall gehört der Methode Betriebliche Gesundheitsförderung an, zweiter der Gesundheitsförderung im Betrieb.

Betriebliches Gesundheitsmananagement (BGM)

Betriebliches Gesundheitsmanagement kann also mittlerweile auf 40 Jahre Versuchsstadium zurückblicken, dessen Start ich mit dem Arbeitsschutzgesetz von 1974 datiere. Dort wurde erstmals formuliert, dass der Gegenstand der Arbeitssicherheit ausgeweitet werden müsste auch auf psychische Unversehrtheit und zwar garantiert durch entsprechende Gestaltung der Arbeitsbedingungen. Auch heute sind wir noch weit davon entfernt, genau sagen zu können, was man unter einer psychischen Unversehrtheit versteht kann, die sich aus der Gestaltung von Arbeitsbedingungen ergeben könnte.
Immerhin hat dieser Aufschlag des Gesetzgebers eine Reihe von Neuerungen im Umgang mit dem Problem der psychischen Gefährdungen bewirkt, deren Erkenntnisse uns heute sehr deutlich sagen können, was nicht funktioniert.
Im Betrieblichen Gesundheitsmananagement (BGM) werden diese Ziele und Treiber in das betriebliche Managementsystem so integriert, dass die Gesundheit der Mitarbeiter Voraussetzung und (Neben-)Produkt des normalen Managementprozesses ist. Ein solches Managementsystem lässt sich durch Kennzahlen beschreiben und steuern und hat für Unternehmen und Unternehmer den positiven Nebeneffekt, dass sich in der Regel mit Erhalt der Gesundheit der Mitarbeiter und Förderung der Gesundheitspotenziale auch wirtschaftliche Kennzahlen verbessern (nicht nur Krankenstand, sondern auch Produktivität und Qualität). Gerade dieser letztgenannte Aspekt der Wirkungen legitimiert dazu, das ganze Verfahren als Betriebliches Gesundheitsmanagement zu beschreiben.
Dies setzt allerdings die Messbarkeit und darin die theoretische Beschreibung von Gesundheit voraus, wogegen Gadamer und Simon schwerwiegende Vorbehalte vorgetragen haben: Nach Gadamer kann Gesundheit nie positiv objektiviert werden, sie bleibt, weil nur vom einzelnen Menschen selbst bestimmbar, für eine objektive Operationalisierung immer „verborgen", nach Simon sei es Kennzeichen von totalitären Systemen, wenn Gesundheit objektiviert werde, da in diesen „alles verboten ist, was nicht ausdrücklich erlaubt und vorgeschrieben sei". Betriebliches Gesundheitsmanagement (zusammen mit der Gesundheitsförderung im Betrieb und der Betrieblichen Gesundheitsförderung) steht damit vor einem völlig anderen Begriffsdilemma als Prävention, deren Aufgabe es ist, Krankheiten zu vermeiden bzw. diese zu begrenzen (Primär-/Sekundär-/Tertiärprävention) und zu überwinden.

Genau hierin liegt auch die in vorliegender Recherche beschriebene Beliebigkeit und theoretische Unübersichtlichkeit der verschiedenen Resilienz-Operationalisierungen begründet; weil Gesundheit sich nicht direkt theoretisch so eindeutig beschreiben lässt wie Krankheit, muss hier immer mit Ersatzkonzepten gearbeitet werden: Resilienz, Salutogenese etc. (das wären gewissermaßen Gesundheitssymptome – nicht Gesundheit selbst). Obwohl sich Gesundheit nicht allgemein definieren lässt, trifft das für den Prozess der Gesundheitsförderung nicht zu: dieser lässt sich rekonstruieren und systematisch beschreiben. Dabei fällt allerdings auf, dass „Gesundheit" und organisationale Resilienz abhängig von Branche, Kultur und Umwelt des jeweiligen Unternehmens immer etwas anderes bedeutet. Mit anderen Worten: BSR-Mitarbeiter haben eine andere Gesundheit als Moll-Mitarbeiter, auch wenn sie am selben Grippevirus erkranken können.

Mit den allgemein zugänglichen Erkenntnissen aus dem betrieblichen Gesundheitsmanagement, den zwei vorhandenen vorläufigen Theorien organisationaler Resilienz nach Weick und Suttcliffe und Elbe sowie dem von der BGF-GmbH empirisch begründeten *Modell Diagnose Betrieblicher Gesundheit* lässt sich eine Theorie der Programmentwicklung des Betrieblichen Gesundheitsmanagements entwickeln, die dann besser **Theorie der organisationalen Resilienzsteigerung** genannt werden sollte, um in ihr die ursprüngliche Intention des Begriffes Betriebliches Gesundheitsmanagement zu erhalten: die selbstverständliche und routinierte Förderung der Gesundheit der Mitarbeiter als Teil und Voraussetzung normalen betrieblichen Managements.

Der Begriff Betriebliches Gesundheitsmanagement wird in der Literatur und im allgemeinen Sprachgebrauch mittlerweile als Oberbegriff für alle irgendwie mit dem Thema Gesundheit in Verbindung zu bringenden betrieblichen Aktivitäten gebraucht.

Er ist daher aus meiner Sicht zur Beschreibung der Entwicklung nachhaltig wirksamer und sich selbst erhaltender, weil in individuellen und betrieblichen regelgeleiteten Routinen, Management- und Controllingsystemen eingebettet, nicht mehr zu gebrauchen.

Daher empfiehlt sich aus meiner Sicht, hierfür den von Weick und Suttcliff definierten Begriff der **Organisationalen Resilienz** zu reservieren.

Management betrieblicher Gesundheit

Das **Management betrieblicher Gesundheit** ist etwas anderes als **Betriebliches Gesundheitsmanagement.** Während Betriebliches Gesundheitsmanagement alle Aktivitäten und Maßnahmen beschreibt, die im Betrieb auf die Verbesserung der Gesundheit der Mitarbeiter abzielen, bezeichnet das Management Betrieblicher Gesundheit einen Managementansatz, der immer drei Schritte nacheinander vollzieht:

1. Identifikation der Einflussfaktoren auf wirtschaftliche und individuelle Gesundheit des Unternehmens und der Mitarbeiter durch eine Befragung und Auswertung durch die Software Diagnose Betriebliche Gesundheit

2. Umsetzung der Veränderungen durch die Methoden des Organisationsentwicklungs-ansatzes Betriebliche Gesundheitsförderung.

3. Herstellung von Nachhaltigkeit permanenter positiver Veränderung durch Aus-wahl geeigneter Verhaltensangebote der Gesundheitsförderung im Betrieb (geeignet bedeutet hier: diese müssen Spaß machen und das Selbstvertrauen stärken und in einem solchen Zusammenhang zu den durch Befragung ermittelten Potenzialen stehen, dass Potenziale die gewünschten Verhaltensweisen erzeugen und die gewünschten Verhaltensweisen wiederum die Potenziale hervorrufen. In der Regel geschieht dieser Prozess der Erzeugung von Nachhaltigkeit durch eine gekonnte bzw. erlernbare Führungskommunikation).

Betriebliche Gesundheit bezeichnet in diesem Ansatz alle negativen und positiven Ein-flussfaktoren auf wirtschaftliche und individuelle Gesundheit und beschreibt darin die jeweilige Unternehmenskultur als Mittel zur Optimierung von Motivation und wirtschaftlicher Prosperität. In diesem Sinne haben wir es hier tatsächlich mit einem Managementsystem zu tun, das negative Einflüsse abschafft oder kompensiert und positive stärkt. Ganz wesentlich ist hier die *nicht* metaphorisch gemeinte Gleichsetzung von individueller und wirtschaftlicher Gesundheit (Abb. 4).

Entgegen den Ergebnissen der meisten empirischen Studien zum Zusammenhang von wirtschaftlicher Gesundheit und individueller Gesundheit (je gesünder das Unternehmen, desto gesünder die Mitarbeiter), hält sich in weiten Kreisen auch vieler Experten die Überzeugung, dass mit guter wirtschaftlicher Gesundheit in der Regel ein hohes Maß an arbeitsbedingten Gesundheitsgefährdungen einhergehen müsse. Nach dem Motto „hohe

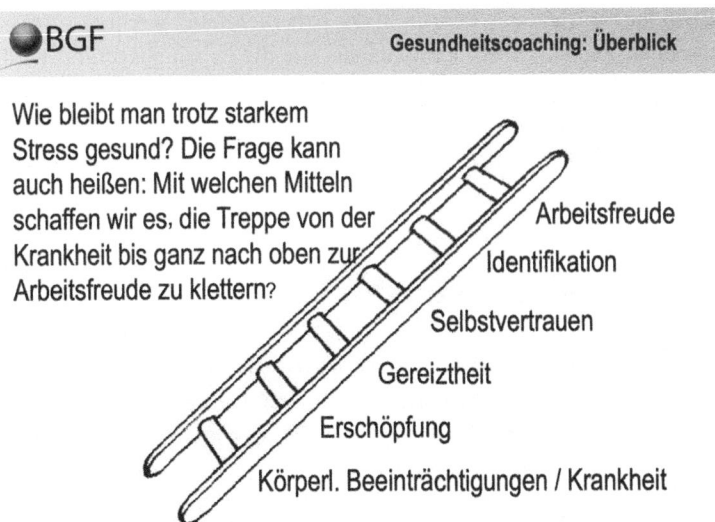

Abb. 4 Gesundheitscoaching Überblick

Leistung erfordert hohen Stress und dieser sei eben ungesund" werden empirische Ergebnisse, die diesen Zusammenhang nicht belegen können, einfach ausgeblendet, obwohl die meisten großen Überblicksstudien den gegenteiligen Zusammenhang nahelegen.

Sehr viele Arbeitnehmer im Billiglohnbereich können nicht mal so viel verdienen, dass sie sich selbst ernähren könnten. Sie erhalten an staatlicher Unterstützung ebenso viel wie für ihre Arbeit. Warum arbeiten diese Arbeitnehmer dann eigentlich?

Weil die Arbeit neben Bezahlung **die gesund erhaltenden Potenziale** bietet. Das ist der eigentliche Grund.

Mit diesen Erkenntnissen ausgestattet, können wir die Faktoren sammeln, welche eine gesunde Lebensführung möglich machen.

Doch zunächst sehen wir uns die beiden aus demografischer Sicht wichtigsten Tätigkeitsbranchen an: die Pflegebranche und die Verwaltungsbranche und hier speziell Lehrer und Erzieher. Demografie beschreibt die Veränderung der Altersstruktur in der Gesellschaft. Aktuell haben wir die Situation, dass sehr wenigen jungen Leuten sehr viele alte Leute gegenüberstehen. Das führt dazu, dass immer mehr ältere Arbeitnehmer ausfallen oder in Rente gehen und ihre Arbeit von den noch vorhandenen Arbeitnehmern mit erledigt werden muss, weil die älteren nicht ersetzt werden können. Das führt zu einer deutlichen Mehrbelastung dieser Arbeitnehmer und das wiederum zu mehr Krankheit. Ein Teufelskreis, aus dem wir zurzeit noch keinen Ausweg kennen.

Aber auch hier stellen wir fest, dass dort, wo Mitarbeiter Potenziale zur Verfügung gestellt bekommen, diese Potenziale positiv wirken: die Mitarbeiter sind motiviert und werden nicht krank.

In der Pflegebranche sind dies fünf Potenziale:

1. Der Umgang mit Klienten macht Freude,
2. Fähigkeiten und Fertigkeiten können in der Arbeit entfaltet werden,
3. die Mitarbeiter können selbstständig planen, wie die Arbeit ausgeführt wird,
4. es kommt selten vor, dass übertragene Aufgaben das Können eines Mitarbeiters übersteigen, und
5. die Beschäftigten sind davon überzeugt, dass die in der Einrichtung erzeugten Leistungen sinnvoll sind.

Das Präventionsgesetz von 2015

Mit der Verabschiedung des Präventionsgesetzes Betriebliche Gesundheitsförderung Ende Juli 2015 (§ 20b SGBV: Betriebliche Gesundheitsförderung)[1] ist ein Meilenstein in der Geschichte der Betrieblichen Gesundheitsförderung vollzogen worden.

---

[1] https://www.sozialgesetzbuch-sgb.de/sgbv/20b.html

Betriebliche Gesundheitsförderung wird in diesem Gesetz als die Methode der Prävention und Stärkung selbstbestimmter Gesundheitskompetenz im Setting Betrieb definiert.

Das ist auch deshalb wichtig, weil sich unter dem Label BGM, also Betriebliches Gesundheitsmanagement, sehr viele verschiedene Ansätze und Methoden versammeln, von denen BGF nur eine ist, allerdings eine, die sehr präzise definiert ist.

Ziel des **Präventionsgesetzes** ist es, die Gesundheitschancen benachteiligter Bevölkerungsgruppen nachhaltig messbar zu verbessern. Ein Teilziel bezieht sich dabei auf das Setting Betrieb, indem insbesondere Arbeitnehmern unterer Einkommen geholfen werden soll, ihren Gesundheitszustand zu verbessern. Das Gesetz verpflichtet die GKVen, ab 2016 pro Versicherten mindestens 2 € pro Jahr für Betriebliche Gesundheitsförderung auszugeben. Dabei sollen folgende Aspekte beachtet werden.

Betriebliche Gesundheitsförderung startet nach vorgenommener Zielsetzung mit einer **Analyse** der Gefährdungen und der *Potenziale* (das ist neu) im Betrieb.

Projekte sollen partizipativ angelegt sein, also die Arbeitnehmer müssen in irgendeiner Form an der Planung beteiligt werden. Sie sollen darin einerseits zur Stressprävention und andererseits zur Stärkung ihrer individuellen selbstbestimmten Gesundheitskompetenz angeleitet werden. Es sollen nachhaltige Strukturen geschaffen werden, welche diese Kompetenzen dauerhaft fördern. **Ziel ist eine wechselseitige Stärkung individueller und organisationaler betrieblicher Resilienz.**

Führungskräfte der betroffenen Betriebe sollen zur Erfolgssicherung in gesundheitsförderlicher Mitarbeiterführung ausgebildet werden und diese auch umsetzen. Das gelingt am besten, wenn wirtschaftliche und gesundheitliche Ziele miteinander verbunden sind bzw. wenn sie sich gegenseitig bedingen.

Bei der Umsetzung der BGF-Projekte sollen Krankenkassen, Unfallversicherung und andere relevante Institutionen kooperieren.

Die Projekte müssen evaluiert werden.

Ein besonderer Schwerpunkt der künftigen BGF-Entwicklung durch GKVen soll die besonderen Bedingungen von kleinen und mittleren Unternehmen (KMU) berücksichtigen.

Zur Entwicklung von Kriterien der nachhaltig erfolgreichen Umsetzung und Zielerreichung sowie gelingender Kooperationsformen zwischen allen Akteuren sollen Modellprojekte durchgeführt werden, die auf jährlich durchzuführenden Nationalen Präventionskonferenzen beschlossen und dann in ihrem Verlauf kontrolliert und gesteuert werden. Diese Projekte sollen eine Laufzeit von maximal 5 Jahren haben.

Die Bundeszentrale für gesundheitliche Aufklärung beauftragt die Bundesvereinigung für Prävention und Gesundheitsförderung mit der Durchführung der Konferenzen.

Die Beteiligung der Krankenkassen an diesen Projekten bzw. die von ihnen anderweitig durchgeführten BGF-Projekte werden von der BZGA daraufhin geprüft, ob der vom Gesetz geforderte Mindesteinsatz für BGF in Höhe von 2 € pro Jahr und Versichertem geleistet wurde und ob dieser Einsatz den unter 1–5 genannten Kriterien entspricht.

Erfüllt eine GKV diese Kriterien aus Sicht der BZGA nicht, wird deren BGF-Budget an den GKV-Spitzenverband zur Verteilung an GKVen gegeben, welche die Kriterien erfüllen.

Finanzielle Mittel vonseiten der Krankenkassen sind also vorhanden, wesentliche Begriffe sind geklärt und Ziele eindeutig formuliert.

BGF-Modell

Seit 1994 setzt die **Gesellschaft für Betriebliche Gesundheitsförderung (BGF GmbH)** gemeinsam mit Großunternehmen, Branchenverbänden und Krankenkassen erfolgreich **betriebliches Gesundheitsmanagement** um.

Ziel der Förderung der betrieblichen Gesundheit ist die Entwicklung und der Erhalt von Arbeitsfreude und Arbeitsstolz (Identifikation) bei Selbstwirksamkeit der Beschäftigten sowie die Verringerung gesundheitlicher Beeinträchtigungen und Krankheiten. Korrelate erfolgreicher Förderung betrieblicher Gesundheit sind niedrigere Fehlzeiten sowie motivierte und in gesunder Weise produktiv arbeitende Beschäftigte. Fragt man nun nach den **Gegenstandsbereichen** der *Förderung* betrieblicher Gesundheit, so lassen sich unschwer zwei Aufgabenfelder abgrenzen:

Die Identifizierung und Entwicklung solcher **organisationaler Regeln,** die in der spezifischen Wirklichkeit der Organisation als **salutogen** wirkende Ressourcen qualifiziert werden können,

die Identifizierung von Gesundheitspotenzialen und die Beseitigung bzw. Moderation von **Gesundheitsrisiken,** die in der spezifischen Wirklichkeit der Organisation als regulationsüberfordernde Belastung erlebt werden.

Aus den langjährigen Erfahrungen mit dieser Vorgehensweise konnten wir ein Modell zur Diagnose betrieblicher Gesundheit entwickeln (Abb. 5).

Zentraler Gedanke des wissenschaftlichen Ansatzes der BGF GmbH ist *die Einbeziehung der Mitarbeiter weit über die reine Befragung hinaus.*

Dafür sind in der Regel zuerst **Schulungen der Führungskräfte** notwendig. Es ist vor allem das **Zusammenspiel** von direkten Vorgesetzten und Mitarbeiterinnen und Mitarbeitern, das eine unmittelbare Wirkung auf den innerbetrieblichen Gesundheitszustand hat.

Vor jeder Maßnahme erfolgt eine eingehende, streng wissenschaftliche **Analyse** im Hinblick auf die psychosoziale Situation der Arbeitnehmerschaft. Dafür werden Mitarbeiterbefragungen oder Reanalysen bereits vorhandener Daten früherer Befragungen durchgeführt. Eine eigens entwickelte Softwarelösung ermittelt aus den Befragungsdaten maximal 15 am stärksten auf die Gesundheit der Beschäftigten einwirkende Faktoren.

Nach der wissenschaftlichen Analyse muss ein **Maßnahmenpaket,** das ebenfalls strengen wissenschaftlichen Erkenntnissen folgt, geschnürt und kontinuierlich

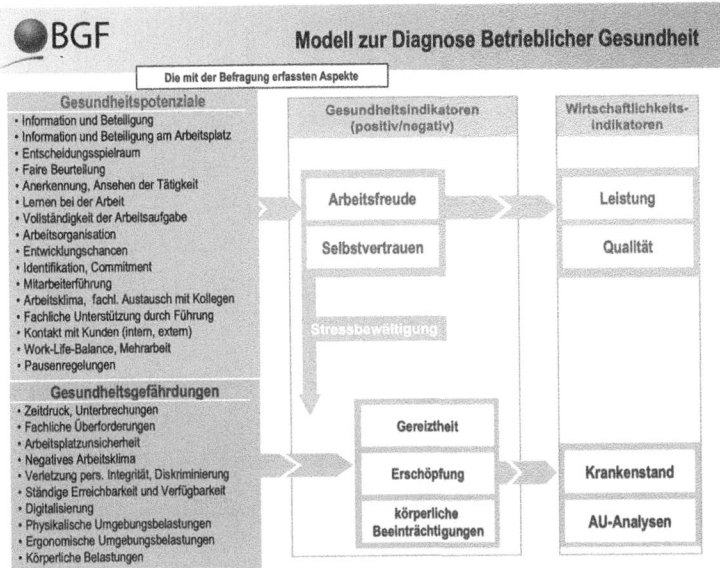

Abb. 5 BGF-Modell

umgesetzt werden. Dafür werden die Unternehmensbereiche, in denen die Faktoren je auf spezifische Weise wirken, identifiziert. In Workshops mit den Verantwortlichen dieser Bereiche und den Arbeitnehmerinnen und Arbeitnehmern werden dann **unternehmensspezifische Aktivitäten** entwickelt (Abb. 6 und 7).

Diese führten bisher stets zu erfolgreichen **Ergebnissen:** Der **Mindesterfolg** war eine Senkung des Krankenstands von einem Prozent **und eine deutliche Steigerung der Produktivität.**

Das Unternehmen *Moll Marzipan* zum Beispiel konnte den Krankenstand durch diese Methode sogar um zwei Drittel senken und die Produktivität um 40 % steigern.

Betriebliche Gesundheit ist der Sammelbegriff für positive wie negative Einflussfaktoren, für ein empirisch gut überprüftes Indikatorenmodell individueller Befindlichkeit (ebenfalls positiv wie negativ) sowie für Effekte der Einflüsse auf die individuellen Befindlichkeiten, die sich dann in wirtschaftlichen Kennzahlen und AU-Daten der GKVen abbilden lassen.

§ 3 SGB IX fordert den Vorrang der Prävention: „(1) Die Rehabilitationsträger und die Integrationsämter wirken bei der Aufklärung, Beratung, Auskunft und Ausführung von Leistungen im Sinne des Ersten Buches sowie im Rahmen der Zusammenarbeit mit den Arbeitgebern nach § 167 darauf hin, dass der Eintritt einer Behinderung einschließlich einer chronischen Krankheit vermieden wird."

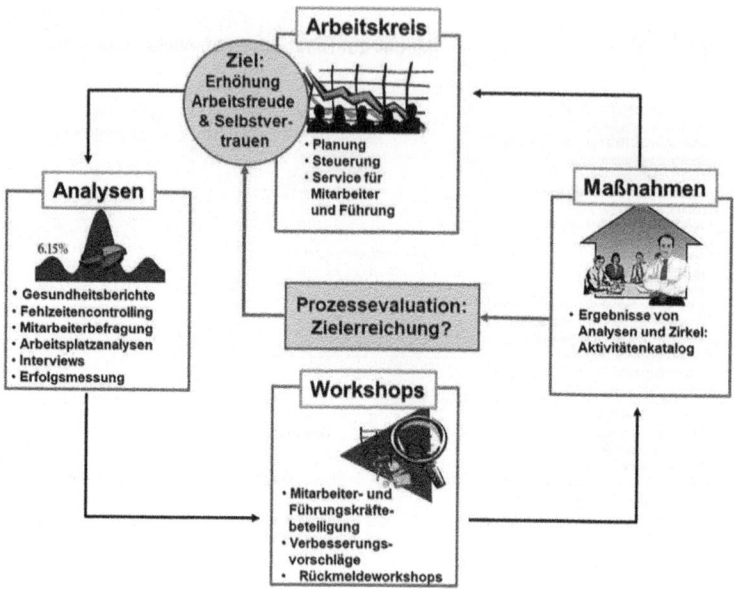

Abb. 6 BGF-Arbeitskreis

Treiber gesamt (Stand: November 2018)		Einflussfaktoren		
		1. Einflussfaktor	2. Einflussfaktor	3. Einflussfaktor
Gesundheitsindikatoren	Arbeitsfreude	Lernen bei der Arbeit	Identifikation	Kontakt mit Kunden, Klienten
	Varianzaufklärung: 42,5%	0,36	0,27	0,24
	Selbstvertrauen	Ansehen der Tätigkeit	fachliche Überforderungen	Kontakt mit Kunden, Klienten
	Varianzaufklärung: 22,7%	0,25	−0,22	0,21
	Gereiztheit	Work-Life-Balance	fachliche Überforderungen	Kontakt mit Kunden, Klienten
	Varianzaufklärung: 25,0%	−0,29	0,23	−0,18
	Erschöpfung	Work-Life-Balance	physikalische Umgebungsbelastungen	fachliche Überforderungen
	Varianzaufklärung: 30,4%	−0,33	0,22	0,21
	körperliche Beeinträchtigungen	physikalische Umgebungsbelastungen	körperliche Belastungen	Work-Life-Balance
	Varianzaufklärung: 32,0%	0,29	0,25	−0,20

Interpretationshinweis: Eine schwarze Zahl zeigt einen „je mehr, desto mehr-Zusammenhang" an; eine blaue Zahl zeigt einen „je mehr, desto weniger-Zusammenhang" an.

Fehlzeiten-Report 2019

Abb. 7 Treiber Gesamt

Wie stellt man ein resilientes Unternehmen her?

Am Beispiel der Entwicklung des Unternehmens Moll Marzipan zum resilienten Unternehmen über die letzten zwölf Jahre beleuchte ich, wie der Prozessablauf erfolgreich gestaltet werden kann (Westermayer und Schilder 2019).

Die Befragungen der Belegschaft mit ihren die jeweilige Entwicklungskultur abbildenden Haupteinflussfaktoren stellen die Stationen des Veränderungsprozesses dar. Die gesunde Reorganisation im Rahmen der Digitalisierung und der aktuelle Stand dieses aktuell noch laufenden und auf die nächsten vier Jahre angelegten Prozesses bilden den Hauptteil dieses Abschnitts.

Dabei wird die praktische Herangehensweise des Berliner Mittelständlers sowie die unkonventionelle Methode des *Drehbuchschreibens* als Teil der Veränderung erläutert.

Es zeigt sich, wenn die Digitalisierung nach den Prinzipien der Betrieblichen Gesundheitsförderung umgesetzt wird, dient sie sowohl der Gesundheit und Partizipation der Mitarbeiter als auch dem wirtschaftlichen Erfolg des Unternehmens.

Das Megathema Digitalisierung ersetzt und ergänzt teilweise das bis vor Kurzem vorherrschende Thema des demografischen Wandels. So steht die als Herausforderung verstandene Digitalisierung ebenso für die Vorteile und Probleme einer als schwer eingeschätzten Verständigung zwischen drei Generationen (XYZ) (vgl. Bund 2014, S. 189 ff.), für die Arbeitserleichterung durch Automatisierung und künstliche Intelligenz (vgl. Dreyfus 1985, S. 239 ff.), aber auch für die damit verbundenen möglichen Gefahren des Arbeitsplatzverlustes, des Verlustes der eigenen beruflichen Identität und für die Entfremdung zwischen Produktionsarbeitern und Verwaltungsangestellten (vgl. Schirrmacher 2015, S. 190 ff.).

Bei Moll wurden diese Themen in Workshops mit allen Mitarbeitern diskutiert, deren Vorschläge zur Verbesserung der Arbeitsbedingungen und zur Vermeidung von Gefährdungen wurden aufgegriffen und – wo möglich – umgesetzt.

Die drei in der wissenschaftlichen Literatur am meisten diskutierten Gefahren, die von einer Digitalisierung ausgehen können, sind:

1. unkontrollierbare Prozesse im Rahmen von Deep-Learning-Ansätzen der künstlichen Intelligenz (Precht 2018, S. 265 ff.)
2. Verlust von Arbeitsplätzen durch Automatisierung
3. Entfremdung von der eigenen Arbeit (Über- bzw. Unterforderung, Verlust von Kompetenzen etc.)

Keine dieser drei Gefahren wird von den Mitarbeitern als relevant für die zukünftige Entwicklung bei Moll empfunden: Die zunehmende Automatisierung wird als Erleichterung der Arbeit und als Erweiterung der Möglichkeiten, sich fortzubilden, betrachtet.

Die mit der Automatisierung einhergehenden Verbesserungen, etwa Anleitung zur effizienteren Reinigung von Maschinen über eine Videodatenbrille und Entlastung von anderen Reinigungsarbeiten durch einen Roboter, der schon als Kollege akzeptiert ist, werden von allen Mitarbeitern begrüßt.

Die Mitarbeiter schätzen es auch als sehr positiv ein, dass es durch die Digitalisierung möglich geworden ist, spielerische Elemente in den Arbeitsablauf zu integrieren: etwa der Einsatz von Touchscreens in der Produktion oder die Anleitung zur Verbindung von durch den Arbeitsablauf bedingten Körperbewegungen mit Bewegungen, die durch einen lizenzierten Physiotherapeuten geschult werden. Auch der geplante Einsatz eines Roboterarms zur Beförderung schwerer Lasten und mit allen Punkten verbunden die regelmäßige digitale Rückmeldung zum Stand aller Veränderungsmaßnahmen wird sehr positiv bewertet (vgl. Atiker 2018, S. 39 ff.).

Was bisher geschah: Das Fallbeispiel Moll Marzipan
Seit 2007 beschäftigt sich das Unternehmen Moll Marzipan strukturiert mit der Gesundheit der Beschäftigten. Im Auftrag der Nordost leitet die BGF GmbH regelmäßig Strategieworkshops für das Topmanagement und führt alle drei Jahre Mitarbeiterbefragungen durch. Inzwischen haben diese Workshops eine Tradition begründet. Dabei werden die Ergebnisse der vorangegangenen empirischen Erhebungen diskutiert. Auf der deskriptiven Ebene werden die stärksten Einflussfaktoren auf die positiven wie negativen Indikatoren identifiziert. Das geschieht in drei Schritten: Befragung der Mitarbeiter, Auswertung der Befragung mit einer Treiberanalyse (Ermittlung der Haupteinflussfaktoren durch eine multiple Regressionsanalyse), Bewertung der ermittelten Treiber durch das Management im Hinblick auf ihre Beeinflussbarkeit und Veränderungsmöglichkeit. Dabei wird das Modell der Diagnose der Betrieblichen Gesundheit der BGF zugrunde gelegt.

Die drei Schritte: **Befragung, Auswertung und Bewertung durch das Management** erfüllen dabei verschiedene Funktionen bei der geplanten Reorganisation. Die möglichen Einflüsse werden auf maximal 15 Faktoren reduziert. Mithilfe dieser Methode hat die BGF GmbH die Haupteinflussfaktoren auf die Gesundheit bei mehr als 25.000 Beschäftigten vieler Branchen in Deutschland identifiziert.

In der Aufstellung wird deutlich, dass viele der Haupteinflussfaktoren gleich mehrfach vorkommen und andere gar nicht. Somit bleiben die daraus ableitbaren Interventionen überschaubar, weil statt der fünfzehn möglichen stärksten Einflussfaktoren lediglich sieben auftreten. Unter den einzelnen Skalen sind jeweils die sogenannten Beta-Koeffizienten angegeben. Diese beschreiben die Stärke des Einflusses der einzelnen Faktoren auf die Zielindikatoren und relativ zueinander. Sie bieten damit die Möglichkeit, Fokusthemen zu priorisieren und geeignete Maßnahmen abzuleiten.

Speziell beim Unternehmen Moll Marzipan ergaben sich aus der ersten Befragung acht Faktoren, die positiven Einfluss auf die Gesundheitsindikatoren haben: viel Entscheidungsspielraum, viele Lernmöglichkeiten, hohe Identifikation mit dem Unternehmen, wenig fachliche Überforderung, geringe körperliche Belastungen und geringe physikalische Belastungen, wenig Unterbrechungen, hohe Information und Beteiligung. Das Ergebnis der Bewertung durch das Management war dann, bei der zu entwickelnden

Strategie der Reorganisation vor allem Komplexitäts- und Quantitätsreduktionen in den Vordergrund zu stellen. Mit den oben genannten acht Faktoren lässt sich die Befindlichkeit der Belegschaft ausreichend als Grundlage für die zu gestaltende Führung, Unternehmensorganisation und -kommunikation beschreiben: Sie ist genau dann gut, wenn gelernt werden kann, wenn Entscheidungsspielräume gegeben werden, wenn das Unternehmen Identifikationsmöglichkeiten bietet, wenn Mitarbeiterinnen und Mitarbeiter durch Führung fachlich unterstützt und nicht überfordert werden. Diese positiven Einflussfaktoren helfen gleichzeitig, vorhandene Gesundheitsgefährdungen besser abzufedern.

Ein besonders spannender Aspekt der Veränderung bei Moll besteht darin, dass sich die alle drei Jahre durchgeführten Befragungen, die Rückmeldung ihrer Ergebnisse an die Mitarbeiter und die dann erfolgende Rückmeldung der Verbesserungsvorschläge der Mitarbeiter an das Managementteam zu einem dauerhaft anhaltenden unternehmensinternen Dialogsystem zwischen Führung und Mitarbeitern etablieren konnten.

Dabei ist interessant zu sehen, dass sich der betriebliche Einfluss auf die Befindlichkeit der Mitarbeiter mit jeder Befragung signifikant verstärkte. Die Varianzaufklärung für Arbeitsfreude durch die drei betrieblichen Faktoren Entscheidungsspielraum, Lernen bei der Arbeit und fachliche Unterstützung durch Führung betrug 2007 gerade mal 26 %. Im Jahr 2016 konnten Anerkennung, Entwicklungschancen und Information und Beteiligung immerhin schon 65 % der Arbeitsfreude erklären (Abb. 8).

Die Berater der BGF GmbH weisen Moll Marzipan nachhaltig darauf hin, dass, wenn sich der Einfluss der Firma auf die Befindlichkeit der Mitarbeiter hier noch weiter verstärken sollte, das daraus entstehende soziale Gebilde eher einer Sekte oder einem einschlägig hierfür bekannten Start-up-Unternehmen ähneln könnte. Insgesamt ist allerdings dieser Einfluss äußerst positiv zu bewerten, was sich an der Entwicklung des

Gesundheitsindikatoren	Jahr (N)	1. Einflussfaktor	2. Einflussfaktor	3. Einflussfaktor
Arbeitsfreude	2007 (15)	Entscheidungsspielraum	Lernen bei der Arbeit	fachliche Unterstützung durch Führung
	2010 (39)	Anerkennung	faire Beurteilung	Mitarbeiterführung
	2013 (50)	Lernen bei der Arbeit	Information & Beteiligung im Unternehmen	Identifikation
	2016 (48)	Anerkennung	Entwicklungschancen	Information & Beteiligung im Unternehmen
Selbstvertrauen	2007 (15)	Entscheidungsspielraum	Identifikation	fachliche Überforderungen
	2010 (39)	Arbeitsklima	Information & Beteiligung im Unternehmen	faire Beurteilung
	2013 (50)	fachlicher Austausch zwischen Kollegen	Information & Beteiligung am Arbeitsplatz	Entwicklungschancen
	2016 (48)	fachliche Überforderungen	Entscheidungsspielraum	Mitarbeiterführung
Gereiztheit	2007 (15)	körperliche Belastungen	physikalische Umgebungsbelastungen	Identifikation
	2010 (39)	Arbeitsplatzunsicherheit	fachliche Überforderungen	Unterbrechungen
	2013 (50)	physikalische Umgebungsbelastungen	Zeitdruck	fachliche Überforderungen
	2016 (48)	Mitarbeiterführung	Information & Beteiligung am Arbeitsplatz	Arbeitsklima
Erschöpfung	2007 (15)	physikalische Umgebungsbelastungen	körperliche Belastungen	Unterbrechungen
	2010 (39)	Arbeitsklima	Arbeitsorganisation	Unterbrechungen
	2013 (50)	Zeitdruck	fachliche Unterstützung durch Führung	Mitarbeiterführung
	2016 (48)	Information & Beteiligung am Arbeitsplatz	fachlicher Austausch zwischen Kollegen	Arbeitsklima
körperliche Beeinträchtigungen	2007 (15)	fachliche Unterstützung durch Führung	Identifikation	Information & Beteiligung im Unternehmen
	2010 (39)	fachliche Überforderungen	---	---
	2013 (50)	Information & Beteiligung im Unternehmen	physikalische Umgebungsbelastungen	Mitarbeiterführung
	2016 (48)	körperliche Belastungen	Identifikation	ergonomische Umgebungsbelastungen

Interpretationshinweis:
Eine schwarze Zahl in einer Zelle zeigt einen „je mehr, desto mehr-Zusammenhang" an;
eine blaue Zahl in einer Zelle zeigt einen „je mehr (weniger), desto weniger (mehr)-Zusammenhang" an.

Fehlzeiten-Report 2019

Abb. 8 Betriebliche Einflussfaktoren Moll

Krankenstandes (von 13 auf 2,5 %), der Produktivität (von 32 auf 65 %) und am Rückgang schwerer Reklamationen um 98 % zeigt.

Wie wichtig diese positiven Faktoren für die Belegschaft sind, zeigt besonders das Ergebnis der Einflüsse auf die körperlichen Beeinträchtigungen beim Unternehmen Moll Marzipan: Nicht physikalische und ergonomische Umgebungsbelastungen und auch nicht der Faktor Unterbrechungen, sondern das Ausbleiben fachlicher Unterstützung durch die Führung, fehlende Identifikationsmöglichkeiten und ein Mangel an Information und Beteiligung beeinflussen diesen Gesundheitsindikator stark.

Gleichzeitig bleibt es natürlich ein Thema, die identifizierten Gesundheitsgefährdungen zu minimieren: Unterbrechungen, physikalische und körperliche Belastungen setzen die Belegschaft unter Stress und behindern die Arbeitsmotivation.

Im Fokus der Unternehmensorganisation ist es jedoch wichtig zu beachten, dass die oben genannten positiven Einflussfaktoren bzw. ihr Fehlen sehr stark und unmittelbar auf das körperliche Wohlbefinden bzw. Unbehagen wirken. Körperliche Beeinträchtigung ist die Vorstufe der Krankheit und insofern hoch relevant in einem Unternehmen, dessen Belegschaft zum damaligen Zeitpunkt einen Krankenstand von über 13 % aufwies. Interessant ist hier auch, wie stark fehlende Identifikationsmöglichkeiten wirken. Mit der Ermittlung der Haupteinflussfaktoren auf Gesundheit und Motivation haben Management und Führungskräfte den Kompass in die Hand bekommen, die weiteren Veränderungsschritte im Unternehmen gemeinsam mit der Belegschaft zu gehen.

Alle drei Jahre wird mit einer erneuten Befragung die gesundheitliche Motivationslage erfasst, die Rücklaufquoten lagen u. a. 2013 bei 71,4 % und 2016 bei 73,8 % (Abb. 9).

Moll Marzipan Treiber 2016		Einflussfaktoren		
		1. Einflussfaktor	2. Einflussfaktor	3. Einflussfaktor
Gesundheitsindikatoren	Arbeitsfreude	Anerkennung	Lernen bei der Arbeit	---
	Varianzaufklärung: 56,6%	0,48	0,40	
	Selbstvertrauen	fachliche Überforderungen	Unterbrechungen	Arbeitsklima zwischen Kollegen
	Varianzaufklärung: 49,5%	−0,66	0,42	0,28
	Gereiztheit	körperliche Belastungen	Mitarbeiterführung	fachliche Überforderungen
	Varianzaufklärung: 56,1%	0,34	−0,29	0,28
	Erschöpfung	Lernen bei der Arbeit	Information und Beteiligung am Arbeitsplatz	fachliche Überforderungen
	Varianzaufklärung: 66,9%	−0,35	−0,34	0,28
	körperliche Beeinträchtigungen	körperliche Belastungen	Identifikation	---
	Varianzaufklärung: 56,0%	0,44	−0,38	

Interpretationshinweis: Eine *schwarze* Zahl zeigt einen „je mehr, desto mehr-Zusammenhang" an; eine *blaue* Zahl zeigt einen „je mehr, desto weniger-Zusammenhang" an.

Fehlzeiten-Report 2019

Abb. 9 Haupteinflussfaktoren der letzten Befragung aus dem Jahr 2016

Eine neue Unternehmensidentität

Bereits 2007 wurde die Reorganisationsstrategie mit den Themen Image, Identifikation und Bildung einer neuen Unternehmenskultur als Unternehmensidentität entwickelt. Eine Schlussfolgerung bestand darin, dass man die Geschichte des Unternehmens neu erzählen muss. Diese Erzählung sollte eine attraktive Einladung an die Belegschaft sein, dass es einen Teil der eigenen Identität ausmacht, sich als Mollianer zu definieren. Dazu wurden die 150 Jahre Firmengeschichte so erzählt, dass der geplante Neustart geradezu ein notwendiges Ergebnis der Firmenentwicklung darstellte. Rudolf Moll wurde als weitsichtiger Unternehmensgründer mit hohem Identifikationspotenzial in der Geschichte wiederbelebt. Bereits bei dem damals entwickelten Videoclip über das Unternehmen hat sich gezeigt, wie positiv dieses Medium auf die Befindlichkeit der Mitarbeiter wirkt.

In der Tat begründet sich der Erfolg des Unternehmens darin, dass es eine umfassende Reorganisation vollzogen hat, die alle Bereiche des Unternehmens umfasste. Ein ganz wesentlicher Teil dieser Reorganisation besteht in einem Gestalt-Switch, einem Figur-Grundwechsel im Sinne einer kollektiven Veränderung der Wahrnehmung der Bereiche Kultur, Führung und Arbeitsgestaltung. Wie oben beschrieben war eine Voraussetzung für den kompletten Wandel, die Geschichte, die Identität der Firma neu zu erzählen. Aus einem Unternehmen mit einem negativen Image, das sich alle Mitarbeiter nach einer bestimmten Zeit auch persönlich zugeschrieben hatten, musste wieder ein Gewinnerunternehmen werden. Dieser Imagewechsel wurde mit unterschiedlichen Aktionen unterstützt, unter anderen mit der Teilnahme an Wettbewerben[2] und durch verstärkte gemeinsame Sportaktivitäten. Im Arbeitsalltag wurde ein kollektives „Wir wollen immer besser werden" zur Selbstverständlichkeit.

Die Transformation vom „richtigen Moll" zum „blauen Blut" des Mollianers

Der Führungsstil entwickelte sich von der transaktionalen zur transformationalen Führung: Das heißt, Führungskräfte, das Topmanagement und insbesondere die Geschäftsführer verstehen sich weniger als Kontrolleure der Leistung und Zielerreichung, sondern als Coaches für engagierte Mitstreiter bei deren und der gemeinsamen Entwicklung. Transaktionale Führung konzentriert sich auf Verhaltensbeobachtung und gegebenenfalls auf Verhaltenskontrolle, transformationale Führung bietet Hilfestellung bei der persönlichen Entwicklung und bei der Ausbildung der vorhandenen Talente. Solche Veränderungen gehen einher mit einem komplett anderen Blick auf das Arbeiten und Lernen. War es früher ausschließlich Führungskräften vorbehalten, Stressmanagement-Seminare,

---

[2]Moll erhielt mehrere Auszeichnungen, darunter eine vom Gesundheitsministerium und letztes Jahr vom Wirtschaftsministerium. Zudem gewann Moll zweimal den begehrten IHK-Preis zur Förderung von Mitarbeiterpotenzialen.

Fortbildungen in Qualitätssicherung, Kommunikation oder Arbeitstechniken zu besuchen, werden diese Themen jetzt an alle Mitarbeiter herangetragen.

„Körperspannung heißt das Zauberwort, meine Herren."

Dieser inzwischen zum geflügelten Wort gewordene Satz des Betriebsleiters Markus Butt mag erläutern, was man bei Moll Marzipan unter Transformation versteht. Vor der Reorganisation bei Moll machten die Mitarbeiter fast andauernd die Erfahrung, einer Verlierer-Firma anzugehören. Der Spruch „Das war wieder ein richtiger Moll" stand damals für die ironisch distanzierende Abgrenzung von der dauernden Abwertung der Qualität der eigenen Arbeit durch Kunden, Chefs oder Kollegen. Ein „richtiger Moll" war z. B. eine schwere Reklamation eines wichtigen Kunden oder ein anderer Anlass, bei dem man eigentlich in den Boden versinken wollte oder sollte.

Auch aus diesem Grund bestand eines der wesentlichen Reorganisationsziele darin, für Moll und die Mollianer eine neue positive Identität zu erfinden. Das „blaue Blut" des mit sichtbarer Körperspannung ausgestatteten neuen Mollianers steht für die gelungene Transformation des Losers zum Gewinner. Nicht zufällig wurde als virtueller Standort für die Wunschgeschichte der 150 Jahre Moll eine Burg ausgesucht. Hier wurde dann auch der Zaubertrank hergestellt, der die Transformation mithilfe der AOK möglich machte (Draeger).

Der Reorganisations- und Digitalisierungsprozess – Aktuelle Situation
Der durch die Betriebliche Gesundheitsförderung mitbedingte wirtschaftliche Erfolg des Unternehmens bildet den Ausgangspunkt für einen Digitalisierungsprozess. Diese Entwicklung führt aktuell dazu, dass die Produktionsmitarbeiter unter immer stärkeren Auftrags- und Arbeitsdruck geraten. Das Management sucht händeringend nach neuen Mitarbeitern. Letztes Jahr konnten zwar zehn neue Arbeitnehmer eingestellt werden, doch mittelfristig sieht es auf dem Arbeitsmarkt sehr schlecht aus. Daher wurde beschlossen, zusammen mit der Belegschaft eine Automatisierungs- und Digitalisierungsoffensive einzuleiten und darin die in den letzten zwölf Jahren gut erprobten Methoden der Betrieblichen Gesundheitsförderung weiter auszubauen. Dazu gehören Stressmanagementseminare, der jährliche Strategieworkshop für das Topmanagement, Schulungen aller Mitarbeiter in Resilienz-Techniken, Workshops zu Datenfeedback und Verbesserungsvorschlägen, Schulungen durch Physiotherapeuten zu gesunder Bewegung und dynamischem Stehen.

In einem auf vier Jahre geplanten Veränderungsprozess sollen bei Moll Marzipan folgende Ziele erreicht werden:

- Zielszenario 2021
- Produktionssteigerung um 38 %
- Abschluss der Automatisierung
- Digitale Informationsabläufe
- Etablierter zentraler Leitstand
- Steigerung der Mitarbeiterzahl um 20 %

- Weltweite Marktführerschaft im Bereich Herstellung von Rohmasse
- Entwicklung eigener Produkte inkl. Vermarktung

Die Firma hat sich in diesem Zusammenhang und auf Grundlage der aktuellen Befragung aus 2016 fünf Veränderungsthemen für die Zukunft verschrieben, die in Workshops systematisch mit der Belegschaft bearbeitet werden. Sie lauten:

- Digitalisierung
- Gamifizierung (Einsatz neuer Medien für individuelles und organisationales Lernen)
- Verbesserte Kommunikationsformen zwischen den Generationen XYZ
- Verbesserung der Work-Life-Balance

Eine gemeinsame hierarchieübergreifende Planung des Veränderungsprozesses in Form der Verfassung eines Storyboards (eines Drehbuchs) für diesen auf vier Jahre angelegten Veränderungsprozess und die Entwicklung eines Kurzfilms auf dieser Grundlage.

Der Film wurde der Belegschaft wie der erste Film auf der Weihnachtsfeier vorgestellt. Auch dieses Jahr hatte der neue Film eine sehr positive Resonanz.

Als der erste Film im Jahr 2010 der Belegschaft vorgestellt worden war, waren bei Moll Marzipan knapp über 60 Mitarbeiter beschäftigt, trotzdem wurde der Film im Intranet innerhalb der ersten Woche mehr als 700-mal angeklickt.

Die Bedeutung der Gesundheitspotenziale im Reorganisations- und Digitalisierungsprozess

Anders als Gefährdungen betreffen Gesundheitspotenziale wechselseitige Interaktions- und Kommunikationsprozesse zwischen Menschen. Lernen bei der Arbeit oder die Wahrnehmung von Identifikationsmöglichkeiten erfordern immer einen Austausch zwischen mindestens zwei Personen oder eine Kommunikation über Medien. Während der Arbeit entfaltet eine gesunde Mitarbeiterführung ihre ganz besondere salutogene Wirkung. Gelingt es einer Führungskraft, ihren Mitarbeiter in eine nachhaltige Entwicklung seiner Talente einzubinden, werden in diesem Prozess wechselseitig Potenziale erzeugt. Lernen fördert die Identifikation, diese fördert die Verbesserung des Arbeitsklimas, Letzteres wiederum die Steigerung von Anerkennung und Ansehen der Tätigkeit. Die wechselseitige Kommunikation zwischen Beschäftigten und Führungskräften schafft ein nachhaltig gesundes Arbeitssystem, das auch in der Lage ist, immer wieder auftauchende Gefährdungen abzumildern bzw. resilient zu kompensieren (Abb. 10).

Da vor der Restrukturierung die einflussreichsten Potenziale identifiziert werden konnten, können sie nun als kommunikative Gesundheitsanker verstärkt genutzt werden. Die bilden dann Schutzfaktoren in unsicheren Zeiten.

Zu den im Unternehmen wirksamen Resilienzfaktoren wurden die Mitarbeiter nicht nur geschult, sondern auch angeleitet, hieraus Ideen zum Erhalt der Resilienz in der Gestaltung von digitalen Prozessen zu entwickeln. Da die Restrukturierung auch auf die Digitalisierung aller noch mit Papier vollzogenen Informationsprozesse zielt, können diese wiederum mit den bereits identifizierten Resilienzfaktoren verknüpft werden. Digitalisierung, Steigerung der Resilienzfaktoren und die Gamifizierung aller Prozesse haben eine Gemeinsamkeit: Sie helfen, die Wahrnehmung der Kommunikationsteilnehmer auf Chancen auszurichten und eine Kultur der stetigen Verbesserung zu etablieren.

Nach Weick und Suttcliff (Weick und Sutcliffe 2015) und Westermayer und Kauffeldt (Westermayer und Brand 2012) werden in der einschlägigen Literatur elf Resilienz-faktoren organisationaler und individueller Provenienz diskutiert. Der Faktor Optimis-mus, der sich wie die Indikatoren Arbeitsfreude und Selbstvertrauen aus dem SOC (Sense of Coherence) nach Antonovsky ableiten lässt, kann daher durch die in der Befragung identifizierten Haupteinflussfaktoren präzisiert werden: Bei Moll durch Anerkennung, Lernen, keine fachliche Überforderung, Arbeitsklima und Unter-brechungen. Diese nun 16 Faktoren lassen sich durch Gamifizierung in narrativen Kommunikationssystemen gemäß den Schulungsinhalten verstärken und in den Filmen dokumentieren.

Die gemeinsam entwickelten Filme haben hier eine ganz wesentliche Funktion der Erinnerungs- und Wahrnehmungsteuerung. In ihnen werden die eingesetzten Analyse-und Interventionsinstrumente sowie die parallel durchgeführte Ergebnis- und Prozess-evaluation beschrieben. Alle Verfahren sind partizipativ ausgerichtet. Es wird ein klassischer Organisationsentwicklungszyklus top-down und bottom-up in der Betrieb-lichen Gesundheitsförderung durchlaufen. Die darin erfolgten Schritte werden in den größeren Kontext der Restrukturierung des Unternehmens gesetzt – mit dem Ziel einer salutogenen, produktiven und modernen Organisation.

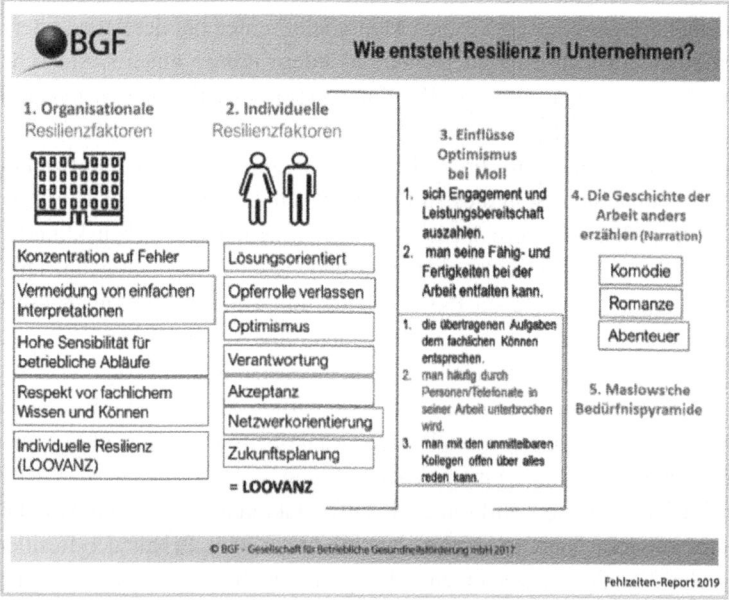

Abb. 10 Wie entsteht Resilienz?

Warum resiliente Organisationsentwicklung von A bis Z?

Die folgenden Abschnitte dieses Buches stellen eine Sammlung von Best-Practice-Hinweisen dar. Was sollte man bedenken und nutzen, was sollte man tunlichst unterlassen?

Dieses Buch ist wie ein Nachschlagewerk aufgebaut. Die Inhalte werden nicht immer hierarchisch oder systematisch entwickelt, sondern um zentrale Begriffe herum gruppiert. Damit wird auf den Zweck des Buches, ein Handbuch der Organisationsentwicklung für Praktikerinnen und Praktiker zu sein, fokussiert.

Wenn durch den Aufbau dieses Buches Diskussionen und eigene Ideen und Lösungsansätze provoziert, Denkräume geöffnet und die Entwicklung je neuer individueller Handlungsansätze gefördert werden, ist sein Sinn erfüllt.

So wie man im Alphabet aus den Buchstaben Worte, Sätze, Bücher herstellen kann, können wir aus den Skalen und deren Untereinheiten Items und Aussagen unseres Diagnosesystems, Zusammenhänge ableiten, die nach einem tatsächlich angenommenen Ursache-Wirkungs-Schema „gesunde" oder „kranke" Unternehmen erzeugen können. Und noch besser: So wie Worte, Sätze verändert werden können, um neue Bücher zu schreiben, die noch mehr Sinn als die alten machen, so können wir durch die Veränderung der Zusammenhänge, die durch die Skalen und Items diagnostiziert wurden, aus „kranken" „gesunde" Unternehmen machen.

In den nachfolgenden Kapiteln werde ich von A wie Arbeitsfreude bis Z wie Zeitdruck viele wesentliche und wichtige Haupteinflussfaktoren, Gesundheitspotenziale und Gefährdungen sowie Gesundheitsindikatoren wie Arbeitsfreude, Selbstvertrauen, Erschöpfung, Gereiztheit und körperliche Beeinträchtigungen diskutieren. Ergänzt werden diese zentralen mittlerweile sehr gut überprüften Bestandteile der Betrieblichen Gesundheit durch theoretische und empirische Erkenntnisse aus der Organisationsentwicklung und der Resilienzforschung.

Ich werde in jedem Kapitel das Gesamtvorgehen aus den verschiedenen Perspektiven erläutern. Dann werden nach den einzelnen Anfangsbuchstaben im Diagnosesystem weitere für die resiliente Organisationsentwicklung wichtige Begriffe erläutert: z. B. wird beim Buchstaben E = *Entscheidungsspielraum* (Gesundheitspotenzial) nicht nur erläutert, wie sich Entscheidungsspielraum positiv und negativ auf die Gesundheit auswirken kann, sondern es werden mit Begriffen wie *Evidenzbasierte Medizin* und *Evaluation* Fallstricke und erfolgreiche Methoden der Projektumsetzung erläutert, die theoretischen Hintergründe werden beschrieben, Dos und Don'ts erläutert.

Das Buch richtet sich an Praktiker, für die ich die oft schwer nachzuvollziehenden statistischen, philosophischen, psychologischen und allgemein wissenschaftlichen Grundlagen in leicht verdaulicher, aber immer noch wissenschaftlich korrekter Art und Weise anbiete.

Diese Praktiker der resilienten Organisationsentwicklung kommen aus sehr, sehr vielen verschiedenen Berufen: Arbeitssicherheitsingenieure, Diplomsportler, klinische Psychologen, Organisationspsychologen, Mediziner unterschiedlichster Fachgebiete,

Sozialversicherungsfachangestellte bei den Krankenkassen, Soziologen, Medienwissen-schaftler, Informatiker und Programmierer, Filmregisseure, Topmanager, Juristen, Volks-wirte, Betriebswirte, General Manager, Physio-und Psychotherapeuten.

Dass diese alle dieselbe Sprache sprechen und einen ähnlichen Zugang zum Thema finden, ist höchst unwahrscheinlich.

In unserem *Modell Diagnose Betriebliche Gesundheit,* das in der Tat wie das Alphabet 26 Einheiten aufweist, ist für jede Berufsgruppe etwas Vertrautes dabei, bei dem Sie zu lesen beginnen können: Für Arbeitssicherheitsingenieure bieten wir Zugang über *Gefährdungen,* für Psychotherapeuten vielleicht einen Einstieg über *Freude.*

Für Führungskräfte könnten Motivationsthemen wie *Anerkennung* und *Ent-scheidungsspielraum, Identifikation* eine Rolle spielen, für die Sozialversicherungsfach-angestellten die Tatsache, dass wir mit diesem Diagnosesystem auch *Potenziale* messen können, und sie damit auf der sicheren Seite des Gesetzes zur *Prävention* und *Gesund-heitsförderung* stehen.

Gemeinsam ist allen Erfolgsprojekten

- die Orientierung an den Haupteinflussfaktoren,
- welche uns die Software MiGeLe liefert,
- die Fähigkeit zur emphatischen respektvollen Perspektivenübernahme, die uns die Erfahrung, aber auch die Pflege der eigenen Befindlichkeit immer wieder herstellen lässt, und insbesondere
- die Kommunikationsform des Dialogs, die Quelle immer neuer Inspirationen, die eben nicht geplant werden können.

Diese von A bis Z gesammelten Erfahrungen sind hoffentlich Katalysatoren für die eigene erfolgreiche Entwicklung in der Herstellung einer lebenswerten, produktiven und gesunden Zukunft Ihres Unternehmens.

Viel Erfolg!

Literatur

Amann, E.G.: Resilienz. Haufe, Freiburg (2015)
Atiker, Ö.: Das Survival-Handbuch digitale Transformation. Campus, Frankfurt a. M. (2018)
Bund, K: Glück schlägt Geld. Generation Y: Was wir wirklich wollen. Murmann, Hamburg (2014)
Draeger, M.: Moll Marzipan, der Film. https://vimeo.com/143859088
Dreyfus, H.L.: Die Grenzen künstlicher Intelligenz. Athenäum, Königstein (1985)
Ferber, L.V.: Psychosoziale Belastungen im Berufsleben. In: Schlaudraff, U.H. (Hrsg.) Gesund-heit am Arbeitsplatz. Erfahrungen mit dem Arbeitssicherheitsgesetz. Deutsche Gesellschaft für Soziologie (DGS), Loccum (1977)
Ferber, L.V.: Gesundheitsvorsorge am Arbeitsplatz. Arbeitsbedingte Krankheiten in der Dokumentation der Krankenkassen. In: Friczewski, F. (Hrsg.) Arbeitsbelastung und Krankheit bei Industriearbeitern. Campus, Frankfurt a. M. (1982)

Friczewski FEAH: Arbeitsbelastung und Krankheit bei Industriearbeitern. Frankfurt a. M., Campus (1982)

Greiner L.E., Schein V.E.: Power and Organization Development. Prentice Hall, Upper Saddle River (1988)

Henzler, H.: Cambridge Analytica und das Ocean-Modell (2017). https://www.smart-digits.com/2017/02/cambridge-analytica-und-das-ocean-modell/

Knorr-Cetina, K., Harré, R.: Die Fabrikation von Erkenntnis. Frankfurt a. M., Suhrkamp (1981)

Kuhn, T.S.: Die Struktur wissenschaftlicher Revolutionen. Frankfurt a. M., Suhrkamp (1973)

Lenhardt, U.: Bewertung der Wirksamkeit betrieblicher Gesundheitsförderung. Z. Gesundheitswissenschaften **11**, 18–37 (2003)

Lewin, K.: Experimente über den sozialen Raum. In: (Hrsg.) Die Lösung sozialer Konflikte. Christian-Verlag, Bad Nauheim (1953, Erstveröffentlichung 1939)

Lewin, K., Lewin, K.: Dynamics MURCFG, Dynamics UOMRCFG (1951) Field Theory in Social Science. Harper, New York (1951)

Precht, R.D.: Jäger, Hirten. Goldmann, Kritiker (2018)

Rosa, H.: Resonanz. Suhrkamp, Frankfurt am Main (2016)

Rosa, H.: Unverfügbarkeit. Residenz Verlag, Salzburg und Wien (2018)

Schein, E.H.: Unternehmenskultur, ein Handbuch für Führungskräfte. Campus, Frankfurt a. M. (1995)

Schirrmacher, F.: Ego. Wiley, München (2015)

Slesina, W.K.H.: Zur Theorie und Praxis der Organisationsentwicklung. Z. Arbeitswissenschaft **32**, 165–185 (1978)

Slesina, W.K.H.: Gesundheitsvorsorge am Arbeitsplatz. Subjektive Belastungs- und Beanspruchungsanalyse. In: Friczewski FEAH (Hrsg.) Arbeitsbelastung und Krankheit bei Industriearbeitern. Campus, Frankfurt a. M. (1982)

Sloterdijk, P.: Du mußt dein Leben ändern: Über Anthropotechnik. (2010) booksgooglecom

Sloterdijk, P.: Sphären. Suhrkamp, Frankfurt am Main (1999)

Steinmeier, F.-W.: „Kritik ist nicht reserviert für coronafreie Zeiten". Süddeutsche Zeitung (2020)

Waldhauser, S.: Mindful leadership and productivity. Manuskript (2018)

Wehrle, M.: Bin ich hier der Depp? Mosaik Verlag, München (2013)

Weick, K.E., Sutcliffe, K.M.: Managing the unexpected. Wiley, Hoboken (2015)

Werner, E.E., Smith, R.S.: Overcoming the odds. Cornell University Press, Itaca and London (2019)

Westermayer, G., Kauffeldt, H.: Recherche von Maßnahmen zur Förderung psychosozialer Resilienz- und Schutzfaktoren in der Gesundheitsförderung im Erwachsenalter (Proj-Nr 31.12). BZGA, unveröffentlichter Projektbericht, Berlin (2014)

Westermayer, G., Brand, D.: Länderübergreifender Gesundheitsbericht für Berlin und Brandenburg 2009–2011. Berlin Tsb Innovationsagentur, Berlin (2012)

Westermayer, G., Schilder, M.: Einblick: Reorganisation im Zuge der Digitalisierung – BGM im Unternehmen Moll Marzipan Fehlzeiten-Report 2019: Digitalisierung – gesundes Arbeiten ermöglichen. In: Badura, B., Ducki, A., Schröder, H., Klose, J., Meyer, M. (Hrsg.). Springer Berlin Heidelberg, Berlin (2019)

A

Siehe Abb. 1.

Arbeitsfreude und Freude

Freude. Worin sich erfolgreiche von weniger erfolgreichen Pflegeinstitutionen unterscheiden: Im Jahr 2008 wurde im Auftrag der AOK Nordost ein groß angelegtes Projekt in Kooperation mit der BGW und der BGF GmbH zur Gesundheitsförderung von Pflegekräften durchgeführt. In einer vorangehenden Untersuchung war festgestellt worden, dass Mitarbeiter von Pflegeeinrichtungen sehr großen Gesundheitsgefährdungen ausgesetzt sind und dementsprechend auch von allen untersuchten Berufsgruppen den höchsten Krankenstand aufweisen. Im Projekt wurden 40 Pflegeeinrichtungen mit dem Befragungsinventar Diagnose Betriebliche Gesundheit befragt. Durch ein spezielles Auswertungsverfahren wurden die auf diese Berufsgruppe am stärksten positiv und negativ einwirkenden Arbeitsbedingungen ermittelt. Dabei ließen sich zwei Gruppen unterscheiden: Benchmarkeinrichtungen mit geringem Krankenstand, hoher Motivation und hohen Qualitätsstandards. Normale Einrichtungen mit hohem Krankenstand, geringer Motivation und optimierbaren Qualitätsstandards.

Es zeigte sich im Vergleich, dass Führungskräfte und Manager der Benchmarkeinrichtungen aktiv dafür sorgen, dass die positiven Arbeitsbedingungen den Mitarbeitern zur Verfügung stehen. Ziel des Projektes war es, diese Erfolgsregeln auch den anderen Einrichtungen zur Verfügung zu stellen und die Manager in deren Organisation zu schulen. Für Verantwortliche der Pflegebranche stehen bei der AOK Nordost ab sofort Materialien zum Projekt zur Verfügung. Es können auch Workshops besucht werden, in welchen Führungskräfte darin ausgebildet werden, diese positiven Arbeitsbedingungen herzustellen.

© Der/die Autor(en), exklusiv lizenziert durch Springer-Verlag GmbH, DE, ein Teil von 63
Springer Nature 2021
G. Westermayer, *Organisationsdesign 4.0 von A-Z.*,
https://doi.org/10.1007/978-3-662-63515-5_3

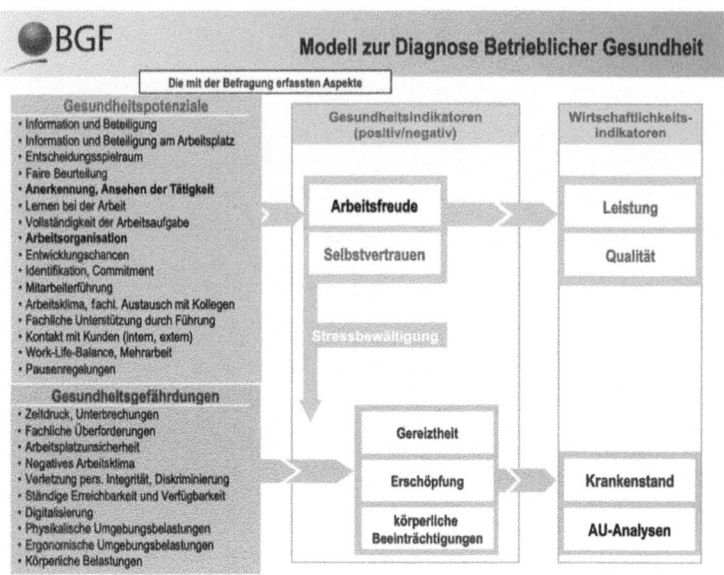

Abb. 1 BGF-Modell A

- Der Umgang mit Klienten macht Freude,
- Fähigkeiten und Fertigkeiten können in der Arbeit entfaltet werden,
- man kann selbstständig planen, wie die Arbeit ausgeführt wird,
- es kommt selten vor, dass übertragene Aufgaben das eigene Können übersteigen, und
- man ist überzeugt davon, dass die in der Einrichtung erzeugten Leistungen sinnvoll sind.

Wenn Manager und Führungskräfte der Pflegebranche genau diese fünf Arbeitsbedingungen für ihre Mitarbeiterinnen und Mitarbeiter herstellen und erhalten, empfinden diese ihre Arbeit als sinnvoll und hochmotivierend. Hier messen wir dann ein hohes Ausmaß an Arbeitsfreude und Selbstvertrauen. Diese Arbeitsfreude und das Selbstvertrauen bewirken darüber hinaus, dass Gefährdungen, die auch in der Arbeit auftreten, besser bewältigt werden können. Mitarbeiter mit den oben genannten fünf Arbeitsbedingungen sind signifikant weniger krank und deutlich produktiver. Von den 12 von uns untersuchten Pflegeinstitutionen hatten drei dieses positive Managementsystem erfolgreich eingeführt und aufrechterhalten.

Bei den anderen neun standen Gefährdungen im Vordergrund: Zeitdruck, unfaire Beurteilung, Heben und Tragen und ein Kontakt zu den Klienten, der als belastend empfunden wird. Hier haben wir es oft mit einer Eskalation der Gefährdungen zu tun: Hoher Zeitdruck führt zur Vernachlässigung der Klienten, dies wiederum zu Beschwerden der Angehörigen, diese Beschwerden zu einer als unfair empfundenen

Beurteilung, welche den Krankenstand erhöht, der wiederum den Zeitdruck verstärkt. Während bei den Benchmarkprofilen das Gespräch zwischen Mitarbeitern und ihren Vorgesetzten regelmäßig geführt wird, und zwar genau über Möglichkeiten der Erhaltung der fünf positiv wirkenden Arbeitsbedingungen, verhindert der sich eskalierende Zeitdruck bei den neun unter Druck stehenden Institutionen eben diese wichtigen Gespräche. Es ist wie in der Geschichte vom Mann, der mit einer stumpfen Säge versucht, einen Baum zu fällen, und die Säge deshalb nicht schleifen kann, weil ihm die Zeit dazu fehlt.

Die oben ermittelten Ansatzpunkte lassen sich schnell, einfach und effektiv in jeder Pflegeeinrichtung umsetzen. Warum das nicht getan wird, bleibt unklar. Eine mögliche Antwort liegt in einem weiteren festgestellten Unterschied zwischen Benchmarkpflegeeinrichtung und normaler Einrichtung: Die Führungskräfte der Benchmarkeinrichtungen haben die Ergebnisse der Studie interessiert, neugierig und tatkräftig erfasst und sofort in Aktivitäten umgesetzt. Die Führungskräfte der anderen Einrichtungen haben die Ergebnisse zur Kenntnis genommen und gefragt: „Was sollen wir jetzt tun?"

Hier nochmal die Antwort an diese und alle anderen Pflegeeinrichtungen: Organisieren Sie die fünf genannten Arbeitsbedingungen für Ihre Mitarbeiter. Dann (und nur dann) werden Sie zu den Benchmarkeinrichtungen gehören mit all deren Vorteilen: geringer Krankenstand, hohe Motivation, erfüllte Qualitätskriterien.

Resilienz: die Suche nach dem krisenfesten Mitarbeiter

In einem weiteren groß angelegten Branchenprojekt, diesmal für die Erziehungsbranche, wurde die BGF GmbH beauftragt, Merkmale und Kennzeichen des Mitarbeiters zu definieren, der in der Lage ist, jede Herausforderung proaktiv anzunehmen, Stresssituationen gekonnt zu meistern und dabei gesund, hoch motiviert und gelassen zu bleiben.

In engem Zusammenhang mit Antonovskys Sense of Coherence, Sloterdijks Vertikalspannung und Hüthers leidenschaftlicher Gehirnveränderung lässt sich das neuerdings sehr breit diskutierte Konzept der Resilienz diskutieren. Dieses Konzept läuft derzeit Gefahr, von Eliteansätzen vereinnahmt zu werden: Die Suche nach den Übermenschen unter den Arbeitnehmern hat bereits begonnen. Diese Suche öffnet wieder eine Hintertür, die eigentlich mit der erfolgreichen Entwicklung von Konzepten der Betrieblichen Gesundheitsförderung schon einmal geschlossen wurde. Durch diese Hintertür schleicht sich das Primat der Verhaltensveränderung gegenüber einer optimalen Verhältnisveränderung wieder ein. Wenn es den resilienten, widerstandsfähigen, sich beständig weiterentwickelnden Mitarbeiter gibt, dann gibt es auch Möglichkeiten, sich dessen Verhaltens- und Lebensweisen anzueignen. Dieses dann wider besseren Wissens nicht zu tun, kann als Beleg dafür angeführt werden, dass manche Menschen einfach nicht willens sind, notwendige Veränderungen an sich selbst vorzunehmen. Mit dem

Verschieben der Konzentration weg von Verhältnisanalysen zu Verhaltensweisen und der diesen Verhaltensweisen zugrunde liegenden Eigenschaft „Resilienz" wird auch die Frage nach der Verantwortlichkeit für die Beschaffenheit von (Arbeits-)Verhältnissen anders bzw. gar nicht mehr gestellt.

Solange es resiliente Mitarbeiter gibt, sind diese der lebende Beweis dafür, dass nicht die Verhältnisse geändert werden sollten, sondern die Mitarbeiter. Denn: Es geht doch!

Die Konzentration auf ein Thema wie das der Resilienz erscheint mir in der heutigen Zeit für Verantwortliche in Management und Gesundheitsförderung geradezu als gefährlich. Selbstverständlich haben die Verhältnisse nach wie vor den größten Einfluss auf das Befinden der Mitarbeiter in Arbeitssystemen. Das bestreitet auch niemand und wird durch eine geradezu unüberblickbare Menge an empirischen Untersuchungen belegt. Die Orientierung an resilienten Mitarbeitern wird das ohnehin schon als unlösbar betrachtete Problem der demografischen Veränderung eskalieren. Die Frage der Zukunft lautet nicht, wie bekommen wir bzw. stellen wir resiliente Mitarbeiter her, sondern sie lautet: Wie schaffen wir Arbeitsbedingungen, die es auch nichtresilienten Mitarbeitern erlauben, sich am Arbeitsprozess zu beteiligen?

Deutschland sucht nun auch in der Arbeitswelt den Superstar. Nun, um es kurz zusammenzufassen: wir haben ihn nicht gefunden, aber trotzdem bei der Suche eine interessante Entdeckung gemacht.

Ein unerwartetes und daher auch nicht leicht einzuordnendes Ergebnis betrifft die Erkenntnis, dass es sich bei dem Konstrukt Resilienz in der Erziehungsbranche und wie zu vermuten ist auch in anderen Branchen nicht wie ursprünglich angenommen um eine Personeneigenschaft von Mitarbeitern in der Branche handelt, sondern um eine Eigenschaft des dort angewandten Kommunikationssystems.

Chief of Happiness

Ich hatte einmal ein hochinteressantes Gespräch mit einem sehr guten Freund, der seit fast 30 Jahren für einen Dienstleister in der Flugwirtschaft arbeitet. Obwohl oder weil wir seit unserer Jugend gut befreundet sind, haben wir uns eigentlich noch nie über unsere eigenen aktuellen beruflichen Tätigkeiten ausgetauscht.

Er erzählte, dass er nach einer längeren Krankheit wieder zurück zur Arbeit gekommen war und nun völlig davon überzeugt sei, dieses „Irrenhaus" bald verlassen zu müssen. All das, was in den letzten 30 Jahren in seiner Firma als sehr erfolgreiches Kooperationssystem mit externen Partnern entwickelt worden war, soll nun auf einmal rückgängig gemacht werden und durch interne Kollegen selbst geleistet werden. Er bezweifelte sehr stark, dass das überhaupt möglich sei, da die hierfür notwendigen Kompetenzen im Unternehmen nicht verfügbar seien. Außerdem berichtete er davon, dass die Ankündigung dieses neuen Kurses durchgängig mit **Drohung von Entlassung** verbunden war für diejenigen, die daran Kritik üben sollten.

Alle Kolleginnen und Kollegen hielten sich nicht nur mit Kritik, sondern auch mit jedem anderen Engagement zurück. Man wartet ab, was passiert. Wo geht das hin? Weil man ja weiß, dass es eigentlich gar nicht funktionieren kann, hält man einfach still und täuscht Engagement nur vor.

Allerdings führte die Ankündigung dieser rigorosen Kehrwende **an der Börse zu einem gewaltigen Plus** für die Aktienbesitzer. Die Verfechter des neuen Kurses werten dies als eine deutliche Bestätigung für die Richtigkeit der Veränderungen.

Als Spitze der Demütigungen empfanden mein Freund und die meisten seiner Kolleginnen und Kollegen, dass die neue Leitung in der Geschäftsführung eine neue Funktion eingeführt hat: **Chief of Happiness.**

Wir haben es in der **resilienten Organisationsentwicklung** tatsächlich mit sehr unterschiedlichen Verständnisweisen von Happiness oder Freude, von Gesundheit und Motivation, von wichtigen Faktoren, die zur Leistung oder Demotivation beitragen, zu tun.

Wie stellt man Freude her und warum ist das gesund?

Sich freuen macht mehr Spaß, als sich zu ärgern und ist die Voraussetzung für einen klaren, kreativen und wohlwollenden Kopf, der auf einem dann in der Regel gesunden Körper sitzt. Ist das so? Ja, das ist genau so. Die Frage ist nur, wie wir durch eine **andere Art und Weise, die Arbeit zu organisieren,** diesen erstrebenswerten Zustand von Körper, Geist und Seele für möglichst jede Mitarbeiterin und jeden Mitarbeiter herstellen und das insbesondere gerade für diejenigen im Unternehmen, die den geringsten Lohn bekommen.

Diese sind in der Tat die Zielgruppe der resilienten Organisationsentwicklung.

Wie man Spaß, Freude und Selbstvertrauen aus Kreativität, Geistesreichtum, Achtsamkeit und dem Bedürfnis nach Loyalität und respektvoller Führung hervorzaubert, ist Thema dieses Buches.

Und nach allem, was wir wissen, ist dieser Prozess auch noch **gesund.**

Weiter werden wir zeigen, dass sich das auch für alle Beteiligten, insbesondere die Führungskräfte und Leiter der Unternehmen lohnen wird und zwar in berechenbaren Eurobeträgen in einem nicht für möglich gehaltenem Ausmaß. Es geht hier auch um wirtschaftliche Gesundheit.

Resiliente Organisationsentwicklung ist ein Bombengeschäft.

Freude ist nicht Zufriedenheit

Wir kennen Unternehmen, in denen Mitarbeiter begeistert an Sportwettbewerben teilnehmen, stolz auf ihr Unternehmen sind und eine starke Bindung zu Kollegen und Chefs empfinden. Wir kennen allerdings auch Unternehmen, deren Mitarbeiter an denselben

Sportwettbewerben teilnehmen … müssen … und die das abgrundtief hassen, aber nicht wagen, ihre Abneigung kundzutun. Erstere haben eine größere Chance, gesund, produktiv und länger in ihrem Unternehmen zu bleiben, Letztere werden wahrscheinlich häufiger erkranken oder, was auch vorkommt, sich häufiger krankschreiben lassen, eben um gesund zu bleiben.

Resiliente Organisationsentwicklung berücksichtigt dabei die zentralen neuen Erkenntnisse im Betrieblichen Gesundheitsmanagement. Eine Änderung scheint mir ganz wesentlich, deshalb soll hierauf nochmal gesondert eingegangen werden:

„Freude, schöner Götterfunken,
Tochter aus Elysium,
Wir betreten feuertrunken,
Himmlische, dein Heiligtum!
Deine Zauber binden wieder,
Was die Mode streng geteilt;
Alle Menschen werden Brüder,
Wo dein sanfter Flügel weilt."
(Schiller)

Schillers Gedicht über die Freude drückt in der Tat aus, was seit gut 15 Jahren populäre Mediziner wie Eckard von Hirschhausen in seinem „Glücksbuch" oder Richard David Precht in seinem zweiten Bestseller über „Liebe" immer wieder wiederholen: Sich zu freuen macht mehr Spaß, als sich zu ärgern, und das ist auch noch gesund, hält jung und leistungsfähig. Der bekannte Hirnforscher Professor Hüther setzt sogar noch eins drauf: Wenn Sie sich immer wieder in Situationen begeben, die Ihnen und Ihrem Körper Anlass geben, sich zu freuen, dann verändert sich nicht nur Ihre Laune, sondern auch Ihr Gehirn. Es entstehen neue Bahnungen, neue Verknüpfungen, die Ihre Wahrnehmung auf die nächsten Glücksstationen lenken. Freude schafft Freude.

Im 2017 erschienenen Buch „The leading Brain" (Fabritius und Hagemann 2017) werden diese Erkenntnisse durch neueste Forschung unterstrichen, aber auch modifiziert: Der richtige Mix an Endorphinen und Glückshormonen hängt in der Tat von den eigenen Wahrnehmungsmustern ab, diese wiederum aber auch davon, zu welchem *Arousal*-Typ man gehört: Für den einen sind anregende und motivierende Situationen mit Herausforderung, Gefahr oder Abenteuer verbunden, für andere sind genau diese Situationen Auslöser von Panikattacken oder tiefe Erschöpfung.

Doch das ist eine immer noch nicht genug differenzierende Beschreibung der komplexen Verhältnisse.

Freude schafft zwar Freude, nur leider funktioniert das Ganze auch umgekehrt: Je mehr Ärger man im Leben hat, desto düsterer sieht man die Welt, und man könnte frei nach Karl Kraus sagen, desto düsterer sieht die Welt auch auf einen zurück. Und diese Welt ist meistens der Betrieb, bei dem man arbeitet, wenn man arbeitet. Oder der düstere Blick wird durch den Staat, das System, die Ausländer, kurz alle, die sich eignen, als böse betrachtet zu werden, personifiziert.

Sich absichtlich freuen?

Aber wie geht das, sich absichtlich zu freuen, und wie soll das auch noch auf einer Arbeit funktionieren, die ja den meisten nicht als Ort der Freude, sondern eher als Jammertal bekannt ist?

Der Chef nervt, hat keine Ahnung, aber eine große Klappe, die Kollegen nutzen jede Gelegenheit, um zu schleimen und zu intrigieren, und wenn man mal eine sehr gute Idee hat und sie dem Chef erzählt, ist die Wahrscheinlichkeit nicht gering, dass der antwortet: „Wissen Sie, wenn diese Idee gut wäre, dann hätte sie doch jemand anderes gehabt und nicht ausgerechnet Sie!" Das ist eine meiner liebsten Killerphrasen für Kommunikationsseminare, da taugt sie gut dafür, Kommunikation zu erklären. Traurig ist nur, dass sie tatsächlich von Chefs benutzt wird.

Und dann kommen möglicherweise noch meine Kollegen aus der Psychologie, der Chief of Happiness, Scrummaster oder Feel Good Manager und raten Ihnen: „Ja, freu dich doch mal, mein lieber Arbeiter, Angestellter oder Bürger oder Leser und das sofort. Motivieren Sie sich doch selbst!" Lachyoga ist, sofern ich richtig informiert bin, zurzeit angesagt, Achtsamkeitstraining und positive Vibrations auch.

In dem Moment, wo jemand das zu Ihnen sagen würde, würde doch wahrscheinlich auch noch der kleine letzte Rest an Freude verfliegen und einem gewissen Ärger Platz machen, den die Evolution für uns zur Verfügung gestellt hat, um für solche Situationen mehr Kraft zu haben, nämlich, um entweder wegzurennen oder um zuzuschlagen. In der Wissenschaft nennt man diese körpereigene Energie **Stress** und die Fähigkeit, damit produktiv umzugehen, **Resilienz.**

Wenn wir uns die Verbreitung von Stress zurzeit in Europa, Deutschland oder in meiner Heimatstadt Berlin ansehen, dann sehen wir hier die höchsten Zuwachsraten. Stress, Burn-out, Depressionen nehmen beispiellos stark zu.

Aber nicht nur diese Vorstufen von Krankheiten und psychische Krankheiten selbst nehmen deutlich zu, viel dramatischer ist ein anderer Befund zur Lebenserwartung von gering verdienenden Arbeitnehmern, für die das Feld Betrieblicher Gesundheitsförderung letztendlich erfunden wurde.

Als ich mich vor mehr als 30 Jahren, damals an der TU Berlin angestellt, das erste Mal mit den Themen Betriebliche Gesundheit und Betriebliche Gesundheitszirkel befasst habe, waren es zwei Forschungsfragen, die von der damaligen Regierung in einem Forschungsprojekt des Programms „Humanisierung des Arbeitslebens" gestellt wurden, für die wir eine Lösung finden sollten:

- „Ist kontrollierte Autonomie als neue Form von Stressbelastung empirisch untersucht und darstellbar?"
- „Gibt es neue Interventionsformen, die im Betrieb dem zunehmenden Stress vorbeugen können und insbesondere Arbeitnehmer unterer Einkommensschichten vor belastenden Einflüssen schützen können?"

Dieses Projekt war der Ausgangspunkt für die Entwicklung von sehr vielen Systemen der Planung, von Analysen und Interventionen, Veränderungstechniken des Betrieblichen Gesundheitsmanagements.

Diese Systeme wurden kopiert und in Deutschland verbreitet und erhalten derzeit nochmal eine große Unterstützung durch das Gesetz zur Prävention und Gesundheitsförderung, das die Krankenkassen verpflichtet, nur die Betriebe finanziell zu unterstützen, die genau diese Vorgehensweisen wählen.

Nur, wir hatten vorher von den ungleichen Chancen der Arbeitnehmer gesprochen, die deutlich weniger verdienen und für die tatsächlich das Konzept der resilienten Organisationsentwicklung erfunden wurde (damals hieß das BGF Betriebliche Gesundheitsförderung) und wenn wir heute überprüfen, was dieses Konzept gebracht hat, sieht das Ergebnis enttäuschend, nein, skandalös aus. Damals hatten wir bei den gering verdienenden Männern einen Unterschied in der Lebenserwartung von 4 Jahren und bei gering verdienenden Frauen zu gut verdienenden von 3 Jahren.

So, nun raten Sie mal, wie es heute aussieht?!

Bei Männern sind es 11 Jahre, bei Frauen 8.

Und das, obwohl wir inzwischen genau und präzise wissen, wie diese Unterschiede entstehen und was und wie man etwas dagegen machen kann. Das ist bekannt, überprüft und wird nicht umgesetzt. Für Unternehmen birgt dieses Wissen noch viel mehr.

Arbeitsfreude als Gesundheitsindikator

Manchmal werden wir gefragt, weshalb in unserem System der Betrieblichen Gesundheit von „Freude" und nicht von „Zufriedenheit" die Rede ist, obwohl doch die Literatur zu positiven Empfindungen in Zusammenhang mit Arbeit weitestgehend mit dem Begriff „Zufriedenheit" arbeitet.

Das hat in der Tat vier Hintergründe, die aus meiner Sicht entscheidend für Erfolg oder Misserfolg von Prävention und Gesundheitsförderung sind.

1. Theoretisch wurde der Begriff „Arbeitsfreude" aus dem Salutogenese-Modell von Aaron Antonovsky hergeleitet und dort aus dem Konstrukt „Meaningfulness", also Sinnhaftigkeit. In der Originalbeschreibung der Skala heißt es bei Antonovsky sinngemäß: Wenn man etwas tut und das aus ganzem Herzen, weil es mit den eigenen Werten in höchstem Maße übereinstimmt, dann wird eine solche Handlung sinnhaft genannt. „Arbeitsfreude" unterscheidet sich genau in dieser Hinsicht von Arbeitszufriedenheit.

2. Alltagspraktisch gibt es einen weiteren Grund, Zufriedenheit von Arbeitsfreude zu unterscheiden, was wir u. a. mit unserem Firmen-Slogan versuchen deutlich zu machen: **„Es macht mehr Spaß, sich zu freuen, als sich zu ärgern, und das ist auch noch gesund".** Hier wird der Unterschied nochmal als Erleben deutlich gemacht: Freude hat etwas mit Lebendigkeit, Erleben, Aktivität, Neugier und

Aufbruch zu tun und ist kategorial unterschieden zur Zufriedenheit, die auf neuro-
plastischer Ebene ohne Dopamin und Oxytozin auskommt, was bei der Freude nicht
der Fall ist.

3. Ebenfalls alltagspraktisch, aber auch in der Tradition der Belastungsforschung gibt
   es eine Tradition der Arbeitszufriedenheit, die sich am Erträglichen orientiert: Wenn
   man einen typischen Arbeitnehmer in Berlin fragt: „Wie geht es Ihnen?", ist die
   Wahrscheinlichkeit sehr hoch, als Antwort ein „Muss ja" zu erhalten, also ein Statement, das eigentlich den Zustand beschreibt, den man gerade noch ertragen kann,
   bevor es sich weiter verschlechtert. Das wäre in unserem Indikatorensystem allerdings
   in der negativen Abstufung von Gereiztheit, Erschöpfung und körperlicher Beeinträchtigung die Zwischenstufe auf dem Weg von Stress zur Krankheit: Erschöpfung.
   Und in diesem alltagspraktisch durchaus nachvollziehbaren Prozess des sich erfolgreich vor dem Abrutschen ins Elend bewahrenden positiven „Muss-ja"-Statement,
   wird allerdings eine Bewegung nahegelegt, die zwar präventiv positiv erscheinen mag
   (man ist noch nicht krank, noch nicht im Burn-out), aber man ist auch nicht auf dem
   Weg nach oben zur Begeisterung, also nicht in der Gesundheitsförderung.

4. Interessant ist hier die Übereinstimmung zwischen Berliner alltagspraktischer
   Arbeiterweisheit und vielen zurzeit gefragten theoretischen und empirisch
   angewandten Modellen der Arbeitszufriedenheit, wie etwa dem wohl bekanntesten
   des finnischen Forschers Prof. Juhani Ilmarinen, der mit seinen Kollegen Prof. Pekka
   Huuhtanen, Prof. Veikko Louhevaara und Dr. med. Ove Näsman das Instrument
   Arbeitsbewältigungs-Radar (AR)[1] entwickelt. Hier wird Arbeit als etwas begriffen,
   das bewältigt werden muss, das man im „Haus der Arbeitsfähigkeit" so organisieren
   kann, das die Menschen bis zur Pension durchhalten können, was sicher auch seine
   Berechtigung haben kann, aber nichts mit dem in unserem System zugrunde gelegten
   Begriff der Arbeitsfreude und dem Prozess zu ihrer Entwicklung zu tun hat.

Die BGF GmbH hat in ihrem Fragebogeninventar das Thema **Arbeitsfreude** wie folgt
operationalisiert:

- Es gibt Tage, an denen ich mich über meine Arbeit freue.
- Es gibt Tage, an denen ich stolz auf das bin, was ich bei der Arbeit geschafft habe.
- Es gibt Tage, an denen ich nach der Arbeit beschwingt nach Hause gehe.
- Meine Arbeit macht mir Spaß.
- Ich habe das Gefühl, mit meiner Arbeit etwas Sinnvolles zu tun.

Das in der Einleitung vorgetragene Motiv „Freude, schöner Götterfunken …" von Schiller
hat in unserer Forschung einen zentralen Wert erhalten.

---

[1] http://arbeitsfaehigkeit.org/arbeitsbewaeltigungsradar/

Die im oben abgebildetem Modell dargestellten Gefährdungen und Potenziale entsprechen dem letzten Stand der Forschung und sind in insgesamt 22 Skalen eines Fragebogens (GIS) operationalisiert. Der „Gesundheitszustand“ der Mitarbeiter wird mithilfe sogenannter Gesundheitsindikatoren erfasst. Hier werden die Skala „Arbeitsfreude“ und „Selbstvertrauen“ als positive Indikatoren verwendet (theoretische Herleitung und empirische Überprüfung ist in verschiedenen Diplom- und Doktorarbeiten dokumentiert, vgl. Ducki, Beck, Westermayer) sowie durch drei Skalen von negativen Gesundheitsindikatoren (Gereiztheit, Erschöpfung, körperliche Beeinträchtigung, diese Skalen sind weitestgehend dem ICD-Schlüssel angepasst, um eine Vergleichbarkeit zu Gesundheitsberichten von Krankenkassen zu ermöglichen).

Nach Durchführung der Befragung und Validierung der Ergebnisse anhand von „harten“ Kennzahlen (etwa hohe Werte für Arbeitsfreude und Selbstvertrauen korrelieren mit hohen Werten an Produktivität, guten Qualitätskennzahlen und geringem Krankenstand) lassen sich durch Regressionsanalysen gestuft die drei wichtigsten Einflussfaktoren auf die Zielgrößen identifizieren (etwa hohes Ausmaß an positiv eingeschätzter Führung, Information und Beteiligung sowie Identifikation, oder hohes Ausmaß an Nackenschmerzen durch Zeitdruck, Zugluft und unfaire Behandlung).

Aus allen möglichen Kombinationen der 21 möglichen Einflussfaktoren lassen sich durch Korrelationsstatistik in der Regel diejenigen maximal 10 Faktoren identifizieren, die hochsignifikant sind und ein hohes Maß an Varianzaufklärung belegen.

Diese identifizierten Faktoren dienen dann als Voraussetzung für die Interventionsentwicklung. Da sich die Faktorenidentifikation auch auf Itemebenen durchführen lässt, ergibt sich in der Folge eine präzise Handlungsvorgabe für effektive Interventionsschritte (Abb. 2).

Hintergrund von Arbeitsfreude/Arbeitsstolz: Zur Bewältigung von Herausforderungen bedarf es nach **Antonovsky** des Vertrauens bzw. der Überzeugung, dass es sinnvoll und von Bedeutung ist, sich mit Anforderungen auseinanderzusetzen.

TREIBER NACH BRANCHEN

	Treiber Arbeitsfreude Stand: 2020/2021	Einflussfaktoren			
		1. Einflussfaktor	2. Einflussfaktor	3. Einflussfaktor	*N*
Gesundheitsindikator: ARBEITSFREUDE	**Gesundheits-, Sozialwesen**	**Kundenkontakt** (Der Umgang mit den Kunden macht mir Freude.)	**Lernen bei der Arbeit** (Meine Fähigkeiten und Fertigkeiten kann ich in meiner Arbeit entfalten.)	**Identifikation** (Ich bin selbst von unseren Produkten und Dienstleistungen überzeugt.)	*5244*
	Varianzaufklärung: 36,0%	0,32 (0,45)	0,25 (0,47)	0,21 (0,41)	
	öffentl. Verwaltung	**Kundenkontakt** (Der Umgang mit den Kunden macht mir Freude.)	**Identifikation** (Ich bin selbst von unseren Produkten und Dienstleistungen überzeugt.)	**Lernen bei der Arbeit** (Meine Fähigkeiten und Fertigkeiten kann ich in meiner Arbeit entfalten.)	*3264*
	Varianzaufklärung: 47,0%	0,32 (0,48)	0,29 (0,53)	0,28 (0,51)	
	verarbeitendes Gewerbe	**Identifikation** (Ich bin selbst von unseren Produkten und Dienstleistungen überzeugt.)	**Lernen bei der Arbeit** (Meine Fähigkeiten und Fertigkeiten kann ich in meiner Arbeit entfalten.)	**Work-Life-Balance** (Unser Unternehmen ist ein familienfreundlicher Arbeitgeber.)	*2634*
	Varianzaufklärung: 37,4%	0,33 (0,41)	0,29 (0,47)	0,22 (0,40)	
	Erbringung v. sonstigen wirtschaftlichen Dienstleistungen	**Identifikation** (Ich bin selbst von unseren Produkten und Dienstleistungen überzeugt.)	**Lernen bei der Arbeit** (Meine Fähigkeiten und Fertigkeiten kann ich in meiner Arbeit entfalten.)	**Kundenkontakt** (Der Umgang mit den Kunden macht mir Freude.)	*6029*
	Varianzaufklärung: 49,5%	0,35 (0,55)	0,34 (0,54)	0,31 (0,55)	
	Erbringung v. sonstigen Dienstleistungen	**Ansehen der Tätigkeit** (Das Ansehen meiner Tätigkeit in meinem Bereich ist hoch.)	**Identifikation** (Ich bin selbst von unseren Produkten und Dienstleistungen überzeugt.)	**Lernen bei der Arbeit** (Meine Fähigkeiten und Fertigkeiten kann ich in meiner Arbeit entfalten.)	*2422*
	Varianzaufklärung: 46,9%	0,32 (0,51)	0,31 (0,48)	0,29 (0,55)	
	Erbringung v. Finanz- und Versicherungsdienstleistungen	**Ansehen der Tätigkeit** (Das Ansehen meiner Tätigkeit in meinem Bereich ist hoch.)	**Identifikation** (Ich bin selbst von unseren Produkten und Dienstleistungen überzeugt.)	**Lernen bei der Arbeit** (Meine Fähigkeiten und Fertigkeiten kann ich in meiner Arbeit entfalten.)	*6464*
	Varianzaufklärung: 41,8%	0,39 (0,42)	0,36 (0,45)	0,25 (0,52)	

Interpretationshinweis:
Eine *schwarze* Zahl in einer Zelle zeigt einen ***„je-mehr-desto-mehr-Zusammenhang“*** an; eine *rote* Zahl in einer Zelle zeigt einen *„je-mehr-desto-weniger-Zusammenhang“* an.
Bei den Werten in den Zellen unter den Einflussfaktoren handelt es sich um die Regressionskoeffizienten (β) mit je $p < 0.01$.

Abb. 2 Treiber Arbeitsfreude

Die von **Ducki** entwickelte Skala „Arbeitsfreude/Arbeitsstolz" erfasst allgemein das Ausmaß von positiven Emotionen in Bezug auf die eigene Arbeit. Dabei wird der Aspekt des Sinns der eigenen Tätigkeit ebenso thematisiert wie das Ausmaß, in dem die eigene Tätigkeit Quelle eines Gefühls von Freude und Stolz darstellt.

Folgende Abbildung zeigt die Hauptmotive von Berliner Arbeitnehmerinnen und Arbeitnehmern (n = 25.000), zu arbeiten (bzw. unter dem Begriff Gefährdungen, die zentralen Gründe, der Arbeit fernzubleiben) (Abb. 3).

In Befragungen, die in den letzten Jahren mit etwa 10.000 Mitarbeitern durchgeführt wurden, führen wir regelmäßig sogenannte Motivanalysen durch. Eine Motivanalyse untersucht die Frage, ob es zwischen den abgefragten Gesundheitsindikatoren, -potenzialen und -gefährdungen systematische Zusammenhänge gibt. Konkret untersuchen wir, ob Mitarbeiter, die zum Beispiel ankreuzen, dass der Zeitdruck sehr hoch ist, auch ankreuzen, dass sie unter psychischen oder körperlichen Befindlichkeitsstörungen leiden.

Wenn das in einer Größenordnung der Fall ist, die nach bestimmten statistischen Regeln sehr unwahrscheinlich zufällig zustandegekommen sein dürfte, kann man begründet einen systematischen Zusammenhang vermuten. Gewissermaßen eine Art psychologische Hebelwirkung der Art: Immer, wenn ich den Zeitdruck auf meine Mitarbeiter erhöhe, geraten diese unter Stress. Selbstverständlich bestätigen auch hier die Ausnahmen die Regel: Manche Mitarbeiter sind eben von Natur aus „die Ruhe selbst" und lassen sich nicht unter Stress setzen. Diese sind aber sehr selten. Uns geht es darum, herauszufinden, mit welchen kommunikativen Aktivitäten Führungskräfte bei ihren Mitarbeitern ein Höchstmaß an Arbeitsfreude, Selbstvertrauen und Leistung erzeugen können, welche – wie wir aus unser Forschung wissen – die Mitarbeiter nebenbei auch noch gesund erhalten.

Berlin gesamt		Einflussfaktoren		
		1. Einflussfaktor	2. Einflussfaktor	3. Einflussfaktor
Gesundheitsindikatoren	Arbeitsfreude Varianzaufklärung: 41,2%	Lernen bei der Arbeit	Identifikation	Entscheidungsspielraum
	Selbstvertrauen Varianzaufklärung: 15,9%	Identifikation	Entscheidungsspielraum	keine fachlichen Überforderungen
	Gereiztheit Varianzaufklärung: 21,7%	Zeitdruck	fachliche Überforderungen	UNfaire Beurteilung
	Erschöpfung Varianzaufklärung: 24,5%	UNfaire Beurteilung	physikalische Umgebungsbelastungen	Unterbrechungen
	Körperliche Beeinträchtigungen Varianzaufklärung: 22,0%	physikalische Umgebungsbelastungen	UNfaire Beurteilung	fachliche Überforderungen

Abb. 3 Hauptmotive, zu arbeiten (Berlin)

Um diese psychologischen Hebel zu finden, untersuchen wir den möglichen Einfluss der Gefährdungen und Potenziale auf Arbeitsfreude, Selbstvertrauen, Gereiztheit, Erschöpfung und körperliche Beeinträchtigungen, so wie wir das im oben dargestellten Modell beschrieben haben. Wenn die in Deutschland zurzeit übereinstimmend geäußerte Vermutung, die Angst vor der Arbeitslosigkeit bringe die Mitarbeiter dazu, kränklich zur Arbeit zu gehen und deshalb chronische Leiden zu entwickeln, so ist dies zwar plausibel, die Daten selbst sehen darin jedoch keinen *systematischen* Einfluss.

Die Daten weisen darauf hin, dass es bei allen befragten Mitarbeitern verschiedenster Branchen spezifische Muster von positiven und negativen Wirkfaktoren gibt. Sehen wir uns diese einmal an und überlegen danach, wie diese Faktoren mit der in der Öffentlichkeit als zentralem Wirkfaktor angenommenen Angst vor Arbeitslosigkeit zusammenhängen könnten (Abb. 4).

Interessant scheint mir bei den obigen Darstellungen folgende Auffälligkeit: Die Kombination des Gefühls, ungerecht von seinem Chef behandelt zu werden, mit Zeitdruck in zwei Varianten, nämlich zu wenig Zeit für die Aufgaben zu haben, kombiniert mit häufigen Unterbrechungen, dazu das Gefühl zu haben, für bestimmte Aufgaben nicht ausreichend vorbereitet zu sein, plus physikalische Einflüsse wie Lärm oder Zugluft, diese Kombination macht die Mitarbeiter krank. Dass diese Kombination gerade dann häufig in Unternehmen anzutreffen ist, wenn diese im Zuge des wachsenden Konkurrenzdrucks auf dem Markt mehr und schnellere Leistungen von den Mitarbeitern unter Verweis auf einen möglichen Arbeitsplatzverlust einfordern, mag zu dem Eindruck geführt haben, dass die Angst vor Arbeitsplatzverlust selbst einen wesentlichen Wirkfaktor darstellt. Vielmehr scheint es so zu sein, dass die Begleiterscheinungen wie Zeitdruck, unfaire Führung, zu wenig Ausbildung und physikalische Einflüsse die eigentlichen Krankmacher sind.

Berlin gesamt	Einflussfaktoren		
	1. Einflussfaktor	2. Einflussfaktor	3. Einflussfaktor
Arbeitsfreude	Meine Fähigkeiten und Fertigkeiten kann ich in meiner Arbeit entfalten. 0,54	Ich bin selbst von unseren Produkten/Dienstleistungen überzeugt. 0,48	Ich habe verschiedene Möglichkeiten, meine Aufgabe zu erledigen. 0,29
Selbstvertrauen	Ich bin selbst von unseren Produkten/Dienstleistungen überzeugt. 0,33	Ich kann selbstständig planen, wie ich bei der Erledigung meiner Arbeitsaufgaben vorgehe. 0,24	Es kommt NICHT vor, dass mir übertragene Aufgaben mein fachliches Können übersteigen. 0,24
Gereiztheit	Es kommt häufig vor, dass ich zu wenig Zeit zur Erledigung meiner Arbeitsaufgaben habe. 0,35	Es kommt häufig vor, dass mit Arbeitsaufgaben übertragen werden, auf die ich nicht ausreichend vorbereitet bin. 0,32	Mein Vorgesetzter beurteilt meine Leistungen NICHT gerecht. 0,27
Erschöpfung	Mein Vorgesetzter beurteilt meine Leistungen NICHT gerecht. 0,35	Lärm 0,28	Es kommt häufig vor, dass ich durch Personen oder Telefonate in meiner Arbeit unterbrochen werde. 0,22
Körperliche Beeinträchtigungen	Zugluft 0,29	Mein Vorgesetzter beurteilt meine Leistungen NICHT gerecht. 0,28	Es kommt häufig vor, dass mit Arbeitsaufgaben übertragen werden, auf die ich nicht ausreichend vorbereitet bin. 0,23

Abb. 4 Muster von positiven und negativen Wirkfaktoren

Auf der positiven Seite, also der Seite der Gesundmacher, der Potenziale im Unternehmen, haben wir auch eine sehr interessante Einflussliste: Lernen bei der Arbeit, Identifikation, Entscheidungsspielräume und wenig Überforderung sind die Erfolgshebel. Also nicht, wie wir es eigentlich erwartet hatten, die angemessene Bezahlung, die spielt zwar auch eine, aber eben nicht die entscheidende Rolle.

Vielleicht, mag jetzt mancher Leser einwenden, haben wir ja hier eine besondere Auswahl von Arbeitnehmern befragt, und vielleicht gelten diese Ergebnisse nur für Arbeitsplätze, bei denen Lernen, Identifikation und Entscheidungsspielräume wichtig sind, also bei Tätigkeiten, die ohnehin nur gut ausgebildeten Menschen zukommen und deren Job womöglich auch nicht von Arbeitslosigkeit bedroht sein könnte.

Diesen Einwand hatten wir selbst und haben deshalb im Auftrag der AOK Berlin eine Branche untersucht, wo in diesem Sinne privilegierte Tätigkeiten kaum bis wenig vorhanden sind und die Bezahlung extrem gering ausfällt, teilweise so gering, dass die Mitarbeiter ohne Arbeit genauso viel Geld an Unterstützungsleistung vom Staat erhalten würden wie mit Arbeit.

Die Gebäudereinigungsbranche hat einen hohen Anteil von nicht ausgebildeten, gewerblichen Mitarbeitern, von denen sehr viele auch aus anderen Nationen und Kulturkreisen kommen. Deshalb musste unser Fragebogen auch in sechs Sprachen übersetzt werden.

In Abb. 5, 6 finden sich die Ergebnisse.

Auch in einer anderen Branche, der Nahrungsmittel- und Genussmittelbranche, finden wir ähnliche Ursachenkonstellationen: Als Gefährdungen spielen neben den tätigkeitsbedingten körperlichen Belastungen außerdem Zeitdruck, unfaire Beurteilung und geringe Lernmöglichkeiten eine Rolle, bei den Potenzialen finden wir auch hier Identifikation, Lernmöglichkeiten und Arbeitsklima als Wirkfaktoren (Abb. 7, 8).

Gebäudereiniger-Branche	Treiber		
	1. Einflussfaktor	2. Einflussfaktor	3. Einflussfaktor
Arbeitsfreude Varianzaufklärung: 39%	Identifikation (r = 0,52)	Mitarbeiterführung (r = 0,47)	Lernen bei der Arbeit (r = 0,46)
Selbstvertrauen Varianzaufklärung: 24%	Identifikation (r = 0,43)	Keine fachlichen Überforderungen (r = 0,34)	---
Gereiztheit Varianzaufklärung: 36%	Körperliche Belastungen (r = 0,50)	Fachliche Überforderungen (r = 0,38)	Schlechtes Arbeitsklima (r = 0,35)
Erschöpfung Varianzaufklärung: 39%	Körperliche Belastungen (r = 0,56)	Schlechte Arbeitsorganisation (r = 0,43)	Unfaire Beurteilung (r = 0,40)
Körperliche Beeinträchtigungen Varianzaufklärung: 37%	Körperliche Belastungen (r = 0,57)	Unfaire Beurteilung (r = 0,36)	Keine Identifikation (r = 0,25)

Abb. 5 Haupteinflussfaktoren Gebäudereinigerbranche

Gebäudereiniger-Branche	Treiber		
	1. Einflussfaktor	2. Einflussfaktor	3. Einflussfaktor
Arbeitsfreude	W3: Meine Firma hat in der Öffentlichkeit einen guten Ruf (r = 0,52)	N6: Mein Vorgesetzter hat für meine persönlichen Probleme ein offenes Ohr (r = 0,45)	J2: Bei dieser Arbeit kann ich immer wieder Neues dazulernen (r = 0,40)
Selbstvertrauen	Wa: Kunden, für die ich arbeite, haben in der Öffentlichkeit einen guten Ruf (r = 0,37)	T1: Keine Übertragung von Arbeitsaufgaben ohne ausreichende Vorbereitung (r = 0,31)	---
Gereiztheit	UF4: An meinem Arbeitsplatz belastet mich häufig: Schieben und Ziehen (r = 0,42)	T2: Es kommt vor, dass übertragene Aufgaben mein fachliches Können übersteigen (r = 0,35)	M2: Wer Schwierigkeiten und Probleme anspricht, macht sich schnell unbeliebt (r = 0,36)
Erschöpfung	UF6: An meinem Arbeitsplatz belastet mich häufig: Hocken, Knien, gebückte Haltung (r = 0,50)	G2: Zuständigkeiten zwischen den Arbeits-bereichen sind nicht klar geregelt (r = 0,35)	I1: Mein Vorgesetzter beurteilt meine Leistungen ungerecht (r = 0,38)
Körperliche Beeinträchtigungen	UF6: An meinem Arbeitsplatz belastet mich häufig: Hocken, Knien, gebückte Haltung (r = 0,47)	I1: Mein Vorgesetzter beurteilt meine Leistungen ungerecht (r = 0,35)	W4: Meine Firma hat keine Zukunft (r = 0,30)

Abb. 6 Stärkste Items Gebäudereinigerbranche

Einfluss der Gesundheitspotenziale und -gefährdungen auf die Gesundheit in der Branche gesamt		Einflussfaktoren		
		1. Einflussfaktor	2. Einflussfaktor	3. Einflussfaktor
Gesundheitsindikatoren	Arbeitsfreude Varianzaufklärung: 56,5%	Lernen bei der Arbeit	Identifikation	Anerkennung der Leistungen
	Selbstvertrauen Varianzaufklärung: 14,2%	Arbeitsklima	Lernen bei der Arbeit	Identifikation
	Gereiztheit Varianzaufklärung: 34,0%	körperliche Belastungen	Zeitdruck	UNFAIRE Beurteilung
	Erschöpfung Varianzaufklärung: 34,3%	körperliche Belastungen	Zeitdruck	KEIN Lernen bei der Arbeit
	Körperliche Beeinträchtigungen Varianzaufklärung: 45,0%	körperliche Belastungen	Zeitdruck	KEIN Lernen bei der Arbeit

Abb. 7 Haupteinflussfaktoren Nahrungs- und Genussmittelbranche

Wie kann man sich diese Ergebnisse erklären?

Dass Führung, Arbeitsklima und Identifikationsmöglichkeiten mit dem Unternehmen oder den Produkten eine große Rolle spielen, wissen wir nun schon seit vielen Jahren. Aber, warum ist das so? Gibt es ein Modell, eine Theorie, die das erklären kann?

Gehen wir noch mal zurück zur Gebäudereinigungsbranche. Die Branche stellt neben Tourismus, Wissenschaft und Gesundheitswirtschaft eine der wenigen boomenden Branchen dar.

Im Gegensatz zu den anderen genannten Branchen findet man hier oft weniger Respekt für die Mitarbeiter (sowohl von innen als auch von außen betrachtet). Da ist von der „Putze" die Rede, kürzlich habe ich in einem Seminar sogar das Wort „menschlicher

Einfluss der Gesundheitspotenziale „und-gefährdungen" auf die Gesundheit in der Branche gesamt		Einflussfaktoren	
	1. Einflussfaktor	2. Einflussfaktor	3. Einflussfaktor
Arbeitsfreude	Fähigkeiten können entfaltet werden 0,66	selbst von Produkten überzeugt 0,42	Leistungsbereitschaft zahlt sich aus 0,47
Selbstvertrauen	mit Kollegen offen reden können 0,26	Fähigkeiten können entfaltet werden 0,27	Unternehmen hat Zukunft 0,23
Gereiztheit	Hocken, Knien, Bücken, verdrehte Haltung 0,41	Arbeit ist kaum zu schaffen 0,39	KEINE gerechte Leistungsbeurteilung 0,31
Erschöpfung	Hocken, Knien, Bücken, verdrehte Haltung 0,43	Arbeit ist kaum zu schaffen 0,33	Fähigkeiten können NICHT entfaltet werden 0,32
Körperliche Beeinträchtigungen	immer gleiche Bewegungen 0,47	Arbeit ist kaum zu schaffen 0,37	KEINE Möglichkeit, Neues zu lernen 0,29

Abb. 8 Stärkste Items Nahrungs- und Genussmittelbranche

Schrott" gehört, Führungskräfte berichten durchaus von massiven Drohungen seitens der Mitarbeiter gegen sie.

Die Branche und die, in ihr stark konkurrierenden Firmen, eignen sich daher sehr gut, um unsere These der Gesundheitsförderlichkeit und Wirtschaftlichkeit von Respekt zu überprüfen, gerade weil hier der enorme Marktdruck Gefährdungen wie Angst vor Arbeitsplatzverlust, Zeitdruck, fachliche Überforderung, ergonomische und physikalische Umgebungsbelastungen scheinbar natur-/marktgegeben explodieren lässt. Auch deshalb scheint die Branche geeignet, die Respekthypothese zu überprüfen, weil in dieser Branche sehr oft so wenig verdient wird, dass man aus rein rationellen Erwägungen heraus in der Tat die Frage stellen könnte, warum diese Mitarbeiter eigentlich zur Arbeit gehen. Hinzu kommt, dass im Vergleich zu den meisten anderen Branchen ein bestehendes Krankenstandsproblem aus ökonomischen Gründen vom Management anders angegangen wird als in anderen Branchen: Gerade weil hier so extrem wenig verdient wird, ist eine Kündigung auch von vermeintlich säumigen Mitarbeitern für das Management wenig attraktiv, weil mögliche Abfindungen gerade wegen des geringen Lohns teurer ausfallen würden als die Mitarbeiter zu behalten.

In dieser Branche finden wir auch sehr häufig weibliche Mitarbeiter, die – weil ihre Ehepartner bereits arbeitslos sind – die Bedeutung von Potenzialen im Arbeitsleben ganz anders zu beurteilen in der Lage sind als etwa Politiker, die zurzeit viel von Fordern und Fördern sprechen. Und last but not least, in dieser Branche sind sehr viele ausländische Mitarbeiterinnen und Mitarbeiter beschäftigt, was aus Sicht ihrer Führungskräfte die Kommunikation oder gar Gespräche als schwer bis unmöglich erscheinen lässt.

Anders ausgedrückt: Wer bei solchen Arbeitsbedingungen von Potenzialen, respektvoller Führung, Motivation und Gesundheitsförderung spricht, setzt sich sehr schnell einem Zynismusverdacht aus.

Wenn wir uns nun das vervollständigte Modell betrachten, so müsste sich anhand von Beispielen aus der Gebäudereinigerbranche zeigen lassen, dass trotz hoher gegebener

Gesundheitsgefährdungen eine respektvolle Führung in der Lage ist, nicht nur etwas für die Interessen der Mitarbeiter zu erreichen, sondern auch ihre Identität zu schützen.

Wenn wir uns die Lage der Gebäudereinigungsbranche auf dem Markt durch die Brille unseres Modells betrachten und hier den Fokus auf die Gefährdungen richten, so brauchen wir keine Experten oder Propheten zu sein, um sagen zu können, dass diese Gefährdungen nicht nur extrem hoch ausgeprägt sind, sondern mit aller Wahrscheinlichkeit in Zukunft noch zunehmen werden: Ausschreibungen werden in zunehmendem Konkurrenzdruck unterboten, d. h., Mitarbeiter werden unter hohen Zeitdruck gesetzt und sind permanenter Arbeitsplatzunsicherheit ausgesetzt; es wird von ihnen eine hohe Flexibilität erwartet (was einer hohen fachlichen Überforderung entspricht – in einer Klinik zu reinigen ist etwas anderes als ein Bürogebäude zu betreuen); Mitarbeiterinnen haben immer zwei Arbeitgeber, den Kunden und die Gebäudereinigungsfirma, die Einsatzorte sind oft mit negativen ergonomischen und physikalischen Umgebungsbedingungen belastet (Zugluft, harte körperliche Arbeit etc.).

Beim Blick auf die Potenziale stellen sich auch Besonderheiten heraus: Die geringe Bezahlung scheint dem Potenzial *Anerkennung* im Wege zu stehen, die oben bereits erwähnte Doppelbeschäftigung (Kunde, direkter Arbeitgeber) der *Identifikation,* der hohe Anteil ausländischer Mitarbeiter den Potenzialen *Information und Beteiligung* sowie *Austausch unter den Kollegen,* die Marktsituation den Potenzialen *Entwicklungschancen* und *Arbeitsklima.*

Arbeitsklima

Das Arbeitsklima lässt sich positiv wie negativ am besten über die Wirkungen auf die Kommunikation erfragen. So erfragen wir im Fragebogen das Arbeitsklima:

- Mit meinen unmittelbaren Kollegen kann ich über alles offen reden, was mir wichtig ist.
- Wer Schwierigkeiten und Probleme anspricht, macht sich schnell unbeliebt.
- Das gegenseitige Vertrauen ist bei uns so groß, dass wir offen über alles, auch über ganz Persönliches reden können.

Das Gesundheitspotenzial Arbeitsklima beschreibt das Miteinander unter Kollegen. Merkmale wie Offenheit, Unterstützung, gegenseitiges Vertrauen und ein konstruktiver Umgang mit Konflikten kennzeichnen dabei ein Arbeitsklima, welches nicht nur die Voraussetzung für eine effiziente Zusammenarbeit und gute Leistungen eines Arbeitsbereichs ist, sondern welches zusätzlich einen positiven Einfluss auf das Wohlbefinden der Mitarbeiter ausübt. Anders gesagt: Stimmt das Arbeitsklima, lässt sich die tägliche Arbeit um einiges einfacher und oftmals besser meistern, man hat Spaß dabei und bleibt auch noch gesund!

Arbeitsorganisation

Die BGF GmbH hat in ihrem Fragebogeninventar das Thema Arbeitsorganisation wie folgt operationalisiert:

- Die Arbeitsabläufe sind in meinem Unternehmen gut organisiert.
- Zuständigkeiten und Kompetenzen zwischen den Arbeitsbereichen sind klar geregelt.
- Mein Vorgesetzter ist in der Lage, ineinandergreifende Arbeitsabläufe zu koordinieren.
- Meine Zuständigkeiten und Kompetenzen sind klar geregelt.
- Die Arbeitsabläufe sind in meinem Bereich gut organisiert.
- Es passiert häufiger, dass sich niemand zuständig fühlt.
- Es passiert häufiger, dass Arbeiten doppelt erledigt werden.
- Bei Unklarheiten in der Arbeitsorganisation trifft mein Vorgesetzter klare und nachvollziehbare Entscheidungen.

Fehlende, unzureichende Arbeitsmittel:

- In der Regel stehen mir die für meine Arbeit benötigten Materialien und Arbeitsmittel zur Verfügung.
- Die bereitgestellten Arbeitsmittel sind häufig unzureichend (ungeeignet, nicht gewartet, reparaturbedürftig u. ä.).

Dieses Potenzial bezieht sich auf Kompetenzregelungen und Zuständigkeiten im Betrieb sowie im eigenen Bereich. Gerade bei steigenden Arbeitsanforderungen stellt dieses Potenzial eine wichtige Grundvoraussetzung für eine erfolgreiche Aufgabendurchführung dar: Die Arbeitsorganisation ist nicht nur für eine reibungslose Zusammenarbeit und die Motivation der Beschäftigten ausschlaggebend; die entstehende Klarheit wirkt sich darüber hinaus stressreduzierend und damit in hohem Maße positiv auf die Gesundheit der Beschäftigten sowie auf die Produktivität und Qualität aus.

Abduktion

Mit **Charles Sanders Peirces** Begriff der **Abduktion,** mit dem dieser die bekannten logischen Figuren der Induktion und der Deduktion erweitert, gewinnen wir einen tätigen Geistesbegriff nach folgender Art: Tu das und das, dann wird sich vor deiner Wahrnehmung das und das ereignen. So formuliert Peirce die Tätigkeit des *theorein* (griechisch für beobachten) allgemein für das Entwickeln von Theorien mit pragmatischem Verständnis.

Mit der Abduktion oder in seiner Sprache, der „Hypothese", beschreibt Charles Sanders Peirce eine geistige Bewegung, die als Grundformel für Kreativität gelten kann und die viele Ähnlichkeiten zu unserer Definition von „geistreicher Führung" aufweist.

„Abduktion ist jene Art von Argument, die von einer überraschenden Erfahrung ausgeht, das heißt von einer Erfahrung, die einer aktiven oder passiven Überzeugung zuwiderläuft. Dies geschieht in Form eines Wahrnehmungsurteils oder einer Proposition, die sich auf ein solches Urteil bezieht, und eine neue Form von Überzeugung wird notwendig, um die Erfahrung zu verallgemeinern." (Peirce 1960 CP 5.171 § 4. Instinct and Abduction)s

Die Abduktion bzw. Hypothese hilft, sich selbst über solche bereits in der Wahrnehmung vorhandenen Annahmen bewusst zu werden. Neugierige Fragen, mit welchen Annahmen man ein Phänomen erklären kann, was man im Moment nicht versteht, nennt man Abduktion.

So, von der *sensation* zu Prechts „unordentlich(em) Gefühl" (Precht 2009), startet die Abduktion immer mit einer Überraschung: Etwas fällt deshalb auf, weil man es sich nicht mit seinen impliziten Theorien erklären kann und deshalb erst die impliziten Theorien aktivieren muss, bevor man überhaupt in der Lage ist, zu verstehen, was man nicht versteht, weil es auffällig ist.

Abduktion ist gesund. Von Hirschhausen und Precht geben zahlreiche Hinweise auf jüngste Forschungsergebnisse der Hirnforschung, die erklären, weshalb diese mit freudiger Erwartung verbundene Suche nach Erklärungen gesund ist. Und weshalb möglicherweise gerade deshalb „Lernen bei der Arbeit" der wichtigste Gesundheitstreiber in all unseren bisher durchgeführten Befragungen ist.

Akzeptanz

Die Frage zum Resilienzfaktor **Akzeptanz** stellt sich für das BGM mit hoher Dringlichkeit. Schon beim Start eines BGM-Projektes sollte darauf großer Wert gelegt werden, dass die beim BGM verfolgten Ziele im Interesse aller Beteiligten sind. Nur in diesem Fall (Win-win-Prinzip) kann eine hohe Akzeptanz für Maßnahmen des BGM entstehen. Werden die Interessen einer oder mehrerer beteiligter Personen/Gruppen nicht ausreichend berücksichtigt, wird es Akzeptanzprobleme bei ihnen geben.

Daher sollten Betriebliche Gesundheitsmanagement-Programme mit einer gemeinsamen Positionsbestimmung, zum Beispiel in Form eines Auftaktworkshops beginnen. Hier wird festgelegt, welche inhaltlichen und messbaren Ziele mit dem BGF-Projekt verfolgt werden. Weiterhin wird ebenfalls im Konsens definiert, mit welchen Indikatoren diese Ziele messbar gemacht werden sollen.

Sind gemeinsam geteilte Ziele sowie deren Messung festgelegt, ist eine wichtige Basis für die Feststellung der anderen Evaluationskriterien, Effektivität und Effizienz, gelegt.

Hier wie bei den anderen Begriffen startet zum Beispiel Amann (Amann 2015) mit sehr allgemeinen Beschreibungen von Arbeitsbedingungen unter Chaos und deren

Veränderungen durch dieses. Der Abschnitt Akzeptanz beginnt bei ihr mit der Beschreibung dessen, was sie Realitätsbezug nennt. Es sei realistisch, die eigenen Begrenzungen anzuerkennen. Man kann eben nicht mehr arbeiten als man arbeitet usw.

Nach dieser Einstimmung, die das Kölner Grundgesetz „et is, wie et is" zu paraphieren scheint, kommt eine leichte Zuspitzung dieses Prinzips zu Wort, das sich aber nun an den Vorgesetzten eines solchen „realistischen" Arbeitnehmers wendet. Unter der nun zum Programm erhobenen Überschrift „Das Chaos akzeptieren" kommt nun die lange erwartete Definition von Akzeptanz:

> „Es hilft Ihnen und Ihren Mitarbeitern in Krisenzeiten, wenn Unklarheiten und Irritationen als etwas ganz Normales angenommen und laut ausgesprochen werden dürfen. Sie stärken Ihre Mitarbeiter, wenn Sie deren Einwendungen gegen das Neue spiegeln und sie in die Klärung offener Fragen einbeziehen." (Amann 2015, S. 92)

Wobei es den Mitarbeitern helfen soll, wenn sie das Chaos als normal akzeptieren, bleibt ebenso offen wie die Frage, weshalb es Mitarbeiter stärken soll, wenn sie mit ihrem berechtigten Anliegen nach Führung und Organisation bei einem offensichtlich über-forderten Vorgesetzten durch „Spiegelung" auflaufen:

> „Ja, es ist nicht ganz eindeutig geregelt, wie wir nun vorgehen sollen. Welche Optionen sehen Sie denn? Welche Vorgehensweise halten Sie für angemessen?" (ebd.)

Das sollte der Vorgesetzte nach Meinung von Amann Mitarbeitern entgegnen, die ihn um Rat angesichts chaotischer Arbeitsverhältnisse fragen. Er muss also nicht direkt sagen, dass er sich von seinen Führungsfunktionen zeitweise beurlaubt hat und die Ver-antwortung für die schwierige Situation an seine Mitarbeiter delegiert. Das ist eine Auf-forderung und kommunikative Anleitung zur Herstellung einer Double-Bind-Situation. Double-Bind-Situationen in der konkreten Situation stärken keineswegs, sie sind Quellen von massivem und krank machendem Stress. Es steht zu befürchten, dass Vorgesetzte, die dieses lesen, tatsächlich so agieren werden und das macht weder Mitarbeiter noch Organisationen mehr resilient. Wo dies geschieht, wird der Krankenstand steigen und die Produktivität sinken.

Allerdings bekommt Akzeptanz als individuelle Haltung des Akzeptierens von Reali-täten, die man ohnehin nicht verändern kann, durchaus ihre gesundheitsförderliche Berechtigung. Wenn man etwas nicht verändern kann, ist es besser, sich auf Dinge zu konzentrieren, die man verändern kann.

Um die einen von den anderen zu unterscheiden, verwenden wir verschiedene Work-shop-Techniken, wie zum Beispiel diejenige, mit der man die identifizierten Einfluss-faktoren nach den Dimensionen *wichtig* und *dringlich* unterscheiden kann.

Beispiel:
Wie wichtig ist Ihnen, dass der Zeitdruck durch mehr Personal vermindert werden kann?
  Sehr wichtig.
Für wie wahrscheinlich halten Sie es, dass mehr Personal eingestellt wird? Sehr
  unwahrscheinlich.

Aus der Kombination dieser beiden Einschätzungsoperationen ergibt sich in einem 9-Felder-Schema eine Rangordnung der Reihenfolge von Aktivitäten.

Um schnelle sichtbare Veränderungen zu erreichen, macht es Sinn, sogenannte *fast wins* zu kreieren. Zum Beispiel: Neue Arbeitsmittel werden als wichtig angesehen und können tatsächlich schnell angeschafft werden, dann sollte das mit begleitender Öffentlichkeitsarbeit auch sofort geschehen, während man die Rekrutierung des neuen Personals auf einen späteren Zeitpunkt verschiebt.

Bisweilen kommt bei dieser Akzeptanzprüfung auch das verblüffende Ergebnis heraus, dass Maßnahmen weder als dringlich noch als wichtig angesehen werden und damit als Kandidat für den ebenfalls symbolisch dargestellten Papierkorb infrage kommen. Das reduziert Komplexität und erhöht die Akzeptanz in der Zielübereinstimmung.

Anerkennung

Die Regel, welche wir immer wieder finden, ist: Gibst du, Betrieb, mir **Anerkennung, Identifikation und Lernmöglichkeiten** bei der Arbeit, dann komme ich nicht nur zur Arbeit und leiste einen produktiven Beitrag, sondern ich tue das auch noch **gerne.**

Dieser symbolisch psychologische Tauschprozess, der in der Realität z. B. in Form von Krankenständen handfeste Konsequenzen hat, wird im BGF-System nicht nur *organisiert,* sondern auch *controlled* und *evaluiert.* Und: Warum dieser Tauschprozess tatsächlich funktioniert, kann durch eine schlüssige Theorie, die vielfältig empirisch überprüft wurde, beschrieben werden (vgl. Westermayer und Stein 2006).

Sehr oft wird behauptet, dass bestimmte Gesundheitsgefährdungen im Arbeitsleben aus wirtschaftlichen Gründen nicht vermieden werden könnten. Die Beispiele, die dann angeführt werden, legen eher die Vermutung nahe, dass Wirtschaftlichkeit mit sehr *kurzfristigem* Erfolg gleichgesetzt wird, der wiederum eine *langfristige* positive wirtschaftliche Entwicklung gefährdet.

Betriebliche Gesundheitsförderung zielt nicht in erster Linie auf die Verbesserung der Gesundheit der Mitarbeiter, sondern **auf einen fairen Austausch von psychologischen Gütern:** Arbeitskraft gegen motivierende Potenziale. Die Gesundheit stellt sich dann als Nebeneffekt ein, was mit **Antonovskys Salutogenesetheorie** erklärt werden kann.

Betriebliche Gesundheitsförderung stellt aus meiner Sicht das Kerngeschäft der Gesundheitsförderung und Prävention dar, da auch und gerade im Feld der Gesundheitsförderung im Betrieb der Erfolg nicht von der Qualität der Maßnahme selbst abhängt, sondern von ihrer Geeignetheit für die Sinnherstellung im Leben des Mitarbeiters. Und das wissen die Vertreter der Gesundheitsförderung auch selbst schon ganz gut.

Sinnhaftigkeit, Handhabbarkeit und **Verstehbarkeit** nennt Antonovsky die **drei Dimensionen des Gefühls von Vertrauen,** das offensichtlich gesund erhält und das Mitarbeiter neben ihrem Lohn als Gratifikation erhalten, wenn Betriebliche Gesundheitsförderung richtig umgesetzt wird. Dazu gehört aber in erster Linie, dem Unternehmer und dem Management klarzumachen und nachzuweisen, dass es sich tatsächlich finanziell lohnt, neben dem Lohn diese Gratifikation zu leisten. Wenn BGF richtig umgesetzt wurde, zeigt sich in verschiedenen Studien, dass das Verhältnis von Kosten und Nutzen bei Faktoren zwischen 2,9 und 5 liegt. Dass es sich lohnt, wenn es richtig gemacht wird, bezweifelt niemand mehr so richtig. Dass sehr viele Akteure wissen, wie es richtig gemacht wird, bezweifle ich sehr. Daher ist es unglaublich wichtig, im Verband für Betriebliches Gesundheitsmanagement eindeutige Standards zu schaffen, welche die Unterscheidung der drei Verfahren abbilden können.

Mitarbeiter erzählen stolz zu Hause, dass sie ein Seminar besucht haben (in der Regel die erste Lehrveranstaltung seit der Schule) und was sie da gelernt haben. **Die betrieblich hergestellte Anerkennung verdoppelt sich zu Hause.** Dass der Chef für seine Firma reihenweise Preise einheimst und dafür seine Mitarbeiter in Fernsehen und Presse hochhält, ihre Sportaktivitäten lobt, verdoppelt die Wirkung des in der Befragung als hoch wirksam herausgefundenen Potenzials „Identifikation".

Wie **Richard Sennett** in seinem Buch über Respekt (Sennett 2004, 2010) treffend formuliert hat, ist die Frage, weshalb an Respekt – obwohl er anders als andere Rohstoffe nicht einer prinzipiellen Verknappung unterliegt – meist gespart wird, auch auf die Gesundheitspotenziale im Betrieb übertragbar: Anerkennung, Identifikationsmöglichkeiten, Lernen, Information und Beteiligung, Führung, Arbeitsklima, Entscheidungsspielräume, all das sind **symbolische psychologische Güter,** die bei Gebrauch nicht weniger, sondern wie alle anderen Informationen und Kommunikationen **mehr** werden. Einer durch zu starken Gebrauch drohenden Entwertung kann durch die systematische Erfassung, welche dieser psychologischen Güter für die Mitarbeiter am wichtigsten sind, vorgebeugt werden.

Wenn man dann gemeinsam am Erhalt und Gebrauch dieser psychologischen Grundbedürfnisse arbeitet und das routiniert und systematisch tut, hat man ein **BGM-System** eingeführt.

Den „Schmerzen", den Problemstellungen der Auftraggeber folgend werden in der **Analysephase** oft nur negative Eskalationen, **Gesundheitsgefährdungen** (in der Regel als Teufelskreise) erforscht, etwa dass hoher Zeitdruck und physische Belastungen zu Gereiztheit führen, Gereiztheit führt zu Fehlern, diese wiederum zu Zeitdruck und so fort.

Die BGF GmbH hat in ihrem Fragebogeninventar das Thema Anerkennung wie folgt operationalisiert:

- Persönliches Engagement und Leistungsbereitschaft zahlen sich bei uns aus.
- Mit meiner Bezahlung bin ich zufrieden.
- Gute Leistungen werden von meinem Vorgesetzten anerkannt.
- Ich kenne die Maßstäbe, nach denen ich beurteilt werde.

Es mag interessant sein, dass in den 30 Jahren unserer Arbeit das Thema finanzielle Anerkennung erst zweimal als Haupteinflussfaktor identifiziert werden konnte.

Die Anerkennung von guten Leistungen bzw. das Gefühl, dass sich persönliches Engagement ausbezahlt, sind hier viel stärkere Faktoren, was die angemessene Bezahlung in den Hintergrund rücken kann. Nur, das scheint ganz fatale Folgen für unser gesamtes System zu haben. Die stärkere subjektive Wichtigkeit der psychologischen Anerkennung für die betroffenen Arbeitnehmer scheint unser ganzes Wirtschaftssystem in Gefahr bringen zu können.

Prekäre Arbeitsverhältnisse greifen um sich und führen insgesamt zu extrem schwierigen Folgen für die individuelle, aber auch wirtschaftliche Gesundheit: Rückgang der Lebenserwartung. So sehen wir aktuell in der Pandemie eine doppelt so hohe Mortalitätsrate bei männlichen Covid-19-Infizierten aus dieser Gruppe (RKI 2021).

Weitere Ausführungen hierzu unter Respekt und Double Bind.

Auftauen

Am Beginn jeder Veränderungsarbeit steht die Analyse, diese ist nicht möglich ohne die Bereitschaft der Mitarbeiterinnen und Mitarbeiter, Wissen bereitzustellen, diese Bereitschaft wiederum wird durch einen Prozesskomplex erzeugt, den *Kurt Lewin* „**Auftauen, Auflockern, Unfreezing**", genannt hat.

> „6. Geplante Veränderungen als Dreischritt: Auflockern, Hinüberleiten und Verfestigen eines Gruppenstandards
>
> Die Veränderung des Gruppenstandards in Richtung auf ein höheres Niveau ist oft kurzlebig. Nach einem «Strohfeuer» kehrt das Gruppenleben bald wieder auf das vorherige Niveau zurück. Es genügt also nicht, daß man das geplante Ziel der Änderung einer Gruppenleistung als Erreichen eines anderen Niveaus bestimmt. Das Fortbestehen des neuen [262] Niveaus, beziehungsweise das Fortbestehen während eines erwünschten Zeitabschnitts, sollte in das Ziel einbezogen werden. Eine erfolgreiche Veränderung umfaßt darum drei Aspekte: das Auflockern des jetzigen Niveaus N_1 (falls nötig), das Hinüberleiten auf N_2 und das Verfestigen des Gruppenlebens auf dem neuen Niveau. Da jedes Niveau durch ein Kraftfeld bestimmt ist, schließt die Beständigkeit ein, daß man das neue Kraftfeld einigermaßen gegen Veränderungen sichert.
>
> Das Auflockern eines augenblicklichen Niveaus kann in verschiedenen Fällen völlig unterschiedliche Probleme berühren. G.W. Allport (1953) beschreibt die «Katharsis», welche anscheinend nötig ist, ehe sich Vorurteile beseitigen lassen.
>
> Damit die Schale der Selbstgefälligkeit und Selbstgerechtigkeit aufgebrochen wird, muß man manchmal eine affektive Aufrüttelung vorsätzlich einführen.
>
> Gleiches gilt für die Verfestigung des neuen Niveaus. Manchmal ist man in der Lage, einen strukturalen Aufbau zu errichten, der einem stabilen zirkulären Kausalprozeß gleichwertig ist." (Lewin 2012, S. 261 f.)

Bei der dort in der Tat sicht- und fühlbaren Energie handelt es sich um Emotionen und Gefühle und deren Äußerungen durch sehr viele Menschen in einem Raum.

Wie in anderen Verfahren der qualitativen Sozialforschung werden diese Menschen auch dort gebeten, selbst Ideen und Hypothesen zu formulieren, um nicht nur eine *Grounded Theory* zu erstellen, sondern diese gemeinsam und angeleitet zu präzisieren und zu bewerten. Dass in diesem Prozess, der sehr gut durch den Cycle of Experience beschrieben werden kann, aus Emotionen und Wahrnehmungen Gefühle werden können, aus Gefühlen Handlungen und aus Handlungen neue Erfahrungen und Haltungen, welche wiederum zu neuen Wahrnehmungsmöglichkeiten führen, die wieder neue Emotionen, Gefühle etc. herstellen, ist das für mich spannendste Ergebnis von Town Meetings.

Und, was man dabei nicht vergessen sollte, dieses Wagnis hat nichts mit dem Wagnis Goethes zu tun, der ja versucht hat, die Ideen der Schönheit, Vollkommenheit und Freiheit auf die organische Natur zu übertragen.

Bei Town Meetings in New Orleans (vgl. Kap. 23) wie bei Gesundheitszirkeln haben wir es mit Menschen, und eben nicht mit Pflanzen oder Tieren zu tun, wenn auch diese Menschen, zumindest die in New Orleans, sich teilweise zu Recht zeitweise so gefühlt haben müssen, als würden sie auf Pflanzen oder Tiere reduziert werden – nicht durch die Naturwissenschaft, sondern die aktuelle hautnah erlebte Politik (Abb. 9).

Aufschaukelungsprozess

Positiv wirksame **Aufschaukelungsprozesse** folgen dem *Kohärenzprinzip*.

1. Kohärenzprinzip Gesundheit, nach Antonovsky
Das nutzen wir, wenn wir wissen wollen, welche von 14 Gesundheitspotenzialen bei den Unternehmen als die wichtigsten erachtet werden, um die beiden positiven Gesundheitsindikatoren Arbeitsfreude und Selbstvertrauen zu stärken und die mit Gesundheitsrisiken

Abb. 9 Zyklus des
Erlebens: Ablauf einer nicht
unterbrochenen Erlebniskurve,
nach Ed Nevis (1987)

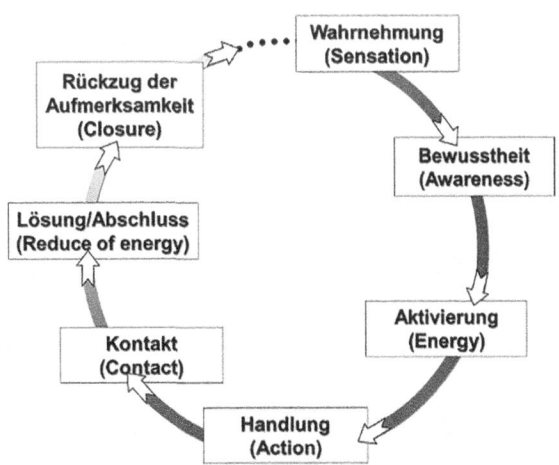

einhergehenden negativen Gesundheitsindikatoren Gereiztheit, Erschöpfung, körperliche Beeinträchtigungen zu lindern. Unter Kohärenzprinzip versteht man einen positiv wirksamen Aufschaukelungsprozess folgender Art:

Mitarbeiter erhalten Lernmöglichkeiten, Identifikationsmöglichkeiten und Anerkennung, was sie zu Arbeitsfreude und Selbstvertrauen führt, diese wiederum bewirken, dass Mitarbeiter motivierter sind, zu lernen, sich weiterzuentwickeln und so fort.

Im Gespräch wollen wir uns auf die Positivbeispiele konzentrieren.

2. Kohärenzprinzip wirtschaftlicher Erfolg, nach Collins
1. Was treibt unsere Leidenschaft an?
2. Worin sind wir die Besten?
3. Wo kommt das Geld her?

Ähnlich wie bei dem Kohärenzprinzip nach Antonovsky geht es auch bei dem Kohärenzprinzip nach Collins darum, wie Anstrengungen, die in dieselbe Richtung gehen (insofern kohärent sind) durch gelingende Kommunikation ermöglicht werden. Collins hat bei den von ihm untersuchten erfolgreichen Unternehmen herausgefunden, dass diese sich regelmäßig immer wieder bei verschiedenen und sehr unterschiedlich organisierten Treffen oben aufgelistete drei Fragen stellen. Frage: Gibt es bei den nachfolgenden Unternehmen ähnliche Einrichtungen?

3. Respektvolle Kommunikation unter Ausnutzung der 3 I's
Respektvolle Kommunikation, insbesondere die zwischen Führungskräften und einfachen Mitarbeitern, nimmt eine Schlüsselstellung bei der Erhaltung von Gesundheit und wirtschaftlichem Erfolg ein (Abb. 10).

Abb. 10 Die drei I's

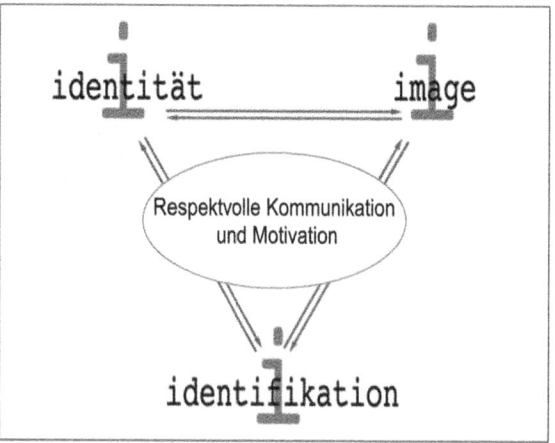

Unter den 3 I's verstehen wir die

- **Identität des Unternehmens** (was ist die Grund- bzw. Gründungsidee des Unternehmens, die Vision, die Grundregel, welche zur Identität des Unternehmens beiträgt), das
- **Image des Unternehmens,** das von Mitarbeitern, Führungspersönlichkeiten und der Öffentlichkeit beeinflusst wird, sowie die
- **Identifikation der Mitarbeiter** mit ihrem Unternehmen, ihrer Tätigkeit bzw. den Produkten.

Diese 3 I's beeinflussen sich gegenseitig.

4. Menschliche Grundbedürfnisse mit Unternehmensgeschichten und Biografien verbinden
Nach Maslow, der in der Führungs- und Motivationsforschung eine zentrale Rolle spielt, gibt es fünf Grundbedürfnisse, die bei allen Führungsfragen miteinbezogen werden sollten:

1. physiologische Bedürfnisse der Mitarbeiter,
2. Sicherheitsbedürfnisse,
3. soziale Bedürfnisse,
4. Ich-Bedürfnisse (Ansehen, Macht etc. und Stolz) sowie
5. Selbstverwirklichungsbedürfnisse.

Nach neueren Erkenntnissen in der Forschung zu Unternehmenszusammenschlüssen hängt der Erfolg von Reorganisationsmaßnahmen stark mit der Frage zusammen, wie auf der einen Seite die genannten Grundbedürfnisse bei Veränderungen berücksichtigt werden und wie dieses Berücksichtigen auf der anderen Seite in erzählten Geschichten und Berufsbiografien seinen Niederschlag findet.

Auch Richard Sennett stellt diese Frage in den Mittelpunkt seines Werkes „The Corrosion of Character", deutsch „Der Flexible Mensch". Sennett definiert Charakter, allerdings erst in seinem auf „Der Flexible Mensch" folgenden Buch „Respekt im Zeitalter der Ungleichheit" so:

> „Statt auf eine Gleichheit des Verstehens zu drängen, bedeutet Autonomie, dass man an anderen Menschen akzeptiert, was man nicht versteht. Wenn ich das tue, behandele ich andere Menschen als ebenso autonome Wesen wie mich selbst. Wer Schwachen oder Außenseitern Autonomie zubilligt, der belässt ihnen ihre Würde. Und dadurch stärkt man zugleich den eigenen Character." (Sennett 2010, S. 316/317)

Oder kurz: Kann man eine berufliche Veränderung sich selbst oder anderen gegenüber *stolz* erzählen?

Abb. 11 We kehr for you

Eric Ringmar (Ringmar 2007) weist darauf hin, dass es im Prinzip fünf verschiedene Geschichtentypen gibt, mit denen solche Aufschaukelungsprozesse beschrieben werden:

- die Tragödie,
- die Satire,
- die Abenteuer-/Heldengeschichte,
- die Romanze und
- die Komödie.

Negative Erfahrungen werden oft als Tragödie oder als zynische Satire erzählt, wir freuen uns auf Geschichten, die entweder Komödien, Abenteuer oder Romanzen erzählen und darin handelnde Personen und nicht finstere Mächte das Geschehen steuern. Der Locus of control liegt in den Helden und nicht außerhalb ihrer Reichweite.

Bei der berühmten BSR-Kampagne wurde zunächst mit professionellen Models gearbeitet (Abb. 11).

Nachdem die Mitarbeiterinnen und Mitarbeiter darauf nicht begeistert reagierten, wurden die Models aus deren Reihen gewonnen. Das hatte eine erheblichen Rückkopplungseffekt auf die Wirkung der Kampagne nach innen, also für die Wirkung auf das Selbstbild der BSR-Mitarbeiterinnen und -Mitarbeiter (Abb. 12).

Awareness, Bewusstheit, Mindfulness, Focusing, Achtsamkeit

Manche Leser fragen sich sicher, weshalb innerhalb einer so kurzen Zeit ein so gewaltiger Boom an Resilienz- und Achtsamkeitsansätzen in Deutschland einsetzen konnte. Der sich innerhalb kurzer Zeit weltweit ausbreitende Boom von Achtsamkeitstrainings hatte

Abb. 12 Lola trennt

interessanterweise seinen Startpunkt in den Geschäftsräumen von Google im Silicon Valley.

Daniel Goleman, der Autor des Bestsellers *Emotionale Intelligenz* (aktuell sein Buch über „Achtsamkeit": *Focusing*) bot dort ein Seminar zur emotionalen Intelligenz an und berichtet, dass aus dem hoffnungslos überfüllten Konferenzsaal das Seminar synchron in viele weitere ebenso überfüllte Seminarräume des Unternehmens übertragen wurde. Die Google-Mitarbeiter waren nahezu süchtig nach dem dort angebotenen Achtsamkeitstraining. Der verantwortliche Manager übernahm das Grundkonzept des Seminars, das ja, weil synchron übertragen, aufgezeichnet worden war und bot es in verschiedenen Variationen auch Führungskräften des Google-Kundenstammes an.

Verschiedene amerikanische Universitäten entwickelten daraus eigene Variationen und in relativ kurzer Zeit war Mindfulness als Achtsamkeitstraining für Manager ein fester Bestandteil in der Ausbildung von Führungskräften US-amerikanischer Unternehmen. Hauptbestandteil der Schulung war das Erlernen der Fähigkeit, die eigene Wahrnehmung wahrnehmen zu können. Genauer: zu unterscheiden, wie der eigene Geist, sobald man in der Lage war, seine inneren Wahrnehmungsbewegungen zu erkennen und zu steuern, sich quasi automatisch und selbstständig auf Wanderschaft begab. Von einem Gegenstand der Wahrnehmung zum nächsten, ohne dass das vermeintliche Subjekt dieser Wanderschaft dagegen viel hätte tun können. Die Kontrolle dieser Wanderbewegungen nennt Goleman Focusing. Der Manager, der seinen Geist und dessen Bewegungen nicht nur beobachten, sondern willentlich steuern kann, hat viele Vorteile bei den meisten Managementaktivitäten.

An erster Stelle steht hier die Emotionskontrolle in Stresssituationen. Der Stolz auf diese neu erworbene Kompetenz mag auch diejenigen Börsenmanager angetrieben haben, die sich vor Kurzem in einer 300 Manager umfassenden gemeinsamen Achtsamkeitsmeditation mitten auf der Wallstreet vom Hupkonzert der erbosten und ausgebremsten

Autofahrer überhaupt nicht beeindrucken ließen. Wahrscheinlich waren sie in der inneren nicht wertenden Betrachtung der Wahrnehmungsereignisse gefangen: Hier ist die Wallstreet, da sind viele Autos, dort wartet vielleicht der nächste Börsencrash, was kümmert mich das eigentlich?

Eine innere Distanz zu den Emotionen ermöglicht gleichzeitig eine Entscheidungsfreiheit für die eigenen Handlungsmöglichkeiten, die sonst kaum zu haben sein dürfte.

Mindfulness, verstanden als innere und unabhängig machende emotionale Distanz zu sich selbst, birgt für die einen Nutzer die Möglichkeit der größeren Freiheit, für die anderen die Möglichkeit der größeren Unfreiheit. Mindful Leadership ist geistreiche und damit auch nachhaltige gesunde Führung.

Literatur

Allport, G.W.: Einleitung. In: Lewin, K. (Hrsg.) Die Lösung sozialer Konflikte Christiani-Verlag Bad Nauheim, S. 9–19 (1953)

Amann, E.G.: Resilienz. Haufe, Freiburg (2015)

Fabritius, F., Hagemann, H.W.: The Leading Brain. Penguin (2017)

Lewin, K.: Feldtheorie in den Sozialwissenschaften, S. 2012. Verlag Hans Huber, Hogrefe AG, Bern (2012)

Nevis, E.C.: Organisationsberatung. Köln. Edition Humanistische Psychologie (1987)

Peirce, C.S.: Collected papers of Charles Sanders Peirce. Harvard University Press (1960)

Precht, R.D.: Liebe. Goldmann Verlag, München (2009)

Ringmar, E.: Identity, interest and action. Cambridge University Press, Cambridge (2007)

RKI: Soziale Unterschiede in der COVID-19-Sterblichkeit während der zweiten Infektionswelle in Deutschland (2021). https://www.rki.de/DE/Content/GesundAZ/S/Sozialer_Status_Ungleichheit/Faktenblatt_COVID-19-Sterblichkeit.html

Sennett, R.: Respect. Penguin UK (2004)

Sennett, R.: Respekt im Zeitalter der Ungleichheit. ebook Berlin Verlag (2010)

Westermayer, G., Stein, B.A.: Produktivitätsfaktor Betriebliche Gesundheit. Hogrefe, Göttingen (2006)

B

Siehe Abb. 1.

Betriebliche Gesundheit: jenseits von Belastung und Beanspruchung

Wird eine Person auf ihren betriebswirtschaftlichen Verwertungsaspekt reduziert, als solcher einem Ding oder einer Sache gleichgesetzt und wie diese dann beliebig funktionalisierbar und dann Gegenstand von Managementaktivitäten, kann das im Erleben der Person zu kränkenden Wirkungen führen, ja, **das kann sie krank machen.** Alle Verdinglichungstheorien haben diese rhetorische Figur, die in der betrieblichen Realität ja durchaus sehr reale tragische Schicksale erzeugt, zum Gegenstand. Doch das ist im vorliegenden Kontext gerade nicht mit betrieblicher Gesundheit gemeint, denn *betrieblich* verweist gerade vor dem Hintergrund möglicher Verdinglichungsprozesse auf ein anderes, über das herkömmliche Verstehen von Person und Betrieb hinausweisendes Phänomen: die *betriebliche* Person und in und durch sie hindurch eine so verstandene *betriebliche Gesundheit.*

Die betrieblichen Personen, sprich Mitarbeiterinnen und Mitarbeiter, sind in und durch die betriebliche Realität sozialisierte Wesen. Ohne die von ihnen angeeignete Realität des betrieblichen Umfeldes wären sie tatsächlich andere Personen oder Individuen. Die systematische Gegenüberstellung von betrieblich und persönlich leidet stark an groben Vereinfachungen in der Beschreibung von Realität. Grobe Vereinfachungen, die schon immer die Diskussionsversuche in den Konzepten der Prävention und der betrieblichen Gesundheitsförderung begleiten: Da werden *Verhältnisse* dem *Verhalten* gegenübergestellt, ohne zu berücksichtigen, dass ja gerade das *Verhalten der Verhältnisse* die individuellen Gesundheitsentwicklungen am nachhaltigsten beeinflussen

G. Westermayer, *Organisationsdesign 4.0 von A-Z.,*
https://doi.org/10.1007/978-3-662-63515-5_4

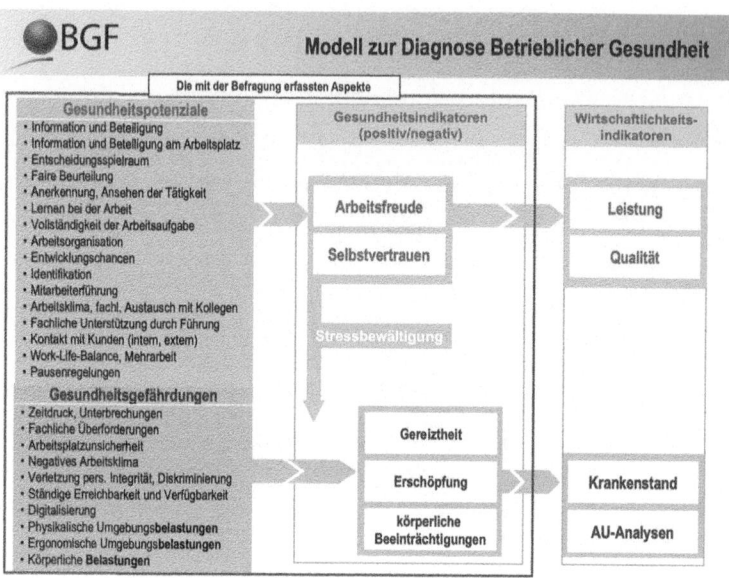

Abb. 1 BGF-Modell B

dürfte (vgl. den starken Einfluss von Reorganisationsprozessen auf Krankenstand und Diagnoseveränderungen).

Da werden betriebliche Ressourcen identifiziert, die sich bei näherer Betrachtung eher nur als individuelle Lernbereitschaften beschreiben lassen, da werden

- **Belastungen** beschrieben, die auf wundersame Weise durch eine nicht nachvollzieh-bare Wende des ärztlichen Blicks von außen nach innen und
- dann wieder von innen nach außen als **Beanspruchungen** verkleidet wieder auftauchen: Das Einatmen von Staub **(Belastung)** wird so zur Staublunge **(Beanspruchung).**

Nur scheint das eines der ganz wenigen Beispiele in der empirischen Forschung zu sein, das durch diese wundersame Perspektivenvariation des ärztlichen Sehens erklärt werden kann. Fast alle anderen Übergänge von äußerer Gefährdung auf innere Krankheits-prozesse, von äußeren Potenzialen auf innere Ressourcenstärkung warten noch auf eine konsistente und widerspruchsfreie theoretische Erklärung.

Diese konsistente und widerspruchsfreie Erklärung wird nicht ohne Begriffsarbeit zu leisten sein.

Die BGF GmbH hat in ihrem Fragebogeninventar das Thema *Körperliche Belastungen* wie folgt operationalisiert:

An meinem Arbeitsplatz belastet mich häufig:

- langes Stehen
- langes Sitzen
- Heben und Tragen
- Schieben und Ziehen
- immer wiederkehrende Bewegungsabläufe
- Hocken, Knien, gebückte Haltung

Bei körperlichen Belastungen geht man im Alltagsverständnis nach wie vor von einer Trennung zwischen einer körperlich-physikalischen Ebene und einer psychisch-metaphysischen Ebene aus. Psychische Aspekte seien geistig, körperliche seien dingliche handfeste Phänomene.

Diese Trennung stimmte zwar noch nie, aber ist in unserem täglichen Sprachgebrauch so tief verwurzelt, dass wir regelmäßig erstaunt sind, wenn wie beispielsweise in der Treiberanalyse für die Pflegebranche als Hauptursachefaktoren für körperliche Beeinträchtigungen neben Heben und Tragen auch unfaire Beurteilung und Unterbrechungen als wichtige Faktoren erscheinen.

Abgesehen von der mittlerweile allgemein anerkannten Ansicht, dass etwa die Hälfte aller vorkommenden Rückenkrankheiten psychosomatisch bedingt seien, stellt sich die Frage, wie ein Zusammenhang zwischen fairer Beurteilung und Unterbrechungen verstanden werden könnte. Denn, was in diesem Zusammenhang interessant sein mag, auch häufige Unterbrechungen sorgen für einen Anstieg von körperlichen Beeinträchtigungen, genau so wie das unfaire Verhalten eines Vorgesetzten.

Eigentlich, so könnte man vermuten, müsste eine Unterbrechung von Tätigkeiten, die mit viel Heben und Tragen verbunden sind, zu einer Entlastung führen, denn in diesen Unterbrechungen müsste doch die körperliche Belastung zurückgehen?

In Rückmeldeveranstaltungen zur Befragung von Beschäftigten konnte dieser scheinbare Widerspruch schnell geklärt werden:

In den Einrichtungen, wo wenig körperliche Belastungen wahrgenommen wurden, waren folgende Grundsätze im Arbeitsalltag verwirklicht:

6. Es gibt klare verbindliche Regelungen zur Verwendung der Hilfsmittel.
7. Es besteht die Möglichkeit, körperlich beanspruchende Tätigkeiten zu zweit auszuführen.
8. Es gibt eine hohe fachliche Unterstützung durch Kollegen.
9. Es besteht bei den Mitarbeitern ein Risikobewusstsein, sie wissen über die Gefährdungen von Heben und Tragen klar Bescheid.
10. Erfahrene körperliche Beanspruchungen durch körperliche Belastungen wie Heben und Tragen werden auch in der Freizeit ausgeglichen (Sport, Entspannung, Spezialgymnastik).

Hieraus ergibt sich ganz klar die Aufgabe für den Vorgesetzten: Um das Beispiel von Tätigkeiten, die Heben und Tragen umfassen, aufzugreifen, besteht eine erhöhte Fürsorgepflicht von Vorgesetzten darin, zu prüfen:

- Kennen Mitarbeiter wirklich alle Folgen ungesunder Bewegungsabläufe?
- Stehen die vorgeschriebenen Hilfsmittel tatsächlich zur Verfügung?
- Gibt es tatsächlich zu einem gegebenen Zeitpunkt die Verfügbarkeit von Kollegen, die mit anpacken können?

Oder wird, wenn das alles nicht der Fall wäre, dem Mitarbeiter zusätzlich zu der gegebenen körperlichen Belastung auch noch die Schuld dafür zugeschrieben, dass diese Dinge von ihm vorher nicht organisiert wurden (unfaire Beurteilung)?

In der Realität sieht es so aus, dass bestimmte Abläufe in einer bestimmten Zeit zu geschehen haben. Wenn zu diesem Zeitpunkt dann benötigte Hilfsmittel nicht zur Verfügung stehen (Unterbrechungen), werden Mitarbeiterinnen und Mitarbeiter eher die Gefährdung von Heben und Tragen riskieren, bevor man sich wieder eine Schuldzuschreibung von einem Vorgesetzten einholt, der keine Unterstützung anbietet, sondern lediglich auf das Nichteinhalten von Vorschriften verweist (Wie sollen mit Heben und Tragen verbundene Tätigkeiten ausgeführt werden: nur zu zweit oder nur durch Inanspruchnahme von Hilfsmitteln?): „Wie oft habe ich Ihnen schon gesagt, Sie werden für das Nichteinhalten von Vorschriften zur Verantwortung gezogen."

In einer solchen Konstellation entstehen Rückenschmerzen doppelt: Einerseits durch den Stress der unfairen Beurteilung und der Unterbrechungen, andererseits durch die direkte körperliche Belastung durch Heben und Tragen, die lieber in Kauf genommen wird als die Kommunikation mit dem Vorgesetzten, welche ganz offensichtlich als extrem unfair empfunden wird. Hier besteht selbstverständlich auch ein direkter Bezug zum Zeitdruck.

Lösung bieten hier Vorgesetzte, die zwar klar auf Einhaltung der Arbeitssicherheitsregeln bestehen, dies aber in einer fairen, fürsorglichen Absicht tun und das auch deutlich kommunizieren. Der Personaleinsatz ist so organisiert, dass im Zweifelsfall die Arbeit zu zweit verrichtet werden kann, und es gibt regelmäßig in Teambesprechungen die Möglichkeit, sich über negative und positive Erfahrungen auszutauschen. Tipps, wie man auch in der Freizeit präventiv für die körperlich beanspruchenden Tätigkeiten einen Ausgleich finden kann, werden hier ausgetauscht.

Darüber hinaus besteht die Möglichkeit, Arbeitsabläufe durch eine sport- oder physiotherapeutische Fachkraft beurteilen zu lassen. Diese gibt dann den Pflegekräften Hinweise, wie sie während der Arbeit körperlich belastende Bewegungsabläufe durch andere zusätzliche bzw. ausgleichende Bewegungsabläufe ergänzen können. Diese ausgleichenden Übungen sollen dazu dienen, schädliche Wirkungen zu vermeiden. Gerade in Zeiten der Leistungsverdichtung sind solche körperbezogenen Interventionen zusätzlich zu Rückenschulen anzubieten, da Rückenschulen meist aus Zeitgründen wenig wahrgenommen werden.

Betriebliches Gesundheitsmanagement

Für diese gemeinsame und gezielte Suche nach sogenannten Potenzialen der Gesundheit sowie Gesundheitsgefährdungen haben wir ein Suchmodell entwickelt, das sich auf die oben beschriebene Idee von Antonovsky stützt und alle bewährten Kennzahlen, die mit Gesundheit und Krankheit im Betrieb in Zusammenhang gesehen werden, integriert.

Betriebliche Gesundheitsförderung setzt nicht an den innerpersönliche Ressourcen (einer dieser unpräzise gebrauchten neuen Begriffe) an, denn die sind – wie oben beschrieben – Teil der Integrität und Privatheit, der uns als Experten der betrieblichen Gesundheit nichts angeht (es sei denn, wir bieten persönliche Beratung als Arzt oder Psychologe mit der dann jeweils garantierten Schweigepflicht an), sondern betriebliche Gesundheitsförderung sucht und identifiziert Organisationsmerkmale, deren Vorhandensein systematisch einhergeht mit hoch ausgeprägten positiven Gesundheitsindikatoren und niedrig ausgeprägten negativen Gesundheitsindikatoren.

Bevor wir uns der Frage zuwenden, welche Organisationsmerkmale dies sind und wie diese hergestellt und erhalten werden können, soll an dieser Stelle zusammenfassend festgehalten werden: Betriebliches Gesundheitsmanagement kombiniert die beiden beschriebenen Sichtweisen: die traditionell primärpräventive Sichtweise sowie die auf betriebliche Potenziale fokussierende Perspektive.

Betriebliches Gesundheitsmanagement verbindet jedoch nicht nur die Herangehensweisen der Primärprävention und der Gesundheitsförderung, sondern sie erhebt, wie jedes Managementsystem, den Anspruch, Entwicklungen im Unternehmen im Rahmen eines auf Kennzahlen basierten Managementsystems zu steuern und zu *controllen*.

Daher werden in dem System über bewährte Kennzahlen Einflussgrößen sichtbar gemacht, die dann durch Managemententscheidungen und Führungshandeln verändert werden können und sollen.

C

Commitment

Siehe Abb. 1.

Wie kann **Commitment,** d. h. das Ausmaß der Identifikation einer Person mit einer Organisation, gestärkt werden?

Der Startschuss fürs Gesundheitsförderungsprojekt ist erfolgt, doch noch springt der Funke nicht über. Bei den meisten herrscht mehr Skepsis als freudige Erwartung: Wer weiß, was einen erwartet, ob es überhaupt etwas bringt, ob man Rückendeckung bekommt? So oder ähnlich lauten die Befürchtungen.

Diese Situation zeigt, dass sich noch nicht die nötigen „Treiber" gefunden haben, die vom Projekt überzeugt und bereit sind, mit persönlichem Einsatz das Gesundheitsförderungsprojekt voranzubringen. Welche Möglichkeiten aber gibt es, um ein solches Kernteam zusammenzuschmieden? Diese Frage stellt sich vor allem deshalb, weil man „Treiber" nicht einfach ernennen kann, denn Interesse, überdurchschnittliches Engagement und Aktivität lassen sich nun mal nicht anweisen.

Viele Projekte scheitern, obwohl das nötige sachliche Know-how vorhanden ist, weil die Akteure nicht wirklich überzeugt sind, nicht genügend Durchhaltevermögen aufweisen, oder weil sie der Interessenlage zentraler Personen im Betrieb zuwiderlaufen. Für erfolgreiche Gesundheitsförderungsprojekte hat die „politische Arbeit" im Unternehmen mindestens genauso hohe, wenn nicht sogar noch höhere Bedeutung als die inhaltlich-methodisch einwandfreie Durchführung (Gerhard Westermayer 1996). Entscheidend ist die systematische Miteinbeziehung der Interessenlagen aller wichtigen betrieblichen Akteure, und zwar von Anfang des Projekts an.

Um Startschwierigkeiten in einem Projekt zu begegnen und eine stabile Basis für das beginnende Gesundheitsförderungsprojekt zu legen, hat die BGF einen besonderen Workshop entwickelt – den *Commitment Workshop*. Er verfolgt mehrere Ziele:

© Der/die Autor(en), exklusiv lizenziert durch Springer-Verlag GmbH, DE, ein Teil von
Springer Nature 2021
G. Westermayer, *Organisationsdesign 4.0 von A-Z,*
https://doi.org/10.1007/978-3-662-63515-5_5

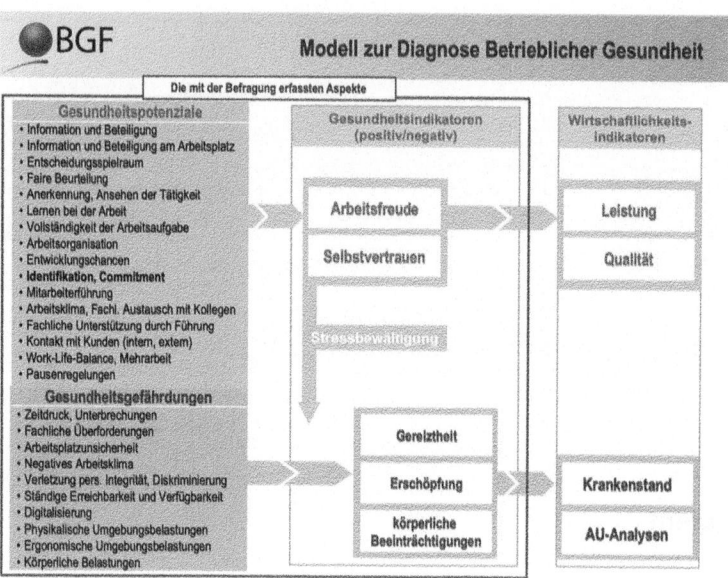

Abb. 1 BGF-Modell C

1. *Klären,* ob sich in der Organisation ein Kernteam findet, das sich mit den Zielen und Werten des Projekts identifiziert und bereit ist, sich aktiv dafür zu engagieren.
2. Diesem Kernteam eine solide Basis an *Informationen und Wissen* über das Projekt vermitteln, damit sie ihren Kollegen im Betrieb jederzeit zuverlässig Rede und Antwort stehen können.
3. Die *organisatorischen Voraussetzungen* festlegen, die die „Treiber" für ihre Arbeit benötigen.
4. Festlegen, welche Mitglieder der Organisation *Schlüsselpersonen* für das Gelingen des Projektes sind, wie sie gegenwärtig zum Projekt stehen und wie sie eigentlich stehen müssten.

Finden sich genügend Organisationsmitglieder mit persönlichem Interesse an betrieblicher Gesundheitsförderung, geht es im Workshop darum, sie bei der Entwicklung eines aktiven Engagements im Projekt zu unterstützen (Ziele 1–3).

Mit der Theorie der Salutogenese ausgedrückt heißt das, für die Workshopteilnehmer die *Verstehbarkeit, Handhabbarkeit und Sinnhaftigkeit* des bevorstehenden Gesundheitsförderungsprojektes zu steigern (vgl. http://www.bgf-berlin.de/bgf1.html): Der Workshop stellt den Teilnehmern durch Wissensvermittlung über betriebliche Gesundheitsförderung die notwendigen Informationen zur Verfügung *(Verstehbarkeit).* Voraussetzung für eine solide eigene Positionierung, zu der die Workshopteilnehmer auch im Anschluss an den Workshop noch stehen können, ist, dass sie sich darüber klar werden, was für ein Projektverlauf ungefähr zu erwarten sein wird, und ob ihre eigenen

Werte und Ziele mit den im Gesundheitsförderungsprojekt zu verfolgenden übereinstimmen. Daher werden sie über die reine Wissensvermittlung hinaus im Workshop mit verschiedenen Übungen unterstützt, sich über ihre eigenen Ziele, Präferenzen und Motivationen klar zu werden *(Sinnhaftigkeit)*. Schließlich wird im Workshop auch bearbeitet, welche Unterstützung und Kompetenzen die Teilnehmer von ihrer Organisation benötigen, um sich wirkungsvoll im Projekt engagieren zu können *(Handhabbarkeit)*.

Zur Bearbeitung des vierten Ziels, der Einschätzung, wie zentrale Personen im Unternehmen zum Gesundheitsförderungsprojekt stehen, verwenden wir das „Commitment Diagram" von Beckhard & Harris.

Die Bearbeitung des Diagramms gibt allen Beteiligten schnell einen guten Überblick über die von ihnen wahrgenommene Ausgangssituation für das Projekt. Einschätzungen des Commitments können und sollten später im direkten Kontakt mit den aufgeführten Schlüsselpersonen überprüft werden. Im Sinne eines „geplanten Erfolges" werden, sofern notwendig, transparente Schritte unternommen, um das Commitment der Schlüsselpersonen in Richtung auf die Erfordernisse des Projektes zu beeinflussen.

Ein weiterer positiver Effekt des Commitment-Workshops besteht darin, dass sich diejenigen Organisationsmitglieder, die am Projekt interessiert sind, kennenlernen und einen kurzen Draht zueinander aufbauen können, der einen schnellen Austausch und gegenseitige Unterstützung ermöglicht und damit Befürchtungen verringert, im Zweifelsfall allein dazustehen.

Schließlich kann der Commitment-Workshop im negativen Fall auch dazu dienen, festzustellen, dass ein Gesundheitsförderungsprojekt im Unternehmen eigentlich von niemandem gewollt ist. In diesem Fall kann das Unternehmen viel Zeit und Geld sparen, indem es darauf verzichtet.

Dieser Fall ist uns in unserer Praxis allerdings noch nicht begegnet.

Controlling: Gesundheit messen?

Controlling bedeutet, Daten so aufzubereiten, dass sie als Ausgangspunkt und Grundlage für Kommunikation und Kooperation aller betrieblichen Gruppen werden können.

Wenn man aber Gesundheit weder messen kann noch messen soll, wie kommen wir dann weiter bei betrieblicher Gesundheitsförderung, Gesundheitsmanagement und resistenter Organisationsentwicklung?

Anstelle von Gesundheit selbst lassen sich ihre **Statthalter** messen. Es gibt **Gesundheitsindikatoren,** die erfasst werden können, unter gleichzeitiger Beibehaltung der Verborgenheit der Gesundheit und unter gleichzeitiger Wahrung der persönlichen Integrität der Betroffenen. Die Messung dieser Gesundheitsindikatoren lässt sich vertreten, wenn jeder Schritt des Vorgehens überprüfbar diese beiden Voraussetzungen erfüllt. Dies geschieht in einem Ansatz der Organisationsentwicklung, den wir bereits an vielen anderen Stellen beschrieben haben.

Kennzeichen dieses Ansatzes ist, dass jeder Schritt (Zielsetzung, Hypothesenbildung, Erhebung und Auswertung von Daten, Veränderungspläne, Veränderung, Evaluation und Controlling) in Abstimmung mit den jeweils betroffenen Teilnehmern eines Projektes geschieht. Dies ist ein zwar aufwendiges, bisweilen unangenehmes, aber letzten Endes für alle beteiligten Personen lohnendes Vorgehen.

Wir wollen wissen, welche der **Gesundheitspotenziale** bei den Unternehmen als die wichtigsten erachtet werden, um die beiden positiven Gesundheitsindikatoren Arbeitsfreude und Selbstvertrauen zu stärken und die mit Gesundheitsrisiken einhergehenden negativen Gesundheitsindikatoren Gereiztheit, Erschöpfung, körperliche Beeinträchtigungen zu lindern. In dem von uns verwendeten Modell werden Gesundheitspotenziale und Gesundheitsgefährdungen abgefragt und daraus Gesundheits- und Wirtschaftlichkeitsindikatoren abgeleitet, welche in direkte Veränderungsansätze münden.

„Wenn man Gesundheit in Wahrheit nicht messen kann, so eben deswegen, weil sie ein Zustand der inneren Angemessenheit und der Übereinstimmung mit sich selbst ist, die man nicht durch eine andere Kontrolle überbieten kann" (Gadamer 2010, S. 138 f.) und „Trotz aller Verborgenheit kommt sie aber in einer Art Wohlgefühl zutage, und mehr noch darin, dass wir vor lauter Wohlgefühl unternehmungsfreudig, erkenntnisoffen und selbstvergessen sind und selbst Strapazen und Anstrengungen kaum spüren – das ist Gesundheit. Sie besteht nicht darin, dass man sich in den eigenen schwankenden Befindlichkeiten immer mehr um sich sorgt oder gar Unlustpillen schluckt" (ebd., S. 143 f.).

Hans-Georg Gadamer weist in seinem weit vorausschauenden Buch „Über die Verborgenheit der Gesundheit" auf ein Paradox hin: Gesundheit spüren wir gerade dann nicht, wenn sie vorhanden ist. Dann empfinden wir Tatendrang, Neugierde, Stolz, Selbstbewusstsein, Optimismus und Vertrauen. Dagegen sehnen wir uns nach Gesundheit, wenn sie abwesend ist – dann wird Gesundheit spürbar. Insofern könnte man versucht sein, die klassische Definition von Gesundheit „Gesundheit ist die Abwesenheit von Krankheit" ernst zu nehmen. Doch beim puren Nichtvorhandensein von Krankheit fehlt noch etwas, eben die wohltuenden Begleiterscheinungen von Gesundheit, die wir in früheren Artikeln in der Regel mit dem „Sense of Coherence" nach Antonovsky in Zusammenhang gebracht haben (vgl. Antonovsky 1997; Westermayer and Stein 2006; Beck).

Simon (Simon 2001) weist auf „Die andere Seite der Gesundheit" hin: Wenn wir die Definition „Gesundheit ist die Abwesenheit von Krankheit" einfach ersetzten durch „Krankheit ist die Abwesenheit von Gesundheit", müssten wir konsequenterweise die Ursachefaktoren von Gesundheit erforschen und Normen festlegen für eine DIN-Gesundheit: dreimal täglich Yoga, Früchtetee und positive Gedanken. Wer sich nicht dran hält, wird als krank bezeichnet.

Wenn wir nun noch das wichtige Konzept des Vertrauens von Antonovsky mit in die Überlegungen einbeziehen, könnten auf diesem Pfad recht ungesunde Präventionskonzepte entstehen wie: „Vertrau mir, dann geht es dir gut" oder „Wenn du mir nicht vertraust, dann bist du krank". Ein solcher Weg kann schnell zu Machtmissbrauch führen.

Er ist also nicht nur aus methodischen Gründen, sondern auch aus ethischen Gründen auszuschließen, um die persönliche Integrität (Würde, Respekt und deren Verhaltensausdruck: gute Manieren) nicht zu verletzen.

Wenn man Gesundheit weder messen kann noch messen soll, wie kommen wir dann weiter bei Gesundheitsmanagement und betrieblicher Gesundheitsförderung?

Anstelle von Gesundheit selbst lassen sich ihre Statthalter messen. Es gibt Gesundheitsindikatoren, die erfasst werden können unter gleichzeitiger Beibehaltung der Verborgenheit der Gesundheit und unter gleichzeitiger Wahrung der persönlichen Integrität der Betroffenen. Die Messung dieser Gesundheitsindikatoren lässt sich vertreten, wenn jeder Schritt des Vorgehens überprüfbar diese beiden Voraussetzungen erfüllt. Dies geschieht in einem Ansatz der Organisationsentwicklung, den wir bereits an vielen anderen Stellen beschrieben haben.

Kennzeichen dieses Ansatzes ist, dass jeder Schritt (Zielsetzung, Hypothesenbildung, Erhebung und Auswertung von Daten, Veränderungspläne, Veränderung, Evaluation und Controlling) in Abstimmung mit den jeweils betroffenen Teilnehmern eines Projektes geschieht. Dies ist ein zwar aufwendiges, bisweilen unangenehmes, aber letzten Endes für alle beteiligten Personen lohnendes Vorgehen.

Ein altes, aber optimiertes Produkt unseres Hauses hilft dabei: der Fragebogen zur Diagnose betrieblicher Gesundheit (Beck).

Die Idee, ein Diagnoseinventar zu entwickeln, das die Voraussetzungen im Betrieb misst, die als Belastungen erfahren werden, aber auch diejenigen Voraussetzungen – Gesundheitspotenziale –, welche von Mitarbeitern genutzt werden können, um positive Erfahrungen zu machen, ist eine der glücklichsten und nützlichsten für ein erfolgreiches betriebliches Gesundheitsmanagement (zum Stellenwert der Mitarbeiterbefragung in der betrieblichen Gesundheitsförderung: Beck, DP04-0304).

Eines von mehreren interessanten Ergebnissen der Arbeit von 2003 von David Beck ist sowohl die empirische Identifizierung der Skala „Arbeitsfreude/Arbeitsstolz" mit dem Antonovsky-Konstrukt „Sinnhaftigkeit" als auch der Skala „Selbstwirksamkeit" mit „Handhabbarkeit". Und auch ein dritter Faktor (die Antonovsky'sche Verstehbarkeit?) existiert, bleibt aber verborgen.

Als Praktiker des Gesundheitsmanagements kann ich feststellen, dass die praktische Organisationsentwicklungsarbeit nicht nur unterstützt wird durch den Einsatz dieses Instruments, sondern dass es als Datenfeedbackmethode eine verblüffende Präzision in der Abbildung der alltäglichen betrieblichen Praxis mit sich bringt (Abb. 2).

Die linke Seite der Abbildung (systematische Einflussgrößen auf Gesundheit), also die **Gesundheitsindikatoren** Arbeitsstolz, Selbstwirksamkeit, psychische und somatische Gesundheitsbeeinträchtigungen stellen in diesem Modell den Output dar, den die Gesundheitsgefährdungen unten rechts in der Abbildung und die Gesundheitspotenziale (in der Abbildung oben rechts) hervorrufen. Interventionen finden ausschließlich auf der rechten Seite statt.

Aus dem Inventar lassen sich nach dem Durchführen einer Befragung diejenigen Ursachenfaktoren herauslösen, die keinen signifikanten Einfluss auf die Gesundheitsindikatoren haben. So wird dem Unternehmen sowohl ein reduziertes Gesundheitsprofil mit Gesundheitsindikatoren, Gesundheitspotenzialen und Gesundheitsgefährdungen als auch der entsprechend gekürzte Fragebogen zur Verfügung gestellt. Dieses Dig-S (Diagnose-Selbstcheck) genannte System lässt sich für spätere Einsätze als Benchmarksystem verwenden. Der Benchmark bezieht sich dabei auf die Gesundheitspotenziale und Gesundheitsgefährdungen, also auf die rechte Seite der Abbildung oben, und nicht auf die Gesundheitsindikatoren! Niemand kann verführt werden, stolz auf seine Arbeit zu sein. Arbeitsfreude ist etwas, was sich aus der eigenen Erfahrung heraus entwickelt. Menschen können höchstens überredet werden zu behaupten, sie würden Arbeitsfreude empfinden. Das nützt aber dem Betrieb nichts, im Gegenteil: In einem solchen Klima kann sich niemand mehr auf Informationen verlassen.

Mit diesem Vorgehen werden gezielt diejenigen Faktoren bzw. Arbeitsregeln im Betriebsalltag identifiziert, welche dazu beitragen, dass Mitarbeiter hohe Gesundheitsindikatorenwerte erzielen. Diese Regeln werden gebündelt, es werden Ziele gesetzt und die Aktionsfelder werden für Veränderungen handhabbar gemacht (operationalisiert).

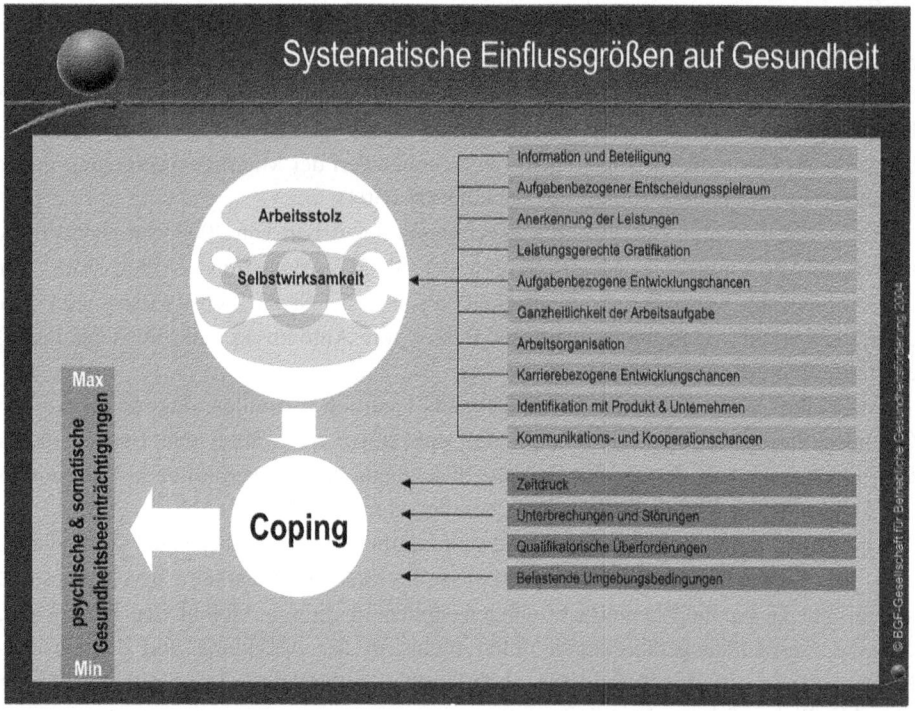

Abb. 2 Einflussgrößen auf Gesundheit

Da alles in einem Kennzahlensystem dargestellt wird, entwickeln auch Führungskräfte, die es vorziehen, nach Kennwertsystemen zu managen, Akzeptanz und Interesse.

Es wird keine Weltmeister in Gesundheit geben, aber es wird unter den Betrieben diejenigen geben, welche die besten und gesundheitsförderlichsten Arbeitsplätze zur Verfügung stellen, welche wiederum zu Leistung und zur Freude an Leistung führen (vgl. Beck, DP04-0809) und zu einem Arbeitsklima, in welchem der geringe Krankenstand (der sinkt nämlich nebenbei) nicht mit Angst vor Arbeitsplatzverlust erklärt werden kann.

Umgang mit Daten – „Analyse vor Aktion"

In so gut wie keinem Unternehmen wird der Informationsfluss als optimal bezeichnet. Die Mitarbeiter fordern früher, schneller und umfassender über wichtige Ereignisse informiert zu werden. Aufgeschlossene Personal- und andere interne Serviceabteilungen reagieren damit, ihre Mitarbeiter mit Daten „zuzuschmeißen". Im Gegenzug verlangen diese Abteilungen in engagierten, aktiv in der Gesundheitsförderung tätigen Unternehmen von den Mitarbeitern, dass deren Aktivitäten meist mehrfach dokumentiert, archiviert und weitergeleitet werden. Die Folge: Papierberge auf allen Seiten und immer noch keine Informationen, weil es niemanden gibt, der in der Lage ist, den Informationsfluss zu kontrollieren und zu kanalisieren.

Zu viel Information zerstört den Informationsfluss. Was gebraucht wird, ist so viel Information wie nötig, und zwar genau die Information, die man braucht.

„Analyse vor Aktion" ist eines der fünf Grundprinzipien betrieblicher Gesundheitsförderung.[1] Nur auf einer soliden Datenbasis kann man sicher sein, nicht in die falsche Richtung zu steuern. Ohne vorherige Analyse können Veränderungsmaßnahmen nur zufällig richtig sein, genauso gut können sie aber genau in die falsche Richtung laufen.

„Analyse vor Aktion" muss aber auch auf einer Ebene davor angesetzt werden, *vor* der Datenanalyse: Es muss analysiert werden, was zu analysieren ist. Hierzu dient am Anfang eines jeden Projektes ein Hypothesenworkshop, auf dem von allen wichtigen betrieblichen Interessengruppen Vermutungen und Meinungen darüber eingebracht werden, worin mögliche Ursachen hoher und niedriger Krankenstände liegen. Sind die Ursachen gesammelt und gemeinsam als wahrscheinlich relevant klassifiziert, wird geprüft, ob und wie die für die Untersuchung dieser Ursachen notwendigen Daten erhoben und ausgewertet werden können. Der Rest ist statistische Auswertungsarbeit. Geht man nach diesem Prinzip vor, besitzt man am Ende einige wenige wichtige, präzise und übersichtliche Auswertungen, die zu einem echten Erkenntnisfortschritt führen,

---

[1] Die anderen vier Grundprinzipien lauten: „Einbeziehung aller betrieblichen Gruppen", „Alle Beteiligten müssen gleichermaßen profitieren", „Belastungen machen krank – Anforderungen gesund" und „Durchführung von Erfolgsmessungen bei allen Maßnahmen".

weil die relevantesten im Betrieb vertretenen Erklärungen für Krankheit und Gesundheit widerlegt oder bestätigt sind. Die gedankliche vorab geleistete Analysearbeit macht sich mehr als bezahlt. Hätte man darauf verzichtet, säße man nun auf einem unübersichtlichen Berg Daten und würde mühsam beginnen ihn abzutragen.

„Analyse vor Aktion" ist nicht im Sinne von „erst die Arbeit, dann das Vergnügen" zu verstehen. Mit der anfänglichen Analyse ist es nicht vorbei, eine kontinuierliche, verlässliche innerbetriebliche Krankenstandsdokumentation gehört zu den langfristig betrieblich einzurichtenden Datendiensten. Kontinuierliche Information der jeweiligen Verantwortlichen für die Abteilungen und das Einfordern von Erklärungen führen in den meisten Fällen schon alleine, ohne jede weitere aktive Intervention zu einem leichten Rückgang des Krankenstands. Wie bei der Heisenberg'schen Unschärferelation ist es auch hier unmöglich genau hinzuschauen, ohne am Betrachteten bereits etwas zu verändern. „Einfordern von Erklärungen" ist in dem Sinne gemeint, dass der Verantwortliche zeigt, dass er weiß, was in seiner Abteilung vorgeht. So praktiziert, kann Analyse sogar Spaß machen und damit selbst „Vergnügen" sein.

Es ist sinnvoll, gemeinsam Ziele aufzustellen, um allen Beteiligten die Orientierung zu erleichtern. Verantwortung von Führungskräften für von ihnen zu erreichende Krankenstandszahlen müssen allerdings vorsichtig gehandhabt werden, denn sie können zu Stress bei den Führungskräften sowie zu deren Protest im besseren und Resignation im schlimmeren Fall führen. Außerdem kann man davon ausgehen, dass die Daten ihre Aussagekraft verlieren, denn wer ein Ziel erreichen muss, ohne dass ihm die notwendigen Mittel und Wege zur Verfügung gestellt werden, wird andere Mittel und Wege zu finden versuchen. Die Krankenstände werden wahrscheinlich sinken, auf welche Weise das erreicht wurde, bleibt im Dunkeln. „Auf dem Papier erreichen wir immer alles", teilte uns ein erfahrener Mitarbeiter eines internationalen Konzerns mit.

Zielt man wirklich nur auf einen reduzierten Krankenstand, reichen kleine Zahlenmanipulationen, das Herausrechnen von Langzeitkrankheiten und weiterer Posten. „Wie man mit Statistik bescheißt" lautet ein populärer Buchtitel, der hierzu empfohlen werden kann.

Ist man hiermit nicht zufrieden, geht es bereits nicht mehr nur um den Krankenstand, sondern um das, was dahinter steht: krankheitsbedingte Abwesenheit. Diese kann man mit verschiedenen Mitteln verändern. Eine sehr wirkungsvolle Methode stellt es dar, die Mitarbeiter mit Entlassung zu bedrohen. Sie werden dann mit sehr großer Sicherheit am Arbeitsplatz erscheinen, ihre Produktivität verhält sich aber mit ebenso großer Sicherheit gegenläufig. Wir nennen dieses Phänomen „Körperanwesenheit".

Deutlich größere ökonomische Effekte als durch die Einsparung weniger Anwesenheitsprozente können erreicht werden, indem das Ausmaß erhöht wird, in dem die Mitarbeiter bereits ihr Leistungspotenzial ausschöpfen. Die Studie der Gallup GmbH Deutschland (Potsdam) hat gerade für Deutschland ermittelt, dass 15 % aller Beschäftigten engagiert bei der Arbeit sind und diese als befriedigend empfinden, 16 % sich innerlich verabschiedet haben und die restlichen 69 % Dienst nach Vorschrift machen und sich ihrem Unternehmen nicht wirklich verpflichtet fühlen. Inwieweit diese

Proportionen für jedes Unternehmen gelten, sei dahingestellt. Was deutlich wird, ist, dass die Steigerungspotenziale im Bereich der Motivation und Leistung ganz andere Dimensionen besitzen als im Bereich des Krankenstandes und umgekehrt, dass es fatale Folgen haben kann, wenn der Krankenstand mit Methoden gesenkt wird, die es den Mitarbeitern verleiden, sich mit ihrem Unternehmen zu identifizieren. Im Vergleich zu diesen Dimensionen bezahlt ein Unternehmen seinen Krankenstand „aus der Portokasse".

Der Fokus vieler Unternehmen ist zu stark auf Daten fixiert. Für sie wäre es hilfreich, sich auf das zu besinnen, was hinter den Daten steht: Menschen. Wenn man beginnt, Menschen statt Daten zu verstehen und mit Menschen statt Daten zu arbeiten, verbessern sich die Daten fast unbemerkt nebenbei. Vertrauen zu Menschen ermöglicht es, erhebliche Mengen an Daten und an Arbeit einzusparen. **Weniger ist mehr!** ist in der heutigen Zeit der Wahlspruch zum Umgang mit Daten. Ein paar gut gezielte und inhaltlich sinnvoll ausgewertete Datenquellen leisten weitaus mehr als emsig produzierte erschlagende Datenberge und führen im Gegensatz zu diesen zu einer tatsächlichen Verbesserung dessen, was hinter den Daten steht.

Copingkonzepte

Unter dem Einfluss der psychoanalytischen Theorie der Abwehrmechanismen und unter Hinzunahme eines Teils von Freuds psychoanalytischem Konzept des Unbewussten schlug ein wichtiger Teil der Stresspioniere den Weg in Richtung der sogenannten kognitiven Wende ein: Die speziellen für eine Stresssituation typischen Veränderungen in Körperwahrnehmung, Denken, Fühlen und Verhaltensmustern wurden nicht mehr nur als automatisierte Reaktion eines naturwissenschaftlich determinierten Ablaufs betrachtet, sondern auch als Aspekte eines Verhaltens, das potenziell als bewusste Handlung beschrieben werden kann. Hier sind als Pioniere Seligmann (gelernte Hilflosigkeit), Lazarus/Launier (primäres/sekundäres Coping), Friedman (Typ-A-, Typ-B-Verhalten) sowie sehr originell Franz Frizcewski (systemisches Coping-Modell) zu nennen.

Innerhalb der psychoanalytischen psychosomatischen sogenannten Französischen Schule wurde der entgegengesetzte Weg eingeschlagen: Hier wurde mit den Konstrukten *pensée opératoire* und *alexithymie* postuliert, dass psychosomatisch erkrankte Patienten auf einer eigens dafür konstruierten Entwicklungsstufe eine sehr primäre Fixierung auf Automatismus hin erlitten hätten. Automatische Coping-Mechanismen wurden hier nicht als potenziell kognitiv, sondern als Ausdruck der biologisch bedingten Unfähigkeit, überhaupt eine handelnde Person werden zu können, angesehen (vgl. Stephanos, Sifneos und kritisch Cremerius, Ahrens). Die Handlungsmaxime der Französischen Schule: Mach keine Psychoanalyse, denn du bist nicht in der Lage, „frei" zu assoziieren, versuche als menschliche Maschine dein soziales Umfeld möglichst wenig zu belästigen. Von der kognitiven Stresspsychologie her lautet die Handlungsmaxime: Schule deine Wahrnehmung, insbesondere deine innere, darauf, mehr Chancen und Herausforderungen in der Welt zu sehen als Gefahren. Lerne Optimismus so, wie du Hilflosigkeit erlernt hast, und nutze diesen als Kompass, um die gefährlichen Klippen im Ozean des Lebens zu umschiffen. Zusätzlich verschaffe dir durch alle möglichen Entspannungsmethoden einen „inneren" Freiraum, vom dem aus es dir erst möglich wird, zu entscheiden, ob etwas als „gefährlich" oder „herausfordernd" einzuschätzen sei. Die Aneignung eines solchen inneren Raums kann man als Ressource oder als Coping zweiter Ebene bezeichnen. Yoga, autogenes Training, Sport, progressive Muskelentspannung, mentales Training, gutes Leben im Allgemeinen sind hier die Hinweise.

Literatur

Antonovsky. A.: Salutogenese, DGVT-Verlag, Tübingen (1997)..
Beck, David: Sense of Coherence (SOC). Ein brauchbares Analysekonzept in der betrieblichen Gesundheitsförderung? Gütebeurteilung des Sense of Coherence (SOC) – Messkonzeptes von Aaron Antonovsky anhand einer Querschnittsuntersuchung bei Angestellten eines Berliner Dienstleistungsunternehmens. Unveröffentlichte Diplomarbeit. FU Berlin.
Gadamer H-G (2010) Über die Verborgenheit der Gesundheit. Suhrkamp, Frankfurt a. M. 2010.
Simon, F.B.: Die andere Seite der Gesundheit, S. 2001. Carl-Auer-Verlag, Heidelberg (2001)
Westermayer, G.: Stein BA (2006) Produktivitätsfaktor Betriebliche Gesundheit. Hogrefe, Göttingen (2006)

D

Diskriminierungsfelder

Siehe Abb. 1.

Diskriminierungsfelder im betrieblichen Kontext bestehen vor allem in der Verletzung persönlicher Integrität, Mobbing, sexueller Belästigung, Überschreitung von Tabuthemen, Respektlosigkeit.

Soziale Herkunft, sexuelle Orientierung, Religion, Ethnizität, Sprache, Geschlecht, körperliche Besonderheiten sind nach dem Grundgesetz der Bundesrepublik Deutschland Privatsache und dürfen daher nicht zur Bewertung, Bevorzugung oder Benachteiligung im betrieblichen Bereich führen. Diese Privatsachen müssen **respektiert** werden.

Was nicht Privatsache ist, das sind sogenannte **Gesundheitsgefährdungen** und sogenannte **Gesundheitspotenziale,** welche von Betrieben oder anderen Institutionen gezielt oder nicht gezielt hergestellt werden. Diese zu beeinflussen, ist Aufgabe des Gesundheitsmanagements. Die Gesundheitsforschung hat einige gesicherte Erkenntnisse darüber zusammengetragen, um welche Potenziale und welche Gefährdungen es sich hierbei handelt.

Ganz offensichtlich ist es so, dass diese Potenziale und die Gefährdungen in der Tat jeweils positiv (Potenziale) und jeweils negativ (Gefährdungen) auf die Chancen von Mitarbeitern, sich gesund zu erhalten, und den wirtschaftlichen Erfolg des Unternehmens, für das sie arbeiten, wirksam werden. Kurz und plakativ ausgedrückt: Was für die Gesundheit der Mitarbeiter schlecht ist, ist schlecht für das Unternehmen und umgekehrt. Dies legen jedenfalls empirische Begleitstudien, die wir im Rahmen von Projekten des BGM durchführen, nahe.

Hier tritt ein besonderer Effekt zutage: Wird den oben angegebenen Feldern nicht genügend Respekt entgegengebracht oder werden diese Felder gar Bestandteil der Mitarbeiterführung, werden Gesundheitsgefährdungen potenziert und Gesundheitspotenziale abgeschwächt.

G. Westermayer, *Organisationsdesign 4.0 von A-Z.*,
https://doi.org/10.1007/978-3-662-63515-5_6

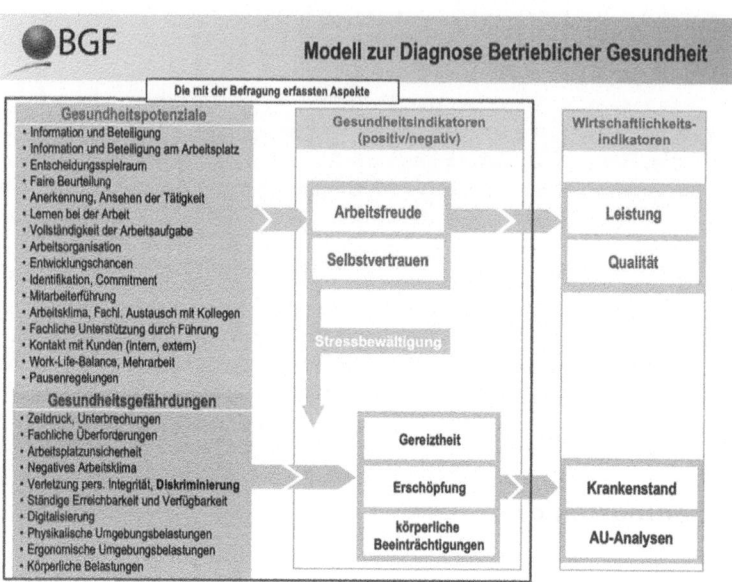

Abb. 1 BGF-Modell D

Wo in der regulären Kommunikation kein Respekt hergestellt wird, verlieren die betroffenen Kommunikationspartner entscheidende Möglichkeiten, Stolz und Selbstvertrauen zu entwickeln und Stressbewältigungstechniken angesichts von Gefährdungen erfolgreich umzusetzen. (Dann bleiben oft nur die allzu bekannten Bewältigungsmittel wie Alkohol, Nikotin etc.).

Datenerhebung, Datenaufbereitung und Datenfeedback

Zur Diagnose betrieblicher Gesundheit in einem Dienstleistungsunternehmen wurden Gesundheitspotenziale und -risiken sowie die Indikatoren betrieblicher Gesundheit (Arbeitsfreude/Arbeitsstolz, Selbstwirksamkeit, somatische Gesundheitsbeeinträchtigungen, psychische Erschöpfung und Gereiztheit/Belastetheit) mittels standardisierter schriftlicher Befragung erfasst. Eine detaillierte Beschreibung des Fragebogens findet sich bei Beck (Beck 2003).

Die Auswertung erfolgte unternehmensbezogen und abteilungsspezifisch. Zunächst wurden für das gesamte Unternehmen mittels multipler schrittweiser Regression die Gesundheitspotenziale und die Gesundheitsrisiken identifiziert, die einen signifikanten Beitrag zur Aufklärung der Varianz der Indikatoren betrieblicher Gesundheit (Arbeitsfreude/Arbeitsstolz, Selbstwirksamkeit, gesundheitliche Beeinträchtigung) leisteten und daher als Ressource bzw. Belastung qualifiziert werden konnten. Der im Unternehmen wie in den Abteilungen präsentierte und diskutierte Datensatz enthielt damit nur noch die erfassten Gesundheitspotenziale und Gesundheitsrisiken, die einen eigenständigen und bedeutsamen Beitrag zur Erklärung des Gesundheits- und Krankheitsgeschehens im Unternehmen leisten konnten (Komplexitätsreduktion).

Mit diesem reduzierten Datensatz konnten für die jeweiligen Abteilungen aussagekräftige spezifische Profile erstellt werden. Diese Profile enthalten die Skalenmittelwerte der Beschäftigten der betreffenden Abteilung für die auf Unternehmensebene relevanten Ressourcen und Belastungen sowie für die Indikatoren betrieblicher Gesundheit. In einem Vergleichsprofil werden diese abteilungsspezifischen Mittelwerte in einer Grafik gegenübergestellt und vergleichbar gemacht.

Hier lassen sich abteilungsspezifische Muster auf der einen Seite, abteilungsübergreifende Muster im Gesundheits- und Krankheitsgeschehen sowie im Belastungs- und Ressourcenspektrum auf der anderen Seite identifizieren. Alle Daten bzw. Profile werden in den Abteilungen mit den Beschäftigten und Führungskräften in einem strukturierten und klaren Regeln folgenden Prozess des Datenfeedbacks analysiert und hinterfragt.

Das zentrale Ziel einer Organisationsentwicklung durch Datenfeedback besteht darin, die hinter dem Erleben der betrieblichen Realität stehenden organisationalen Regeln zu erschließen bzw. zu rekonstruieren und bearbeitbar zu machen. Im Rahmen dieses Prozesses kommen weitere Verfahren zur Diagnose und Entwicklung betrieblicher Gesundheit zum Einsatz bzw. werden als eine auf Dauer angelegte Struktur etabliert (etwa Führungskräftefeedbacks, Mitarbeitergesprächssysteme, Optimierungszirkel, Gesundheitszirkel etc.).

Double-Bind-Syndrom

In einem Befragungsprojekt, das wir in einem Callcenter durchgeführt haben, wurden die Mitarbeiter den ganzen Tag über durch widersprüchliche Signale verwirrt.

Einerseits angehalten, die steigende Flut von reinkommenden Anrufen zu bewältigen, andererseits angehalten, keinen Anrufer ohne qualifizierte Beratung abzuwimmeln, wurden sie in dieser Zwickmühle zusätzlich mit widersprüchlichen Signalen irritiert: Immer, wenn die Anrufer in der Warteschleife eine kritische Zahl überschritten, blinkte über ihnen eine rote Ampel, die die aktuelle Zahl der Anrufer in der Warteschleife zeigte. „Stopp" hieß in diesem Falle: Go, nimm mehr Anrufe an! Und umgekehrt: Stopp, höre auf, dich mit dem aktuellen Kunden zu lange zu beschäftigen.

Systemische Psychologen sprechen hier von einen „Double-Bind-Syndrom".

Man muss nicht zusätzlich erwähnen, dass die Hauptursache für den hohen Krankenstand dort in starkem Stress bestand, der sich in psychischer Desorientierung, Erschöpfung, Nackenschmerzen und allgemeinen Befindlichkeitsstörungen zeigte, die nach dem ICD- Schlüssel meist als „Anpassungsstörungen" diagnostiziert werden (sogenannte „Symptome").

Die Double-Bind-Theorie hat in mehrfacher Hinsicht Geschichte geschrieben:

Eine Person erlebt eine solche Doppelbindung als unhaltbar, unauflösbar, wenig durchschaubar und bedrohlich, weil:

1. ihm eine Wahl im Sinne der paradoxen Scheinalternativen tatsächlich nicht möglich ist,
2. sie die der sprachlich korrekten Botschaft innewohnende Paradoxie nicht erkennen kann: „Sei jetzt sofort spontan!",
3. sie sich aber aufgrund eines Abhängigkeitsverhältnisses gezwungen sieht, der Aufforderung dennoch zu entsprechen und
4. sie die Situation nicht verlassen kann.

Als typische Kommunikationsform in Familien schizophrener Patienten entdeckt, gelten diese und andere paradoxe Kommunikationen als Ursache vielfältiger stressvoller Erfahrungen auch im Arbeitsleben.

Historisch ist in unserem Zusammenhang sehr interessant, dass Gregory Bateson die sogenannten Macy-Conferencen ab 1946 gleitet hat, in welchen Grundlagen der systemischen Theorie erarbeitet wurden.

Kurt Lewin war dort kurz vor seinem Tod Gast. Ein Auszug aus den Programmen der Konferenzen:

> „Bateson makes a presentation outlining the need for sound theory in the social sciences, illustrating his points with observations from his anthropological field work of the 1930's. He distinguishes between 'learning' and 'learning to learn', then challenges the group by asking whether and how computers could accomplish either form of learning.
> The conference (1946) takes up the clarification of the terms 'field' and 'Gestalt'.
> Molly Harrower is asked to explain the term 'field', but she demurs by noting her mentor Koffka's ideas diverged from those of Köhler.
> Kurt Lewin gives an extensive presentation on his personal version of 'field' and other concepts from Gestalt psychology and social psychology.
>
> Three psychologists are added to the core group."
> (https://en.wikipedia.org/wiki/Macy_conferences).

Da die Ehefrau von Bateson, Margaret Mead, auch eine enge Vertraute in Kurt Lewins Kollegenkreis war, dürften die inhaltlichen Verbindungen weiter gereicht haben, als es durch fehlende Dokumentationen in dieser Zeit kurz vor Lewins Tod überliefert hätte werden können. Die auf Bateson zurückgehende systemische Tradition wird heute noch stark durch den Ansatz von Fritz Simon vertreten. Allerdings bedarf es zur Klärung der Zusammenhänge zwischen moderner systemischer Empirie und Theoriebildung und der Feldtheorie Kurt Lewins noch weiterer ausgiebiger Forschung. In diesem Zusammenhang planen wir eine Neuauflage Lewin'scher Veröffentlichungen zusammen mit dem Carl-Auer-Verlag, der in Deutschland für die systemische Tradition der Erforschung resilienter Ansätze gilt.

Wesentlich ist in dieser Tradition wie bei Kurt Lewin, dass das Subjekt von Handlungen nicht in einer einzelnen Person, sondern in Gruppen, Systemen und Kommunikationen aufzufinden ist.

"Bateson calls for clarification of distinction between ‚analog' and ‚digital'. He hearkens back to the arguments over Köhler's presentation at the 4th conference and suggested it would be wise to remove any ambiguities".

Literatur

Beck, D.: Sense of Coherence (SOC). Ein brauchbares Analysekonzept in der betrieblichen Gesundheitsförderung? Gütebeurteilung des Sense of Coherence (SOC)-Messkonzeptes von Aaron Antonovsky anhand einer Querschnittsuntersuchung bei Angestellten eines Berliner Dienstleistungsunternehmens. Unveröffentlichte Diplomarbeit. (2003).

Bateson, G.: Ökologie des Geistes. Suhrkamp, Frankfurt am Main (1981)

Bateson, G.: Schizophrenie und Familie. Suhrkamp, Frankfurt am Main (2002)

Simon, F.B.: Die Kunst, nicht zu lernen. Carl-Auer, Heidelberg (1997).

Simon, F.B.: Meine Psychose, mein Fahrrad und ich. Carl-Auer. Heidelberg (2004).

Simon, F.B.: Einführung in die systemische Organisationstheorie. Carl-Auer-Verlag, Heidelberg (2007).

Simon, F.B.: Formen. Carl-Auer-Verlag, Heidelberg (2018).

E

Entscheidungsspielräume

Siehe Abb. 1.

Das Potenzial „Entscheidungsspielraum" stellt bei steigenden Arbeitsanforderungen die wichtigste Grundvoraussetzung für eine erfolgreiche Aufgabendurchführung dar. Im kennzahlengeführten Management wird die Frage, was Entscheidungsspielräume eigentlich sind, immer zentraler, denn in den letzten Jahren hat sich gezeigt, dass gerade hier systematisch Situationen entstehen können, in denen Entscheidungsspielräume Stress verursachen, anstatt ihn zu reduzieren.

In unserem Fragebogeninventar haben wir das Thema *Entscheidungsspielraum* wie folgt operationalisiert:

- Meine Zeit kann ich mir weitgehend selbst einteilen.
- Meine Arbeit kann ich so organisieren, wie ich es für richtig halte.
- Ich kann die Reihenfolge der zu bearbeitenden Aufträge selbstständig festlegen.
- Ich habe verschiedene Möglichkeiten, meine Aufgabe zu erledigen.
- Ich kann immer wieder neu entscheiden, welches Vorgehen das beste Vorgehen ist.
- Ich kann selbstständig planen, wie ich bei der Erledigung meiner Arbeitsaufgaben vorgehe.
- Die Arbeit erlaubt es mir, eine Menge eigener Entscheidungen zu treffen.
- Ich kann mir meine Arbeit selbstständig einteilen.

Das Anbieten von Potenzialen durch die Führungskräfte und das Annehmen von Potenzialen durch die Mitarbeiter erfolgt, wie es Pete Senge ausdrückt, in einem Spiel, das in allen großen Unternehmen gespielt werde, in dem „Untergeordnete vorgeben, geführt zu werden, und Vorgesetzte vorgeben, sie führten" (so das Pete Senge zugeschriebene

G. Westermayer, *Organisationsdesign 4.0 von A-Z.,*
https://doi.org/10.1007/978-3-662-63515-5_7

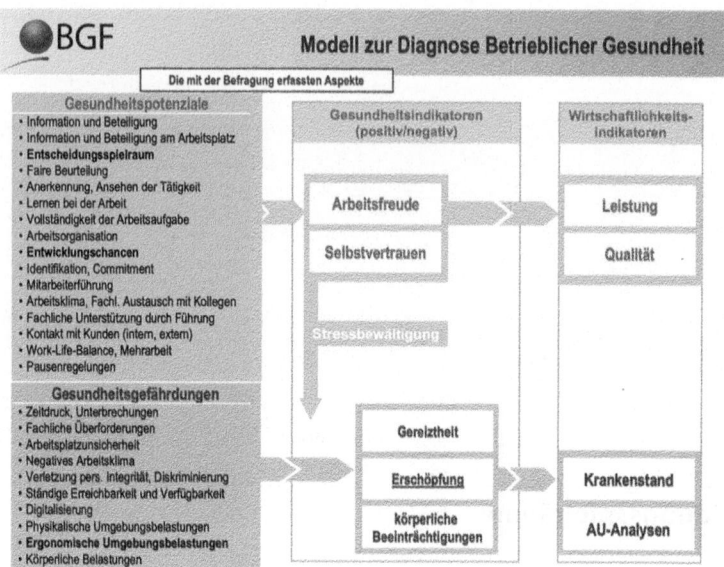

Abb. 1 BGF-Modell E

Zitat in Briggs und Peat 1990, S. 272). Senge verwendet die Spielmetapher hier, um die wechselseitige Abhängigkeit von Vorgesetzten und Mitarbeitern deutlich zu machen. Ich denke, es handelt sich hierbei um weit mehr als eine Metapher. Das Spiel „Führen und Geführtwerden" funktioniert für alle Beteiligen dann am besten, wenn die Spielregeln auf Vertrauen und Fairness beruhen.

Vertrauen kommt hier eine besondere Bedeutung zu, da wir, wie oben beschrieben, dem von Antonovsky beschriebenen „tief sitzenden Gefühl des Vertrauens" eine enorm hohe gesundheitliche Bedeutung zu messen. Auch in fast allen neueren Führungs-konzepten seit dem letzten Börsencrash wird Vertrauen als Basisbeziehung bemüht: Da ist von Vertrauen als Schmiermittel die Rede, da „führt" Vertrauen gar und da gibt es Vertrauen „als einen Mechanismus zur Reduktion von sozialer Komplexität" (vgl. auch Westermayer 1996). Mit „Vertrauen" wird also vieles und durchaus Unterschiedliches, ja Gegensätzliches beschrieben.

Entscheidungen im Feld – Anekdoten

Feld 1 Anfang der 1990er gab es bei BMW in München immer Vorstandssitzungen mit den Hauptabteilungsleitern. Was diese nicht wussten, war, dass der Vorstandsvorsitzende immer Montagmorgen am Tag der Sitzung durch die Werkshalle zu seinem Büro ging und nicht wie üblich durch den direkten Eingang. Das verschaffte ihm immer einen schnellen Überblick über die realen Verhältnisse, die sich dann oft von den Daten, die ihm in der Sitzung präsentiert wurden, unterschieden.

Feld 2 Als Jack Welch, der Vorstandsvorsitzende von General Electric, ebenfalls Anfang der 1980er unterwegs war, um eine neue Firma zu kaufen, bemerkte er, dass er auf dem Weg zum neuen Standort immer unruhiger wurde, ohne sich darüber im Klaren zu sein, weshalb. Jedenfalls kürzte er seinen Besuch ab und sagte den Verkäufern, dass er sich umentschieden habe und den Standort nicht kaufen werde. Erst als er zurück war, dämmerte ihm, was geschehen war: Die Umgebung rund um den neuen Standort war übersät mit Bauprojekten, von denen er angenommen hatte, sie müssten längst fertig gestellt sein, jedenfalls wenn man den Verkaufsprospekten seiner Verkäufer vertraute.

Feld 3 Ich war vor vier Jahren zu einer Konferenz von Arbeitssicherheitsexperten eingeladen und durfte bis zu meinem eigenen Vortrag vier anderen Vorträgen zuhören: Es ging um Grenzwerte in der Lärmvermeidung und deren Messbarkeit. Verschiedene Ingenieursdisziplinen präsentierten hier neue Ansätze und Geräte. Ich habe dann meinen Einstieg verändert und meinen Eindruck geschildert, dass ich mir ein wenig wie ein Alien vorkomme, das in einer für es nicht verständlichen Welt gelandet sei. Ich habe dann unser Modell vorgestellt und insbesondere unser Vorgehen, nämlich dass wir *Umgebungseinflüsse durch die Befragung von Mitarbeitern erfassen*. Das hat allgemeines Erstaunen ausgelöst, denn Mitarbeiter, so die allgemeine Meinung, wären ja gar nicht in der Lage, die Geräte zu bedienen und viele von denen wüssten ja nicht einmal, was Dezibel bedeute. Dass wir dann darüber hinaus noch Korrelationen zu Befindlichkeitszuständen erheben, fand das Publikum enorm innovativ. Allerdings überwog dennoch die Skepsis darüber, dass irgendwelche Mitarbeiteräußerungen in Analyseergebnisse einfließen könnten, die hätten ja weder Medizin, Physik oder Akustik studiert.

Ergonomische Umgebungsbelastungen

Ergonomische Umgebungsbelastungen zeigen sich am Arbeitsplatz häufig als:

* Ungeeignetes Sitzmobiliar
* Ungeeignete Tische/Arbeitsflächen
* Ungeeignete Computer/Bildschirme
* Ungeeignete Software

Je nach Unternehmen und befragten Gruppen müssen diese Fragen angepasst werden. Das setzt natürlich eine Beobachtung im Unternehmen selbst voraus. Die Erfolgsgeschichte der Gestaltung der Arbeitsbedingungen begann mit dem Studium und der Veränderung solcher technischen Bedingungen, spätestens mit dem *Scientific Management* von Frederick Winslow Taylor (1911). Dieser dehnte dieses Herangehen auf die gesamte Arbeitsorganisation aus.

Evaluation

Evaluation Betrieblichen Gesundheitsmanagements

Die Evaluation Betrieblichen Gesundheitsmanagements (BGM) ist derzeit vor allem eine Frage der „Evidenzbasierung" oder wie es im BKK-Newsletter zu einer neuen IGA-Studie „Evidenzbasierung betrieblicher Gesundheitsförderung und Prävention" (Veröffentlichung Ende 2007) heißt:

> „Die Frage nach der Evidenz von Maßnahmen, d. h. nach dem verlässlichen Wissensstand darüber, ob mit bestimmten Maßnahmen tatsächlich die erhofften Ziele erreichbar sind, stellt sich seit einigen Jahren auch im Bereich der betrieblichen Gesundheitsförderung und Prävention. Die Wirksamkeit von Interventionen, die am Verhalten der Beschäftigten ansetzen (Verhaltensprävention), konnte bereits in zahlreichen wissenschaftlichen Studien belegt werden. […]
> Im Zuge der Bearbeitung der Fragestellung werden auch die Grenzen der Evidenzbasierung deutlich. Betrachtet man die Anzahl der Studien, so zeigt sich nach wie vor eine deutliche Mehrzahl an qualitativ anspruchsvollen Studien zur Verhaltensprävention. Die Konzeption und das methodische Vorgehen bei der Durchführung von Evaluationsstudien wirkt sich stark auf die Qualität der Ergebnisse aus."
> (Newsletter Betriebliche Gesundheitsförderung, Prävention und Selbsthilfe der BKK).

Aus Praktikersicht stellt sich das Problem Evaluation Betrieblichen Gesundheitsmanagements anders.

Die BGF – Gesellschaft für Betriebliche Gesundheitsförderung – führt seit vielen Jahren Evaluationsstudien in diesem Feld durch. Die wissenschaftliche Einschätzung der Wirksamkeit von BGM ist hier nur ein Aspekt. Im Vordergrund steht in der Praxis die Steuerung von BGM-Projekten durch Evaluation.

Das Evaluationsproblem BGM sieht für Verhältnisprävention gänzlich anders aus als für Verhaltensprävention. Die Konzentration auf „Evidenzbasierung" vermeidet dabei die Lösung grundsätzlicher Probleme Betrieblichen Gesundheitsmanagements:

- Es fehlt eine Theorie Betrieblicher Gesundheit
- „Betriebliche Gesundheit" beschreibt alle möglichen, potenziell auf die Gesundheit der Mitarbeiter Einfluss nehmenden Bedingungen im Unternehmen, wobei positive und negative unterschieden werden. Hierzu bedarf es einer durch Messungen nachweisbaren Ursache-Wirkungskette und einer operationalen Definition von

Gesundheitsindikatoren. Hierzu hat die BGF ein Modell entwickelt (Westermayer und Stein 2006; Westermayer, BGF-Team und Wohlfeil 2005)

- Betriebliches Gesundheitsmanagement ist Organisationsentwicklung

Organisationsentwicklung (OE) als wissenschaftliche Methode der Organisations-diagnose und -veränderung wird langsam auch in Deutschland anerkannt. BGM kann per Definition nur als OE umgesetzt werden. Die Fokussierung auf Verhaltensveränderung missversteht sowohl BGM als auch OE. So missverstanden besteht außerdem die Gefahr, dass Evaluation von BGM persönliche Grenzen der Evaluierten überschreitet (weiter-führend hierzu: Kuhn und Goebel 2003). OE ist per Definition eine bestimmte Form prozessorientierter Evaluation, die im Folgenden dargestellt werden soll.

Mit Evaluation sind alle Aktivitäten gemeint, die geeignet sind, den Einsatz von Prä-ventionsinstrumenten mit Blick auf ihre

- Effektivität (Zielgerichtetheit, Unterschied zwischen dem Ausgangszustand und dem Endzustand),
- Effizienz (Sparsamkeit, Zeit und Geld),
- Akzeptanz (Konsens über Effektivität und Effizienz bei den verschiedenen betrieb-lichen Akteuren)

zu bewerten (Westermayer und Liebing 1992; Wellendorf et al. 2001; Westermayer und Wellendorf 2001).

Evaluation ist nie Selbstzweck. Die Bewertung von Maßnahmen macht nur dann Sinn, wenn auf der Grundlage der Ergebnisse Konsequenzen abgeleitet werden, die etwa zu einer Auswahl zwischen Alternativen oder zur Verbesserung vorhandener Programme oder Maßnahmen führen. Evaluation setzt daher immer ein zuvor festgelegtes und klar beschriebenes Ziel voraus, an dem das spätere Ergebnis von Maßnahmen etc. überprüft werden kann. Evaluation garantiert somit in jedem Falle, dass der „Problemlöseprozess" zielorientiert verläuft.

Evaluation ist dabei ein Prozessbestandteil im Verlauf Betrieblichen Gesundheits-managements. Die lineare Auffassung Analyse – Intervention – Erfolgsmessung sollte beim Thema Betriebliches Gesundheitsmanagement zugunsten einer prozessualen Auf-fassung der Evaluation als ständig mitlaufendes und mitgestaltendes Element aufgegeben werden.

In einem Unternehmen, in dem sich nach einer Weile aufgrund von Akzeptanz- oder Effektivitätsmessungen herausstellt, dass die anfänglich gesetzten Ziele nicht die eigent-lich wichtigen sind, sollte es möglich sein, diese Ziele im Laufe des Prozesses anzu-passen. So kann es sein, dass der anfängliche Fokus auf den Krankenstand bei einigen Projekten gegenüber inhaltlich schwerwiegenderen Themen wie zum Beispiel der Identi-fikation mit dem eigenen Unternehmen in den Hintergrund gerät.

Eine Evaluation, die den gesamten BGM-Prozess betrachtet, wird als Prozessevaluation bezeichnet. So verstanden, hat Evaluation daher einen beratenden Charakter.

Evaluation am Beispiel betrieblicher Stressprävention

„Um die Verkettung von überlastenden Arbeitsanforderungen einerseits und gesundheitsgefährdenden Bewältigungsmustern andererseits aufzubrechen, erscheint in Anlehnung an Siegrist (1996) ein mehrstufiges, auf der personalen, der interpersonalen und der strukturellen Ebene ansetzendes Modell der betrieblichen Gesundheitsförderung angemessen. Zielgruppenspezifisch sind die Bewältigungs- und Gesundheitskompetenzen der Beschäftigten zu stärken, deren Reflexion von Leistungsanforderungen, Verausgabungsbereitschaft und beruflichen Zielen anzuregen und soziale Unterstützung zu ermöglichen. In Verbindung hiermit sind Maßnahmen der Arbeitsgestaltung, des Konfliktmanagements, der Personalentwicklung und der Gratifikation (Vermeidung von beruflichem Statusverlust) erforderlich, um langfristig die Gesundheit, die Leistungsfähigkeit und die Kreativität der Beschäftigten zu erhalten" (Junghanns et al. 1998).

Dieses lange Eingangszitat steht stellvertretend für einen in der Fachwelt geäußerten Konsens bezüglich der Art und Weise von effektiver und effizienter Stressprävention (ganz ähnlich siehe hierzu Siegrist 1996; Spitzenverbände der Krankenkassen 2000; Lenhardt 2000; Badura et al. 2000, 2001).

Prävention und insbesondere Stressprävention sollte immer dort ansetzen, wo der größte Handlungsbedarf nach Datenlage vorzufinden ist und sowohl individuelle Gesundheitskompetenz als auch interpersonale und strukturelle Gesundheitsrisiken in gesundheitsförderliche Arbeitsmerkmale transformieren. Hierzu ist eine Strategie der Organisationsentwicklung erforderlich. Eine solche soll auf den folgenden Seiten beschrieben werden.

Entwicklungschancen

Die BGF GmbH hat in ihrem Fragebogeninventar das Thema Entwicklungschancen wie folgt operationalisiert:

- Unser Unternehmen bietet seinen Mitarbeitern gute Aufstiegschancen.
- Wer aufsteigen will, erhält die nötige Förderung.
- Unser Unternehmen bietet gute Fort- und Weiterbildungsmöglichkeiten.

Im Rahmen betrieblichen Gesundheitsmanagements bilden Entwicklungschancen ein wesentliches Potenzial zur Motivation und zur Schaffung objektiver Handlungsmöglichkeiten. Aller Wahrscheinlichkeit nach werden Entwicklungschancen für Unternehmen noch deutlich wichtiger werden, weil den wenigen und voraussehbar hart umkämpften hoch qualifizierten Nachwuchskräften der Zukunft eine attraktive Karrieremöglichkeit geboten werden muss.

Klassisch spielen vertikale Aufstiegs- und Karrieremöglichkeiten für Motivation und Sinnhaftigkeit der Mitarbeiter eine große Rolle. Mitarbeiter auf höheren Hierarchiestufen haben außerdem häufig deshalb gesundheitsförderlichere Arbeitsplätze, weil die, mittlerweile auf allen Hierarchiestufen vorhandenen, sehr breiten Anforderungen bei ihnen eher durch angemessene Entscheidungsspielräume ergänzt werden.

Heutzutage werden u. a. aufgrund der Tendenz zu immer flacheren Unternehmenshierarchien anstelle von vertikalen verstärkt gleichwertige hierarchisch horizontale Entwicklungsmöglichkeiten gesucht und den Mitarbeitern angeboten.

Zusätzlich zu den von der BGF im Zusammenhang mit Entwicklungschancen als wichtig erachteten Themen wird untersucht:

- Wird das Thema Entwicklungschancen im Zuge des demografischen Wandels zukünftig wichtiger oder weniger wichtig?
- Warum beklagen sich Mitarbeiter regelmäßig darüber, dass es keine Entwicklungschancen gibt – und wenn es welche gibt, interessiert sich keiner dafür?

Von den Teilnehmern der Workshops werden diese weiteren Themen genannt:

- 50+/demografischer Wandel
- Wie können Führungskräfte Mitarbeitern klarmachen, dass seine Fähigkeiten nicht ausreichen?
- Gibt es erfolgreiche Modelle für den Aufbau horizontaler Entwicklungschancen?
- Wie kann erfolgreiche Personalentwicklung zum Vorteil für die verantwortlichen Führungskräfte werden? Häufig ist es so, dass in Personalentwicklung erfolgreiche Führungskräfte nur ihre besten Mitarbeiter verlieren.
- Kann die Mitarbeitermotivation durch die Übertragung zusätzlicher Funktionen gesteigert werden?
- Lässt sich Personalentwicklungsarbeit messen?

Generell erhöht man die Wahrscheinlichkeit, die richtigen Mitarbeiter für die richtige Stelle zu bekommen, dadurch, dass man die Mitarbeiter konkret anspricht. Dies gilt auch für den umgekehrten Fall. Um Mitarbeitern eine negative Rückmeldung zu geben, sollten sie allerdings möglichst schon einmal vor dem konkreten Vorliegen von Aufstiegsmöglichkeiten angesprochen werden.

Beurteilungen sollten gemäß den tatsächlichen Leistungen geschrieben werden und nicht gemäß *Nasenpolitik*. Durch eine objektive Anforderungs-/Potenzialanalyse kann ebenfalls eine bessere Passung von Stelle und Mitarbeiter erreicht werden. In der öffentlichen Verwaltung sind objektive Prozesse häufig deshalb verkompliziert, weil Stellen von vornherein schon vergeben sind und die Ausschreibungen nur intern laufen. Es wird empfohlen, Assessment-Center nur extern durchführen zu lassen.

Voraussetzung dafür, dass sich kompetente Mitarbeiter um offene Stellen bewerben, ist das Vorliegen von attraktiven Leitungsstellen. Diese Grundvoraussetzung ist in der öffentlichen Verwaltung nicht immer gegeben, teilweise ist nicht mal die Bezahlung höher. Gefördert werden könnte dieses Ergebnis auch dadurch, die Stellenbeschreibungen nicht absolut zu formulieren, sondern dort Spielräume zu lassen, sodass sich auch entwicklungsfähige Kandidaten bewerben können, die noch nicht alle Voraussetzungen erfüllen.

Die Frage danach, ob Mitarbeiter im Anschluss an Bewerbungen außerhalb des eigenen Unternehmens Schwierigkeiten bekommen oder ob dies sogar gerne gesehen wird, wird unterschiedlich beantwortet.

Ein sehr weitreichender Vorschlag geht dahin, nicht nur die Mitarbeiter der infrage kommenden Tätigkeit anzupassen, sondern auch zu schauen, welche Kompetenzen die Mitarbeiter haben und im Anschluss daran, ob das Unternehmen diese Kompetenzen gewinnbringend einsetzen kann.

Die Frage danach, wie Mitarbeiter, die für eine zu besetzende Stelle nicht infrage kommen, weiterhin motiviert gehalten werden können, ist deutlich schwieriger zu beantworten. Offensichtlich gibt es Mitarbeiter, die von ihren eigenen Fähigkeiten überzeugt sind und nach einem negativen Bescheid nicht mehr bereit sind, sich für ihr Unternehmen einzusetzen.

Das Erlebnis, dass ein Mitarbeiter von seinem Vorgesetzten nicht als in der Lage angesehen wird, eine Stelle anzunehmen, die er sich selbst zutraut, kann bei ihm zu Dienst nach Vorschrift führen.

Ein Weg, dem entgegenzuwirken, kann sein, dem Mitarbeiter eine andere Entwicklungsperspektive aufzuzeigen. Anstelle des direkten Aufstiegs könnte der Aufstieg über einen Karriere-„Umweg" stehen, evtl. sogar über einen anderen Vorgesetzten (hierzu muss der Mitarbeiter aber im Allgemeinen deutlich äußern, dass er sich durch seinen aktuellen Vorgesetzten in seiner Entwicklung gehemmt fühlt).

Ebenso wie bei der gezielten Förderung fähiger Mitarbeiter ist beim Umgang mit weniger vielversprechenden Mitarbeitern ein ehrliches, gerechtes und deutliches Feedback der Schlüssel.

Wie kann erfolgreiche Personalentwicklung umgesetzt werden, ohne dass es zum Nachteil wird?

- Anreize/Nutzen schaffen: Führungskräfte bekommen hochwertigen Ersatz mit bereits entwickelter Person
- Rotationen sollten nur im Austausch mit anderen qualifizierten Personen stattfinden (die Personen sollten sich freiwillig an zentraler Stelle melden).
- Die Führungskräfte sollten hierzu zunächst nur einen Potenzialbogen erhalten und entscheiden, ob Gespräch/Hospitation stattfindet.

- Top down Führungskräfte anregen, dass untergeordnete Führungskräfte ihre Mitarbeiter fördern.
- Generell sollten alle Mitarbeiter entwickelt werden, nicht nur High Potentials

Ein Problem, das sich für Führungskräfte bei der Personalentwicklung häufig stellt, nämlich dass tatsächlich nur wenige Mitarbeiter (ca. 20 %) den Hauptteil der Arbeit machen und Leistungsträger sind, kann nur über Anreize gelöst werden. Werden nämlich die Leistungsträger weiterentwickelt, fehlen sie vor Ort, sodass die erreichten Leistungszahlen schlechter sind. Daher sollte man unbedingt für einen hochwertigen Ersatz sorgen.

Eine Möglichkeit bei der horizontalen Weiterbildung durch Rotation ist die Einrichtung einer „Börse" an zentraler Stelle. Hier werden die Bewerber und eine Aufstellung ihrer Qualifikationen „gesammelt". Bei Anfrage durch Führungskräfte, die einen Mitarbeiter weiterentwickeln wollen, wird diesen dann ein Profil- bzw. Potenzialbogen (ohne Namensangabe) zur Verfügung gestellt. Auf dieser Grundlage entscheiden dann die Führungskräfte, ob sie den Mitarbeiter für geeignet halten und zu einem Gespräch einladen möchten. Mitarbeiter, deren Name bereits „verschrien" ist, erhalten so die Möglichkeit, wegen ihrer Qualifikationen eingeladen zu werden, und eine Ablehnung der Bewerber kann dann auch nur inhaltlich begründet werden.

Zur weiteren Förderung von Entwicklungschancen ist es notwendig, dass die Führungskräfte *top down* dafür sorgen und anregen, dass gute Mitarbeiter gefördert werden.

Demografischer Wandel

Generell sollten ältere Mitarbeiter (ab 50 Jahre) genauso behandelt werden wie jüngere. Dies schreibt neben dem gesunden Menschenverstand auch das Gleichstellungsgesetz vor. Im Workshop wurde außerdem deutlich, dass beim Umgang mit dem Thema viel Fingerspitzengefühl vonnöten ist, zum Beispiel sollten keine pauschalen Feststellungen gemacht werden, sondern die Individualität des Einzelnen im Vordergrund stehen.

Uns liegen dennoch eine Reihe von gut gesicherten Erkenntnissen über Themen vor, denen mit zunehmendem Alter der Belegschaft mehr Aufmerksamkeit geschenkt werden sollte – zum Beispiel dem Vermeiden einseitiger körperlicher Belastungen oder der gezielten Kompensation fachlicher Überforderungen im Umgang mit neuen Techniken. Die gesundheitliche Lage der älteren Beschäftigten ist in den Unternehmen enorm unterschiedlich, es gibt hier richtige Best-Practice-Beispiele, in denen die älteren Beschäftigten die geringsten Krankenstände aufweisen. Im Durchschnitt sind die älteren Beschäftigten aber gegenüber den jüngeren sowohl bezüglich ihrer Rolle im Unternehmen („Altes Eisen") als auch mit Blick auf ihre Gesundheit noch benachteiligt.

Hinweise für die Optimierung des Umgangs mit dem demografischen Wandel:

- Altersgemischte Teams erzielen die besten Leistungen/Ergebnisse
- Fortbildungen sollten auch für Ältere angeboten werden (entspricht teilweise noch nicht der Realität)

- Voraussetzung: aktive Fortbildungs*kultur*
- Der Wissenstransfer von Alt zu Jung muss gewährleistet sein, zum Beispiel Mentoring (praktische Beispiele existieren)
- Gezieltes Fordern aller (auch Älterer) – keine Schonung/Schonarbeitsplätze
- Entwicklung von Nachwuchspotenzial durch gezielte Planung von Erwerbsbiografien

Angesichts der demografischen Tendenz ist ein baldiger Fachkräftemangel bei den jungen Menschen absehbar. Bei Personalabbau im Unternehmen sind die Bedingungen generell erschwert, da es dann keinen jungen Nachwuchs gibt.

Horizontale Entwicklungschancen

In Zeiten flacher Hierarchien sind vertikale Entwicklungsmöglichkeiten begrenzt. Die Personalentwicklungsarbeit ist in Zukunft verstärkt vor die Herausforderung gestellt, ihren Mitarbeitern andere, zum Beispiel horizontale Entwicklungschancen anzu-bieten, um voll vom Mitarbeiterpotenzial profitieren zu können. Hierzu gibt es konkrete Erfahrungen der Teilnehmer:

Primary nursing im Krankenhaus Komplette Betreuung eines Patienten anstatt Arbeits-teilung. Die Einführung war von gezielten Fortbildungen begleitet. Mit Blick auf die Leistung der Mitarbeiter haben sich durch die Einführung Verbesserungen ergeben. Auch die Patienten sehen Verbesserungen. Wichtig ist zu erwähnen, dass die Aufgaben-erweiterung ohne Veränderung der Eingruppierung stattfand und mit einem Wegfall von Arbeitsstellen vereinbar war.

Im Gegensatz dazu wird eine vollständige Arbeitsaufgabe (Fallmanagement) im öffentlichen Dienst größtenteils als zusätzlich belastend erlebt. Das Problem liegt in der Überforderung der Mitarbeiter und ist durch Fortbildungen nur begrenzt aufzufangen.

Eine Möglichkeit, diesen negativen Begleiterscheinungen zu begegnen, ist die spezi-fischere Erweiterung des Aufgabenspektrums (zum Beispiel Berliner Modell).

Entscheidende Voraussetzung ist, dass die Mitarbeiter hinter der Veränderung den Sinn erkennen.

Sehr förderlich ist auch, wenn die neuen Aufgabenzuschnitte/Arbeitsplätze als Instrument zur Arbeitsplatzsicherung gesehen werden können.

In einer Verwaltung finden horizontale Wechsel zwischen den Bereichen statt. Hierbei gibt es verschiedene Varianten:

- anderes Arbeitsgebiet kennenlernen
- Tauschpartner
- dauerhafte Wechsel

Begleitend werden Gespräche durch die Personalabteilung durchgeführt. Die Angebote kommen vermehrt gut an, eine interne Nachfrage entsteht.

Projektbeispiel der BGF/AOK In den Stadtbibliotheken des Bezirksamts Tempelhof-Schöneberg (hoher Altersdurchschnitt) werden die Mitarbeiter gezielt weitergebildet, um einen guten Kontakt zu den Kunden aufzubauen und den steigenden Anforderungen (auch technischer Art: Einführung der PC-gestützten Ausleihe, Einführung von E-cash-Geräten etc.) gut begegnen zu können. Darüber hinaus finden ein offener Austausch mit anderen Bereichen und interne Vertretungen zwischen den einzelnen Bibliotheken statt. Die Gesundheitssituation im Bereich ist sehr gut.

Evidenzbasierte Medizin

Evidenz meint in einer sehr weiten Bedeutung die Überprüfung der Wirksamkeit von Angeboten in der Betrieblichen Gesundheitsförderung. Dabei wird derzeit dieser Evaluationsansatz missverständlich diskutiert, da sich Teile dieses Ansatzes auf ein medizinisches System der Substanzüberprüfung beziehen, das sich nicht im Feld der Betrieblichen Gesundheitsförderung anwenden lässt: Im sogenannten Cochran Design der Wirksamkeitsprüfung von Maßnahmen oder Medikamenten gilt die höchste Güteklasse denjenigen Überprüfungen, die im Rahmen einer zufallsgenerierten Stichprobenzusammensetzung durchgeführt wurden. Dieses Vorgehen macht im Rahmen der Wirksamkeitsprüfung von Medikamenten manchmal vielleicht auch von Trainingseinheiten Sinn, weil so ausgeschlossen werden kann, dass andere Eigenschaften der Stichprobenteilnehmer die Veränderung bewirken, die sonst irrtümlich den überprüften Substanzen oder Maßnahmen zugeschrieben würden. In der betrieblichen Gesundheitsförderung macht dieses Vorgehen weder Sinn noch lässt es sich überhaupt durchführen, da in Betrieben weder zufallsgenerierte Stichproben gebildet werden (die Teilnehmer, die den höchsten Unterstützungsbedarf haben, der vorab durch Analysen festgestellt wird, werden gezielt ausgewählt) noch Maßnahmen getestet werden: die stehen in der Betrieblichen Gesundheitsförderung fest und wurden über Jahre hinweg entwickelt und überprüft. Deshalb werden in jedem Projekt der Betrieblichen Gesundheitsförderung:

1. ein Steuerkreis mit einer definierten Zusammensetzung gegründet,
2. Ziele festgelegt und operationalisiert,
3. eine Messung des Istzustandes durchgeführt (AU-Berichte, Krankenstandsanalysen, Befragungen),
4. Maßnahmen bezogen auf die Analyseergebnisse beschlossen (Ernährung, Bewegung, Führung, Resilienztraining in der Regel durch Gesundheitszirkel und Führungskommunikation),
5. die Maßnahmen umgesetzt,
6. ihr Erfolg nach etwa einem Jahr erneut gemessen anhand eines Vorher-/Nachher- Vergleichs,
7. die Effizienz – das Verhältnis von Kosten zu Nutzen – bestimmt.

Diese sieben Schritte müssen zwingend durchgeführt werden, um Evidenz in der Betrieblichen Gesundheitsförderung bestimmen zu können. Das bedeutet allerdings nicht, dass Unternehmen nicht auch ohne diese Instrumente der Betrieblichen Gesundheitsförderung erfolgreiches Betriebliches Gesundheitsmanagement umsetzen könnten. Im Gegenteil: erfolgreiches BGM ist gerade dann erfolgreich, wenn es ohne die Stützräder der BGF das Management Betrieblicher Gesundheit in das alltägliche Management integriert hat – dann und nur dann funktioniert es nachhaltig und automatisch und dann braucht es keinen Steuerkreis BGF, dann reicht zum Beispiel das Managementteam bei Moll Marzipan völlig aus (die planen die Gesundheitsförderung systematisch ein, weil sie richtig Geld einbringt).

Erschöpfung

Psychovegetative Erschöpfungszustände entstehen oft infolge eines chronischen meist beruflichen Ungleichgewichts zwischen Belastungen und Gesundheitspotenzialen wie zum Beispiel Anerkennung (siehe Abb. 2).

Bei jeder Arbeitsaufgabe gibt es neben positiven, gesundheitsförderlichen Anteilen gleichzeitig auch belastende. Die Förderung der Handlungsfähigkeit durch die Erweiterung von Entscheidungsspielräumen sollte zwar das Ziel jeder betrieblichen Gesundheitsförderung sein, allerdings sollte sie sich nicht ausschließlich darauf konzentrieren: Zu viele Belastungen beeinträchtigen die Gesundheit und führen auf lange Sicht zur Erschöpfung. Das Extrem der Erschöpfung ist der *Burn-out*.

In unserem Fragebogeninventar haben wir das Thema *Erschöpfung* wie folgt operationalisiert:

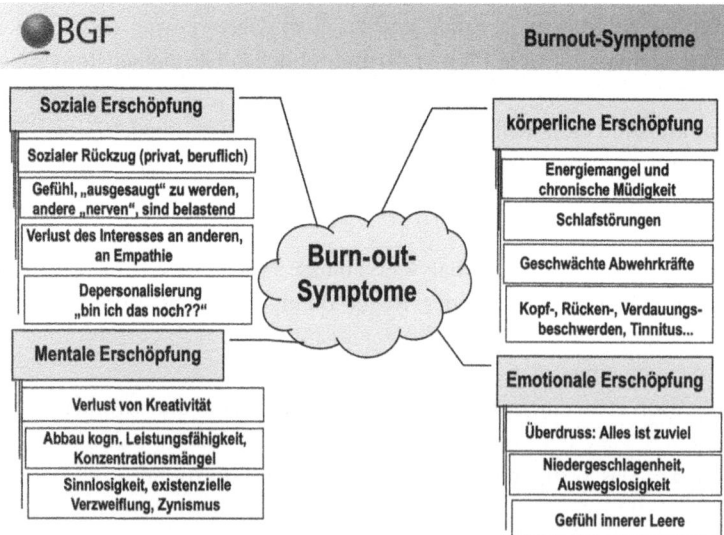

Abb. 2 Burn-out-Symptome

- Ich habe häufig Schlafstörungen (Einschlaf-, Durchschlafstörungen).
- Ich fühle mich häufig müde und erschöpft.
- Ich spüre häufig innere Nervosität und Anspannung.
- Ich habe häufig Konzentrationsstörungen.
- Manchmal denke ich, es hat überhaupt keinen Sinn mehr, sich aufzuregen.
- Ich muss mich sehr dazu antreiben, etwas zu tun.
- Ich habe häufig Schuldgefühle.

TREIBER NACH BRANCHEN

Treiber für Erschöpfung Stand: September 2020	Einflussfaktoren			N
	1. Einflussfaktor	2. Einflussfaktor	3. Einflussfaktor	
Gesundheits-, Sozialwesen	Work-Life-Balance	Kundenkontakt	körperliche Belastungen	5244
Varianzaufklärung: 32,4%	-0,29	-0,28	0,23	
öffentl. Verwaltung	Work-Life-Balance	Neuerungen vs. Bürokratie	Kundenkontakt	3264
Varianzaufklärung: 45,2%	-0,35	0,32	-0,32	
verarbeitendes Gewerbe	Mobbing	Work-Life-Balance	fachliche Überforderungen	2634
Varianzaufklärung: 31,8%	0,36	-0,31	0,22	
Erbringung v. sonstigen wirtschaftlichen Dienstleistungen	Mobbing	Kundenkontakt	ergonomische Umgebungsbelastungen	6029
Varianzaufklärung: 39,8%	0,42	-0,38	0,21	
Erbringung v. sonstigen Dienstleistungen	Mobbing	Unterbrechungen	Work-Life-Balance	2422
Varianzaufklärung: 27,5%	0,35	0,26	-0,19	
Erbringung v. Finanz- und Versicherungsdienstleistungen	Work-Life-Balance	Unterbrechungen	körperliche Belastungen	6464
Varianzaufklärung: 35,2%	-0,45	0,30	0,24	

(linke Randbeschriftung: Gesundheitsindikator: ERSCHÖPFUNG)

Interpretationshinweis:
Eine schwarze Zahl in einer Zelle zeigt einen *"je mehr, desto mehr-Zusammenhang"* an; eine rote Zahl in einer Zelle zeigt einen *"je mehr, desto weniger-Zusammenhang"* an. Bei den Werten in den Zellen unter den Einflussfaktoren handelt es sich um die Regressionskoeffizienten (β) mit je p < 0.01.

Folgende allgemeine Gestaltungskriterien sollten für jeden Arbeitsplatz geprüft werden, bevor gestaltend eingegriffen wird (nach Hacker):

- Ist die Arbeit ausführbar?
- Ist sie schädigungslos?
- Ist sie beeinträchtigungsfrei?
- Ist sie persönlichkeitsförderlich?

Für jeden Arbeitsplatz sollte somit geprüft werden, ob und welche Belastungen die Gesundheit schädigen bzw. beeinträchtigen. Dabei gibt es eine Vielzahl von Belastungsfaktoren, die potenziell auftreten können. Unter arbeitspsychologischer Betrachtung interessieren vor allem psychische Belastungen, und da vor allem solche, die in der Aufgabe selber liegen.

Aufgabenbezogene Belastungen zeichnen sich dadurch aus, dass sie nicht sinnvoll vorausplanend in die Handlung einbezogen werden können. Sie behindern den Arbeitenden bei der Erreichung seines Handlungszieles, erfordern extrem flexibles oder extrem stabiles Handeln sowie zusätzlichen Handlungsaufwand und zwingen den Arbeitenden zu ineffizienten Handlungsweisen. Aufgabenbezogene Belastungen sind zum Beispiel dauernde Unterbrechungen durch klingelnde Telefone oder Kollegennachfragen, Durchgangsverkehr im Büro, unvollständige oder fehlerhafte Informationen, störanfällige Maschinen oder Technik, hoher Zeitdruck oder Monotonie.

Belastungen durch hohen Zeitdruck schränken auch die Möglichkeiten ein, persönliche Leistungsschwankungen und Körpersignale zu berücksichtigen, um das Arbeitshandeln darauf einzustellen: Wo Zeitdruck eine gleichbleibend hohe Arbeitsgeschwindigkeit verlangt, kann keine Phase der Entspannung eingelegt werden. Wo rigide Zeitvorgaben herrschen, kann Arbeit nicht anders eingeteilt werden, da Kollegen meistens genauso belastet sind. Wo Unterbrechungen regelmäßig vorkommen, auf die sofort reagiert werden muss, kann Arbeit nicht nach hinten verschoben werden. Die Folge solcher Bedingungen sind „pathogene Verhaltensweisen", die langfristig die gesundheitlichen Ressourcen angreifen. Es bleiben nur Handlungsmöglichkeiten, welche die Leistungsvoraussetzungen auf Dauer schwächen, wie zum Beispiel das Unterdrücken und Nichtbeachten von Unwohlsein, langfristig erhöhte Anstrengung, um Leistungstiefs zu kompensieren, oder der kurze und zeitsparende Griff zur Kaffeetasse oder Tablette.

Wenn Belastungen andauern, können die zunächst nur sporadisch auftretenden Befindensbeeinträchtigungen wie Müdigkeit, Erschöpfung und Nervosität chronifizieren, da unter belastenden Bedingungen nicht protektiv mit ihnen umgegangen werden kann.

Durch Maßnahmen der Arbeitsgestaltung können derartige beeinträchtigende Arbeitsbedingungen auf unterschiedliche Weise reduziert werden. Teilweise reichen einfache technische Neuerungen oder ergonomische Veränderungen aus, um Belastungen abzubauen, teilweise können Belastungen nur durch eine Änderung des Arbeitsablaufs bzw. der Arbeitsorganisation erreicht werden. So kann beispielsweise die Anschaffung eines neuen Faxgerätes oder die Installation einer funktionstüchtigeren Telefonanlage informatorische Erschwerungen beheben. In einer anderen Situation wird dies nicht ausreichen. So sind beispielsweise viele Unterbrechungen und Probleme mit dem Informationsfluss auf eine starke Arbeitsteilung zurückzuführen; Nachfragen bei oder von Kollegen kommen häufig dadurch zustande, dass die Bearbeitung eines Vorgangs auf verschiedene Personen mit unterschiedlichen Entscheidungsbefugnissen verteilt ist. Viele Fragen würden überflüssig, wenn die Bearbeitung eines ganzen Vorgangs „in einer Hand" läge. Grundsätzlich gilt, dass ein Belastungsabbau durch eine Erweiterung von Entscheidungsspielräumen der effektivste Weg ist, da eben gleichzeitig Belastungen reduziert und gesundheitsförderliche Entscheidungsspielräume erweitert werden.

Literatur

Briggs, J., Peat, D.: Die Entdeckung des Chaos – Eine Reise durch die Chaostheorie. Hansen, München (1990).
Westermayer, G.: Der Aufbau von Vertrauensorganisationen durch Betriebliche Gesundheitsförderung. In: Busch, R.H. (Hrsg.) Vom Fehlzeitenmanagement zur Betrieblichen Gesundheitsförderung. Referat Weiterbildung, FU, Berlin (1996).

F

Fragebogen

(Siehe Abb. 1).

Fragebogen „Diagnose Betrieblicher Gesundheit" (DigA 2.0)

Als Grundlage der Mitarbeiterbefragung dienen die Fragen eines im Auftrag der Gesellschaft für Betriebliche Gesundheitsförderung (BGF) entwickelten, wissenschaftlich abgesicherten, vielfach eingesetzten und bewährten Fragebogens (vgl. Ducki 1998; Brand 2002, Beck 2003). Basierend auf dem Fragebogeninventar DigA „Diagnose gesundheitsförderlicher Arbeit" (Ducki 1998), welches im Rahmen einer Doktorarbeit und unter genauer Analyse der wissenschaftlichen Forschung zu relevanten Faktoren bei der Arbeit entstand, wurden in den Jahren 2000 bis 2003 im Auftrag der AOK Berlin verschiedene Projekte zur Entwicklung eines Präventionskennzahlensystems durchgeführt (vgl. Westermayer et al. 2004). Hier wurden erstmals systematisch die von Antonovsky entwickelten Skalen zum SOC (Sense of Coherence; Antonovsky 1997) in Beziehung gesetzt zu den bereits im DigA systematisch erfassten Gesundheitspotenzialen. Ein Ergebnis war die Ermittlung der arbeitsweltspezifischen Pendants Arbeitsfreude und Selbstvertrauen zu den SOC-Dimensionen Sinnhaftigkeit und Handhabbarkeit.

Im Fragebogen „Diagnose Betrieblicher Gesundheit" werden mit insgesamt 24 Skalen sowohl Gesundheitspotenziale als auch -gefährdungen erfasst, die einen potenziellen Einfluss auf die ebenfalls erfassten Gesundheitsindikatoren haben.

Wie in Antonovskys Salutogenesetheorie fragen wir heute selbstverständlich nach den Faktoren oder Arbeitsbedingungen, die uns gesund erhalten bzw. die Fähigkeit zur

G. Westermayer, *Organisationsdesign 4.0 von A-Z.*,
https://doi.org/10.1007/978-3-662-63515-5_8

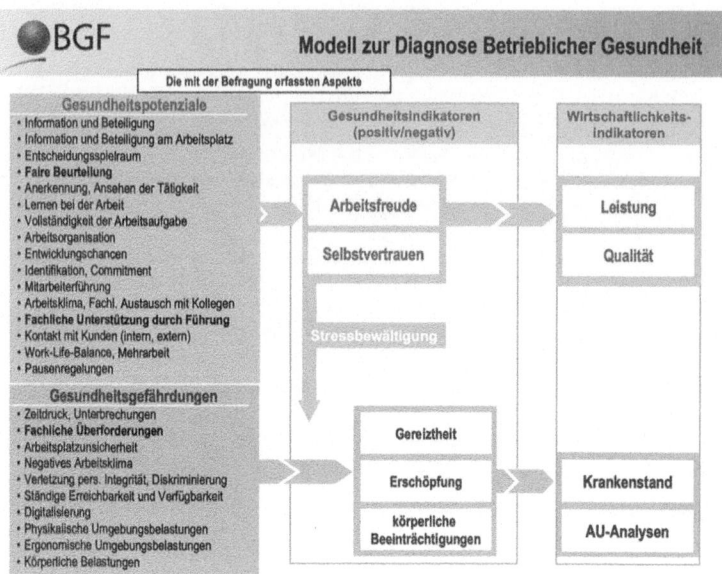

Abb. 1 BGF-Modell F

Gesunderhaltung fördern und welche die Gesunderhaltung gefährden. Sie werden in unserem Modell als Gesundheitspotenziale und -gefährdungen klassifiziert und stehen ganz links in der Abbildung.

- *Gesundheitspotenziale* sind solche Arbeitsbedingungen, die zum Erleben von Erklär-barkeit, Arbeitsfreude und Selbstvertrauen führen können (zum Beispiel Information und Beteiligung, Entscheidungsspielraum, Anerkennung, Arbeitsklima). Sie wirken als Ressourcen für den Aufbau und die Stabilisierung von Arbeitsfreude und Selbst-vertrauen, sofern sie von den Beschäftigten wahrgenommen und damit auch genutzt werden können. Ihre Abwesenheit führt aber nicht notwendigerweise zu negativen psychischen oder körperlichen Befindlichkeiten.
- *Gesundheitsgefährdungen* sind solche im Betrieb auftretenden Anforderungen bzw. Problemsituationen, welche im Sinne des Stressor-Begriffs Antonovskys (1979, 1997) die Routine und Geordnetheit des Arbeitsalltags stören und eine Problemlösung erfordern (zum Beispiel Unterbrechungen, fachliche Überforderungen, Zeitdruck). Ob diese Problemsituationen von den Beschäftigten als eine Belastung erlebt werden und gesundheitsbeeinträchtigende Folgen haben oder nicht, ist abhängig von der Wahr-nehmung geeigneter Ressourcen zur Problembewältigung, einem Verständnis für die Problemsituation und ihre Ursachen sowie dem Vertrauen in die Bedeutsamkeit und Sinnhaftigkeit des eigenen Engagements im Hinblick auf die Problemlösung (im Modell mit Stressbewältigung gekennzeichnet).

Nach Antonovsky bestimmt der Erfolg des Umganges mit den Gesundheitspotenzialen und -gefährdungen die Position auf dem Gesundheits-Krankheits-Kontinuum. Da Gesundheit nicht messbar ist, wir aber mit den drei Faktoren des Sense of Coherence Indikatoren dafür haben, was notwendig ist, um Anforderungen erfolgreich zu bewältigen und sich gesund zu erhalten, fragen wir in unserem Modell die Indikatoren für Gesundheit und auch für Krankheit ab (mittlerer Block in der Abbildung).

- Die *Gesundheitsindikatoren* weisen auf den gesundheitlichen Zustand der Mitarbeiter hin. Die beiden Positivindikatoren stellen die arbeitsbezogenen Gesundheitsdimensionen Sinnhaftigkeit (Arbeitsfreude) und Handhabbarkeit (Selbstvertrauen oder Selbstwirksamkeit) dar (vgl. Beck 2003; Beck et al. 2005). Die dritte Dimension der Verstehbarkeit blieb verborgen, was daran liegen könnte, dass sie eine stark kognitive und weniger gefühlsmäßige Komponente darstellt. Die Negativindikatoren fragen dagegen nach Gesundheitsbeeinträchtigungen (Gereiztheit, psychische Erschöpfung und körperliche Beeinträchtigungen – den Hauptgruppen der ICD-10 zuordenbar), die noch nicht notwendigerweise zu einer Krankschreibung führen.

Schließlich befindet sich in unserem Modell noch die Seite der wirtschaftlichen Kennzahlen (Leistung, Kundenzufriedenheit, Krankenstand etc.), die – das konnten wir in unseren Projekten zeigen – abhängig von der Ausprägung der Gesundheitsindikatoren sind.

Erklärung zur Darstellung der Mitarbeiterbefragungsauswertung

Die Ergebnisse der Gesundheitspotenziale, Gesundheitsgefährdungen und Gesundheitsindikatoren werden sowohl auf Ebene der dem Fragebogen zugrunde liegenden Themenbereiche (Skalen) betrachtet als auch auf Ebene der inhaltlich und statistisch ähnlichen Einzelfragen (Items), aus denen sich jede Skala zusammensetzt.

Skalen- und Itemmittelwerte
Das Ausmaß, in dem die Gesundheitspotenziale bzw. Gesundheitsgefährdungen und die Gesundheitsindikatoren vorhanden sind (Skalenmittelwerte), wird für jede auswertbare Organisationseinheit grafisch dargestellt. Dagegen erfolgt die Aufbereitung der Itemmittelwerte, d. h. der durchschnittlichen Beantwortung der hinter den Skalen stehenden einzelnen Fragen, in Tabellenform (siehe unten).

Balkendiagramme
Die grafische Darstellung der Skalenmittelwerte für jede auswertbare Organisationseinheit und der Itemmittelwerte auf übergeordneter Ebene erfolgt immer als Balkendiagramm (siehe Abb. 2).

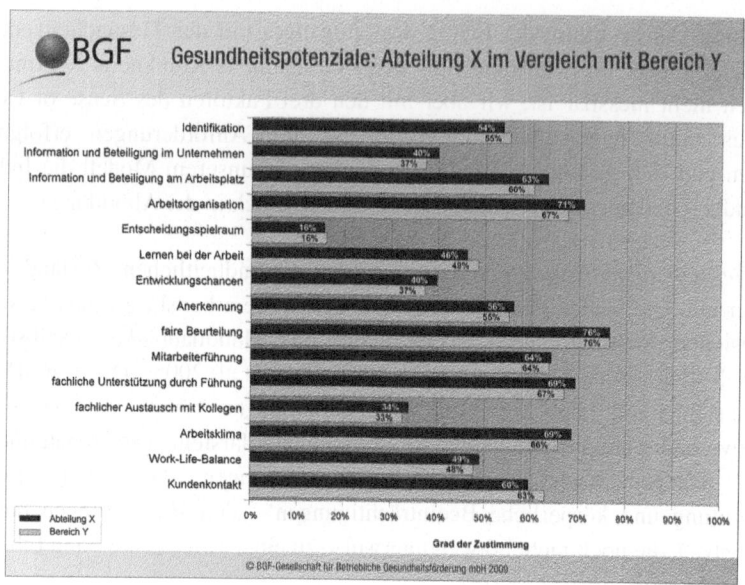

Abb. 2 Balkendiagramm Skalenmittelwerte Abteilung X im Vergleich zu Bereich Y

Für alle Mittelwertsgrafiken gilt:

Die Werte sind in den Balken als Prozentwerte zwischen 0 % und 100 % angegeben, wobei 0 % keine Zustimmung („trifft nicht zu") und 100 % volle Zustimmung („trifft völlig zu") zu dem jeweils abgefragten Themenbereich (Skala) bedeutet. Ein Wert von 75 % bedeutet beispielsweise, dass die Beschäftigten dieser Frage/dieser Skala im Schnitt überwiegend zustimmen. Anders ausgedrückt haben sie bei dieser Frage im Durchschnitt die Antwortmöglichkeit „trifft überwiegend zu" angekreuzt. Ein Wert von 25 % bedeutet, dass die Beschäftigten dieser Frage im Schnitt wenig zustimmen. Sie haben also bei dieser Frage im Durchschnitt die Antwortmöglichkeit „trifft wenig zu" angekreuzt. Die Werte 0 % oder 100 % in der Praxis zu erhalten, ist sehr selten, die meisten Werte liegen dazwischen. Ein bis 100 % durchgezogener Balken entspricht der maximalen Zustimmung, die dann auftritt, wenn alle Befragten bei allen zur Skala gehörenden positiv formulierten Fragen „trifft völlig zu" bzw. bei den negativ formulierten Fragen „trifft nicht zu" angekreuzt haben. Das Umgekehrte gilt für 0 % bzw. einen nicht vorhandenen Balken, dies ist der schlechteste Wert. **Je länger der Balken, desto höher die Zustimmung.**

Wenn ein Balken in der Auswertung fehlt und nicht der Wert 0 % ausgewiesen ist, liegt das daran, dass weniger Mitarbeiter/innen die betreffende(n) Frage(n) beantwortet haben als datenschutzrechtlich zulässig, die Fragen also entsprechend der Datenschutzvereinbarung nicht ausgewertet werden dürfen.

Bei der Betrachtung der Auswertung ist es wichtig, sich immer wieder ins Gedächtnis zu rufen, dass die Ergebnisse die *subjektive Sichtweise* der Mitarbeiter/innen auf ihre

Arbeitssituation darstellen. Die Ergebnisse spiegeln keine objektive Messung wider. Mitarbeiter/innen, die sich z. B. stark unter Zeitdruck gesetzt fühlen, erledigen also nicht zwangsläufig mehr Arbeit als Mitarbeiter/innen, die wenig Zeitdruck wahrnehmen. Dennoch sind diese subjektiven Daten wichtig, denn es sind die subjektiv erlebten Ressourcen und Belastungen, welche die psychischen und körperlichen gesundheitlichen Folgen bewirken – und damit die betriebliche Realität entscheidend mitbestimmen!

Darüber hinaus ist der jeweilige Rücklauf zu beachten, der einen wichtigen Hinweis auf die zulässige Verallgemeinerbarkeit des Ergebnisses auf alle Mitarbeiter/innen der jeweiligen Organisationseinheit gibt. Je höher der Rücklauf, desto repräsentativer ist das Ergebnis.

Tabellen

Die Tabellen sind ebenfalls nach Gesundheitsindikatoren (gelb), Gesundheitspotenzialen (grün) und Gesundheitsgefährdungen (orange) geordnet. In den farbig unterlegten Zeilen stehen jeweils die Bezeichnung und die Werte der Skala, in den weißen, darunter aufgeführten Zeilen die Einzelfragen (Items), aus denen sich die Skala zusammensetzt. Die Werte sind wie folgt zu verstehen (siehe Abb. 3):

Die Spalte **Anzahl** informiert drüber, wie viele Mitarbeiter/innen die jeweilige Frage bzw. die gesamte Skala beantwortet haben. Die Mitarbeiter/innen sind in den Hinweisen zum Ausfüllen gebeten worden, dass sie diejenigen Fragen auslassen sollen, die für ihre praktische Arbeit irrelevant sind.

Die Angabe „**fehlend**" gibt Ihnen Auskunft darüber, wie viele der Mitarbeiter/innen, die einen Fragebogen ausgefüllt haben, die betreffende Frage nicht beantwortet haben. Fragen, die von ungewöhnlich vielen Mitarbeiter/innen nicht beantwortet wurden, sollten genauer betrachtet werden. Sind diese Aspekte für die Mitarbeiter/innen tatsächlich in ihrer praktischen Arbeit nicht von Belang oder gibt es möglicherweise andere Gründe dafür, dass dieser Aspekt so wenig beantwortet wurde?

Es gibt verschiedene Möglichkeiten, wie ein **Mittelwert** zustande kommt. So können alle Befragten einen Wert angekreuzt haben, der nah am Mittelwert liegt, oder die Mitarbeiter/innen haben sehr unterschiedliche Angaben gemacht, z. B. hat die eine Hälfte der Mitarbeiter/innen der Frage völlig, die andere Hälfte nicht zugestimmt. Da diese

Gesundheitsindikatoren Abteilung X gesamt	*Anzahl*	*fehlend*	*Streuung*	*Mittelwert*
Skala: Arbeitsfreude	**14**	**0**	**1,1**	**51,9**
Es gibt Tage, an denen ich mich über meine Arbeit freue.	14	0	1,2	48,2
Es gibt Tage, an denen ich stolz auf das bin, was ich bei der Arbeit geschafft habe.	14	0	0,9	51,8
Es gibt Tage, an denen ich nach der Arbeit beschwingt nach Hause gehe.	14	0	1,1	37,5
Meine Arbeit macht mir Spaß.	14	0	1,7	53,6
Ich habe das Gefühl, mit meiner Arbeit etwas Sinnvolles zu tun.	13	1	1,2	72,1

Abb. 3 Auszug aus einer Skalen-/Itemtabelle

Stichproben größe	Grenz- wert	Interpretationshilfe
5	1,10	*d.h., ab einem Wert von 1,10 haben Ihre Mitarbeiter eher unterschiedlich geantwortet*
6	1,15	*d.h., ab einem Wert von 1,15 haben Ihre Mitarbeiter eher unterschiedlich geantwortet*
7 bis 9	1,20	*d.h., ab einem Wert von 1,20 haben Ihre Mitarbeiter eher unterschiedlich geantwortet*
10 bis 15	1,25	*d.h., ab einem Wert von 1,25 haben Ihre Mitarbeiter eher unterschiedlich geantwortet*
16 bis 43	1,30	*d.h., ab einem Wert von 1,30 haben Ihre Mitarbeiter eher unterschiedlich geantwortet*
44 bis 79	1,35	*d.h., ab einem Wert von 1,35 haben Ihre Mitarbeiter eher unterschiedlich geantwortet*

Abb. 4 Interpretationstabelle für die Größe von Streuungen

Information für die Führungskraft wichtig ist, die Anonymität der Mitarbeiter/innen aber eine Auswertung von Antworthäufigkeiten verbietet, wird in der tabellarischen Auswertung neben den Mittelwerten auch die jeweilige **Streuung** der Antworten für jede Frage angegeben. Sie gibt Auskunft über den Grad der Unterschiedlichkeit der Meinungen. Je kleiner die Streuung, desto einiger sind sich die Befragten ihrer Einschätzung hinsichtlich dieser Frage.

Ob eine Streuung als eher groß oder klein (und somit das Antwortverhalten in der Organisationseinheit als eher homo- oder heterogen) zu bewerten ist, hängt von der Anzahl der Antworten ab. Als Interpretationshilfe können Sie folgende Tabelle verwenden, die für unterschiedliche Anzahlen an Antworten (Stichprobengröße) jeweils den Grenzwert angibt, ab dem ein Streuungswert eher als groß betrachtet werden kann und damit darauf hinweist, dass die Mitarbeiter eher unterschiedlich geantwortet haben.

Benchmarkgrafiken

Siehe Abb. 5.

In dieser Grafik steht der Vergleich der Ergebnisse von Untereinheiten (in der obigen Abbildung von einem Team) im Vordergrund. Es ist jeweils mit einem weißen Balken die Streubreite der Ergebnisse angegeben, die vom besten und schlechtesten Wert begrenzt wird. Darüber hinaus ist zur Orientierung der Mittelwert der übergeordneten Organisationseinheit (hier auswertbare Einheiten) mit einem senkrechten blauen Strich dargestellt. Je weniger er sich in der Mitte des Balkens befindet, desto weniger verteilen sich die einzelnen Untereinheiten gleichmäßig zwischen den beiden Endpunkten d. h., dass es einzelne Untereinheiten gibt, die einen deutlich extremeren Mittelwert haben als die anderen Untereinheiten (zum Beispiel bei „Pausenregelung" oder „Entwicklungschancen").

In jeder Benchmarkgrafik ist nur der **Mittelwert einer Untereinheit** (hier des Teams) mit einer schwarzen Raute angegeben. Ziel ist es, dass jede Untereinheit sehen kann, welche Ergebnisse sie im Vergleich zu anderen relativ stark vergleichbaren Untereinheiten erzielt hat und welches Ergebnis auch jeweils bereits möglich ist. Außerdem regt die Benchmarkgrafik dazu an, Muster in den Werten wahrzunehmen: Bei welchen Thematiken sind die Werte jeweils überdurchschnittlich, in welchen unterdurchschnittlich? Wie verhalten sich diese Muster bei den Gesundheitspotenzialen und -gefährdungen im Vergleich zu den Gesundheitsindikatoren?

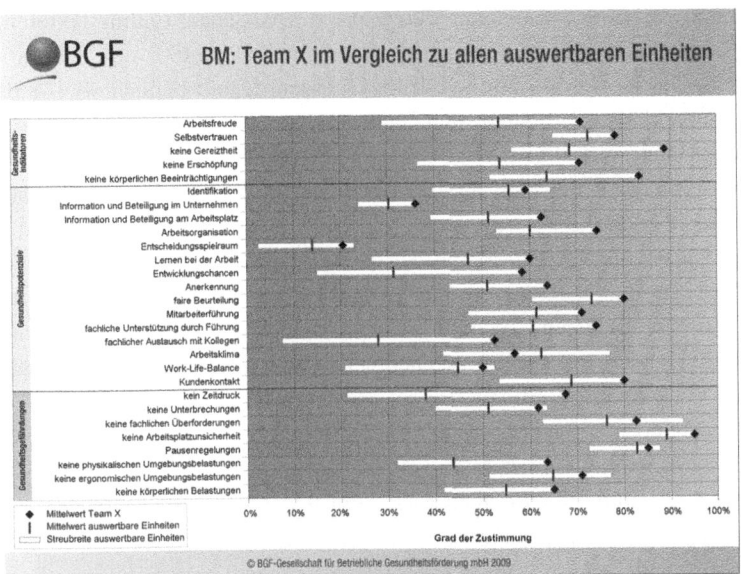

Abb. 5 Benchmarkgrafik Team X im Vergleich zu allen auswertbaren Einheiten

Einflussgrößen auf die Gesundheit

Neben der Auswertung der Skalen- und Itemmittelwerte wird entsprechend dem der Befragung zugrunde liegenden Modell der systematischen Einflussgrößen auf die Gesundheit errechnet, welche der Gesundheitspotenziale und Gesundheitsgefährdungen sich am stärksten auf die Gesundheit auswirken[1]. Dieses Vorgehen dient der Ableitung von geeigneten Ansatzpunkten für effektive Maßnahmen. Dahinter steht die Überlegung, dass Maßnahmen, die an den Hauptfaktoren der Arbeitsbedingungen (den Gesundheitspotenzialen und -gefährdungen) mit dem größten Einfluss auf die Gesundheit ansetzen, auch die größte Wirkung entfalten werden.

Ergebnistabellen mit den Auswertungen enthalten jeweils in der ersten Spalte die fünf Gesundheitsindikatoren. In den drei Spalten dahinter sind jeweils die wichtigsten betrieblichen Einflussfaktoren (Gesundheitspotenziale und Gesundheitsgefährdungen) eingetragen, die das infrage stehende Gesundheitsmerkmal maßgeblich beeinflussen, wobei methodisch bedingt dem ersten Einflussfaktor jeweils ein deutlich größeres Gewicht zukommt als den beiden folgenden Einflussfaktoren. Unter jedem Gesundheitsindikator ist jeweils die Höhe der sogenannten Varianzaufklärung angegeben. Sie gibt an, wie groß der Anteil ist, der durch die angegebenen Einflussfaktoren vorhergesagt

---

[1] Die Errechnung der wichtigsten Einflussfaktoren wurde mithilfe eines multivariaten statistischen Verfahrens vorgenommen (multiple Regressionsanalyse).

werden kann. Beispielsweise kann durch die vorhandenen Einflussfaktoren „Lernen bei der Arbeit", „Identifikation" und „Kundenkontakt" 55,6 % der *Arbeitsfreude* der Mitarbeiter/innen in der Abteilung X erklärt werden. Damit bleiben 44,4 % des Ergebnisses „unaufgeklärt". Dies lässt sich leicht dadurch erklären, dass die *Arbeitsfreude* von Personen nicht ausschließlich durch Aspekte der Arbeit, sondern durch vielfältige weitere Faktoren, zum Beispiel durch persönliche Situationen am Arbeitsplatz oder im privaten Umfeld beeinflusst wird.

Die Ergebnisse der Tabelle können am Beispiel der *Arbeitsfreude* wie folgt gelesen werden: je mehr die Mitarbeiter/innen der Abteilung X einen Lernprozess bei ihrer jeweiligen Arbeit erkennen, je mehr sie sich mit ihrer Arbeit identifizieren und der Umgang mit Kunden auf einem angenehmen Niveau stattfindet, desto höher ist ihre Arbeitsfreude. Wenn ein Einflussfaktor rot geschrieben ist, zeigt dies an, dass er negativ mit dem Gesundheitsindikator korreliert und damit nicht mit dem Modell übereinstimmt. Abb. 4 lässt erkennen, dass dies beim Gesundheitspotenzial *Selbstvertrauen* der Fall ist. Wenn keiner der Einflussfaktoren in roter Schrift dargestellt ist, entsprechen alle Einflussfaktoren dem Modell vom Zusammenhang zwischen Arbeit und Gesundheit, das der Befragung zugrunde liegt.

Wenn es nur einen oder zwei Einflussfaktoren gibt (also nur ein oder zwei Felder ausgefüllt sind), liegt das daran, dass eine Ergänzung durch weitere Gesundheitspotenziale und/oder Gesundheitsgefährdungen nicht dazu führen würde, einen größeren Anteil des Ergebnisses des jeweiligen Gesundheitsindikators vorherzusagen. Sind alle Felder leer, kann das Ergebnis des jeweiligen Gesundheitsindikators offenbar nicht durch die abgefragten Gesundheitspotenziale und/oder -gefährdungen vorhergesagt werden. Dies ist aus statistischen Gründen eher bei kleinen Gruppen der Fall.

Führung

Führung und Gesundheit

Wenn sich in einem Unternehmen belastende, vor allem autokratische Führungs- und Verhaltensstile entwickeln, ist es nur noch eine Frage der Zeit, bis sich die andauernden Überlastungssituationen in erhöhten Krankenständen und geschäftlichen Misserfolgen niederschlagen werden. Es gehen nicht nur Respekt und Achtung vor der Vielschichtigkeit der interagierenden Personen verloren, sondern durch die Distanzierung wird auch auf Informationen verzichtet, die für eine weitsichtige Steuerung von Projekten und Organisationsprozessen unabdingbar sind (vgl. Westermayer 1998a, 1998b). Mitarbeiter, die durch Distanz und zur Schau getragene Gleichgültigkeit, wie freundlich auch immer die geäußert werden mögen, verunsichert werden, behalten gerade die wichtigen Informationen für sich und – das wird selten beachtet – verweigern gerade darin umgekehrt ihren Führungsverantwortlichen diejenigen Potenziale, die auch diese brauchen, um sich im oben verstandenen Sinne „gesund" zu erhalten. Vielleicht eine

Binsenweisheit, aber in der heutigen Zeit nicht oft genug zu erinnern: Auch Führungskräfte sind Menschen.

- Führen heißt: Potenziale zur Verfügung stellen.
- Geführt werden heißt, zur Verfügung gestellte Potenziale in Ressourcen umzu-
  wandeln.

Welche verallgemeinerbaren Erkenntnisse lassen sich aus obigen Überlegungen für ein
erfolgreiches Führungshandeln ableiten?

Wir haben in verschiedenen Projekten auf diesen Aspekt besonderen Augenmerk
verwandt. Zunächst haben wir versucht, mithilfe von Befragungsergebnissen und dem
Testen von Hypothesen zum Zusammenhang von Führungsstilen und der Höhe des
Krankenstandes in Unternehmen Hinweise zu bekommen, ob sich bestimmte Verhaltensstile von Führungskräften als Prädiktoren (Vorhersager) von hohen Krankenständen
erweisen könnten.

Das Vorgehen hier war zwar sehr datenbasiert, aber auch ein wenig holzschnittartig,
insofern sind auch diese Ergebnisse eher als heuristische Konzepte, als mögliche Vor-
formen einer noch zu entwickelnden Theorie zu verstehen. Es gibt sogar sehr deutliche
Zusammenhänge.

Seit etwa fünf Jahren stellen wir die von Unternehmen an uns getragene Erwartung,
Ursachen für hohen Krankenstand zu entdecken und Handlungsanleitungen zur Senkung
des Krankenstandes wegen des interessanten Zusammenhangs mit Mitarbeiterführung
auf den Kopf. Wo das möglich ist, führen wir Workshops mit Mitarbeitern und Führungskräften durch, die wider alle Erwartung (Statistik) geringe Krankenstände aufweisen
(Westermayer und Wellendorf 2001).

Auf diese Art und Weise haben wir vier Typen identifiziert, die, wen wundert es,
leicht in Beziehung zu unserem Modell zu setzen sind. Interessanterweise entsprechen
diese Typen (Typ meint hier nicht einzelne Personen, sondern grundlegende Haltungen
und Ausrichtungen, welche von Mitarbeitern wahrgenommen werden) keineswegs den
üblichen Unterscheidungen von autoritär versus kooperativ. Vielmehr bietet sich hier
eine andere Unterscheidungslinie an: Wenn Führungskräfte berechenbar, „lesbar" oder
einschätzbar sind, dann scheinen sie, ob nun autoritär oder kooperativ, Vertrauen herzustellen, das wiederum die Basis darzustellen scheint, auf der Mitarbeiter bereit sind,
weitere Angebote oder Aufforderungen als potenziell motivierend zu prüfen.

Wenn Führungskräfte nicht berechenbar sind, weil sie einen wechselnden Führungsstil praktizieren, der in einer Kombination und einem Wechsel von hoher Kontrolle,
deutlich unfairer Behandlung von Mitarbeitern und Drohung („Draußen warten schon
drei auf Ihren Arbeitsplatz!") seinen Ausdruck findet (dieser kommt trotz weit verbreiteter Folklore deutlich selten vor) oder weil sie zugespitzt formuliert deshalb nicht
berechenbar sind, weil sie gar nichts machen, die Mitarbeiter nicht einmal die Chance
haben, zu entscheiden, ob ihr Vorgesetzter autoritär oder kooperativ ist, ob er nun eigentlich ihr Vorgesetzter oder Kumpel ist oder vielleicht ganz jemand anderes, dann geraten

Mitarbeiter in Sorge, ob das, was sie tun oder tun sollen, zielführend und in diesem Sinne auch existenzsichernd ist.

Führen in einer gesundheitsförderlichen und – ich hoffe, das ist in meiner Beschreibung klar geworden, das bedeutet auch – leistungsförderlichen Ausrichtung, besteht einmal darin, dass Klarheit und Berechenbarkeit in Form von sichtbarer und nachvollziehbarer Verantwortungsübernahme erfolgt (Führungskraft trifft Entscheidungen) und zum anderen, dass Potenziale, die das Unternehmen bietet, Mitarbeitern in einer Art und Weise angeboten werden, dass die Wahrscheinlichkeit hoch ist, dass die Mitarbeiter sich entscheiden, diese Potenziale auch zu nutzen, um sie einerseits in Leistung und andererseits in Ressourcen zu verwandeln.

Wie macht die Führungskraft das? Wie stellt sie einen solchen Handlungs- und Entscheidungsspielraum dar?

Wie gesagt, hier ist es weniger wichtig, ob dies autoritär oder kooperativ geschieht, wir haben so viele unterschiedliche Varianten gefunden, dass es schwer ist, einzelne Stile als vorbildlich herauszustellen, aber eine Sache scheint wichtig und unabdingbar: Es muss Möglichkeiten zum Gespräch über Interessen, Talente, Ziele, manchmal über Besonderheiten in der Familie und Entwicklungchancen geben. Nicht um – wie das in wirklich ärgerlichen Rückkehrgesprächskonzepten offensichtlich praktiziert wird – Mitarbeiter zu ängstigen oder zu drohen (das ist insofern „blöd" [vgl. hierzu Simon 2004], weil man hierüber bestenfalls eine hohe Anwesenheit, genauer Körperanwesenheit produziert, aber keine Produktivität). Nein, weil erst das regelmäßig gemeinsame Gespräch zwischen Führungskräften und Mitarbeitern ermöglicht, Potenziale (das sind eben noch nicht realisierte Dinge) zu erkennen und zu Leistung zu transformieren. Krankenstände sinken hier nebenbei.

In dem von uns vorgeschlagenen Gesprächssystem sind Rückkehrgespräche eben keine „undercover" Verhöre, sondern die gezielte Umsetzung von zivilisierten Umgangsformen. Fürsorgegespräche hingegen dienen gewissermaßen dem Potenzialaustausch. Führen bedeutet in diesen Gesprächen zunächst einmal Zuhören, und das sehr aktiv. Bei der Planung dieser Gespräche ist es für Führungskräfte wichtig zu wissen, dass es Kommunikationen sind, welche den Arbeitsalltag bzw. das gesamte Arbeitssystem bestimmen. Gespräche berücksichtigen deshalb auch die drei Formen der Kommunikation: Information, Mitteilung und Verstehen. Erst, und das ist in der Regel der letzte Schritt, wenn man sich versteht, können sinnvollerweise Entscheidungen getroffen werden, die von beiden Seiten mit Sinn verbunden werden können.

Eine Bemerkung zum Schluss: Wenn, wie das bisweilen praktiziert wird, das Konzept von Antonovsky so missverstanden wird, dass es für das betriebliche Gesundheitsmanagement eine *Voraussetzung* wäre, dass die Organisation transparent, handhabbar und sinnstiftend sein muss, damit die Mitarbeiter gesund bleiben können, dann ist das gerade in den Zeiten von häufigen und weitreichenden Organisationsveränderungen nicht nur illusorisch, solche Anforderungen an Organisationen zu stellen, sondern es geht dann an den gerade in Umbruchzeiten gegebenen Chancen vorbei. Zum einen ist das die Chance, die Möglichkeit aufzuzeigen, dass durch Veränderungen ja auch neue Möglichkeiten entstehen können, und zum anderen, dass durch das gezielte Einbeziehen der Mitarbeiter, durch das Ernstnehmen ihres Erfahrungswissens tatsächlich neue, tragfähigere Beziehungen entstehen können.

Gegenseitiger Respekt ist das beste Stressreduktionsmittel in Zeiten rasanter Veränderung, übrigens auch dann, wenn Arbeitsplätze infrage gestellt werden müssen.

Ein Potenzial ist ein Angebot und eine Herausforderung zugleich und darin eine Chance für den Mitarbeiter, sich weiterzuentwickeln. Das stiftet Sinn. Und wenn diese Weiterentwicklung nicht nur für den Mitarbeiter, sondern für sein Team und sein Unternehmen Wert erzeugt, dann haben wir es tatsächlich mit einem recht umfassenden Win-win-Prinzip zu tun, das sich sowohl in psychologischen Werten als auch in ökonomischen Werten darstellen lässt. Man muss es aber tun. Man muss führen.

Handwerk Führung

Respekt, Glaubwürdigkeit, Vertrauen, Entschlossenheit und Diskretion sind wesentliche Elemente eines Handwerks, was wir Führung nennen.

Eigentlich ist es interessant, dass auch nach 70-jähriger Managementforschung das Handwerk der Mitarbeiterführung immer noch von einem Dunstschleier umgeben ist, der um Begriffe wie Charisma auf der einen Seite der Führungspolarität und situative Führung auf der anderen Seite weht.

Ein ausgewiesener Experte für den Stand der weltweiten akademischen Führungsforschung beantwortet die Frage nach den immer noch uneindeutigen und oft auch widersprüchlichen Erkenntnissen mit einem verblüffend offenen Statement. Danach findet die Führungsforschung eigentlich gar nicht statt, da sie nicht untersucht, wie wirksam welches Führungshandeln ist, sondern indem sie Führungskräfte selbst befragt, welches Führungshandeln aus ihrer Sicht das erfolgreichste sei. Die eigentlichen Erkenntnisse schlummern daher in den Daten der Personalabteilungen.

Nun, genau diese Daten haben wir im Auftrag unzähliger Personalabteilungen erhoben. Und wir haben diese Daten über die tatsächlichen Wirkungsweisen von erfolgreicher Mitarbeiterführung zu einem Programm zusammengestellt. Erfolgreich heißt hier übrigens: nachgewiesen durch Erfolgsmessungen.

Das Handwerk Führung besteht aus drei wesentlichen Dimensionen: Führen mit Herz, Hand und Hirn (Diese nehmen auf Antonovskys Salutogenesetheorie Bezug, welche die drei psychologischen Dimensionen vom gefühlten Vertrauen als Sinnhaftigkeit – Herz, Verstehbarkeit – Hirn und Handhabbarkeit – Hand bezeichnen).

Seit dem Beginn unserer Tätigkeit im Feld der Betrieblichen Gesundheitsförderung 1987 – in der Regel im Auftrag von Krankenkassen, hier meistens der AOK Nordost – wurde vonseiten des Gesetzgebers gefordert, dass die Mittel der Betrieblichen Gesundheitsförderung nachhaltig und zielführend eingesetzt werden müssen. Dies führte dazu, dass jedes Projekt ausführlich bewertet werden musste nach zwei Kriterien: Wie nutzt es der Gesundheit der Mitarbeiter und wie stellt dieser Nutzen für die Gesundheit der

Mitarbeiter gleichzeitig sicher, dass das Unternehmen ebenfalls von dieser Maßnahme profitiert? Produktivitätssteigerung und Senkung der Krankheitskosten nicht als Schlagwort der Gesundheitsförderung, sondern als messbare Folge. Und hier kommen die Führungskräfte ins Spiel. Nichts im Betrieblichen Gesundheitsmanagement, ob das sportliche Aktivitäten, Sicherheitsbelehrungen, arbeitsorganisatorische Veränderungen oder andere Verhaltensveränderungsangebote (Ernährung etc.) hat sich so wirksam und erfolgreich erwiesen wie eine engagierte, klare und begeisternde Mitarbeiterführung. Die Gesundheit stellt sich hier quasi nebenbei ein.

Um dieses Handwerk einer Mitarbeiterführung, deren Hauptkennzeichen Respekt, Glaubwürdigkeit, Vertrauen, Entschlossenheit und Diskretion sind, geht es in unserem Seminarzyklus.

Handwerk deshalb, weil wie Richard Sennett und Peter Sloterdijk vor Kurzem herausgestellt haben, das Handwerk ein lange von der Philosophie und den Wissenschaften vernachlässigter Bereich des Lernens und Lehrens ist, in dem es um die Entwicklung von Techniken, das Einüben von Haltungen, die Entwicklung von Meisterschaft und Präzision geht. Dies ist ein bisher von akademischen Theorien vernachlässigtes Wissensfeld, das weder nur der Praxis noch nur der Theorie zugeordnet werden kann, sondern viel mehr dem Bereich des „Erfahrungswissens", das Maria Oppen vom Wissenschaftszentrum Berlin als das Wissen über die „Anwendbarkeit von Theorien und praktischen Methoden" definiert. Die Theorien mögen noch so ausgefeilt und wissenschaftlich abgesichert sein, die Methoden noch so häufig erfolgreich angewandt, ob sie im eigenen Unternehmen funktionieren oder nicht, wird von der dort herrschenden Kultur und ihren Entscheidern bestimmt.

Wir haben in 25 Jahren ca. 25.000 Mitarbeiter befragt, wir haben unzählige Gesundheitsberichte im Auftrag von Krankenkassen erstellt (im letzten wurden 2/3 aller Arbeitnehmer in Berlin Brandenburg untersucht – 1,7 Mio. Arbeitnehmer), wir haben ca. 200 Projekte in allen Branchen durchgeführt, von denen 10 in Wettbewerben ausgezeichnet wurden (vier davon vom Bundesgesundheitsministerium) und in allen Projekten spielte der Faktor Mitarbeiterführung die größte und wichtigste Rolle.

In der öffentlichen Diskussion wird oft genau das Gegenteil unserer empirischen Erfahrung behauptet: Autoritäre Führung macht krank. Hier müsste natürlich erstmal geklärt werden, was man unter Autorität versteht (das machen wir im Seminar), aber so viel kann hier schon gesagt werden: Krank, insbesondere psychisch krank, werden die Menschen dort, wo Führung unterbleibt und ersetzt wird durch automatisierte Kennzahlensysteme. Kennzahlensysteme sind das A und O eines jeden Managements und daher nicht infrage zu stellen (auch wir arbeiten mit Kennzahlensystemen), doch gerade dort, wo diese eine immer stärkere Rolle spielen, etwa in Shareholdersystemen oder bei Reorganisationen, ist nicht weniger, sondern deutlich mehr Führung gefragt, und diese wird von den Mitarbeitern regelrecht eingefordert.

Faire Beurteilung

Die wahrgenommene Fairness der Beurteilung hat sich in langjähriger Erfahrung der Gesellschaft für Betriebliche Gesundheitsförderung immer wieder als zentraler Wirkfaktor auf Zufriedenheit, Leistungsfähigkeit und Gesundheit von Mitarbeitern herausgestellt. Diese Zusammenhänge konnten in der Vergangenheit in verschiedenen Unternehmen auch statistisch belegt werden.

Die BGF GmbH hat in ihrem Fragebogeninventar das Thema Faire Beurteilung wie folgt operationalisiert:

- Mein Vorgesetzter beurteilt meine Leistungen gerecht.
- Einige Kollegen werden von meinem Vorgesetzten bevorzugt.
- Ich werde von meinem Vorgesetzten unfair behandelt.
- Wenn ein Fehler passiert, dann findet mein Vorgesetzter ihn immer bei uns, nie bei sich.

Wie kann man psychologisch erklären, warum es so schwer wiegt, sich ungerecht behandelt zu fühlen? Woran merkt man, wenn ein Mitarbeiter sich unfair behandelt fühlt?

Welche Lösung des Beurteilungsproblems führt unter welchen Rahmenbedingungen/ in welchen Tätigkeiten zu guten Fairness-Erfolgen? Sollte man zum Beispiel die Leistung des Mitarbeiters mit seiner eigenen Vorleistung vergleichen oder mit der Leistung anderer? Und anhand welcher Kriterien ist Leistung in komplexen Tätigkeiten überhaupt messbar?

Im Sinne einer zukunftsorientierten Unternehmensführung erscheint es wichtig, das sogenannte Humankapital optimal zu nutzen.

In Mitarbeitergesprächen geht es darum, dass mit allen Mitarbeiterinnen und Mitarbeitern gesprochen wird, auch und gerade mit denen, die *unauffällig* sind, die einfach ihre Arbeit machen, die nicht von selbst ihre Anliegen ansprechen.

Es geht darum, dass neben den alltäglichen und spontanen Gesprächen im Arbeitsalltag die Möglichkeit besteht, wichtige Themen mit guter Vorbereitung und in Ruhe besprechen zu können (was wichtig ist, entscheiden beide Gesprächspartner).

Es geht darum, sich einmal im Jahr gezielt Zeit zu nehmen, um die gemeinsame Arbeitsbeziehung und die Arbeitssituation zu reflektieren, eine Standortbestimmung vorzunehmen und geeignete Vereinbarungen für die Zusammenarbeit zu treffen.

Es geht darum, für eine gute Grundlage zu sorgen, auf der auch schwierige Situationen, Konflikte und Kritik im Alltag besser bewältigt werden können.

Es geht *nicht* darum, eine Pflicht abzuhaken (daher gibt es in der Regel auch keinen Gesprächsleitfaden), sondern es geht darum, den Mitarbeiterinnen und Mitarbeitern Interesse und Respekt entgegenzubringen.

Das Führungsmissverständnis

„Solange man das Bedürfnis nach wirklichen Autoritätsgestalten nicht als eine positive, dem Erwachsenen gemäße Haltung akzeptiert, bleiben die verschleierten Autoritäts-gestalten unangefochten"(Sennett 2008, S. 15).

Nach den Erfahrungen mit den drei großen Diktaturen des zwanzigsten Jahrhunderts habe Autorität als „aus sich heraus gefährlich" im modernen Bewusstsein den Status eines Tabus erlangt" (ebd., S. 14). Dieser Tabustatus verhindert, sich systematisch über die positiven Aspekte von Führung Gedanken zu machen und unterstützt es, Führungs-stile zu akzeptieren, die diese Bezeichnung nicht verdienen.

1. Merksatz:
Führung und Autorität gelten zu Unrecht als „aus sich heraus gefährlich", werden daher tabuisiert, was bedeutet: man spricht nicht darüber. Nur deshalb können sich zum Teil sehr dilettantische Kommunikationsformen als Führung ausgeben.

Sennetts Studie über Autorität beschäftigt sich kritisch mit modernen Management-stilen, die er als *technologische Autorität* bezeichnet:

> „Diese neuen Autoritätsformen werden in der aufgeklärten Unternehmensführung praktiziert und an den besten Managerschulen und Wirtschaftsfakultäten gelehrt. Innerhalb der modernen Hierarchien ist derjenige eine Autorität, der dank seiner Selbstständigkeit und seiner Kompetenz bei anderen ein Gefühl der Beschämung hervorrufen kann. Die-jenigen, die dem Beispiel des Befähigten folgen, die versuchen, ihre Fähigkeiten selbst-ständig zu entfalten, dabei aber scheitern, werden schließlich aus einem Gefühl des eigenen Ungenügens manipulierbar – Menschen, die sich unterwerfen, weil sie glauben, sie ver-fügen nicht über genügend Sachverstand, Kompetenz oder Selbstwert, um sich widersetzen zu können" (S. 15).

Sich klein fühlen, bedeutet eben nicht, dass man geführt wird, sondern es bedeutet, dass man gedemütigt wird.

2. Merksatz:
Die technologische Autorität führt Mitarbeiterinnen und Mitarbeiter „von innen" durch Hervorrufen eines Gefühls der Scham und Unzulänglichkeit.

Sennett gibt einen interessanten Hinweis, weshalb „blindes Vertrauen" von Führungs-kräften in einer Arbeitskultur von scheinbarer Autonomie und Selbstverantwortung enormen Druck auslösen kann: „Gleichgültigkeit gegenüber ‚gewöhnlichen Menschen' hat natürlich eine beschämende Wirkung; sie lässt sie spüren, dass es auf sie nicht ankommt" (ebd.).

Hier ist es egal, ob die Gleichgültigkeit freundlich oder unfreundlich zum Ausdruck kommt. Die beschämende und verunsichernde Wirkung dieser Art von Einfluss beruht einerseits auf der Form der Individualisierung des Kommunikationspartners als allein verantwortlich („Sie wollten doch immer selbstverantwortlich das Projekt leiten, jetzt

machen Sie das bitte auch!", siehe *Gesundheitsgefährdung fachliche Überforderung*),
andererseits auf einer Haltung der gleichgültigen, unnahbaren Autonomie, die sich
gerade dadurch auszeichnet, dass sie keine Position, keinen Standpunkt einnimmt. „Ich
interessiere mich nicht für Details, ich vertraue Ihnen blind." Sagt der Vorgesetzte, der
eben keine Verantwortung für seine Mitarbeiter und oder deren Arbeitsergebnisse über-
nimmt.

3. Merksatz:
Gerade das Weglassen von Führung (man vertraut blind und hat persönlich keinen
eigenen Standpunkt) demütigt und stresst die Mitarbeiter.

„Blindes Vertrauen" als Managementstil steht also keineswegs für Vertrauen,
sondern für eine zur Schau getragene Gleichgültigkeit, die Mitarbeiter beschämt und
darin in einem viel stärkeren Maße kontrolliert, als dies früher unter normal autoritären
Führungsstilen der Fall war, wo Zuckerbrot und Peitsche die Richtung vorgaben.

Die Unterlassung der Kontrolle wird hier also nicht als Freiheit erlebt, sondern als
Gleichgültigkeit kommuniziert und wirkt daher, wenn man Sennetts Vorschlag folgt,
über das Schamgefühl des Mitarbeiters als Selbstkontrolle. Der Mitarbeiter wird nicht
mehr von außen, sondern von innen kontrolliert. Wenn diese Gleichgültigkeit kombiniert
wird mit einer Zielorientierung, die ebenfalls nicht hinterfragbar und nicht durchschaubar ist, haben Mitarbeiter bei Verfehlen der vereinbarten Ziele nicht nur den Schaden zu
verantworten, sondern auch den Spott der persönlichen Abwertung zu ertragen. Schaden
zu verantworten aktiviert, psychologisch betrachtet, Schuldgefühle, die aber meist verbunden mit Rechtfertigungsversuchen und Abwehrhaltungen empfunden werden: Hier
kann man sich gemeinsam über diejenigen Regeln verständigen, die angeblich übertreten
wurden und darin Fehler identifizieren, die man in Zukunft vermeiden kann. Spott zu
ertragen („Das ist ein Loser"), aktiviert Schamgefühle, die sich gerade dadurch aus-
zeichnen, dass Betroffene sich als Ganzes infrage stellen, weil ihnen völlig unklar ist,
welche Regeln sie übertreten haben sollen.

Gerade der *Verzicht* auf ein Controlling, dessen Kriterien Mitarbeitern und Managern
transparent sind, und über deren Angemessenheit gesprochen werden kann, ermöglicht
diese „psychologisch wirksame und umfassende Kontrolle über das Schamgefühl".
Schamgefühle gefährden viel stärker das Selbstvertrauen des einzelnen Mitarbeiters als
Schuldgefühle, weil sie eben einen Mangel der Person und Identität signalisieren und
nicht nur Fehler in Verhaltensweisen reflektieren, wie es Schuldgefühle in der Regel tun.
„Wissen Sie, Maier, wenn dieser Verbesserungsvorschlag was taugen würde, wäre er
doch nicht von Ihnen gekommen" oder auf eine Frage nach Unterstützung: „Ich weiß in
der Tat nicht, worüber Sie jetzt gerade sprechen – oh es ist schon so spät? Na dann bis
morgen!"

Zusatzarbeit, Überstunden bis zur Selbstüberforderung werden dann gerne akzeptiert,
wenn die Möglichkeit in Aussicht gestellt wird, wieder als vollwertige Person akzeptiert
zu werden. Gleichgültigkeit in der Kommunikation konstruiert gewissermaßen die als
zweiwertige Logik des Marktes beschriebene Reduktion auf rein mess- und zählbare

Werte. (Entweder die Leistung verkauft sich oder nicht, dazwischen gibt es nichts. Als dieses „Nichts" fühlen sich dann bisweilen Mitarbeiter.)

Die Zähl- und Messbarkeit von Aspekten der zwischenmenschlichen Kommunikation wird im Führungsstil der technologischen Autorität nach Westermayer (2006) in drei Schritten kommunikativ hergestellt:

- Innere Distanzierung zum Gesprächspartner Mitarbeiter/in (hier oft unter dem Vorwand des Gebotes der Fairness, alle Mitarbeiter gleich zu behandeln)
- Diese dann aus der inneren Distanz zum Ding gewordene Mitarbeitersache im Kontext der Kosten-Nutzen-Optimierung einordnen: eine Theorie bilden – wie funktioniert dieses Ding?
- Den Mitarbeiter gemäß der Theorie funktionalisieren etwa im Rahmen eines weitgehend automatisierten Zielvereinbarungs-/Steigerungssystems (besonders bei Außendienstmitarbeitern im Vertrieb, aber auch in der Pflege)

4. Merksatz:
Führung nach dem Stil der technologischen Autorität schafft kurzfristige auf Existenzverlustangst beruhende Leistungssteigerungen.

Diese Leistungssteigerungen sind kurzfristig, danach erhöhen sich die Krankenraten schnell. Wenn sich der Führungsstil nicht ändert, gerät das gesamte Unternehmen relativ schnell in eine wirtschaftliche Existenzkrise.

Hier wird dann in der Regel der Kontakt zu Krankenkassen oder anderen BGF-Anbietern gesucht. Die Berater, welche diesen Führungsstil eingeführt und geschult haben, sind in der Regel bereits beim nächsten Kunden und rechtfertigen sich mit dem Hinweis, dass in der Zeit, als sie im Unternehmen präsent waren, Krankenstände gering und Leistungen hoch waren.

Wie funktioniert also positive Führung?

In einem großen Logistikunternehmen finden wir mittels einer durch Befragung integrierten Gefährdungs- und Potenzialanalyse heraus, dass der Haupteinflussfaktor für den stärksten positiven Gesundheitsindikator Arbeitsfreude „Lernen bei der Arbeit" ist.

Die im Steuerkreis Gesundheit vertretenen Mitglieder des Betriebsrates und des Topmanagements sind angesichts dieses Ergebnisses sehr zurückhaltend, ja fast aggressiv ablehnend: „Was soll Lernen denn mit Gesundheit zu tun haben?"

Angesichts dieser sehr offensiv vorgetragenen skeptischen Reaktionen haben wir dem Unternehmen Folgendes vorgeschlagen: Da das Hauptziel des Projektes die nachhaltige Senkung des relativ hohen Krankenstandes war (der lag bei 5,2 %), sollte mittels korrelationsstatistischer Verfahren überprüft werden, ob ein systematischer Zusammenhang zwischen Krankenstand und der Ausprägung der Skalenwerte für „Lernen bei der Arbeit" ermittelt werden kann. Das Ergebnis: Mit einer Korrelation von $r = -0,80$ war das nicht nur möglich, sondern ungewöhnlich hoch. Hier spielen auch Stichprobengröße und Anzahl der zu vergleichenden Subgruppen eine Rolle. Das ändert aber nichts an dem heuristisch eindeutig zu belegenden Zusammenhang.

Mit anderen Worten: **Dort, wo die höchsten Werte auf der Skala „Lernen bei der Arbeit" erzielt werden, haben wir den geringsten Krankenstand und umgekehrt.**

Ich kann nicht behaupten, dass damit die Skepsis der beteiligten internen Betriebsrats- und Managementvertreter weniger geworden wäre, allerdings haben bei letzterer Gruppe die nicht von der Hand zu weisenden finanziellen Aspekte die Überzeugung verstärkt, das Projekt weiter fortzuführen. Wenn es nach dem hier hypothetisch aufgestellten und empirisch belegten Zusammenhang gelänge, das Ausmaß des erfahrenen Lernens bei der Arbeit auch auf die schlechteren Abteilungen zu übertragen, dann könnte das mit einer zu erwartenden Senkung des Krankenstandes um 2 Prozentpunkte einen Kostenunterschied von 200 000 € pro Jahr bedingen.

Identifikation und Führung

Ein weiteres Beispiel aus einer mittelgroßen Verwaltung in Berlin zeigt noch einen weiteren Schritt in der Erforschung der Struktur von Gesundheitspotenzialen.

In der hier durchgeführten integrierten Gefährdungs- und Potenzialanalyse war es das Gesundheitspotenzial *Identifikation*, darin das Item „Unser Unternehmen hat Zukunft", das den höchsten Einfluss auf den positiven Gesundheitsindikator „Arbeitsfreude" hatte.

Beim stärksten Faktor aus der Skala „Identifikation" hat das Item „Unser Unternehmen hat Zukunft" in den verschiedenen Abteilungen des Unternehmens sehr unterschiedlich abgeschnitten: Referat E erhält hier eine Zustimmung von 80,8 % während die Werte der anderen fünf Abteilungen zwischen 48,9 und 67,7 % Zustimmung schwanken. Wie ist das möglich?

Denn: Es soll keine Abteilung geschlossen werden, die objektive Zukunft ist für alle befragten Mitarbeiter dieselbe. Nur der *Glaube an diese Zukunft, also das Gesundheitspotenzial „Unser Unternehmen hat Zukunft"* unterscheidet sich deutlich zwischen den Abteilungen insgesamt und am stärksten zwischen Referat E und allen anderen. Und diese unterschiedliche mentale Haltung der Mitarbeiter in E im Vergleich zu den Mitarbeitern in den anderen Bereichen erklärt auch den Unterschied in den „harten" Kennzahlen wie Krankenstand und Produktivität zwischen den Bereichen.

In einem Rückmeldeworkshop für die Führungskräfte hatte ich Gelegenheit, die Leiterin des Referats E anzusprechen: „Wie schaffen Sie es, dass Ihre Mitarbeiterinnen und Mitarbeiter eine so deutlich höhere Zustimmung zu dem statistisch eindeutig als wichtigstes Gesundheitspotenzial ermittelten Einflussfaktor zeigen? Was ist Ihr Geheimnis, das wir den anderen zur Erfolgsverbesserung mitteilen könnten?"

Sie versteht die Frage gut, hat aber keine Antwort parat.

Wir wendeten uns im Workshop den anderen Werten aus der Befragung zu. Nach etwa einer halben Stunde meldete sich die Leiterin des Referats E noch einmal und sagt:

„Jetzt fällt mir doch etwas ein, über das ich vorher eigentlich nie richtig nachgedacht habe. Jede alle zwei Wochen stattfindende Teamsitzung eröffne ich routinemäßig mit einem kurzen Ausblick in die Zukunft. Wo geht es mit unserem Unternehmen hin?"

Das ist wahrscheinlich einer der interessantesten Aspekt von Gesundheitspotenzialen: Sie sind oder stiften bestimmte Kommunikationen, die einen wichtigen Beitrag zu Sinnfragen der Mitarbeiter eines Unternehmens leisten, ohne dass sich Sender oder Empfänger von Nachrichten in diesen Kommunikationen über diesen Aspekt bewusst sein müssten. Die Kommunikationen bedienen sich dabei der beteiligten betrieblichen Akteure, um aneinander anschließen zu können und so als „Kommunikationen" zu überdauern (überleben passt hier nicht so ganz, das sei den benutzten Personen vorbehalten) – ganz so, wie es Niklas Luhmann und Fritz Simon in ihren Systemtheorien formuliert haben.

In unserem Beispiel führt diese Selbstständigkeit der Kommunikationen immerhin dazu, dass die Mitarbeiter dieser Abteilung E messbar gesünder sind als die anderen (übrigens auch im Krankenstand ablesbar).

Potenziale und gesunde Führung

Was sich im letzten Abschnitt möglicherweise etwas befremdlich las – Kommunikationen benutzen Personen – soll im Folgenden näher erläutert werden. In dieser Erläuterung wird dann auch verständlich werden, weshalb Mitarbeiterführung einen hohen Einfluss auf die Gesundheit von Mitarbeitern und Mitarbeiterinnen hat und weshalb die Förderung einer gesunden Mitarbeiterführung der Gesetzgeber den Krankenkassen zu Recht als Pflichtleistung vorgeschrieben hat.

Hierzu müssen wir noch weitere empirisch ermittelte Theoriebestandteile einführen: Bei genauerer Betrachtung der Medien von Gefährdungen und Potenzialen wird deutlich, dass wir es bei BGF und BGM mit einer bestimmten Variante der Wahrnehmungspsychologie zu tun haben.

Weder Gefährdungen noch Potenziale wirken direkt auf die Psyche oder den Körper von Mitarbeitern ein, sondern sie werden in komplexen Prozessen von Wahrnehmungen entweder zu einer gesunden körperlichen und psychischen Reaktion geführt oder zu einer selbstschädigenden.

Dabei können Wahrnehmungen von Gefährdungen und Potenziale ganz unterschiedliche Ursachen und Bedingungen haben: Das Fehlen von objektiven Gefährdungen führt daher sehr oft auch zu Wahrnehmungen, in welchen objektive Gefährdungen fehlen. Doch auch bei Vorhandensein objektiver Gefährdungen bedeutet das nicht zwingend, dass man diese unbedingt wahrnehmen muss,[2] dasselbe gilt auch für Potenziale. Daraus

---

[2] Die Psychoanalyse, aber auch die dem Coping-Konzept verbundene Stressforschung hat eine ganze Bibliothek zur Kunst der Realitätsverzerrung durch Wahrnehmungsmanagement hervorgebracht.

lässt sich aber auch eine für Prävention und Gesundheitsförderung Gewinn bringende Strategie ableiten, die nochmal durch das leicht veränderte Modell Betriebliche Gesundheit abgebildet werden kann.

Wenn es einem Unternehmen gelingt, die Wahrnehmung der Mitarbeiterinnen und Mitarbeiter im Schnitt mehr auf vorhandene Potenziale auszurichten als auf Gefährdungen, dann müssten hier die Mitarbeiter eigentlich nachhaltig gesünder sein als dort, wo dies nicht der Fall ist.

Am einfachsten lässt sich dies natürlich in jenem Unternehmen realisieren, wo es auf der Gefährdungsseite nichts wahrzunehmen gibt (weil keine Gefährdungen vorhanden sind), und auf der Potenzialseite viel wahrzunehmen ist, weil viele Potenziale in der Kommunikation dargeboten werden. Das wäre allerdings dann eine Utopie.[3]

Wie auch immer objektiv die Verteilung von Gefährdungen und Potenzialen vorgenommen worden sein mag, wir haben mindestens drei Beeinflussungsebenen für das über Gesundheit und Krankheit entscheidende Wahrnehmungsmanagement.

Organisation, Führung und Resilienz-Aufbau

Obwohl noch nicht ganz geklärt ist, was eine Organisation eigentlich ist, gibt es im BGF-Ansatz ein systematisches Vorgehen der Organisationsentwicklung, das sich in den letzten 30 Jahren etabliert und empirisch bewährt hat. Ein nach ganz bestimmten Kriterien zusammengesetzter Steuerkreis arbeitet nach einem Projektmanagementregelkreis an der Verbesserung der Arbeitsbedingungen und an der Optimierung des Gesundheitsverhaltens der Mitarbeiter seines Unternehmens. Die einzelnen Aktionen in diesem Managementregelkreis umfassen:

1. Zielanalyse: Zielsetzung des Projektes und Operationalisierung der Ziele
2. Festlegen der Evaluationskriterien in den drei Dimensionen: Effektivität, Effizienz und Akzeptanz
3. Auswahl der Analysemethoden (Mitarbeiterbefragung wird priorisiert)
4. Durchführung der Analysen
5. Datenfeedback und systematische Erfassung von Verbesserungsvorschlägen
6. Schulung der Führungskräfte in Potenzialkommunikation nach Befragungsergebnissen
7. Einbindung der Mitarbeiter in Veränderungsprozess in Gesundheitszirkeln und Veränderungsmaßnahmen
8. Lernen, Identifikationsmöglichkeiten, Entscheidungsspielräume und Klientenkontakte werden je nach Ergebnissen optimiert (Sport, Entertainment, Unternehmenskommunikation, CSR[Corporate-Social-Responsibility]-Projekte)

---

[3]Ob die Arbeitsgestalter bei Google, Facebook und Co der Zuschreibung *Utopie* zustimmen würden, müsste man überprüfen.

9. Ergebnisse der Gefährdungsbeurteilung führen zu Präventionssystem
10. Mitarbeitergesprächssystem   (Rückkehr/Fürsorge/Betriebliches-Eingliederungs-
    management[BEM]-System wird eingeführt)
11. Effektivität-Effizienz-Akzeptanz: Evidenz Evaluation fortlaufend

Dieses System konsequent eingeführt lässt sich sehr gut auch auf andere Themen als auf
Gesundheit übertragen.

Gesunde Führung

Wenn wir uns nochmal darüber verständigen, dass auch die objektiven Veränderungen
in einem OE-Prozess deshalb positiv auf die Gesundheit von Mitarbeiterinnen und Mitarbeitern wirksam werden können, weil auch sie die Wahrnehmung beeinflussen, so
können wir uns fragen, welche Rolle die Mitarbeiterführung bei der Beeinflussung der
Wahrnehmung von Gefährdungen und Potenzialen durch die Mitarbeiter spielt.

Gesunde Führung bedeutet in unserer Perspektive nichts anderes als eine kunstvolle
Kommunikation, die dazu führt, dass Mitarbeiter die für sie wichtigen Gesundheits-
potenziale von ihren Vorgesetzten in einem kommunikativen Akt erwerben können.
Es ist nach der hier vorgeschlagenen Theorie tatsächlich so:
Vorgesetzte geben Mitarbeiterinnen und Mitarbeitern zum Beispiel eine bestimmte
Menge an Identifikationsmöglichkeiten. Wenn Mitarbeitende diese aktiv wahr-
nehmen, verwandeln sie diese bis dato äußeren Potenziale in innere Ressourcen. Eine
gelungene Verwandlung wird dem Mitarbeiter durch ein positives Gefühl angezeigt, das
Antonovsky Sense of Coherence nennt und das in unserem Modell als Arbeitsfreude und
Selbstvertrauen operationalisiert wurde.

Dass bei diesem Vorgang ziemlich sicher köpereigene Stoffe wie Oxytocin, Dopamin
und Serotonin sowie andere Endorphine eine wichtige Rolle spielen, würde die hier
angedeutete Theorie des Zusammenhangs von Potenzialen und Ressourcen eher stützen
als infrage stellen.

Wenn dem so ist, dann bekommen Führungskräfte ein noch größere Bedeutung für
die Gesundheit ihrer Mitarbeiter als bisher bekannt: Das sie ihnen das Leben sehr schwer
machen können bis hin zum psychischen Zusammenbruch, ist bekannt, dass sie auf der
anderen Seite einen sehr hohen Anteil an den die Gesundheit erhaltenden Faktoren,
an ihrem Glück und Wohlstand, an ihren Lernerfolgen und ihren Wertüberzeugungen
haben, das sind neue Erkenntnisse. Daher ist das Interesse des Gesetzgebers am Thema
gesunder Führung sehr gut nachvollziehbar.

Wenn ich sage, Führungskräfte transportieren den Rohstoff der Gesundheitsressourcen der Mitarbeiter, die Gesundheitspotenziale in der täglichen Kommunikation
zu den Mitarbeitern, ist es sicher sehr interessant, welche dieser Potenziale den größten
Einfluss auf die positive Befindlichkeit haben und welche Gefährdungen auf die negative
Befindlichkeit.

Führung muss dafür sorgen, dass Mitarbeiter das Gefühl haben, sie können auf der Arbeit lernen, sie können sich dort mit ihrer Tätigkeit und den Produkten identifizieren, sie empfinden den Kontakt zu ihren Kunden angenehm, das Ansehen ihrer Tätigkeit wird hoch eingeschätzt und die fachlichen Überforderungen werden wenig bis nicht empfunden.

Geringer Zeitdruck, wenig körperliche und Umgebungsbelastungen, guter Kundenkontakt und kein Mobbing (hier Gerüchte von Vorgesetzten oder Kollegen über den Mitarbeitenden) runden das Bild ab.

Interessant ist an unserer Auswertung von mehr als 24 000 befragten Mitarbeiterinnen und Mitarbeitern, dass die Stärke der positiven Einflussfaktoren deutlich höher Einfluss nimmt auf die positive Befindlichkeit als die negativen Einflussfaktoren auf die negative Befindlichkeit. Das macht gute und gesunde Mitarbeiterführung so wertvoll. Und daher ist gute potenzialorientierte Führung der zentrale Ansatzpunkt für erfolgreiches BGM.

Natürlich lässt sich auch auf der Ebene des Mitarbeiterverhaltens etwas bewegen: Die sieben Resilienzfaktoren können in Trainings erlernt werden (LOOVANZ), Gesundheit kann erlernt und gecoacht werden.

Nur ein gesundes System nach dem BGF-Regelkreis und eine gesunde Mitarbeiterführung, die sich an den tatsächlich wichtigen Potenzialen orientiert, macht ein Resilienztraining, das sich am *Überleben* oder an der *Bewältigungsfähigkeit von Arbeit* orientiert, überflüssig. Bewältigungsfähigkeit von Arbeit stellt die Arbeit und ihre Organisation schon begrifflich in ein schlechtes und mit einem erfolgreichen BGM-System nicht zu vereinbarendes Licht: Eine Arbeit, die bewältigt werden muss, hat nichts mit BGM zu tun, die beiden sind natürliche Feinde zueinander.

Allerdings für die lustvolle Leistungssteigerung, die man gerne und mit Begeisterung vollführt, ist es dagegen sehr gut geeignet, wenn man Resilienz-Trainings in Anspruch nimmt: denn die verhelfen einem zu einer Wahrnehmung, die nicht nur die Bewältigung von Hindernissen forciert, sondern auch die darauf folgende lustvolle Lernentwicklung, welche es Menschen ermöglicht, sich selbstwirksam, stolz und stark zu fühlen. Und das ist messbar gesund, denn gesund bleibt man hier nebenbei.

Geistreiche Führung

Eine geistreiche Führungspersönlichkeit wird ihre Konzentration immer auf „umstrittene" Themen richten, weil diese den höchsten Wert an kollektivem Lernen bieten dürften. Wenn ein Thema umstritten ist, ist es gleichzeitig ein Magnet für unterschiedlichste Weltbilder, Wertorientierungen und Menschenbilder. Offenheit gegenüber neuen Sichtweisen, Wachheit für sehr feine Unterschiede, Spürsinn für unterschiedliche Zusammenhänge, die Akzeptanz von multiplen Realitäten und eine starke Orientierung an der jeweils gegenwärtigen Situation verbunden mit dem Ziel, Veränderungen zu ermöglichen, ist geistreiche Führung.

„Mindful", wörtlich übersetzt, bedeutet eben eher geistvoll oder geistreich: Achtsamkeit ist hier fehl am Platze.

Allerdings kann die mit dieser Definition von geistreicher Führung verbundene geistige Beweglichkeit durchaus Ergebnis eines Achtsamkeitstrainings sein, das mentale Techniken wie Meditation, Progressive Muskelentspannung und respektvolle Perspektivenübernahmen integriert hat.

„Geistreiche" Führung nimmt dabei im Deutschen tatsächlich auf den Begriff des „Geistes" Bezug, wie er in den Werken von Gilbert Ryle (Concept of Mind), Georg Friedrich Hegel (Phänomenologie des Geistes) oder Charles Sanders Peirce konzipiert ist. Letzterer definiert Denken als kommunikative Bewegung des Geistes: „Denken ist nichts anderes als das Gespräch eines Geistes mit seinem zukünftigen Selbst."

Bei Gilbert Ryle ist es der Beitrag zur aktuellen Diskussion zur Digitalisierung von Lebenswelten, den er in der Diskussion der 1940er-Jahre zum Leib-Seele-Problem als systematische Kategorienverwechslung bezeichnet hat: Geist und Körper als Gegensätze derselben dinglichen Natur gegenüberzustellen, sei ein systematischer Fehler, der durch falsche Verwendung sprachlicher Mittel entstehe: „Sie kam in einer Sänfte und unter Tränen" oder „Da drüben gehen Jack und der durchschnittliche Steuerzahler". Die Menschenähnlichkeit von Maschinen sei dieser sprachlichen Ungenauigkeit zu verdanken: Zwar könne der Mensch so tun, als sei er eine Maschine, nur gehe das nicht umgekehrt. Der Gebrauch von Maschinenmetaphern für bestimmte Formen menschlichen Daseins führe durch ungenauen Sprachgebrauch zur unbegründeten Furcht davor, dass Maschinen dem Menschen überlegen werden könnten. Selbstverständlich schließt das nicht aus, dass Menschen diese sprachlichen Mittel nutzen, um andere Menschen zu manipulieren, indem sie ihnen einredeten, sie funktionierten wie Maschinen (Dampfmaschine, Großrechner etc.), oder indem sie behaupten, die Maschinen hätten bereits die Macht übernommen (siehe in Schirrmacher's letztem Werk „Ego. Spiel des Lebens" [Schirrmacher 2015] die Beschreibung der Finanzkrise als Ergebnis nicht mehr zu kontrollierender Algorithmen). Diese beiden Manipulationsstränge – der Mensch ist eine oder ein Teil einer Maschine bzw. Maschinen hätten schon die Macht übernommen – laufen interessanterweise immer auf die Forderung hinaus, man brauche nun andere Herrschaftsformen als die einer Demokratie. Fake News, das Smartphone als Extended Self oder die nicht mehr zu kontrollierende Kreativität von Big-Data-Algorithmen ließen sich nur von diktaturähnlichen Herrschaftsformen in den Griff bekommen. Der weltweite Trend zurück zu autokratischen Herrschaftsformen dürfte stark von der Verbreitung digitaler Medien profitiert haben. Mit der Zunahme der Manipulationstechniken schwindet der bisher mögliche Rückbezug auf „seriöse" Medien. Diese werden als Teil der Digitalisierung ihrer Monopolstellung als vierter Gewalt in demokratischen Systemen beraubt.

Literatur

Schirrmacher, F.: Ego. John Wiley & Sons, Weinheim (2015).

Sennett, R.: Autorität. Fischer. Frankfurt a. Main (2008).

Westermayer, G.: Organisationsentwicklung und betriebliche Gesundheitsförderung. In: Bamberg, E., Ducki, A., Metz, A-M. (Hrsg.) Handbuch Betriebliche Gesundheitsförderung. Verlag für angewandte Psychologie. Göttingen (1998a).

Westermayer, G.: Qualitative Krankenstandsanalyse. Der Unterschied zwischen Kontrolle und Controlling heißt Vertrauen: Betriebliche Gesundheitsberichterstattung als Controlling-instrument für Unternehmen, Führungskräfte und Mitarbeiter. In: Brandenburg, U., Kuhn, K., Marschall, B. (Hrsg.) Verbesserung der Anwesenheit im Betrieb. Dortmund (1998b).

Westermayer, G., Wellendorf, J.: Evaluation betrieblicher Stressprävention. In: Pfaff, H., Slesina, W. (Hrsg.) Effektive betriebliche Gesundheitsförderung. Juventa Verlag, Weinheim (2001).

G

Siehe Abb. 1.

Gesundheitsindikatoren und Einflussfaktoren

Die Gesundheit bleibt „verborgen". Ihre Statthalter Arbeitsfreude, Arbeitsstolz und Selbstwirksamkeit entwickeln sich, während Befindlichkeitsstörungen ausbleiben oder mit gut entwickelten Copingstrategien bewältigt werden können.

Vor einem solchen Arbeitshintergrund fangen die Mitarbeiter von selbst an, für ihre Gesundheit, was immer das jeweils sein mag, aktiv zu sorgen: Sport, Fitness, Fahrradfahren oder Entspannung bei einem guten Glas Wein mit Freunden oder bei einer Currywurst im Gespräch mit Kollegen am Imbisstand vorm Werkstor. Die Möglichkeiten sind individuell und unbegrenzt.

Für eine **Reorganisation von einem ungesunden Unternehmen zu einem gesunden Unternehmen** hat die BGF GmbH ein System entwickelt, das sehr schnell zeigt, welche Gesundheitsfaktoren (für die Gesundheit der Mitarbeiter und die ökonomische Gesundheit des Unternehmens) die richtigen sind und welche Risiken für die Gesundheit der Mitarbeiter und den wirtschaftlichen Erfolg des Unternehmens bestehen.

Nach einer Mitarbeiterbefragung und deren Auswertung durch eine eigens dafür entwickelte Software (Diagnose Betriebliche Gesundheit) werden dem Unternehmen maximal 15 Veränderungsschritte vorgeschlagen, von denen in der Regel etwa acht mit Mitarbeiterführung zu tun haben.

Die im Unternehmen tätigen Führungskräfte werden nach der Befragung darin geschult, die identifizierten positiven Führungsaufgaben erfolgreich zu übernehmen und umzusetzen. Das Unternehmen wird darin unterrichtet, wie die negativen Einflussfaktoren abgeschafft bzw. kompensiert werden können.

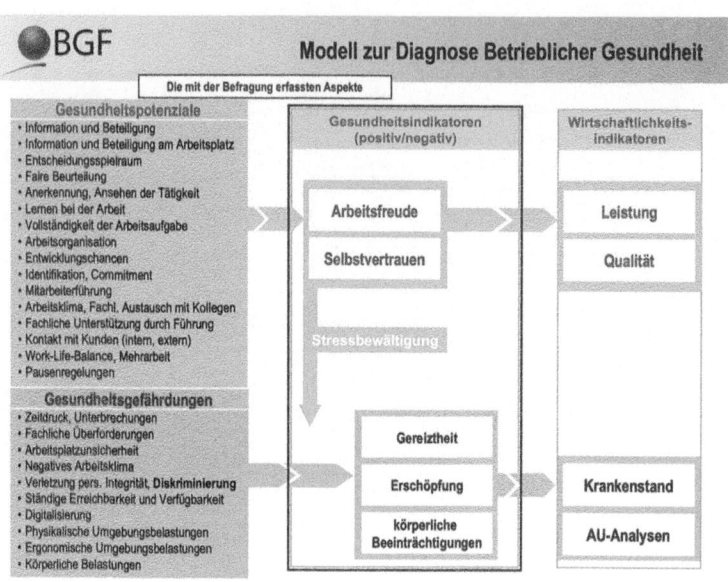

Abb. 1 BGF-Modell G

Ein Controlling-System garantiert auch während der Umsetzung den Erfolg. Die Gesundheit der Mitarbeiter wird nachweislich gestärkt. Die ökonomischen Verbesserungen liegen in der Regel zwischen 1:3, in manchen Fällen 1:20 des Verhältnisses von aufgewendeten Kosten und erzieltem Nutzen (in Euro berechnet). Ich könnte mir vorstellen, dass dieses Angebot für viele Unternehmen interessant sein könnte. Übrigens: Die Befragung zeigt auch präzise die Stärke des betrieblichen Einflusses auf Motivation und Demotivation der Mitarbeiter, und das heißt im Umkehrschluss, wie viel von diesem Einfluss aus dem Privaten herrührt (das ist weniger als üblicherweise vermutet), und diesen Einfluss kann man, wenn Mitarbeiter das wollen, vielleicht auch verbessern helfen (siehe zum Beispiel EAP[Employee-Assistance-Program]-Systeme).

Interessant finde ich zurzeit, dass gerade die ohnehin schon gesunden Unternehmen unser Angebot wahrnehmen, um noch besser zu werden. Diese haben schon früher verstanden, dass der Wettbewerb innerhalb des Unternehmens nichts taugt, zwischen Unternehmen allerdings normale Marktbedingung ist (vgl. dazu die Energiestudie des Management Instituts St. Gallen). Und dieser Markt hat sich zu einem Markt um qualifizierte Mitarbeiter erweitert, während er früher nur auf Kunden abzielte.

Übrigens: Diese Arbeit der Optimierung oder Reorganisation macht nicht nur Freude, sondern stärkt auch das Selbstbewusstsein aller Beteiligten, egal ob oben oder unten in der Hierarchie.

Ich zeige hier, dass Gesundheitsförderung im Betrieb, Betriebliche Gesundheitsförderung und das Management Betrieblicher Gesundheit drei völlig verschiedene

Strategien sind, die, wenn sie einer bestimmten Reihenfolge nach angewendet werden, ein Unternehmen tatsächlich nachhaltig transformieren können in Richtung von deutlich besserer wirtschaftlicher Gesundheit des Unternehmens und persönlicher Gesundheit der Mitarbeiter.

Letztere sind dann auch noch produktiver, loyaler und hochmotiviert. Unterm Strich verdienen Unternehmer durch einen richtigen Einsatz von Betrieblichem Gesundheitsmanagement sehr viel Geld. Nur der Einsatz muss tatsächlich richtig erfolgen. Wie das funktioniert, beschreibt der nächste Abschnitt.

Die Organisationsmitglieder reflektieren ihr Erleben bestimmter Ausschnitte der betrieblichen Realität, die wir als *Gesundheitspotenziale* und *Gesundheitsrisiken* bezeichnen. Anhand der Analyse der Beziehungen zwischen diesem Erleben der betrieblichen Realität und der Ausprägung von Selbstwirksamkeit, Arbeitsfreude/Arbeitsstolz und Indikatoren gesundheitlicher Beeinträchtigung kann es gelingen, das *Erleben* bestimmter Realitätsausschnitte als salutogen wirkende *Ressourcen* (zum Beispiel das Erleben der Kommunikations- und Kooperationschancen) oder als überfordernde *Belastung* (zum Beispiel das Erleben von Zeitdruck) zu qualifizieren.

Die *betriebliche Gesundheit* ist in Abhängigkeit davon bestimmt, inwieweit die hinter dem Erleben der Organisationsmitglieder stehenden Regeln dazu beitragen, dass Selbstwirksamkeit und Arbeitsfreude/Arbeitsstolz entwickelt und erhalten werden können. Beschäftigten, die in ihrer Arbeit ein hohes Maß an Selbstwirksamkeit und Arbeitsfreude/Arbeitsstolz erleben konnten und erwarten können (hohe betriebliche Gesundheit), gelingt es mit einer höheren Wahrscheinlichkeit, mit potenziell gesundheitsgefährdenden Anforderungen der Arbeit in einer gesunden Weise umzugehen. Dagegen werden solche Anforderungen mit einer höheren Wahrscheinlichkeit als überfordernde und damit gesundheitsbeeinträchtigende *Belastung* erlebt, wenn die Beschäftigten in ihrer Arbeit nur in geringem Ausmaß Selbstwirksamkeit und Arbeitsfreude/Arbeitsstolz erleben konnten und erwarten können (niedrige betriebliche Gesundheit). Gewissermaßen als erfreulicher Nebeneffekt resultiert in Organisationen mit einer hohen betrieblichen Gesundheit auch ein niedrigerer Krankenstand und oftmals auch eine nachhaltig höhere – weil *gesunde* – Produktivität.

Ganzheitlicher Ansatz

Betriebliche Gesundheitsförderung

Betriebliche Gesundheitsförderung hat sich in den letzten 10 Jahren als Disziplin etabliert. Die Geschichte dieser Etablierung lässt sich nachlesen und soll im Folgenden nur in Stichworten rekapituliert werden.

Anfang der 1980er-Jahre drehte sich die Diskussion in den Gesundheitswissenschaften um die Wahrnehmung einer vierfachen Veränderung:

- Zunahme der Kosten im Gesundheitswesen,
- Zunahme sogenannter chronisch-degenerativer Erkrankungen,
- rasanter Technologiewandel mit seinen Einflüssen auf Anforderungen und Organisationsformen und
- Wandel von Belastungen durch körperliche Arbeit hin zu mentalen Belastungen durch Kopfarbeit.

Der Gesetzgeber, die großen Krankenkassen und vereinzelte Großunternehmen (etwa Volkswagen) haben auf die genannten Veränderungen mit der Entwicklung von Instrumenten und Konzepten reagiert, die mittlerweile etabliert sind. Dabei stand von Anfang an die Frage im Vordergrund, wie man durch ein möglichst breit angelegtes, flächendeckendes präventives Vorgehen eine größtmögliche Zahl von Menschen mit Angeboten der Prävention und Gesundheitsförderung erreichen kann.

So nimmt es nicht Wunder, dass sich von Beginn an die Aktivitäten auf Großunternehmen konzentrierten. Denn hier, so schien es, hat man nicht nur ein ideales Feld, mit großen Gruppen zu arbeiten, sondern hier kann man mit verhältnismäßig wenig Aufwand eine große Zahl von Mitarbeitern erreichen. Bald zeigte sich jedoch, dass eine an Verhaltensprävention orientierte Vorgehensweise gerade in Großunternehmen bescheidenen Erfolg erzielte. Das Angebot von Rückenschulen, Stresskursen, Ernährungsberatung und anderen Maßnahmen der Gesundheitserziehung erzielte nicht den messbaren Erfolg, den man sich versprochen hatte.

Auf der einen Seite wurde klar, dass mit diesen Angeboten gerade diejenigen Mitarbeiter erreicht wurden, die ohnehin über ein ausgeprägtes Gesundheitsbewusstsein verfügten, auf der anderen Seite stellte die Anforderung, individuumorientiert vorzugehen, auch für Großunternehmen einen nicht zu leistenden Aufwand dar. Man muss sich vor Augen halten, wie viel Zeit und Geld es erfordert, beispielsweise bei Volkswagen 100.000 Mitarbeiter durch Kurse zu schleusen, deren Effekt nicht einmal gesichert ist.

Vor diesem Hintergrund entwickelte sich eine zunehmende Professionalisierung von Krankenkassen im Bereich der Gesundheitsberichterstattung. Warum sollte man zunächst nicht einmal systematisch den Bedarf erheben, bevor Angebote zur Prävention gemacht werden? Die Fortschritte in der Gesundheitsberichterstattung zeigten neue Möglichkeiten, aber auch nicht vermutete Grenzen auf. Gesundheitsberichte, die Diagnosen systematisieren und in Beziehung zu verschiedenen soziodemografischen Parametern stellen, waren zwar geeignet, Schwerpunkte von Belastungen und Diagnosen herauszuarbeiten, boten aber immer noch keine verlässlichen Hinweise auf die Ursachenkonstellationen, die zu diesen Belastungen führen. Erst diese ermöglichen ja eine begründete Entscheidung über die Wahl einer Präventionsstrategie. Also wurden Gesundheitsberichte ergänzt und erweitert um Daten, die der jeweilige Betrieb selbst beisteuern konnte, um qualitative Erhebungsverfahren und um Formen der Mitarbeiterpartizipation bei Fragen von Datenerhebung, Datenauswertung und den Entscheidungen über Veränderungen. Die Diskussion der letzten Jahre zur Frage der Gefährdung des Standorts Deutschland durch erhöhte Personalkosten führte zu einem in diesem Maße

nicht erwarteten Interesse an betrieblicher Gesundheitsförderung durch Wirtschafts-
unternehmen. Freilich hat in dieser Zeit die nahezu ausschließliche Konzentration auf
die Frage der Reduzierung von Fehlzeiten den Blick auf die ursprünglich eingeschlagene
Richtung von Gesundheitsförderung und Prävention verschleiert. Wenn wir also die
Frage beantworten wollen, wie betriebliche Gesundheitsförderung für Klein- und Mittel-
betriebe genutzt werden kann, sollten wir uns zunächst der Frage zuwenden, welchen
Standard Betriebliche Gesundheitsförderung in ihrer professionellen Ausrichtung für
Großunternehmen erreicht hat.

Wie sieht ein BGF-Projekt für Großunternehmen aus?
Nach mehreren Jahren Grundlagenforschung zum Feld Fehlzeiten und Erprobung von
Konzepten der betrieblichen Gesundheitsförderung in der Praxis mit begleitender
Evaluation, lässt sich das von der BGF im Auftrag der AOK entwickelte Konzept kurz
folgendermaßen beschreiben:
    Fehlzeiten in Unternehmen sind darin zunächst einmal nichts anderes als statistische
Daten, die für etwas anderes stehen. Will man Fehlzeiten verändern, muss man wissen,
welche Faktoren im Betrieb und im Verhalten der einzelnen Mitarbeiter zu diesen Fehlzeiten führen.
    Diese Faktoren können mehr oder weniger offen erfasst werden. Die BGF hat sechs
verschiedene Analyseverfahren entwickelt, erprobt und kontinuierlich verbessert, die
es ermöglichen, statistische Daten zu Fehlzeiten in eine verständliche Entwicklungsgeschichte zu bringen:
    Unternehmenseigene Statistiken werden mit Kassendaten, Fragebogen- und Inter-
viewergebnissen, Workshop- und Gesundheitszirkeldaten in einen systematischen
Zusammenhang gebracht. Dabei werden die Analyseverfahren auf die konkreten Fragen
von Unternehmensmitgliedern zugeschnitten, die in einem „Arbeitskreis Gesundheit"
(Unternehmensleitung, Personalleitung, Mitarbeitervertretung, Betriebsarzt, Arbeits-
sicherheitsexperte, AOK-Vertreter) nach bewährten Regeln den gesamten Analyse– und
Veränderungsprozess steuern (siehe Abb. 2).

Möglichkeiten zur Beeinflussung der Gesundheitsquote
Bei der Steuerung des Veränderungsprozesses müssen folgende fünf Regeln beachtet
werden:

1. Beteiligung aller betrieblichen Gruppen
2. Analyse vor Aktion
3. Alle müssen profitieren
4. Belastungen machen krank – Anforderungen machen gesund
5. Bewertungen aller Maßnahmen

Es gibt im Prinzip zwei Möglichkeiten, Veränderungen im Unternehmen anzustoßen:
Top down über die Veränderung der Verhältnisse oder bottom up über die Veränderung

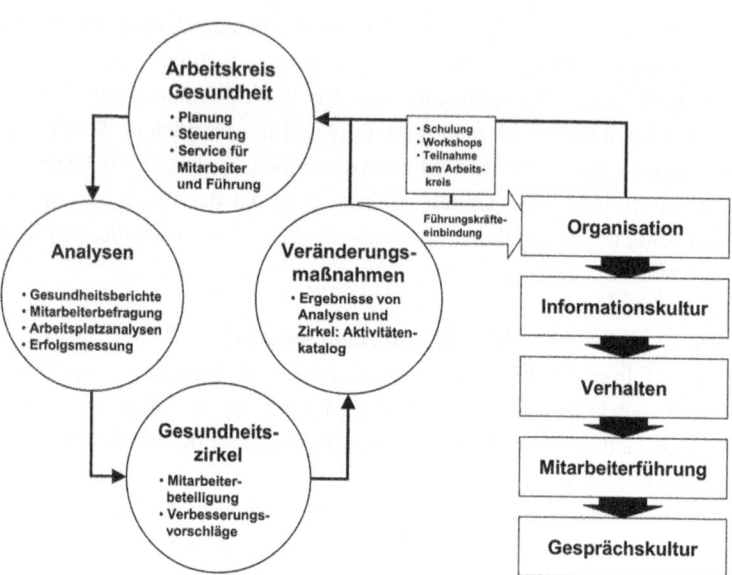

Abb. 2 Arbeitskreis Gesundheit

des Gesundheitsverhaltens. Verhältnis- und Verhaltensveränderung gehen dabei ineinander über.

Doch gerade in den letzten beiden Jahren zeigte sich, dass die klassische Vorgehensweise in der betrieblichen Gesundheitsförderung, einen komplexen Analyse- und Veränderungsprozess durch einen Arbeitskreis Gesundheit zu steuern, nicht ausreicht, um den Veränderungsprozess tatsächlich im Unternehmen lebendig zu halten. Der in vielen Unternehmen spöttisch gepflegte Spruch „Immer, wenn ich nicht weiterweiß, gründ' ich einen Arbeitskreis" weist auf mögliche Mängel dieser Vorgehensweise hin. Es drohen sich ähnliche Bürokratisierungstendenzen einzuschleichen, die auch sonst im Unternehmen sichtbar werden, es entsteht die Gefahr der Bildung einer zweiten Nebenhierarchie, es ist bisweilen nicht klar, wie einmal getroffen Entscheidungen in der Linie umgesetzt werden können.

Der wesentliche, aus unserer Sicht der zentrale Punkt besteht in der Frage, wie man die Führungskräfte mit ins Boot holen kann. Führungskräfte, die im immer stärker werdenden Druck der alltäglichen Arbeit stehen, müssen anders angesprochen werden als Menschen, die in der Regel „out of business" beratende und steuernde Stabsfunktionen im Unternehmen haben. Führungskräfte haben in der Tat weniger Zeit, müssen schnelle Entscheidungen treffen und stehen persönlich unter einem hohen Belastungsdruck.

Das BGF-Konzept muss also in eine Sprache und in Handlungsregeln übersetzt werden, die von Führungskräften nicht nur verstanden werden, sondern sie bei ihrer täglichen Arbeit unterstützen können.

In unserer Auseinandersetzung mit diesem Thema der dauerhaften Implementierung von Regeln der betrieblichen Gesundheitsförderung in den Unternehmensalltag stellten wir uns die Frage: Was hat Führung gemeinsam mit betrieblicher Gesundheitsförderung?

In verschiedenen Artikeln haben wir dieses Thema behandelt: Der gemeinsame Bezugspunkt lässt sich in der Theorie des Gesundheitsforschers Antonovsky finden. Er heißt **Vertrauen** (siehe Abb. 3).

Das Vertrauensmodell der Gesundheit

Ziel von Führung ist im Rahmen der Gesundheitsförderung also die Entwicklung eines Klimas von Vertrauen auf drei Ebenen: der Ebene der Sinnhaftigkeit, der Handhabbarkeit und der Verstehbarkeit.

Verbinden wir diese Ziele mit konkreten Anforderungen der Unternehmens- und Mitarbeiterführung, so erhalten wir fünf Dimensionen bzw. fünf Disziplinen von Führung: Organisieren, Informieren, Beispiel-Sein, Führen und Sprechen. Es ist interessant, dass diese auf den ersten Blick selbstverständlich erscheinenden Tätigkeiten von Führungskräften im Rahmen der Arbeit mit Großunternehmen entwickelt wurden. Sie stellten immer wieder die Barrieren dar, die Umsetzung von Maßnahmen behinderten. Erst mit der Einführung von Schulungsmaßnahmen für Führungskräfte, die diese systematisch

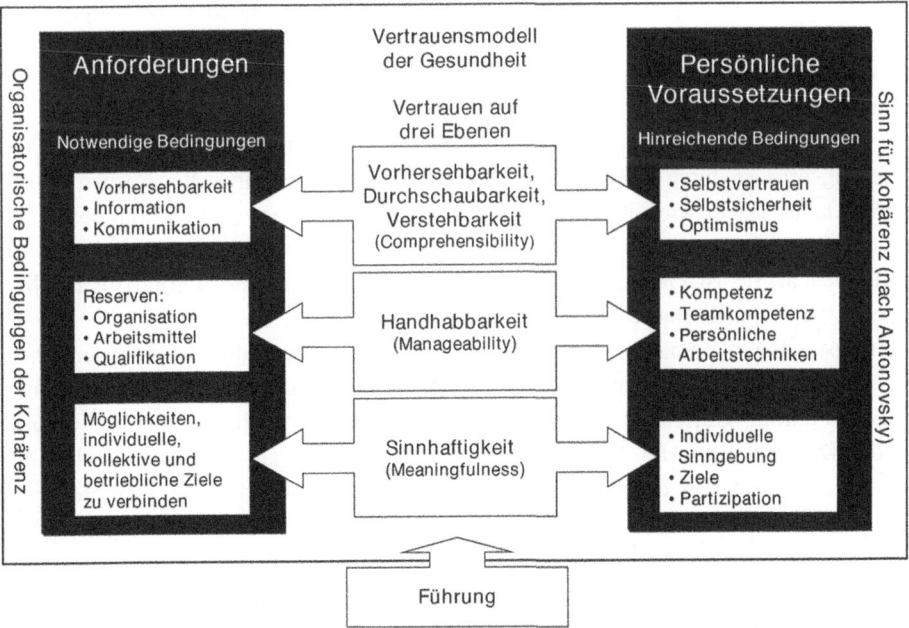

Abb. 3 Vertrauensmodell der Gesundheit

mit in den Veränderungsprozess einbezogen, konnten dauerhafte Veränderungen erreicht werden, eben weil sie dann täglich von den Führungskräften umgesetzt wurden.

Ganzheitlichkeit: Ein sich selbst reproduzierendes System von Vertrauen
Alle Unternehmen müssen schneller und flexibler werden, dabei stärker als bisher Kunden- und Marktnähe praktizieren und ihren immer wertvoller werdenden Mitarbeitern eine motivierende, Lebensqualität und Gesundheit fördernde Unternehmenskultur bieten. Dieses Ziel ist in der Regel nur durch einen Veränderungsprozess auf allen Ebenen der Organisation zu erreichen. Die Regeln, nach denen ein BGF-Arbeitskreis arbeitet, die Grundsätze für das Projektmanagement und die Grundsätze für Führung orientieren sich am Salutogenesemodell von Aaron Antonovsky und aus den aus Erfahrung abgeleiteten Grundsätzen.

Gemeinsamer Ansatzpunkt: Führung
Die Steuerung von Veränderungsprozessen erfordert immer auch einen Wandel der Führung. Führungskräfte erhalten deshalb eine zentrale Bedeutung für den Erfolg oder für das Scheitern von Veränderungsprozessen.

Überlegungen für eine Konzeption von Betrieblicher Gesundheitsförderung

Als langjähriger Kooperationspartner der AOK-Berlin im Bereich Dienstleistungen für Großunternehmen hat die BGF die Erfahrung, detaillierte Analysen zu Krankheitsursachen, Fehlzeiten und gesundheitsförderlichen Arbeitsbedingungen vorzulegen und einen Strategievorschlag für Veränderungen zu entwickeln.

Auf der Basis solcher Ist-Analysen werden Vorschläge gemacht, wie ein Veränderungsprozess durch gezielte Einbeziehung der Führungskräfte aller Ebenen initiiert werden kann. Dabei wird der Schwerpunkt auf Führung gelegt werden (Top-down-Vorgehen). Die Führungskraft ist hier in der Regel der Unternehmer im Unternehmen auf fünf Ebenen: Sie ist Organisationsexperte, Informationsmanager, Vorbild für die Mitarbeiter, Dienstleister und Gesprächspartner.

In speziellen Seminaren werden die Führungskräfte geschult, die von der Unternehmensleitung beschlossenen Aktivitäten umzusetzen. Insbesondere wird zusammen mit den Führungskräften ein System der Gesprächskultur erarbeitet, es werden Trainings in der Durchführung von Rückkehrgesprächen und Fürsorgegesprächen durchgeführt und deren Umsetzung durch ein Paten-Coachingmodell begleitet. Die BGF führt seit Jahren solche Schulungen für Führungskräfte in großen Berliner Unternehmen im Rahmen von Gesundheits- und Veränderungsprojekten erfolgreich durch. Es können dort Führungskräfte eines Unternehmens oder Führungskräfte bzw. Leiter verschiedener Unternehmen teilnehmen. Da die Seminare immer Teil einer Gesamtstrategie sind, lassen sie sich nutzen, um betriebliche Ziele aufeinander abzustimmen, die Ergebnisse

der Analysen zu kommunizieren und gleichzeitig die Führungs- und Gesprächsführungskompetenz der Vorgesetzten zu erhöhen.

Alle Maßnahmen werden eingeleitet und begleitet von einer intensiven betriebsinternen
Öffentlichkeitsarbeit. Die Strategie verfolgt also ein sogenanntes Top-down-Vorgehen
(Führungskräfteeinbindung) und parallel dazu ein sogenanntes Bottom-up-Vorgehen (Ein-
bindung der Mitarbeiter durch Befragungen und Gesundheitszirkel).

Der Arbeitskreis, in dem in der Regel die Unternehmensleitung vertreten ist, plant
und koordiniert die unterschiedlichen Aktivitäten und bewertet deren Erfolg nach
verschiedenen Evaluationskriterien, insbesondere aber auch nach Kosten-Nutzen-
Berechnungen. In allen bisher durchgeführten Projekten war gerade dieses Verhältnis
enorm positiv (1:10).

Durch eine geeignete Zusammensetzung des Arbeitskreises (Unternehmensleitung/
Personalleitung, Betriebsrat wenn vorhanden, Arbeitssicherheitsbeauftragter wenn vorhanden, BGF, ausgewählte Führungskräfte) wird gewährleistet, dass beschlossene
Maßnahmen schnell kommuniziert und umgesetzt werden können. Im Extremfall, etwa
bei sehr kleinen Unternehmen, besteht dieses Projektsteuerungsteam aus dem Unternehmensleiter und dem Berater.

Gesundheitsförderung durch Führungskräfte

Die Erfahrung in anderen Projekten zeigt, dass insbesondere die Mitgliedschaft
der Unternehmensleitung im Arbeitskreis eine schnelle Umsetzung aller geplanten
Maßnahmen möglich macht, ein Aspekt, der bei Klein- und Mittelbetrieben ohnehin
gegeben ist.

Eine neue gesetzliche Grundlage ermöglicht es den Krankenkassen, sich finanziell
im Bereich Datenerhebung, Auswertung und Erfolgsmessung zu betätigen, sofern eines
der Projektziele die Verhütung arbeitsbedingter Gesundheitsgefahren ist. Als langjähriger
Kooperationspartner der AOK-Berlin kann die BGF in diesem Fall Unterstützung
durch die AOK vermitteln. Auch für Klein- und Mittelbetriebe sind hier Möglichkeiten
gegeben: sei es durch Lieferung von Kassendaten für die Branche, durch Kooperations-
aktivitäten mit der jeweiligen Berufsgenossenschaft, durch betriebsübergreifende
Seminare, innerhalb derer ein Austausch mit anderen Unternehmen gewährleistet wird.

Ziel der gesamten Aktivitäten muss es sein, langfristig eine Informations- und Unternehmenskultur zu etablieren, die kontinuierliche Verbesserung von Arbeitsprozessen zu
einer selbstverständlichen Aufgabe von Führungskräften und Mitarbeitern macht. Dies
umfasst sowohl die Verbesserung von Bedingungen der Gesundheit der Mitarbeiter als
auch die Optimierung der Qualität und Zeitabläufe. Fürsorge und Klarheit in den
Anforderungen, Entwicklung von Möglichkeiten der Partizipation sowie Einfühlungsvermögen und Konfliktfähigkeit sind Fähigkeiten, die Führungskräfte entwickeln müssen,
wenn die Unternehmensziele erreicht werden sollen. Die Unternehmensleitung/ das
Projektsteuerungsteam kann eine solche Entwicklung in Gang setzen helfen, langfristig

muss sie durch Führungskräfte des Unternehmens am Leben gehalten werden. Das Projektsteuerungsteam ist so gesehen eine Servicestation für Führungskräfte, die darin unterstützt werden, für die Mitarbeiter betriebliche, psychologische und soziale Serviceleistungen zu erbringen.

Rückkehrgespräche als vertrauensbildende Maßnahme

Das Steuerungsteam, wie auch immer zusammengesetzt, beschließt eine Ist-Analyse. Es kann sich hierbei um Analysen von Kassendaten, um Befragungsergebnisse, betriebliche Statistiken, aber auch um Interviewergebnisse und Arbeitsplatzanalysen handeln. Auf der Basis dieser Ergebnisse werden dann erste Ansatzpunkte für Maßnahmen identifiziert. Der zweite wichtige Ankerpunkt ist in jedem Unternehmen das, was wir Gesprächskultur nennen. Mit Führungskräften wird dann Gesprächsführung und insbesondere die Entwicklung einer Gesprächskultur als System der Gesundheitsförderung vorgestellt und umgesetzt.

Hier kann insbesondere die AOK Verbindungen herstellen zu anderen Unternehmen, die diesen Prozess bereits durchlaufen haben. Mit einem Aufwand von insgesamt sechs bis acht Tagen lässt sich eine schmale Variante eines Gesamt- BGF-Projektes umsetzen.

Aus unserer Sicht ist die in der Abb. 4 dargestellte Kurzvariante ein Einstieg in einen dauerhaften Prozess gesundheitsorientierter Betriebsführung (siehe Abb. 4).

Entgegen weit verbreiteter Vorstellungen handelt es sich bei einem Rückkehrgespräch um eine auf den ersten Blick simple Sache: Ein aus einer Abwesenheit rückkehrender Arbeitnehmer wird von seinem Vorgesetzten:

- Begrüßt
- Nach dem Befinden befragt
- Über Dinge informiert, die sich während der Abwesenheit ergeben haben
- Über mögliche Bedürfnisse befragt, die mit der Abwesenheit und/oder betrieblichen Veränderungen entstanden sein könnten
- Ein Angebot zu einem weiteren, längeren Gespräch (Fürsorgegespräch) erhalten, wenn dies entweder der Vorgesetzte oder der Arbeitnehmer wünscht oder wenn dies nach einem im betrieblichen Regelwerk institutionalisierten Zyklus ohnehin ansteht.

Wichtig bei den Rückkehrgesprächen ist es, dass jeder Arbeitnehmer in den Genuss dieser Kommunikationsform kommt, unabhängig davon, ob seine Abwesenheit durch Krankheit, vermuteter Vortäuschung von Krankheit, Urlaub, Fortbildung oder Kur bedingt gewesen ist.

Rückkehrgespräche sind in der hier vorgestellten Variante also zunächst nicht mehr als die Befolgung von Regeln einer zivilisierten Kultur: Durch die Begrüßung wird Mitarbeiterinnen und Mitarbeitern gezeigt, dass man erfreut darüber ist, sie wieder im Betrieb zu haben. Durch das Erkundigen nach der Befindlichkeit zeigt man, dass es einem nicht

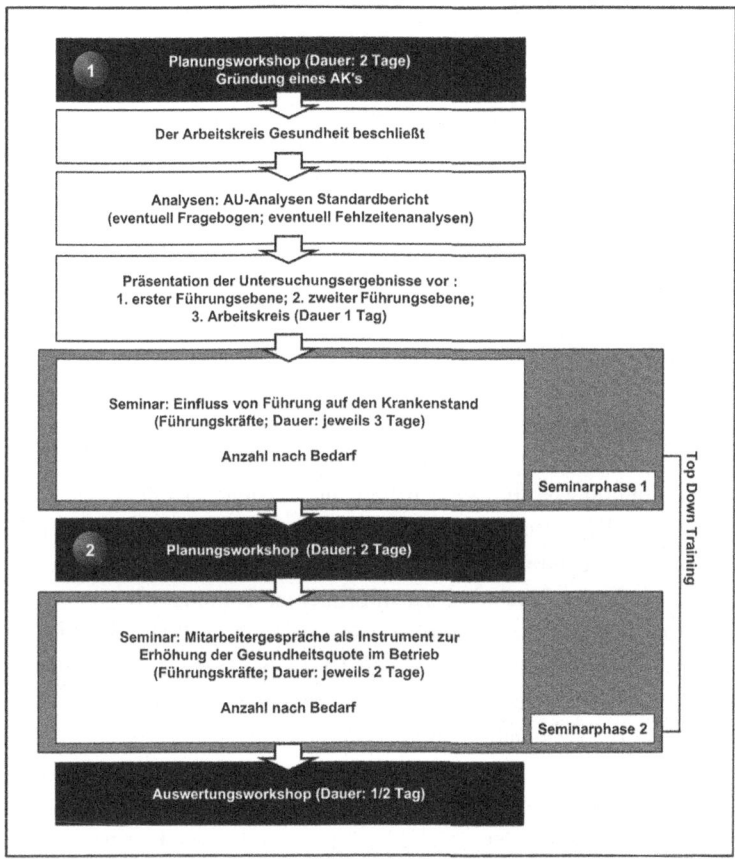

Abb. 4 BGF-Planungsworkshop

egal ist, wie es den Kolleginnen und Kollegen geht. Die Frage nach möglichen Bedürfnissen und das Angebot zur Unterstützung bei der Erfüllung der Bedürfnisse spiegelt
eine bestimmte Kultur zwischen Führungskräften und Mitarbeitenden wider, vorausgesetzt natürlich, dass sie ernst gemeint ist und dass sie glaubwürdig gestellt werden kann.
Ersteres hat etwas zu tun mit dem Selbstverständnis der Führungskraft und mit dem Selbstverständnis der Organisation. Letzteres, die Glaubwürdigkeit, hat etwas zu tun mit den
Erfahrungen, die bisher mit Glaubwürdigkeit im Unternehmen gemacht werden konnten:
also mit der Übereinstimmung von Worten und Taten, von offizieller Unternehmenskultur
und informell gelebter, mit der Ablauf- und Aufbauorganisation und ihren Bezügen zur
Unternehmenszielsetzung sowie mit den Instrumenten der Mitarbeiterführung.

Die Einführung von Rückkehrgesprächen in einem Unternehmen wird also umso
leichter gelingen, je transparenter und verständlicher sie vorbereitet und kommuniziert
wird, je einfacher die Möglichkeit zur Durchführung durch Hilfen und Regelungen
gestaltet wird und je einleuchtender ihre Funktion im Rahmen der Gesamtausrichtung

des Unternehmens gesehen werden kann. Wenn Rückkehrgespräche Sinn machen für das Unternehmen, für die Führungskräfte und für die Mitarbeiter, dann gibt es keinen offenen und keinen verdeckten Widerstand gegen diese Institution.

Oder anders ausgedrückt, wenn Rückkehrgespräche im Rahmen eines salutogenen Konzepts der Organisationsentwicklung, eines Salutogenic Management, eingesetzt werden, können sie gar nicht als falsch verstandenes Disziplinierungsinstrument verwendet werden. Salutogenic Management bezieht sich auf den Gesundheitsbegriff von Antonovsky, den er mit dem Begriff Vertrauen in Verbindung bringt.

Rückkehrgespräche als Führungsinstrument machen aus gesundheitspsychologischer und organisationsentwicklungspsychologischer Sicht Sinn, wenn sie eingebunden sind in ein Verständnis von Führung, das verschiedene Ebenen der Unternehmensführung unterscheidet. Weil Rückkehrgespräche verhältnismäßig leicht in ein Unternehmen flächendeckend eingeführt werden können, stellen sie ein ideales mitarbeiterorientiertes Führungs- und Gesundheitsförderungsinstrument dar.

Seminare für Führungskräfte werden hier als effiziente Möglichkeit gesehen, Analyseergebnisse, Fehlzeitenstatistiken, Kassendaten oder Fragebogenerhebungen an die Vorgesetzten zu vermitteln und diese gleichzeitig in die Lage zu versetzen, ihrerseits Mitarbeiter über die Ergebnisse zu informieren. Training wird hier zu einem Teil der Organisationsentwicklung. Seminare werden dann genutzt, um die Gesprächsführungskompetenz in Richtung der auf den Daten beruhenden Unternehmensstrategie zu optimieren. Umgekehrt erhalten die Führungskräfte aber auch Know-how und Kenntnisse in Techniken zur systematischen Erfassung von Zielen, Verbesserungsvorschlägen oder Kritik an der vorgeschlagenen Unternehmensstrategie durch ihre Mitarbeiter.

Das Training in Rückkehr,- Fürsorge- und Kritikgesprächsführung ist somit ein wichtiger Bestandteil zur Etablierung einer salutogenen Unternehmenstransformation.

Zu beachten ist hier, dass der gesamte Prozess immer durch den Arbeitskreis Gesundheit gesteuert wird. Die Auswahl von durchzuführenden Analysen, die Bewertung der Analyseergebnisse, die Entwicklung einer Kommunikationsstrategie zur Veröffentlichung der Ergebnisse, die systematische Einbeziehung aller Führungskräfte und Mitarbeitervertreter in den Transformationsprozess, die Auswahl spezifischer Seminarinhalte aus den Workshops und Analysen für die zu schulenden Führungskräfte, die Evaluation von mit Führungskräften durchgeführten Seminaren werden in Planungs-, Strategie- und Evaluationsworkshops des Arbeitskreises Gesundheit vorgenommen.

Führungskräfteseminare als Instrument der Organisationsentwicklung

Zwei Seminartypen haben sich in der Vergangenheit bewährt: „Der Einfluss von Führung auf die Gesundheitsquote" ein Drei-Tages-Seminar für die obere Führungslinie sowie „Mitarbeitergespräche zur Erhöhung der Gesundheitsquote im Betrieb" ein zweitägiges – eher trainingsorientiertes – Seminar für Führungskräfte der mittleren und unteren

Ebene, also jene Vorgesetzten, die praktisch Rückkehrgespräche, Fürsorgegespräche und Kritikgespräche durchführen werden. Beide Seminare haben den in Abb. 5 dargestellten Aufbau.

Ob nun ein Unternehmen für die angezielte Veränderung das klassische Top-down-Verfahren wählt oder – wie es derzeit häufiger geschieht – eine Veränderung unmittelbar über das Training von Führungskräften anzielt, ist aus unserer Erfahrung heraus nicht ausschlaggebend. Nach den ersten Seminaren mit Führungskräften der mittleren und unteren Ebene wird von den Seminarteilnehmern Klarheit über die Wertorientierung der Gespräche und organisationalen Voraussetzungen im Unternehmen eingefordert werden. Die Planungs- und Strategieworkshops werden dann nach der Schulung erfolgen, ja, möglicherweise auch die bisher nicht durchgeführten Analyseschritte zur Beantwortung der Frage: Wo stehen wir als Unternehmen? (siehe Abb. 5).

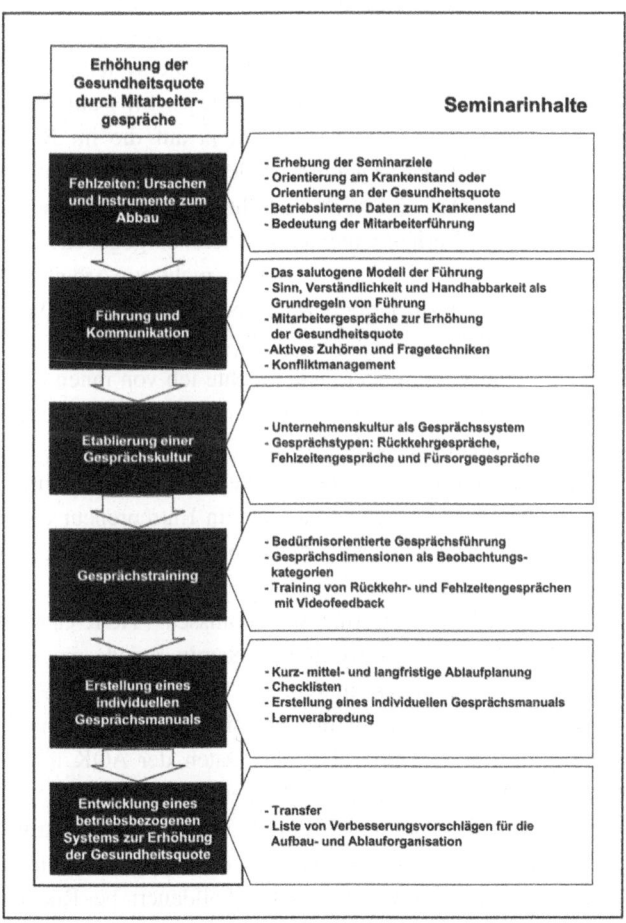

Abb. 5 BGF-Seminaraufbau

Isolierte, also nicht in ein Organisationsentwicklungskonzept eingepasste Schulungs-maßnahmen werden ähnlich wie die im Bereich der Verhaltensprävention durchgeführten Trainings langfristig ohne Effekt sein. Trainings, die darauf abzielen, Führungskräfte in den Stand zu versetzen, ihre Mitarbeiter auszuhorchen, einzululten, zu bedrohen oder zu demütigen, werden eben auch diesen Effekt erreichen: Die Kultur wird nicht von Ver-trauen, sondern von Misstrauen geprägt sein, übrigens gerade auch dann, wenn sich die Maßnahmen nur gegen einzelne richten.

Eine Misstrauenskultur ist das effizienteste Instrument zur Erhöhung des Kranken-standes.

Die Seminarinhalte: Daten als Mittel zur Selbstreflexion

Das Seminar für Führungskräfte der höheren Ebene unterscheidet sich vom Seminar für Führungskräfte der mittleren Ebene durch einen vorgeschobenen theoretisch ent-wickelten Selbstreflexionspart zur Frage von Führung. Die systematische Reflexion des eigenen Führungsstils mit Blick auf den Einfluss dieses Stils auf die Unternehmens-entwicklung, auf das Verständnis von Gesundheit, ja auf die im Betrieb vorfindbare Gesundheitsquote ermöglicht in der Regel eine kollektive Reflexion zu Fragen von Sinn, Wertorientierung und Kultur. Was hält mich als Führungskraft in meinem Unternehmen? Wie viel Ideale habe ich im Verlaufe meiner Karriere aufgegeben? Lerne ich täglich dazu? Verstehe ich die Mitarbeiter, die es vorziehen, nicht zur Arbeit zu kommen? Was bringt Mitarbeiter eigentlich dazu, täglich zur Arbeit zu kommen? Wann war ich das letzte Mal in einer Werkshalle?

Wie behandele ich meine Vorgesetzten, wie möchte ich von ihnen behandelt werden? Was weiß ich eigentlich über den privaten Hintergrund meiner Mitarbeiter? Was weiß ich von den langfristigen Unternehmenszielen?

Was verstehe ich unter Führung? Wie sieht meine Präsenz als Führungskraft aus? Wie lebe ich Führung? Bin ich tief in meinem Herzen ein Entrepreneur oder ein Patriarch? Verstehe ich Führung als Service am Mitarbeiter oder als Erziehung von unmündigen Kindern?

Da alle Seminare auf der Basis von Analyseergebnissen – AOK-Gesundheitsberichten und betriebsinternen Daten – basieren, werden die Seminare jedesmal auf die jeweiligen Bedingungen des Unternehmens zugeschnitten.

Zu Fragen der Reflexion von Führung auf verschiedenen Ebenen und ihres Einflusses auf die Gesundheitsquote im Betrieb geben die Daten der AOK über das Diagnose-spektrum im eigenen Unternehmen vielfältige Anregungen.

Wie kommt es, dass in der Abteilung X dreimal soviel Rückenkranke sind wie in der Abteilung Y? Warum stehen die psychiatrischen Diagnosen in unserem Betrieb an zweiter Stelle? Weshalb sind die durchschnittlichen Falldauern bei Rückenkrankheiten in der Abteilung Y doppelt so hoch wie in der Abteilung X?

Wie können wir eigentlich wissen, dass die Tatsache häufiger Krankheiten von Frauen und ausländischen Arbeitnehmern nicht von den Arbeitsplätzen abhängt? Oder: Warum hat man mir bisher nicht gesagt, dass „Schonarbeitsplätze" möglicherweise viel gesundheitsgefährdender sind als normale Arbeitsplätze, weil dort die monotonen Aspekte viel wirksamer werden können?

Datengeleitete Diskussionen dieser Art führen Führungskräfte zu einer ganz anderen Sichtweise der Dinge und vor allen Dingen zu Fragen, die problemlösungsorientiert sind und sich nicht mit der aussichtslosen und Energie sowie Zeit verschwendenden Frage beschäftigen, wer denn nun eigentlich Schuld an dem ganzen Dilemma hat.

Bewährte Regeln der Moderation und Steuerung eines Veränderungsprozesses finden auch im Seminar Anwendung: Es gilt absolute Vertraulichkeit, es gilt das Winwin-Prinzip und insbesondere die Orientierung an den positiven Aspekten der Unternehmenskultur, was sich in der Frage niederschlagen kann: Warum kommt denn der Großteil unserer Mitarbeiter zur Arbeit? (zu den Regeln vergleiche Westermayer 1995, Westermayer und Stein 1996; AOK Berlin 1995).

Der interessante Seminarteil freilich besteht in der Simulation verschiedener Gesprächstypen mit Videofeedback. Jeder Seminarteilnehmer erhält eine Beobachtungsaufgabe, die sich auf verschiedene Dimensionen der Gesprächssituation bezieht: Aufbau des Gesprächs, Vollständigkeit, Timing, Kontakt, Präsenz, nonverbale Aspekte wie Mimik, Gestik, Körpersprache und Stimme. Insbesondere die Klarheit der Zielformulierung, das Hervorheben der Sinnhaftigkeit des Gesprächs und die konkreten Hilfsangebote sowie das deutliche Zeigen der eigenen Haltung sind Orientierungspunkte der Beobachtung. Zur Durchführung der Rollenspiele werden typische Beispiele aus dem Betriebsalltag als Szenarien genutzt. Dabei spielen Extrembeispiele eine wichtige Rolle. Alle Führungskräfte kennen irgendwelche Mitarbeiter, die je nach Unternehmen als „krankfaul", „Experten" oder „Simulanten" bezeichnet werden. Gerade in solchen Rollenspielen kann man sehr gut deutlich machen, dass weder eine Strategie des „Einschüchterns" noch des „Einlullens" etwas bringt. Klarheit und Transparenz, Wertorientierung und Offenheit, Begeisterung für die Unternehmensziele und vor allen Dingen eine ausgeprägte bedürfnisorientierte Kommunikation führt zu einem vertrauensvollen und erfolgreichen Gespräch.

Vertrauen meint in diesem Zusammenhang nicht ein falsch verstandenes „Tätscheln", sondern ein gezieltes Klären von gemeinsamen, aber auch unterschiedlichen Auffassungen über Ziele, Arbeitsabläufe und Kommunikationsstile. Belastungen aus dem Arbeitsablauf und dem Privatleben können Thema sein.

Es versteht sich von selbst, dass diese Themen nicht in einem Rückkehrgespräch angesprochen werden können. Das Rückkehrgespräch hat lediglich die oben genannten Funktionen und kann als Gelegenheit für die Einladung zu einem weiteren, tiefer gehenden Fürsorgegespräch dienen. Dieses Gespräch muss vorbereitet und trainiert werden. Rückkehrgespräche, Fürsorgegespräche und Klärungsgespräche, die durchaus auch in Einzelfällen zu Trennungsgesprächen führen können, sind gewissermaßen das Rückgrat einer salutogenen Unternehmenskultur, die sich am Vertrauensmodell von Antonovsky orientiert.

Als Teil eines umfassenden Organisationsentwicklungsprozesses sind sie damit auch nicht nur Sache von Führungskräften, sondern von allen Unternehmensmitgliedern: eine Möglichkeit, einen andauernden Kommunikationsprozess über Ziele, Verbesserungsmöglichkeiten, Werte und Belastungen zu institutionalisieren.

Mut, Offenheit, Sprachkultur: Zentrale Ressourcen der Organisationsentwicklung

Führung in der Vertrauensorganisation, so könnte man kurz zusammenfassen, heißt: an das zu glauben, was man tut, und zu sagen, was man glaubt, und genau dies auch von den Mitarbeitern zu erwarten und – das ist wichtig – diese darin zu unterstützen, sich über eigene Ziele und Wertvorstellungen klar zu werden. Dann hat man die Voraussetzungen geschaffen, offen über unterschiedliche Ziel- und Wertvorstellungen sprechen zu können und Differenzen zwischen offizieller Verlautbarung und faktischem Handeln transparent zu machen.

Doch was machen wir mit Mitarbeitern, so eine häufig gestellte Frage im Seminar, die offensichtlich keine offene Kommunikation wünschen und alle betrieblichen Regelungen und gesetzlichen Voraussetzungen nutzen, um auf Kosten der anderen Mitarbeiter zusätzliche Freizeit zu erschwindeln?

In diesen Fällen von möglichem Missbrauch von Mitarbeiterrechten stehen Führungskräfte tatsächlich vor einem schwierigen Problem: Es erfordert Mut und Risikobereitschaft, aber auch Einfühlungsvermögen und Lernbereitschaft, nicht der Verführung zur Technik des „Einlullens" und „Einschüchterns" zu erliegen, sondern sich selbst darüber Rechenschaft zu geben, weshalb und aufgrund welcher Informationen Mitarbeitern misstraut wird. In diesem Reflexionsprozess erscheinen sehr oft bis dahin als Fakten bewertete Einschätzungen als ein Sammelsurium von Daten, Halbinformationen, Gerüchten und negativen Gefühlen. Dieses Gefühl des Misstrauens kann durchaus Thema eines Fürsorgegesprächs sein, das selbstverständlich anders als Rückkehrgespräche vorbereitet und gezielt geführt werden muss. Es ist eine Kunst, über solche Gefühle mit Mitarbeitern offen zu sprechen, ohne diese einzuschüchtern. Sie zu fragen, wie man das angeschlagene Vertrauensverhältnis verbessern könnte, sie einzubinden in den Problemlösungsprozess. Aber letztendlich ist es die Wahl des Mitarbeiters, sich einzuschüchtern zu lassen oder auf die Offenheit seines Vorgesetzten mit Offenheit zu reagieren. Für hoffnungslose Fälle, die es unserer Meinung nach in Unternehmen in verschwindend geringem Ausmaß gibt, stehen genügend betriebliche Instrumentarien zur Verfügung, die letztendlich zu einer Auflösung des Arbeitsverhältnisses führen können. Und dort braucht der Grund in der Regel nicht in den Fehlzeiten gesucht zu werden!

Gestalt

Als Goethe im Jahr 1793 den Begriff „Gestalt" in seinen Schriften zu morphologischen Naturwissenschaften das erste Mal nutzte, wollte er damit beschreiben, was auch noch heute in den meisten gestaltpsychologischen Schulen intendiert wird: „Die Gestalt ist ein Bewegliches, ein Werdendes, ein Vergehendes. Gestaltenlehre ist Verwandlungslehre. Die Lehre der Metamorphose ist der Schlüssel zu allen Zeichen der Natur" (Goethe 1999, S. 45–48, S. 256). Und er war sich sehr darüber im Klaren, dass diese Definition ein Wagnis darstellt: „Ich versuche die Idee: Schönheit sei Vollkommenheit mit Freiheit, auf organische Naturen anzuwenden" (ebd. S. 16 ff.). Nur stellt er eine Seite weiter den Gebrauch des Begriffs Gestalt deutlich infrage, denn der „Deutsche hat für den Komplex des Daseins eines wirklichen Wesens das Wort Gestalt. Er abstrahiert bei diesem Ausdruck von dem Beweglichen …" (ebd. S. 48) und „Wollen wir also eine Morphologie einleiten, so dürfen wir nicht von Gestalt sprechen."

Während wir auch heute mit dem Gestaltbegriff wieder Bewegung in eine in Zahlen und Fakten erstarrte Psychologie bringen wollen, nutzte Goethe den Begriff Gestalt, um die Schönheit, Vollkommenheit und Freiheit im aus seiner Sicht eigentlich immer in Bewegung auf ein unsichtbares Ideal zustrebenden Naturgeschehen in einer neuen Forschungsrichtung der *Morphologie* wiederzufinden, die sich vom Begriff Gestalt abgrenzt.

Das ist ein ähnlicher Versuch, wie ihn Charles Sanders Peirce hundert Jahre später noch mal unternahm: „Tatsächlichkeit ist etwas Brutales, sie kennt keine Vernunft." Beide, Goethe und Peirce sehen in der Konzentration auf *Handlung* des Denkens, also wie man etwas wahrnimmt und welche Worte man wählt, um das Wahrgenommene zu begreifen, also Erfindung von Theorien und Begriffen, die wesentliche Voraussetzung für den *Start* einer Wissenschaft. Beide sind gründlich damit gescheitert, ein komplettes naturwissenschaftliches Wissenschaftssystem zu schaffen, haben aber wichtige Voraussetzungen für die Sozialwissenschaften und die moderne Gestaltpsychologie geschaffen.

Die Grundidee Goethes, im Gestaltbegriff das Feste und Unbewegliche zu sehen und im Griechischen Wort für Gestalt „Morphe" das sich Verändernde und Bewegende festzuhalten, diese Gegensätzlichkeit findet sich noch heute in modernen Ansätzen der Gestaltpsychologie wieder. Wissenschaftlich betrachtet bringt dieser als *Cycle of Experience* (Ed Nevis) beschriebene Prozess des sich anpassenden und selbstverändernden Lernens mit seinen in der Gestaltpsychologie verwendeten Stufen ein Problem mit sich: die Einheit von Methode und Gegenstand.

Was Hegel in der Phänomenologie des Geistes gekonnt und dadurch nahezu unlesbar als dialektische Denkmethode demonstriert: Die Bewegung des Begriffes, der durch Liebe und Arbeit an und für sich Geist in seinen verschiedenen Entwicklungsstufen verwirklicht und darin herstellt, entzieht sich heute einem wissenschaftlichen Blick, der nur standardisierte Beobachtungsmethoden zulässt.

Mit der Einführung des Begriffes *Aktionsforschung* für Kurt Lewins Ansatz der Übertragung gestaltpsychologischer Erkenntnisse auf Gruppen wurde ein halbwissenschaftlicher Zwitter geschaffen: Wissenschaftliche Forschung war bei Kurt Lewin insofern gegeben, als er mit Experiment, Statistik und Befragung wissenschaftliche Methoden einsetzte, diese aber so, das wiederum wundersame Prozesse zu beschreiben waren, wie die energetische Wirkung des Datenfeedbacks oder der Auftau- bzw. Einfrierprozess des Eisbergs „Organisation". Lewins theoretischer Bezugsrahmen war die physikalische Feldtheorie, die in den 1920er- und 1930er-Jahren fast alle Wissenschaften in ihren Bann zog. Heute finden wir zwar in der Organisationsentwicklung noch viele Metaphern wie eben die des Eisbergs, aber die Theorie des in Analogie zu einem physikalischen Kräftefeld entwickelten psychologischen Kräftefeldes existiert so nicht mehr oder vielleicht nur noch in eher randständigeren Richtungen der Psychologie (morphogenetische Felder).

Ein neuer Vorschlag für das Gestaltkonzept

„Gestalt" hat offensichtlich viele Gestalten, daher möchte ich im Folgenden diejenigen Grundsätze auflisten, die aus meiner Sicht Betriebliches Gesundheitsmanagement mit dem Ansatz des Town Meetings verbinden. Außerdem gebe ich einen kurzen Hinweis auf das Buch von Richard David Precht über das Gefühl Liebe, in dem er, so weit ich das beurteilen kann, das erste Mal tatsächlich eine belastbare Theorie von Gefühlen entwickelt, welche es ermöglicht, Erkenntnisse des Gestaltparadigmas mit Erkenntnissen moderner naturwissenschaftlicher Forschung in Beziehung zu setzen. In seiner Theorie ist der von mir als unerwartet beschriebene Effekt von Town Meetings, nämlich die Stärkung der Gesundheitsindikatoren der Teilnehmer, ein in den Naturwissenschaften und Kunstwissenschaften bekanntes Phänomen, ein sogenanntes „Spandrel" (vgl. Precht 2009, S. 167). Gleichzeitig entwirft Precht aus philosophischer und biologischer Sicht eine Stufentheorie von Emotionen, Gefühlen, Haltungen und Handlungen, die jedem Gestalttherapeuten als Cycle of Experience bekannt sein dürfte, die aber über jede gestalttherapeutische Praxis hinausgehend das begriffliche und theoretische Fundament für die zukünftige Interpretation neurobiologischer Diagnostik darstellen könnten (vgl. Precht und Roth 2009).

Dieser Cycle of Experience ist auch das Handlungs- und Denkmodell, das den Town Meetings einerseits und dem Betrieblichen Gesundheitsmanagement andererseits zugrunde liegt (siehe dort).

Ich werde folgendermaßen vorgehen: Zunächst werde ich den Cycle of Experience und anhand eines bekannten Kippbildes (vgl. den Anfang des Buches) das für den Gestaltansatz zentrale Wahrnehmungsphänomen des Figur-/Grundwechsels oder des Gestaltswitchs darstellen. In der auf Ed Nevis zurückgehenden Darstellung des Cycle of Experience werden zwei Aspekte thematisiert: Einerseits ist in der Wahl der Bezeichnungen für die einzelnen Stufen/Prozessabschnitte des Erfahrungmachens eine

Schwerpunktsetzung auf die kognitiven Bestandteile gelegt (Sensation, Awareness, Action, Evaluation), andererseits werden durch einen nicht näher spezifizierten Verweis auf *Energy* zwar Andeutungen zu den emotionalen und gefühlsbezogenen Anteilen des Erfahrungmachens bzw. Lernens gegeben, diese aber nicht systematisch ausformuliert.

Hierdurch entsteht aus meiner Sicht die größte Schwäche dieses Gestaltansatzes, der seine physikalisch feldtheoretische Basis verloren hat und wahrscheinlich deshalb auf einem nicht weiter differenzierten Energiebegriff sitzen geblieben ist. Eine nicht näher beschriebene Kraft und Energie treibt den Lernzyklus an. Irgendwie spürt das auch jeder. Es fehlt, und das klingt, wenn man sich die üblichen Themen des Gestaltansatzes ansieht, fast paradox, ein tragfähiges Konzept zu Emotionen und Gefühlen in ihrer Rolle des Lernens. Dieses soll hier in ersten Ansätzen mit Precht und Hüther (Precht 2009, S. 52 ff.; Hüther 2016) in Nevis Cycle eingebaut werden. Insbesondere die aus meiner Sicht neue begriffliche Unterscheidung von Emotionen und Gefühlen, wie sie Precht (Precht 2009, S. 165 ff.) vornimmt, gibt dem Cycle of Experience als Beobachtungsinstrument für das Verständnis komplexer sozialer Prozesse eine vorher nicht vorhandene Präzision.

Ein weiterer Aspekt, der sich auch mit dem Energiebegriff im Gestaltcycle verbinden lässt, ist die Frage, wann es denn tatsächlich zum Lernen im Sinne eines Gestaltswitches kommt, also wann die in einen „echten" Kontakt mündende Handlung nicht nur die Umwelt verändert, sondern auch das die Umwelt verändernde Subjekt, das nach „diesem" Kontakt eben nicht mehr dasselbe ist wie vorher, weil es seine Wahrnehmungs- und damit auch Handlungsfähigkeiten um einen durch das freudig angezeigte Aha-Erlebnis, ein archimedisches *heureka* begleitet deutlich erweitert hat und zukünftiges Lernen nun viel aktiver angehen kann. Wenn also, stresspsychologisch gesprochen, sich Stressteufelskreise der subjektiv gefühlten Ohnmacht, Depression, Ärger und Gereiztheit in „Glücksspiralen" (Hirschhausen 2016) von Lernen, Stolz, Freude und Selbstvertrauen verwandeln. Wenn Menschen in die Lage versetzt werden können, proaktiv sich ihre Umwelt gezielt anzueignen und effektives Lernen gelernt haben, dann ist nicht nur für die Politik, sondern auch für die Gesundheit dieser Menschen viel getan worden.

Diese spannenden Prozesse kann man sich zwar in Town Meetings ansehen, mithilfe des Cycles of Experience in der jetzigen Version aber nicht verstehen, ohne esoterische Energiebegriffe zu verwenden, und allein der Hinweis, dass offensichtlich in der kollektiven Wahrnehmung der Menschen ein Gestaltswitch stattgefunden habe, erklärt das Phänomen nicht, sondern beschreibt es nur noch einmal anders.

Gestaltzyklus

Aus meiner langjährigen Erfahrung im Umgang mit Managern aus schwedischen und deutschen Geschäftsumfeldern ist eines sehr klar geworden: Schwedische und deutsche Manager haben völlig unterschiedliche Wahrnehmungsmuster, welche sehr gut mit den verschiedenen Stufen des **Gestaltzyklus** erklärt werden können.

Während deutsches Management bezogen auf den Gestaltzyklus nach einem *Gesagt-getan-Muster* funktioniert: man nimmt bestimmte Probleme wahr, benennt sie – gesagt – und erledigt sie dann – action/getan –, ist das im schwedischen Management völlig anders. Dort gibt es das Muster *Wahrnehmung*, die Frage, was kann das, was man wahr-nimmt, bedeuten – *Awareness* –, und nun kommt, anders als im deutschen Muster der *Austausch* über das Wahrgenommene und seine Bedeutung – gemeinsame Planung. Die Schweden bewegen sich sehr, sehr lange genau auf den beiden Stufen *Awareness* und *Teilen der Awareness,* die im deutschen Kulturkreis in der Regel übersprungen werden.

So ist für einen schwedischen Manager das Überspringen von ganz wesentlichen Planungsschritten nicht in Ordnung, das deutsche Verhalten erscheint dort als ein höchst ungehobeltes Verhalten, was zu schweren Kommunikationsstörungen führen kann. Da schwedische Manager zusätzlich in ihrer Kultur angehalten sind, keine kritischen Äußerungen zu machen, die den gemeinsamen Austausch-und Planungsprozess stören könnten, werden sie niemals dem deutschen Manager zu seinem aus ihrer Sicht extrem unhöflichen Verhalten Feedback geben. So kann es sein, dass beim nächsten Meeting eine Woche später ungefähr dieser Ablauf stattfindet:

1. Im ersten Schritt werden wieder die anstehenden Themen aufgelistet, die haben sich bei den schwedischen Managern nicht verändert, bei den deutschen allerdings schon. Diese listen vor allen Dingen alle Aktivitäten auf, die sie in den letzten sieben Tagen durchgeführt und die aus ihrer Sicht die vermeintlichen Probleme erledigt haben.
2. Die schwedischen Manager hören sich die Aufzählung von Aktivitäten an und geben in der Regel mit einem freundlichen „Das ist ja sehr interessant" ein aus schwedischer Sicht fast vernichtendes Feedback, was aber aus deutscher Sicht nicht mal als negativ verstanden wird, obwohl nun auch hier klar wird, dass da irgendwas schief läuft, nur fällt es schwer zu bestimmen, was das sei.

Hans Rietz, der sehr sympathische Chef der schwedischen Handelskammer in Berlin, hat auf die Einladung meiner Frau Marie Norberg und mir in unseren Workshops viele Anekdoten zu diesen hochinteressanten Kommunikationsthemen erzählt.

Hans trainierte schwedische Manager für ihren Einsatz in Deutschland, bevor sie ihren Job hier antraten.

Eine wichtige Übung, welche diese Manager machen mussten, ging so:

Er ließ sie auf einem Stuhl vor einen Spiegel sitzen, sie mussten sich im Spiegel ansehen und zehnmal mit kräftiger Stimme „Nein!" rufen. Er verbot ihnen zu sagen: „Das ist ja sehr interessant!"

Als ich mit meiner schwedischen Ehefrau Marie Norberg die erste gemeinsame Wohnung in Berlin bezog und gerade dabei war, unsere Küche einzurichten, war mein sehr guter Freund und Trauzeuge Clemens Kaiser zu Besuch. Ich schätze seinen Geschmack und sein Urteil sehr. Also fragte ich ihn, was er denn von den gerade von mir an der Küchenwand angebrachten Rösle-Stahl-Glas-Regalen halte. „Ich finde, die sehen sehr gut aus", sagte er mir. „Gut, mir gefallen die auch dort. Allerdings, wenn jetzt gleich Marie kommt und dann sagen wird: Oh, das sieht ja interessant aus, nehme ich sie wieder runter."

Und genau so kam es dann auch. Man könnte noch einige Bücher zu diesem Thema schreiben und es sind auch schon einige geschrieben worden.

In einer unserer Veranstaltungen im Berliner Capital Club „Wie geht gesunde Führung?" konnten wir dank Maries Einfluss *Bertil Torrekul* zu einem Vortrag über Ingvar Kamprads Managementmethode einladen.

Ingvar Kamprad hat vor langer Zeit in Schweden Ikea gegründet und Bertil Torrekul ist sein offizieller Biograf und war sehr eng mit ihm bis zu dessen Tod befreundet. Marie Norberg wiederum arbeitet mit Bertil seit vielen Jahren zusammen und so hatten wir das Glück, ihn, der eigentlich mit seinen 84 Jahren keine Reisen mehr unternehmen wollte, doch noch zu diesem wunderbaren Vortrag nach Berlin einladen zu dürfen.

Deshalb hier ein kurzer Bericht zu Bertils Abend, der zeigt, wie eng schwedisches Management mit einer anderen Anwendung des Gestaltzyklus funktioniert als deutsches:

Flöte, Kapuze, Seele & Umarmung: Der schwedische Lernzyklus

Der Panamahut verdeckt sein weißes Haar, das sonst wahrscheinlich so wild und lebendig wirken würde, wie es seine Augen ohnehin immer tun. Man fühlt sich gewürdigt, wenn man von seinem intensiven Blick so konzentriert und warm zugleich angestrahlt wird.

Kaum hatte er den Konferenzraum betreten, begann Bertil Torekull, sich über das Setting zu beschweren: Der große Konferenztisch weckte offensichtlich starke negative Erinnerungen an die 1960er-Jahre, als er das erste Mal in Berlin war. Damals war er einer Einladung des größten deutschen Verlags, des Axel Springer Verlags, gefolgt und wurde Zeuge einer typischen Morgenkonferenz der verschiedenen Bereiche der BILD-Zeitung. Er kopierte die Züge der Konferenzthemen: den fast militanten Gehorsam der Ressortleiter gegenüber dem Generaldirektor, der jeden Morgen den Inhalt der Zeitung diktierte. Die Führung war rau, autoritär, meilenweit entfernt von jeder Spur der Idee der Partizipation.

Ein Führungsstil, der jeglichen Werten von Bertil Torekull stark zuwiderlief. Und diese Erinnerung war verbunden mit dem großen Konferenztisch, den wir im Raum bereit hatten, um 20 Teilnehmer des Workshops zu begrüßen: „Die Bedeutung von umarmender Führung" in der Workshop-Reihe „Wie funktioniert gesunde Führung?", die 2017 und 2018 jeweils an einem Mittwochabend im Monat im Berlin Capital Club stattfindet.

Das Wort „Umarmungsmanagement" weist bereits darauf hin, dass sich Bertils Verständnis von Führungskompetenz stark von dem oben beschriebenen autoritären Führungsstil unterscheidet.

Wer ist Bertil Torekull?
Bertil hat mehr als 60 Jahre Managementerfahrung. Er war Chefredakteur bei den größten Zeitungen Schwedens. Gegen alle Widerstände und Ungläubigen: „eine tägliche

Wirtschaftszeitung in Schweden, niemals!" Er startete Dagens Industri, eine Erfolgsgeschichte und heute *die* Wirtschaftszeitung in Schweden.

Er ist berühmt für seine leidenschaftliche und kreative Führung, die auf starken
Werten aufbaut. Bekannt als mutig, eigenwillig, mit einer ganz besonderen Fähigkeit,
unsere Gesellschaft zu beobachten und zu analysieren, „der Journalist mit der spitzen
Feder", wie seit vielen Jahren in den Kolumnen von „Mr. Trend", seiner eigenen Marke,
zu lesen war.

Er ist auf dramatische Weise aus Spitzenpositionen gefeuert worden, beschrieben in
dem Buch „Svenskan och hennes hövdingar". Auch den Sturz von Managern hat er mit
seinen Schriften verursacht.

Er ist ein Experte in „Thank God it's Monday! " und definitiv „Burn on!" Seine
scharfe Beobachtungsgabe hat er in Schriften über einige der berühmtesten Manager
Schwedens eingesetzt, zum Beispiel in seinem Buch „Mit Wölfen tanzen".

Seit vielen Jahren hält er Vorträge über gute Führung, hat Tausende von Führungskräften getroffen und inspiriert.

Wo ist die Flöte?

Als Bertil Dagens Industri gegründet hatte, prüfte der Geschäftsführer von Bonniers Verlag
die erste Ausgabe und wurde immer ungeduldiger. „Und wo ist die Flöte? ", fragte er ihn
irritiert. Die Flöte, so begann Bertil dann zu verstehen, ist etwas Besonderes, das in jeder
Ausgabe als besondere Überraschung enthalten sein muss. Es konnte etwas aus Politik,
Kultur oder Technik sein, solange es etwas wirklich unerwartet Besonderes war. Die Flöte
ist wie ein zusätzlicher glänzender Wert, der die Sammlung von Original-Einzelartikeln
komplett macht und jeder Ausgabe einen besonderen Charakter verleiht. Von diesem
Moment an war Bertil immer darauf bedacht, Flöten in seine Publikationen zu integrieren.
Die erste Stufe des Gestaltzyklus: Eine Sensation, die geradezu nach Awareness ruft.

Kapuze und Seele

Wo ist die Seele des Unternehmens? Bertils Fragen an eine Gruppe von Ingenieuren
von Saab erinnern an Edgar Scheins klassisches Werk über Unternehmenskultur. In
Scheins Theorie geht es im Kern um die Grundregel eines Unternehmens. Die Gründer
eines Unternehmens haben eine spannende Idee, was das Unternehmen sein soll und auf
dieser Vision werden die Artefakte einer Kultur aufgebaut. Von nun an ist die Grundregel
geheim und nicht mehr sichtbar, bis sie in der nächsten Krise wieder explizit wird.

In Bertils Theorie steckt die Seele des Unternehmens unter der Haube. Am Beispiel
des Ingenieurs, der mit ansehen musste, wie sein Baby – der schwedische Satellit – nach
30 Jahren durch den Aufprall auf den Saturn zerstört wurde und fast in die Mikrofone
der Journalisten zu weinen begann, zeigt Bertil, wie die Seelen der Ingenieure und ihrer
Produkte miteinander verwoben sind. In Saab-Autos steckt die Seele unter der Motorhaube. Die Seele ist Intelligenz, herzliches Engagement, Leidenschaft für Technologie,
Pionierarbeit für den Fortschritt und die Zukunft. Die Seele ist das, was sich zwischen

den Rohren unter der Motorhaube befindet. Wenn Bertil über die Männer von Saab spricht, kann man in seinen Augen die tiefe Sympathie und Empathie für die leidenschaftlichen Ingenieure sehen, als ob er sagen wollte: Ja, diese Technologen haben wirklich ein Herz. Berührend! Hier haben wir das Wechselspiel zwischen Sensation, Awareness und Energy, das sich auch darin zeigt, das sein angemessener Name für diesen Prozess gefunden und akzeptiert wird: Hier ist es die Seele, die aber immer eine irgendwie geartete Kapuze trägt. Die Bilder erinnern mich ein wenig an eine schöne Beschreibung zum Unterschied zwischen Wahrheit und Wirklichkeit bzw. zwischen Schein und Sein:

Jesus und der Teufel gehen zusammen den Weg entlang. Plötzlich merkt Jesus auf (Sensation), stupst den Teufel an und weist mit der Hand nach vorne in der Ferne und sagt: „Siehe da das Licht, das ist die Wahrheit!" Worauf der Teufel es auch wahrnimmt (Awareness) und antwortet: „Toll, ich sehe sie auch, gib sie mir und ich organisiere sie für dich" – Energie und Kontakt.

Die Wahrheit wird in diesem Wahrnehmungs-, Bewusstheits-, Planungs- und Aktionsprozess zur Wirklichkeit, die wiederum bewertet werden muss, um danach einen neuen Prozess zu starten.

Prof. Ingo Fietze, der auch an diesem Abend Bertil Torekull zuhörte und seinen Vortrag als den bisher besten im Programm bezeichnete, ist der in Deutschland bekannteste Schlafforscher. Prof Fietze weiß, dass es genau diese Bewertung am Ende eines Gestaltzyklus ist, die, wenn sie in eine REM-Phase des Schlafes gerät, als dauerhaftes Wissensgut im Gehirn verbleiben wird. Daher heißt dieser Gestaltzyklus bei Ed Nevis auch **Lernzyklus.**

Umarmungen

Er geht um den Tisch herum, schaut sich die verschiedenen Gäste an, nimmt einen Stuhl neben Dr. Bader, nimmt die Hand des Doktoren und fragt: „Wie heißen Sie denn mit Vornamen? " „Sebastian", sagte Dr. Bader, scheinbar erfreut über die sanfte Massage, die Bertil an seinen Armen durchführte. Es war sehr beeindruckend zu sehen, wie respektvoll und berührend zugleich der Kontakt zu Sebastian Bader von Bertil aufgebaut wurde. Peter Sloterdijk, ein berühmter deutscher Philosoph, zitiert den Dichter Rainer Maria Rilke, um das Gefühl der Erhabenheit zu beschreiben, das einen beim Anblick des „Torsos von Apollo" überwältigen kann:

„und bräche nicht aus allen seinen Rändern
aus wie ein Stern: denn da ist keine Stelle,
die dich nicht sieht. Du musst dein Leben ändern." (Rilke: Archaïscher Torso Apollos)

Sie müssen Ihr Leben ändern, weil Sie mit etwas in Berührung gekommen sind, das himmlisch ist. Hier ist die Umarmung herzlich und geistig. Und über diese Dimension hat Bertil gesprochen, als er sich auf unser Hauptthema bezog: Burn on versus Burn out.

Das hat er tatsächlich gesagt: Ausbrennen? Wozu ist das gut? Geh nach Hause, fang ein neues Leben an, werde neu geboren. Brenne weiter!

Hier erinnert er mich auch an Peter Sloterdijk, der in einem seiner Bücher vorschlug, man solle mehr über Weltaufgangseuphorie als über Weltuntergangsdepression sprechen.

Es ist eine Frage der Wahl und der Entscheidung. Bertil erzählte von so vielen Menschen, die ihm über den großen Einfluss schreiben, den er offensichtlich auf ihr Leben hatte. Er hat sie in ihrer Seele berührt und ihre tiefen Bedürfnisse geweckt, sich selbst zu entwickeln, um den goldenen Käfig zu verlassen und ihr eigenes Leben zu beginnen, das ihnen von diesem Moment an tatsächlich gehörte.

Die Kamprad-Massage

Unter allen Höhepunkten dieses bemerkenswerten Abends im Capital Club war Bertils Präsentation der Kamprad-Massage wohl der lustigste.

Er stellte sich hinter Marie Norberg, seine Beraterin in Schweden für mehr als zehn Jahre, und demonstrierte, wie Ingvar Kamprad seine Söhne davon überzeugte, die Menge an Holz zu reduzieren, die IKEA bis dahin für die Produktion ihrer Möbel verwendete.

Er begann, Maries Kopf zu massieren, und mit jeder Bewegung erhöhte er den Tonfall seiner Stimme und wiederholte die Zauberformel:

„Wir müssen die Menge an Holz reduzieren". Massieren, Umarmen, Berühren im allgemeinen Körper und Geist ist das Geheimnis von Ikeas Chef Ingvar Kamprad. Wir sind alle eine Familie und wir berühren uns alle, dann verlangen wir nicht zu viel Geld und Kamprad könnte alles für sich behalten. Offensichtlich funktionierte und funktioniert das im IKEA-System.

Gesundheit messen?

„Wenn man Gesundheit in Wahrheit nicht messen kann, so eben deswegen, weil sie ein Zustand der inneren Angemessenheit und der Übereinstimmung mit sich selbst ist, die man nicht durch eine andere Kontrolle überbieten kann" (Gadamer 2010, S. 138 f.) und „[t]rotz aller Verborgenheit kommt sie aber in einer Art Wohlgefühl zutage, und mehr noch darin, dass wir vor lauter Wohlgefühl unternehmungsfreudig, erkenntnisoffen und selbstvergessen sind und selbst Strapazen und Anstrengungen kaum spüren – das ist Gesundheit. Sie besteht nicht darin, dass man sich in den eigenen schwankenden Befindlichkeiten immer mehr um sich sorgt oder gar Unlustpillen schluckt" (ebd., S. 143 f.).

Gadamer weist in seinem weit vorausschauenden Buch „Über die Verborgenheit der Gesundheit" auf ein Paradox hin: Gesundheit spüren wir gerade dann nicht, wenn sie vorhanden ist. Dann empfinden wir Tatendrang, Neugierde, Stolz, Selbstbewusstsein, Optimismus und Vertrauen. Dagegen sehnen wir uns nach Gesundheit, wenn sie abwesend ist – dann wird Gesundheit spürbar (vgl. auch Simon 2001). Insofern könnte man versucht sein, die klassische Definition von Gesundheit „Gesundheit ist die Abwesenheit von Krankheit" ernst zu nehmen.

Doch beim puren Nichtvorhandensein von Krankheit fehlt noch etwas, eben die wohltuenden Begleiterscheinungen von Gesundheit, die wir in früheren Artikeln in der Regel mit dem „Sense of Coherence" nach Antonovsky in Zusammenhang gebracht haben (vgl. Antonovsky 1997; Beck; Westermayer and Stein 2006).

Gesundheit stellt sich nicht nur in der wissenschaftlichen Beschreibung, sondern auch im betrieblichen Alltag als ein Paradox dar: Wenn sie da ist, bemerken wir sie nicht, sondern etwas anderes, was **nicht** Gesundheit ist. Wenn wir sie bemerken, dann meist, wenn sie uns fehlt. Exemplarisch für diese Sichtweise ist beispielsweise das Identifizieren von ergonomisch nicht korrekten Stühlen als Ursache für Rückenkrankheiten. Neue Stühle werden angeschafft, Rückenkrankheiten sollten verschwinden. Um in diesem Beispiel zu bleiben: Rückenkrankheiten verschwinden trotz neuer Stühle nicht, so muss eine weitere Ursache gefunden werden.

So wird das Verhalten der Mitarbeiter als gesundheitsgefährdende Gewohnheit identifiziert, sich in immer wiederkehrenden Situationen falsch zu bewegen. Beispielsweise werden Lasten mit durchgedrückten Knien bewegt oder Bildschirmstandorte führen in Kombination mit der Schulter- und Nackenstellung, die sich aus der Notwendigkeit ergibt, immer wieder die Maus zu bedienen, zu routinierten Zwangshaltungen, welche – über lange Zeit wirksam – zu Schädigungen des Muskel-Skelett-Apparates führen. Wird eine solche Ursache identifiziert, heißt der Handlungsvorschlag: Rücken- und Bewegungsschule.

Dieses Konzept, Ursachen für Gefährdungen zu finden, um dann Handlungsvorschläge für die Vermeidung oder Bewältigung der Gefährdungen abzuleiten, ist so einleuchtend und logisch, wie offensichtlich wenig wirksam für die nachhaltige Stabilisierung von betrieblicher Gesundheit. **Offensichtlich fehlt etwas** in dieser Sichtweise. Rückenschulen sind wahrscheinlich das am weitesten verbreitete Instrument der Prävention und sie werden in erster Linie von Menschen genutzt, die bereits eine Voraussetzung mitbringen, die eben bei den meisten anderen nicht gegeben ist: die Bereitschaft, etwas aktiv für den Erhalt der eigenen Gesundheit zu tun. Sie entscheiden sich, bestimmte Handlungen auszuführen, sich in einer anderen Art und Weise zu bewegen als bisher. Andere, und das ist die Mehrheit, tun dies eben nicht.

Hier sollen keine Schwarz-weiß-Malereien betrieben oder gar Schuldzuschreibungen erhoben werden. Diejenigen Mitarbeiter, welche in der Tat am meisten Unterstützung für die eigene Gesundheitserhaltung bräuchten, erhalten sie am wenigsten. Die Unterstützung, welche diese Mitarbeiter brauchen, besteht eben nicht im Angebot von Rückenschulen, sondern darin, sich für oder gegen solche Angebote entscheiden zu können. Die Frage ist also, wie und durch wen diejenigen Menschen erreicht werden, die offensichtlich nicht in der Lage sind, sich gegen Gefährdungen zu schützen. Fakt ist jedenfalls, dass die Orientierung an Vermeidung von Gesundheitsgefährdungen nicht die Ergebnisse erzielt hat, die man sich davon versprochen hat. Rückenschulen haben eben nicht zum Rückgang von Rückenkrankheiten geführt.

Gesundheitsförderung ernst genommen, meint etwas anderes und stößt bei ihrer Definition sofort auf die oben von Gadamer formulierten Beschränkungen: Wenn wir in voller Übereinstimmung mit Gadamer die Verborgenheit, man könnte auch sagen, die Integrität und Privatheit von Gesundheit respektieren, bleibt dennoch zu fragen, ob es etwas in Unternehmen gibt, das förderlich ist für dieses nicht näher beschreibbare und schon gar nicht messbare Phänomen der Gesundheit. Denn dass Gesundheit *nichts* sei, wird wohl kaum jemand behaupten. Welche Faktoren in der Arbeitswelt dienen der Aufrechterhaltung von Gesundheit, welche nicht? Es ist wichtig, sich genau diese Frage zu stellen, denn wenn wir zugeben, dass es aufgrund der Nichtmessbarkeit von Gesundheit keine Möglichkeit gibt, die sie erzeugenden oder fördernden Mechanismen im Unternehmen zu entdecken, dann sollten wir die Idee eines betrieblichen Gesundheitsmanagement begraben.

Das wohl populärste und am meisten entwickelte (und kritisierte) Konzept für eine solche Gesundheitsforschung stammt von Aaron Antonovsky. Antonovsky (1987) hat mit dem sogenannten Sense of Coherence eine Idee formuliert, nach der es für Menschen möglich sein soll, dass ein bestimmtes *Gefühl* des Vertrauens (in kognitiver, emotionaler und pragmatischer Hinsicht) sie in die Lage versetzt, in Situationen von Gesundheitsgefährdungen gewissermaßen instinktiv die richtige gesundheitsförderliche Handlungsalternative zu wählen und auch einen dauerhaften Lernprozess zu aktivieren. Nach dem Motto „Erfolgreiches Handeln bietet immer mehr Handlungsalternativen, die wiederum mit mehr Erfolg verknüpft sind als nicht erfolgreiches Handeln" scheinen diese Menschen eine Art Sammlung von erfolgreichen Bewältigungstechniken für schwierige Situationen zu haben, die – als „Ressourcen" gespeichert – immer dann aktiviert werden können, wenn die Situation es erfordert. Sie sind so gesehen als Fähigkeiten nicht beobachtbar, lediglich ihre gefühlsmäßige Begleiterscheinung, ein Gefühl des „Vertrauens" in die Verfügbarkeit dieser Ressourcen, wird sichtbar und messbar.

Betriebliches Gesundheitsmanagement sollte sich auf betriebliche Aspekte der Gesunderhaltung konzentrieren und das bedeutet im Kontakt mit betrieblichen Verantwortlichen und den Mitarbeitern (in der Regel sind das erwachsene Menschen, die es nicht mögen, wenn sie durch pädagogische Vorgehensweisen auf den Status eines unmündigen Kindes reduziert werden) gemeinsam herauszufinden, was „gesund" und was „ungesund" ist.

Gesundheitsindikatoren

Die Gesundheitsindikatoren weisen auf den gesundheitlichen Zustand der Mitarbeiter hin. Die beiden Positivindikatoren stellen die arbeitsbezogenen Gesundheitsdimensionen Sinnhaftigkeit (Arbeitsfreude) und Handhabbarkeit (Selbstvertrauen oder Selbstwirksamkeit) dar (vgl. Beck 2003; Beck et al. 2005). Die Dimension der Verstehbarkeit blieb verborgen, was daran liegen könnte, dass sie eine stark kognitive und weniger gefühlsmäßige Komponente darstellt. Die Negativindikatoren fragen dagegen nach Gesundheitsbeeinträchtigungen (Gereiztheit, psychische Erschöpfung und körperliche Beeinträchtigungen – den Hauptgruppen der ICD-10 zuordenbar), die noch nicht notwendigerweise zu einer Krankschreibung führen.

Nach Antonovsky bestimmt der Erfolg des Umganges mit den Gesundheitspotenzialen und -gefährdungen die Position auf dem Gesundheits-Krankheits-Kontinuum. Da Gesundheit nicht messbar ist, wir aber mit den drei Faktoren des Sense of Coherence Indikatoren dafür haben, was notwendig ist, um Anforderungen erfolgreich zu bewältigen und sich gesund zu erhalten, fragen wir in unserem Modell die Indikatoren für Gesundheit und auch für Krankheit ab.

Gesundheitsindikatoren verweisen auf einen angenommenen Zustand, den man als *Gesund* oder *Krank* bezeichnen kann, sie messen aber nicht direkt Gesundheit oder Krankheit.

- Diese Indikatoren zeigen auf Wirkungen, nicht Ursachen.
- Positive Indikatoren sind **Arbeitsfreude** und **Selbstvertrauen.**
- Negative Gesundheitsindikatoren sind **Gereiztheit, Erschöpfung** und körperliche Beeinträchtigungen.

Im Modell zur Diagnose Betrieblicher Gesundheit, das der Forschung der BGF-Berlin zugrunde liegt (vgl. BGF-Modell), werden Gesundheitspotenziale und Gesundheitsgefährdungen erfasst, welche über die Gesundheitsindikatoren auf Wirtschaftlichkeitsindikatoren weisen.

Gesundheitspotenziale

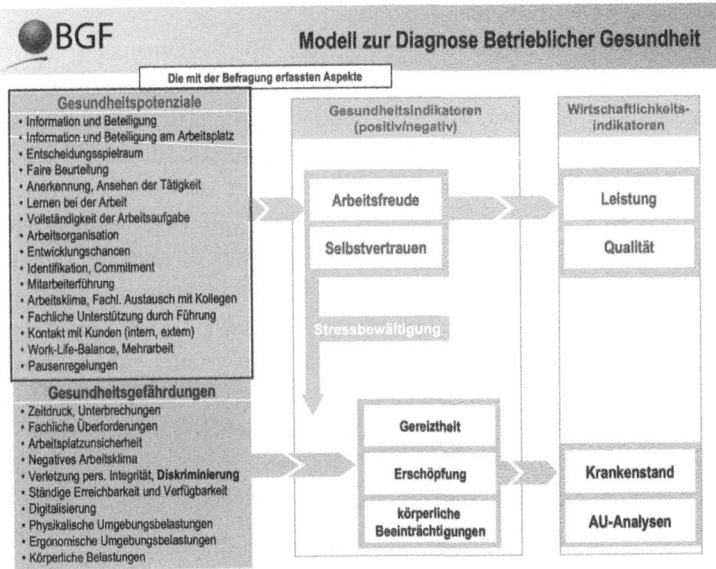

Gesundheitspotenziale sind in Theorie und Praxis Betrieblichen Gesundheitsmanagements zentral, werden in der betrieblichen Praxis bisher aber unterschätzt und bleiben vielfach noch ungenutzt. Sie bilden das notwendige Gegengewicht zu den aktuell hohen und steigenden Gesundheitsgefährdungen wie Arbeitsplatzunsicherheit, Zeitdruck und fachliche Überforderungen. Durch wirksame Gesundheitspotenziale können positive Anzeiger für Mitarbeitergesundheit, wie Arbeitsfreude und Selbstvertrauen, entstehen. Diese helfen dabei, die oben genannten Gesundheitsgefährdungen zu bewältigen. Bei den Gesundheitspotenzialen handelt es sich darüber hinaus um Zielgrößen, die als Leitbild für eine moderne Mitarbeiterführung dienen können.

Gesundheitspotenziale sind solche Arbeitsbedingungen, die zum Erleben von Erklärbarkeit, Arbeitsfreude und Selbstvertrauen führen können (zum Beispiel Information und Beteiligung, Entscheidungsspielraum, Anerkennung, Arbeitsklima). Sie wirken als Ressourcen für den Aufbau und die Stabilisierung von Arbeitsfreude und Selbstvertrauen, sofern sie von den Beschäftigten wahrgenommen und damit auch genutzt werden können. Ihre Abwesenheit führt aber nicht notwendigerweise zu negativen psychischen oder körperlichen Befindlichkeiten.

Diese Quellen hat jedes Unternehmen, doch nicht jedes Unternehmen nutzt sie. Manchmal sind es die Mitarbeiter selbst, die, auch in einem falschen Arbeitsverständnis, sich selbst die Möglichkeit beschneiden, aus Potenzialen persönlichen Gewinn zu ziehen (Warum soll ich denn lernen, wenn mir das niemand bezahlt?). Sehr oft ist es aber einfach nur die Unkenntnis darüber, welches von den vielen möglichen Potenzialen oder welche Kombination dieser Potenziale die Unternehmenskultur auch in schwierigen Zeiten aufrechterhält.

„**Information und Beteiligung**" der Mitarbeiter, zum Beispiel, sind in unserem System eines von 14 **Gesundheitspotenzialen.**

Informationen sind wichtige Hilfsmittel, um Ihr Unternehmen und Ihre Mitarbeiter schnell und rechtzeitig auf Veränderungen im Markt reagieren zu lassen. Wenn Informationen in der richtigen Form, zum richtigen Zeitpunkt, in den richtigen Medien und mit der richtigen Technik genutzt werden können und auch genutzt werden, haben wir meist eine sehr positive Situation: Mitarbeiter agieren stolz und selbstbewusst, haben das Gefühl, dass alles „glatt" läuft und im Flow ist. Das Unternehmen läuft gut und macht gewissermaßen nebenbei gute Gewinne. Dann gibt es auch die seltene Übereinstimmung zwischen Können, Wollen, Sollen und Dürfen im Handeln der Mitarbeiter. Sie sind gut ausgebildet, die Kommunikation funktioniert und sie sind in der Regel nicht nur nicht krank, sondern im Gegenteil: aktiv, motiviert, gut gelaunt und neugierig auf neue Aufgaben.

Man kann behaupten, dass eine bestimmte Kombination von Potenzialen (zum Beispiel dass das Unternehmen einen guten Ruf hat, dass Leistungen vom Chef anerkannt werden und dass man ein gutes Verhältnis zu den Kollegen pflegt) die jeweilige Unternehmenskultur beschreibt sowie sogenannte Artefakte der Kultur, die sich in harten messbaren Daten erfassen lassen. Stimmen diese betriebsspezifischen Faktoren, dann stimmt auch alles andere: Krankenstand, Leistung, Produktivität.

In einem anderen Unternehmen ist es beispielsweise wichtig, dass sich die Arbeitsorganisation nach hohen Qualitätsstandards richtet, dass man dazulernen und Handlungs-

und Entscheidungsspielräume aktiv wahrnehmen kann. Hier ist es den Mitarbeitern unter Umständen egal oder manchmal sogar peinlich, wenn der Chef sie lobt, weil sie selbst recht gut einschätzen können – meist besser als ihr Chef – wie gut oder wie schlecht ihre Leistungen sind. Wichtig ist es, zu wissen, dass Selbstvertrauen, Arbeitsfreude und Stolz nicht nur ganz unterschiedliche Quellen in der jeweiligen Unternehmenskultur haben können, sondern, dass sie großen Einfluss haben auf die seelische und körperliche Gesundheit der Mitarbeiter und die wirtschaftliche Gesundheit des Unternehmens.

Für Führungskräfte ist es oft schwer, diese Quellen auszumachen, obwohl diese Kenntnis die Voraussetzung für erfolgreiche Mitarbeiterführung ist. Zwar ist jeder Mitarbeiter verschieden vom anderen Mitarbeiter, für ihn können also jeweils andere Potenziale der Kultur die Quellen von Arbeitsfreude und Selbstvertrauen sein, doch gibt es bei all dieser Verschiedenheit Gemeinsamkeiten, die eben bestimmen, ob man zu dem einen Unternehmen besser passt als zu dem anderen oder ob das Unternehmen einem talentierten Mitarbeiter tatsächlich die Potenziale bieten kann, die dieser zu seiner Entwicklung braucht.

Dieses bessere *Dazupassen,* das typische Übereinstimmungsmuster für die Bevorzugung bestimmter Potenziale, nennen wir **Gesundheitsprofil.** Dieses Profil zeigt, wie gut Mitarbeiter und Unternehmen zusammenpassen. Und dieses lässt sich messen.

Das Profil zeigt alle Wirkfaktoren in Ihrem Unternehmen auf, die einen signifikanten Einfluss auf die Größen haben, die gesteuert werden können, damit Mitarbeiter gerne und vor allen Dingen in einer wirtschaftlich erfolgreichen und für den einzelnen Mitarbeiter gesunden Art und Weise arbeiten wollen, ja Freude bei und durch die Arbeit empfinden.

So kann herausgefunden werden, welche „Hebel" bedient werden müssen, um wirtschaftlich erfolgreich zu sein und gesunde und zufriedene Mitarbeiter zu haben. Zu 80 % besteht diese Hebelwirkung in einer gekonnten Mitarbeiterführung. Die Analyse zeigt Ihnen den Weg, der zum Ziel führt.

Führungskräfteschulungen, Führungskräftefeedback, Gesundheitszirkel, Datenfeedback-Workshops, Stressmanagement, Kommunikationsseminare und nicht zuletzt eine laufende Prozessevaluation mit harten und weichen Daten sind dabei die wesentlichen Einflussfaktoren, mit denen die Gesundheitspotenziale beeinflusst werden können.

Gesundheitsgefährdungen

Gesundheitsgefährdungen sind solche im Betrieb auftretenden Anforderungen bzw. Problemsituationen, welche im Sinne des Stressor-Begriffs Antonovskys (1979, 1997) die Routine und Geordnetheit des Arbeitsalltags stören und eine Problemlösung erfordern (zum Beispiel Unterbrechungen, fachliche Überforderungen, Zeitdruck). Ob diese Problemsituationen von den Beschäftigten als eine Belastung erlebt werden und gesundheitsbeeinträchtigende Folgen haben oder nicht, ist abhängig von der

Wahrnehmung geeigneter Ressourcen zur Problembewältigung, einem Verständnis für die Problemsituation und ihre Ursachen sowie dem Vertrauen in die Bedeutsamkeit und Sinnhaftigkeit des eigenen Engagements im Hinblick auf die Problemlösung (im Modell mit Stressbewältigung gekennzeichnet).

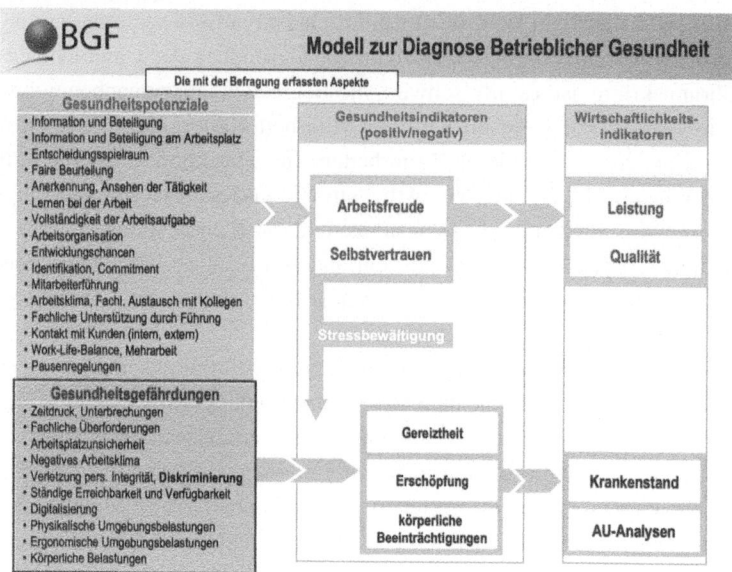

Das Vorhandensein von Gesundheitsgefährdungen wirkt sich negativ auf die Gesundheit der Mitarbeiter aus (Stress). Das Nichtvorhandensein von Gesundheitsgefährdungen reicht dagegen allein noch nicht aus, gesund zu sein oder zu werden. Gesundheitsgefährdungen sind häufig relativ gut unter Kontrolle (wie zum Beispiel Umgebungsbelastungen) bzw. können lediglich in eingeschränkter Art und Weise vollständig reduziert werden (wie zum Beispiel Zeitdruck).

Sie bieten daher oft nur wenig Ansatzmöglichkeiten für Verbesserungen. Deshalb wird der Fokus beim Gesundheitsmanagement vor allem auf die Stärkung der Gesundheitspotenziale gelegt, wobei natürlich Gesundheitsgefährdungen immer dort beseitigt werden sollten, wo dies möglich ist.

Welche Gesundheitsgefährdungen betrachten wir?

- Zeitdruck, Unterbrechungen
- Fachliche Überforderungen
- Arbeitsplatzunsicherheit
- Negatives Arbeitsklima
- Verletzung persönlicher Integrität, Diskriminierung
- Ständige Erreichbarkeit und Verfügbarkeit

- Digitalisierung
- Physikalische Umgebungsbelastungen
- Ergonomische Umgebungsbelastungen
- Körperliche Belastungen

Gelingt es einem Unternehmen nicht, seine Potenziale zu nutzen, zum Beispiel durch Verbesserungen bei der Mitarbeiterführung, so kann es sehr schnell zu einer Steigerung von Gereiztheit, Erschöpfung und schließlich körperlichen Beeinträchtigungen kommen, da Arbeitsfreude und Selbstvertrauen nicht mehr ausreichend vorhanden sind, die negativen Wirkungen der Gesundheitsgefährdungen abzupuffern.

Dies hat Folgen für die Wirtschaftlichkeit, die sich zum Beispiel in einem erhöhten Krankenstand, einer Erhöhung der Zahl der Langzeitkranken und somit einer herabgesetzten Produktivität zeigen.

Gratifikationskrisen

Während die Topgehälter steigen, sinken die Reallöhne und mit ihnen wachsen die sogenannten Gratifikationskrisen (vgl. Siegrist 2000).

Der Blick auf traditionelle Arbeitnehmerorganisationen wie Gewerkschaften, den betrieblichen Arbeitsschutz, staatliche Institutionen oder Krankenkassen mit Ausnahme der AOK selbstverständlich) beruhigt in dieser Situation auch nicht sonderlich: All diese Organisationen sind von der gleichen Veränderungswelle erfasst und wollen durch eigene Reorganisationsprozesse ihren industriellen Vorbildern hinterhereilen. Die öffentliche Diskussion um Hartz IV dürfte auch dem letzten Mitarbeiter klargemacht haben, dass zum jetzigen Zeitpunkt der Arbeitsplatzverlust unter keinen Umständen riskiert werden darf. Deutschland befindet sich so betrachtet im Dauerstress.

Gereiztheit

Das Arbeitsklima wird negativ durch Spannungen und unaufgelöste Situationen bestimmt. So erfragen wir im Fragebogen die Gereiztheit:

1. Nach der Arbeit kann ich nicht abschalten.
2. Ich fühle mich häufig überfordert.
3. Ich reagiere gereizt, obwohl ich es gar nicht will.
4. Wenn andere mich ansprechen, kommt es vor, dass ich mürrisch reagiere.

Als besondere Einflussfaktoren auf diesen negativen Gesundheitsindikator finden wir diese Zusammenhänge:

TREIBER NACH BRANCHEN

Treiber **Gereiztheit** Stand: 2020/2021	Einflussfaktoren			N
	1. Einflussfaktor	2. Einflussfaktor	3. Einflussfaktor	
Gesundheits-, Sozialwesen	Kundenkontakt (Der Umgang/die Gespräche mit den Kunden ist für mich emotional nicht belastend.)	Zeitdruck (Es kommt häufig vor, dass ich zu wenig Zeit zur Erledigung meiner Arbeitsaufgaben habe.)	Mobbing (Ich werde von meinen Vorgesetzten und/oder Kollegen ständig an der Durchführung meiner Arbeitsaufgaben gehindert.)	5244
Varianzaufklärung: 32,4%	-0,33 (-0,34)	0,31 (0,41)	0,30 (0,31)	
öffentl. Verwaltung	Kundenkontakt (Der Umgang/die Gespräche mit den Kunden ist für mich emotional nicht belastend.)	Neuerungen vs. Bürokratie (In unserem Unternehmen ist man generell eher skeptisch gegenüber Neuerungen.)	Work-Life-Balance (Nach meiner Arbeit habe ich noch genügend Kraft/Energie, um meine privaten Aufgaben zu erledigen.)	3264
Varianzaufklärung: 37,5%	-0,39 (-0,52)	0,27 (0,38)	-0,20 (-0,52)	
verarbeitendes Gewerbe	Mobbing (Ich werde von meinen Vorgesetzten und/oder Kollegen ständig an der Durchführung meiner Arbeitsaufgaben gehindert.)	fachliche Überforderungen (Es kommt häufig vor, dass mir Arbeitsaufgaben übertragen werden, auf die ich nicht ausreichend vorbereitet worden bin.)	Work-Life-Balance (Nach meiner Arbeit habe ich noch genügend Kraft/Energie, um meine privaten Aufgaben zu erledigen.)	2634
Varianzaufklärung: 24,9%	0,30 (0,32)	0,26 (0,33)	-0,28 (-0,43)	
Erbringung v. sonstigen wirtschaftlichen Dienstleistungen	Mobbing (Meine Arbeit von meinem Vorgesetzten und/oder meinen Kollegen ständig massiv und ungerechtfertigt kritisiert.)	Kundenkontakt (Der Umgang/die Gespräche mit den Kunden ist für mich emotional nicht belastend.)	...	6029
Varianzaufklärung: 33,1%	0,50 (0,35)	-0,47 (-0,46)		
Erbringung v. sonstigen Dienstleistungen	Zeitdruck (Mir steht nicht ausreichend Zeit zur Verfügung, um meine Aufgaben sorgfältig planen zu können.)	Kundenkontakt (Der Umgang/die Gespräche mit den Kunden ist für mich emotional nicht belastend.)	Arbeitsklima (Wer Schwierigkeiten und Probleme anspricht, macht sich nicht schnell unbeliebt.)	2422
Varianzaufklärung: 29,7%	0,32 (0,36)	-0,27 (-0,30)	-0,20 (-0,30)	
Erbringung v. Finanz- und Versicherungsdienstleistungen	Work-Life-Balance (Nach meiner Arbeit habe ich noch genügend Kraft/Energie, um meine privaten Aufgaben zu erledigen.)	Zeitdruck (Es kommt häufig vor, dass ich zu wenig Zeit zur Erledigung meiner Arbeitsaufgaben habe.)	körperliche Belastungen (langes Stehen)	6464
Varianzaufklärung: 33,1%	-0,38 (-0,58)	0,30 (0,43)	0,17 (0,28)	

Interpretationshinweis:
Eine schwarze Zahl in einer Zelle zeigt einen *"je mehr, desto mehr-Zusammenhang"* an; eine rote Zahl in einer Zelle zeigt einen *"je mehr, desto weniger-Zusammenhang"* an.
Bei den Werten in den Zellen unter den Einflussfaktoren handelt es sich um die Regressionskoeffizienten (β) mit je p < 0.01.

Literatur

Antonovsky, A.: Salutogenese. DGVT-Verlag, Tübingen (1997).

Beck D Sense of Coherence (SOC). Ein brauchbares Analysekonzept in der betrieblichen Gesundheitsförderung? Gütebeurteilung des Sense of Coherence (SOC)-Messkonzeptes von Aaron Antonovsky anhand einer Querschnittsuntersuchung bei Angestellten eines Berliner Dienstleistungsunternehmens. Unveröffentlichte Diplomarbeit.

Gadamer, H-G.: Über die Verborgenheit der Gesundheit. Suhrkamp. Frankfurt a. M. (2010).

Goethe, J.W.V.: Schriften zur Naturwissenschaft, S. 1999. Reclam, Stuttgart (1999)

Hirschhausen DMEV.: Glück kommt selten allein. Rowohlt Verlag GmbH (2016).

Hüther, G. Biologie der Angst. Vandenhoeck & Ruprecht, Göttingen (2016).

Precht, R.D., Liebe, S.: Goldmann, München. (2009).

Precht, R.D., Roth, G.: „Die Ratio allein bewegt überhaupt nichts". Spiegel Streigespräch. https://www.spiegel.de/wissenschaft/die-ratio-allein-bewegt-ueberhaupt-nichts-a-15b52 20f-0002-0001-0000-000065115053. (2009).

Der Philosoph Richard David Precht und der Hirnforscher Gerhard Roth über das Ich-Bewusstsein, die Willensfreiheit und die Schwierigkeit, sich zu ändern. https://www.spiegel.de/spiegel/ spiegelwissen/d-65115053.html. (2009).

Siegrist, J.: Psychosoziale Arbeitsbelastungen und Herz-Kreislauf-Risiken: internationale Erkenntnisse zu neuen Stressmodellen. In: Badura B, M./Vetter, C. (Hrsg.) Fehlzeiten-Report 1999. Psychische Belastung am Arbeitsplatz. Springer, Berlin. (2000).

Simon, F.B.: Die andere Seite der Gesundheit, S. 2001. Carl-Auer, Heidelberg (2001)

Westermayer, G., Stein, B.A.: Produktivitätsfaktor Betriebliche Gesundheit. Hogrefe, Göttingen (2006)

H

Healthism

Siehe Abb. 1.

Bereits in den 1990er-Jahren wurde in den USA auf ein Phänomen aufmerksam gemacht, das damals mit dem Wort *Healthism* bezeichnet wurde: Aus Gesundheitsfürsorge eines Arbeitgebers kann sich relativ schnell ein Zwang zur Gesundheit der Arbeitnehmer entwickeln. „Smile or die" hat Barbara Ehrenreich diese neue Stressbelastung genannt.

Wer Angebote des Arbeitgebers in Form von Gesundheitskursen nicht wahrnehme, sabotiere die Gesundheitsziele des Unternehmens und oute sich damit als störender Außenseiter.

Barbara Ehrenreich (Ehrenreich 2010) bezeichnet den Ansatz der positiven Psychologie als eine in Sekten ähnlich praktizierte Geisteshaltung des Zwanges, „positiv" zu denken, zu fühlen und zu handeln. Menschen müssten dann Geständnisse ablegen, sich wohlzufühlen, auch wenn relativ klar ist, dass diese Geständnisse quasi erzwungen wurden. „Smile or die" bedeutet bei genauerer Betrachtung das Herstellen eines permanenten Stresszustandes, der alles andere als gesund ist.

Die Fragen, mit denen im Fragebogen der Bereich Work-Life-Balance abgedeckt wird, lauten:

- Das Unternehmen ist ein familienfreundlicher Arbeitsbereich.
- In meinem Arbeitsumfeld wird flexibel mit besonderen privaten Belastungen umgegangen.
- Eine Flexibilisierung der Arbeits- und Anwesenheitszeiten würde meiner Lebenssituation entgegenkommen.

G. Westermayer, *Organisationsdesign 4.0 von A-Z.*,
https://doi.org/10.1007/978-3-662-63515-5_10

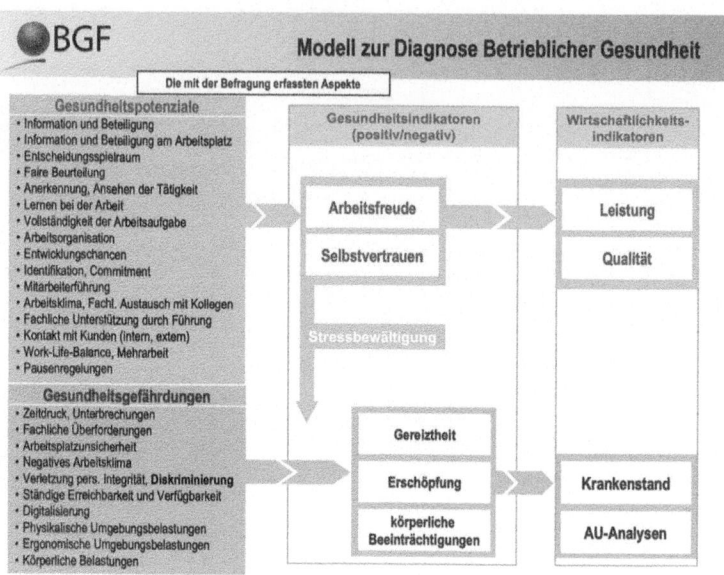

Abb. 1 BGF-Modell H

- Mein Vorgesetzter unterstützt Beschäftigte bei der Vereinbarkeit von Beruf und Familie.
- Nach meiner Arbeit habe ich noch genügend Kraft/Energie, um meine privaten Aufgaben zu erledigen.

Homeoffice in Corona-Zeiten

Die rasante Umstellung der Arbeit auf Homeoffice, zum Beispiel während der Corona-Pandemie, bringt noch weitere zu beachtende Aspekte mit sich.

Laut Digitalverband Bitkom arbeitet fast die Hälfte der Arbeitnehmer in Deutschland aktuell schon im Homeoffice. Dies hat neben psychischen Belastungen auch Auswirkungen auf die physische Verfassung der Arbeitnehmer. Neben dem Wegfall der Bewegung durch die üblichen Arbeitswege lassen die meisten Arbeitszimmer (wenn überhaupt eins vorhanden ist) vor allem in Sachen Ergonomie zu wünschen übrig. Wer denkt dort schon daran, einen ergonomischen Bürostuhl, höhenverstellbaren Arbeitstisch und optimale Licht- und Lärm-Verhältnisse zu gewährleisten? Die eh schon beständig steigenden Zahlen von Rückenschmerzen, Nackenverspannungen und Gewichtszunahmen könnten dadurch noch weiter in die Höhe schießen. Um diesen vermehrten physischen Belastungen entgegenzuwirken, bedarf es auch hier zusätzlicher präventiver Maßnahmen. Wir wissen, dass gerade auch Krisenzeiten die Chance bieten, schnell

Neues zu lernen, sich mit dem eigenen Unternehmen aufs Neue zu identifizieren und den Umgang mit Kunden und Kolleginnen in einer so noch nie erlebten Wertschätzung zu pflegen. Voraussetzung hierfür ist es allerdings, einen Dialog mit der Belegschaft herzustellen.

Ein aktuelles Beispiel ist die öffentliche Aufwertung all derjenigen Tätigkeiten, die zu dieser Zeit als systemrelevant anerkannt und regelrecht gefeiert werden. Und in der Tat galten gerade diese Tätigkeiten (Pflege, Erzieher, Lehrer, Boten und alle, die unter den Begriff Scheinselbstständige subsumiert werden, wie Mitarbeiter in Callcentern und allen möglichen Dienstleistungs-/Beratungsunternehmen aus Gastronomie, Eventbranche oder Einzelhandel) als ganz besonders gesundheitsgefährdet.

Halo-Effect

Für die Entwicklung eines internen Dialogs zwischen Geschäftsführung und „einfachen" Produktionsmitarbeitern ist der Halo-Effekt aus der Sozialpsychologie gut bekannt: Aus einer Eigenschaft von Personen wird ohne Prüfung auf andere geschlossen. Das macht vielen Vorgesetzten das Leben nicht einfacher. Wenn jemand Betriebsleiter oder geschäftsführender Gesellschafter eines Produktionsunternehmens ist, wird in der Regel von der Annahme ausgegangen, diese Person wüsste über alle wesentlichen Abläufe im Unternehmen gut Bescheid.

Dass das selten der Fall ist, zeigen die Forschungsarbeiten der 1990er-Jahre in der Industriearbeit zum sogenannten Erfahrungswissen: Maschinenführer entwickeln im täglichen Umgang mit ihrem technischen Gerät ein Wissen, das nur ihnen zur Verfügung steht. Wie eine Maschine *tatsächlich* zu fahren ist, erfährt man nicht aus der Gebrauchsanleitung, sondern aus dem variierenden experimentellen Gebrauch der Maschine.

Workshops zur Erfassung dieses Wissens werden von den Betroffenen als überflüssig, ja als demütigend empfunden. Wenn die Chefs Maschinen anschaffen lassen, dann müssten sie doch über deren Laufeigenschaften genauestens Bescheid wissen.

Mitarbeiter sitzen hier in der Regel einem Halo-Effekt auf, der von einer Eigenschaft der Führungskräfte – diese besitzen Entscheidungsspielraum – auf eine andere Eigenschaft schließen: deshalb dürften sie wissen, was sie tun.

Dass das gerade bei guten und erfolgreichen Führungskräften nicht der Fall ist, ja dass deren erfolgreiche Bauchentscheidungen ähnlich legendär sein dürften wie die außergewöhnlichen Wahrnehmungen der „Maschinenflüsterer" in der Produktion, zeigt, dass es in gut angelegten Dialogveranstaltungen viel zu lernen geben dürfte: ein Lernen, das im Dialog wechselseitig stattfindet.

Literatur

Ehrenreich, B.: Smile or die. Kunstmann, München (2010).

Information und Beteiligung

Im Fragebogeninventar wird das Thema **Information und Beteiligung im Betrieb** wie folgt operationalisiert:

- Bei betrieblichen Veränderungen und Entscheidungen im eigenen Bereich haben Mitarbeiter bei uns ein ausreichendes Mitspracherecht.
- Bei wichtigen Dingen im Unternehmen können wir ausreichend mitreden und mitentscheiden.
- In unserem Unternehmen sind persönliche Initiative und Engagement gefragt.
- Die Mitarbeiter werden über anstehende Veränderungen und Entscheidungen ausreichend informiert.
- In unserem Unternehmen kommt es häufig vor, dass man vor vollendete Tatsachen gestellt wird (Abb. 1).

Das Thema **Information und Beteiligung am Arbeitsplatz** wird wie folgt operationalisiert:

- Wenn ich bei schwierigen Fällen meinen Vorgesetzten Dinge zur weiteren Bearbeitung bzw. Entscheidung übergebe, erhalte ich später Rückmeldung über das Ergebnis.
- Mein Vorgesetzte informiert mich ausreichend und zeitnah über die Ergebnisse von Besprechungen.
- Bei der Einführung neuer Arbeitsmittel werde ich rechtzeitig und ausreichend informiert.
- Mein Vorgesetzter kündigt Arbeitsbesprechungen rechtzeitig an.

G. Westermayer, *Organisationsdesign 4.0 von A-Z.,*
https://doi.org/10.1007/978-3-662-63515-5_11

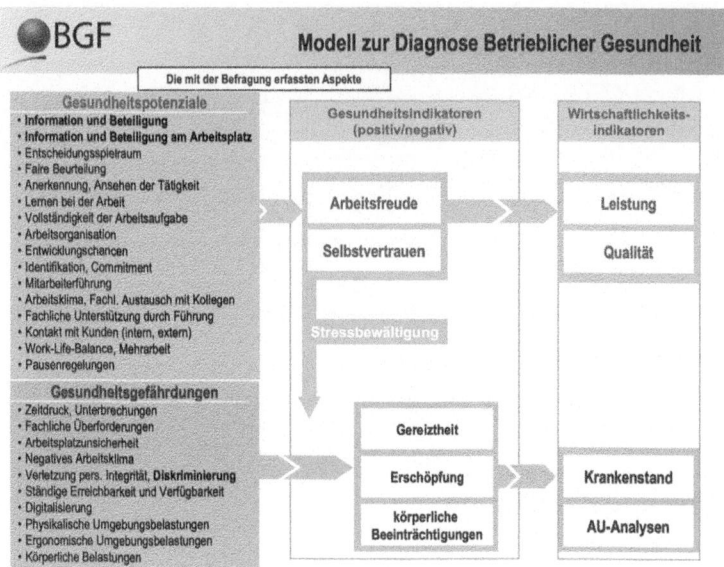

Abb. 1 BGF-Modell I

- Meine persönlichen Vorschläge finden angemessene Berücksichtigung.
- Ich erhalte von meinem Vorgesetzten zeitnah und ausreichend Rückmeldung über meine Arbeitsergebnisse.
- Nach längerer Abwesenheit (z. B. Urlaub, Krankheit) werde ich ausreichend über gegebenenfalls eingetretene Veränderungen informiert.

Identität-Image-Identifikation

Im Abschnitt „Aufschaukelungsprozess" haben wir bereits die Definition der 3 I's aufgeführt:

- Identität des Unternehmens
- Image des Unternehmens
- Identifikation der Mitarbeiter mit ihrem Unternehmen (Abb. 2).

Identitätsaspekte – Stolz auf die Organisation und Respekt, den der Mitarbeiter von der Organisation bekommt – können kooperatives Verhalten in Gruppen besser erklären und vorhersagen als die Ressourcen, die man von der Organisation erhält (Tyler und Blader 2000).

Abb. 2 Die 3 I's

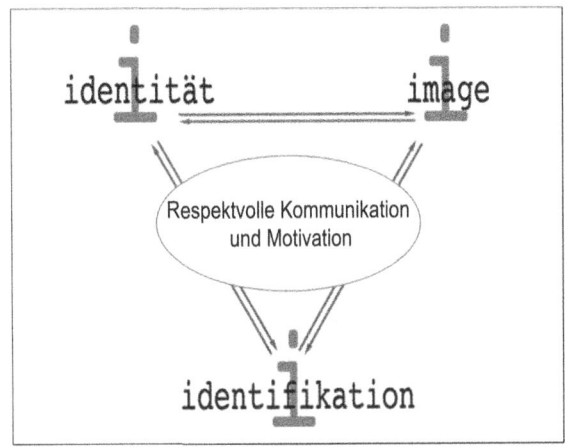

In der Tat scheint die eigene Berufs-/Arbeitslebensidentität in engem Zusammenhang zu stehen mit der Identität bzw. dem von innen oder außen wahrgenommenen Image des Unternehmens. Stolz ist man auf sich selbst, wenn man auf die Umgebung und das Unternehmen, das man nach außen repräsentiert, stolz sein kann: sich selbst gegenüber, der eigenen Familie gegenüber oder allgemein der Öffentlichkeit.

So wie eine in der Realität häufig sichtbare Abwärtsspirale als Teufelskreis beschrieben werden kann, finden wir auch positive Eskalationen. Was kann man darunter verstehen? Oft wird behauptet, es gäbe nun mal Glückspilze, denen alles gelingt, was auch immer sie tun, oder – auf Führung bezogen – Menschen, die über Charisma verfügen. Also Leute, die alle in ihrem Bann ziehen, zu denen man aufsieht und Vertrauen hat, die sich selbst aber erfreulich bescheiden geben und nicht „abgehoben" sind.

Als Grundschema für so eine positive Eskalation dient die Idee der **3 I's: (Unternehmens-)Identität, Image und Identifikation** werden dort in einem beeinflussbaren und dynamischen Zusammenhang gesehen. Das Grundschema ist immer das Gleiche: Die wesentlichen, d. h. wichtigen Werte und Handlungsregeln eines Unternehmens, also diejenigen, die beschreiben, wer das Unternehmen ist, welchen Zweck es hat, was in jedem Falle zu befolgen ist, also die Vision, welche die gesamte Unternehmenskultur charakterisiert, muss zunächst einmal bekannt sein bzw. in einer positiven und attraktiven Weise bekannt gemacht werden. Edgar Schein spricht in diesem Zusammenhang von der Gründungsregel oder Gründungsidee.

Bei Hewlett and Packard wie auch bei Digital Equipment war es beispielsweise die Idee, auch für Menschen mit geringerem Einkommen Computer zu entwickeln. Damals vor fast 40 Jahren war jedenfalls die Idee eines PC völlig revolutionär, aber offensichtlich recht erfolgreich. Auch bei Ikea ist und war es die Idee, auch Familien mit geringem Einkommen den Besitz von Designmöbeln zu ermöglichen.

Wenn Mitarbeiter lange Zeit in solchen erfolgreichen Unternehmen arbeiten, werden sie regelrecht zu einem Teil dieser Ideen, sie verkörpern im wahrsten Sinne des Wortes diese Idee so selbstverständlich, dass es ihnen bisweilen schwerfällt, Fragen danach zu beantworten. Aus Ideen werden Identitäten, bei hoher Identifikation ist man eben ein typischer IKEAner.

Identität, Image und Identifikation sind dann auf den ersten Blick dasselbe und die Frage nach ihren gegenseitigen Wechselwirkungen stellt sich nicht. Diese Frage wird erst dann wieder gestellt, wenn etwa das Image des Unternehmens in der Öffentlichkeit angegriffen wird oder umgekehrt, wenn sich das Image des Unternehmens durch eine geschickte Werbekampagne verbessert (vgl. hierzu das Beispiel „We kehr for You": Identifikation bei der Berliner Stadtreinigung – BSR).

Erfolgreiche Unternehmen nehmen immer Einfluss auf die 3 I's und sorgen dafür, dass die Identität des Unternehmens erhalten bleibt – d. h., sie muss täglich erneuert werden –, dass das Image des Unternehmens durch Werbung, Wettbewerbe und andere Formen der Öffentlichkeitsarbeit gepflegt wird, und sie sorgen sich darum, wie beide Größen, also Identität und Image, bei den Mitarbeitern ankommen, sie sorgen für eine hohe Identifikation.

Es lassen sich in den 3 I's alle gängigen Organisationsentwicklungsmaßnahmen abbilden, sowohl *Top down* als auch *Bottom up*. Ein wesentlicher Faktor der Gestaltung dieses Zusammenhangs besteht aber in der Haltung von verantwortlichen Führungskräften, die wir als **Respektmotivation** bezeichnen.

Das Wort Respekt hat seinen Ursprung in der lateinischen Sprache und bedeutet dort interessanterweise drei verschiedene Dinge: Vergangenheitsorientierung (wörtlich: Zurückblicken), Zukunftsorientierung (wörtlich: Erwarten) und – so, wie wir das Wort meistens ausschließlich verstehen – Zuflucht. Zuflucht meint hier, dass man in einer respektvollen Beziehung unabhängig von Status, Herkunft oder Geschlecht erwarten kann, als die Person gesehen zu werden, die man ist, und dass dies mit Wertschätzung geschieht. Hieraus entsteht eine besondere Form von Motivation, die sich von Motivationstechniken, die letztendlich auf Manipulation abzielen und sich von Wirkungen, die durch Machteinsatz oder Zwang erzielt werden, unterscheidet. Es kann zwar sein, dass alle drei Motivationstechniken auf der Verhaltensebene unmittelbar das gleiche Ergebnis erzielen, nur weiß man, dass Verhaltensänderungen, die erzwungen oder manipulativ hergestellt worden sind, keinen Bestand haben. Sobald die Technik nicht mehr zieht oder die Bedrohung nicht mehr gesehen wird, hört auch das hierdurch erzeugte Verhalten auf. Ein Problem, mit dem viele Unternehmen zu kämpfen haben, die einen falschen Führungs- und Kommunikationsstil umgesetzt haben.

Gemeinsam in die Zukunft sehen heißt, die Vergangenheit klar, aber fair bewerten, zusammen herausfinden, wie man – sowohl Führungsverantwortliche als auch Mitarbeiter und Mitarbeiterinnen – gemeinsam Ziele des Unternehmens und eigene Ziele so erreichen kann, dass der gegenseitige Respekt vor der Integrität der jeweils anderen Person gewahrt wird. Dazu gehört auch, wie eng oder distanziert die jeweilige Beziehung gestaltet werden soll. Dies ist ein Aushandlungsprozess, der durch Kommunikation hergestellt wird.

Identifikation

Identitätsbedrohungen als Folgen und Identifikation als Chance des neuen Kapitalismus. Die BGF GmbH hat in ihrem Fragebogeninventar das Thema **Identifikation** wie folgt operationalisiert:

- Ich bin selbst von unseren Produkten überzeugt.
- Unsere Produkte sind für unsere Kunden attraktiv.
- Unser Unternehmen hat in der Öffentlichkeit einen guten Ruf.
- Unser Unternehmen hat Zukunft.

Aber auch das Ansehen der eigenen Tätigkeit führt zu Identifikation:

- Mit meiner Tätigkeit leiste ich einen wichtigen Beitrag für meinen Bereich.
- Das Ansehen meiner Tätigkeit in meinem Bereich ist hoch.

Das Thema „**Identifikation als Gesundheitspotenzial**" hat in unserem Verständnis zwei Schwerpunkte:

- Identifikation als kognitiv-emotionale Tätigkeit mit positiver Wirkung auf die subjektive Befindlichkeit
- Zurverfügungstellen von Identifikationsmöglichkeiten durch einen Betrieb oder eine Verwaltung als Gesundheitspotenzial bzw. als Motivation für Mitarbeiter

Es scheint paradox: Gerade in Zeiten, in welchen Stellenabbau eine deutlich höhere Leistung der Mitarbeiter und damit Leistungsverdichtung erfordert, werden die immateriellen Voraussetzungen für Höchstleistungen, also die betriebseigenen Potenziale, eingeschränkt und Gefährdungen, welche anerkanntermaßen Leistungsbereitschaft und Leistungsfähigkeit herabsetzen, gesteigert. Das ist umso mehr paradox, als bei genauerer Betrachtung das Her- bzw. Zurverfügungstellen von Potenzialen meist kein Geld kostet, das Steigern von Gefährdungen jedoch meist recht teuer und aufwendig ist.

Nun scheint dies offensichtlich kein typisch regionales Problem darzustellen, sondern wird mittlerweile als Begleiterscheinung der Globalisierung beschrieben. Richard Sennett (2006), der immer wieder aus einer soziologischen Perspektive auf die Effekte des „neuen" Kapitalismus warnend aufmerksam gemacht hat, geht in seinem jüngsten Buch sogar so weit, zu behaupten, dass die mit der weltweiten Shareholder-Value-Orientierung in den letzten 10 Jahren erfolgten Veränderungen nicht mehr korrigierbar sein dürften. Er sieht hier nicht nur die breit diskutierten Effekte einer extrem ungerechten Einkommensentwicklung (Reallohnverlust bei unteren Arbeitnehmern, explodierende Zunahme von Managergehältern), sondern insbesondere das Schwinden der Voraussetzungen für die meisten Menschen, eine für das eigene Selbstwertgefühl notwendige Berufsbiografie und Berufsidentität zu entwickeln. Eine Kultur der Respektlosigkeit sei hier wirksam, die die traditionelle Auseinandersetzung zwischen Arbeitnehmer- und Arbeitgeberinteressen insofern unterhöhle, als die mit bestimmten Karrieremustern verbundenen *Identitäten* als Arbeitnehmer mit dem Verlust dieser Karrieren selbst infrage gestellt sind. Sennett sieht insofern die Globalisierung im wahrsten Sinne des Wortes im Innersten der Menschen, in ihrer Identität, wirken. Sennett hat bereits 1998 auf diesen Aspekt in seinem Buch „Der flexible Mensch", das im amerikanischen Original „die Auflösung des Charakters" heißt, aufmerksam gemacht. In Sennetts Konzeption ist eine Berufsbiografie, eine Identität, nicht statisch: Sie wird täglich in verschiedenen, komplexen Kommunikationsprozessen hergestellt. Im Mittelpunkt dieser Prozesse sieht Sennett die „Narration", die Fähigkeit eines jeden Individuums, seine eigene Biografie in „Geschichten" glaubwürdig erzählen zu können. Mit dem neuen Kapitalismus fallen nicht nur zeitliche Voraussetzungen weg, die es ermöglichten, Lebensgeschichten zu konstruieren, sondern mit dem Wegfall traditioneller hierarchischer Produktionsbedingungen verändert sich auch der kommunikative Rahmen, innerhalb dessen eine „Erzählung", eine Lebensgeschichte als mehr oder weniger sinnvoll, spannend, tragisch etc. bewertet wird. Wir glauben, dass gerade dieser Aspekt in Sennetts Werk zu wenig gewürdigt und verstanden wird und ihm neuerdings den Vorwurf einbringt, Sozialromantiker zu sein.

> „Mangelnder Respekt mag zwar weniger aggressiv erscheinen als eine direkte Beleidigung, kann aber ebenso verletzend sein. Man wird nicht beleidigt, aber man wird auch nicht beachtet; man wird nicht als ein Mensch angesehen, dessen Anwesenheit etwas zählt." (Sennett 2010, S. 15)

Was passiert, wenn unser Recht zur Selbstbeschreibung, [das Recht, die eigene(n) Lebensgeschichte(n) so zu erzählen, wie wir es für richtig und angemessen halten,] infrage gestellt wird? (…) Ein Verbrechen „gegen Identität kann nicht wie ein Verbrechen" gegen Interessen am Verlust der entgangenen Möglichkeiten (Nützlichkeiten) gemessen werden, weil das Verbrechen „gerade darin besteht, keine Standards der Messbarkeit für diese Nützlichkeiten entstehen zu lassen" (Ringmar 2007, S. 81 f.).

So befremdlich solche Gedanken auch auf den ersten Blick sein mögen, sie stimmen sehr gut mit der Veränderung der Krankheitsmuster überein. Sennett bringt die Veränderung mit einem Verweis auf Max Webers Bürokratiebeschreibung und Bürokratiekritik auf den Punkt. Hat man früher die Bürokratie in erster Linie als Gefängnis und Käfig für das Individuum gesehen und auf die Befreiung aus diesen Zwängen hingearbeitet, sieht man heute nach der Befreiung, dass es sich nicht nur um ein Gefängnis oder einen Käfig gehandelt hat, sondern auch um ein Heim, ein „psychisches" Zuhause.

Natürlich ist es schwer, solche Zusammenhänge zu diskutieren, weil sich niemand ernsthaft dem Verdacht aussetzen möchte, er sehne sich nach der Bürokratie zurück, doch scheint in der Tat mit der rasanten Veränderung von Organisationen das, was man bisher als selbstverständlich voraussetzen konnte, nicht nur außen in der Organisation verloren zu sein, sondern auch „innen" als Teil der eigenen Identität, und das ist für alle Beteiligten nicht nur unerwartet, sondern schwer einzuschätzen. Denn: Was ist das eigentlich, Identität?

Für Sennett (2002) hat dieser Begriff, er spricht eher von Charakter als der gesellschaftlich anerkannten bzw. anzuerkennenden Verbindung zwischen innerer und äußerer Welt, drei wichtige Aspekte, die, wenn sie nicht wie bisher von der Organisation zur Verfügung gestellt werden, von der Gesellschaft angeboten werden müssten: Jeder Mensch habe das Recht auf seine Geschichte (narrative), habe das Recht auf das Gefühl, gebraucht zu werden, und das Recht darauf, das, was an Talenten in ihm steckt, in fachlichem Können nach außen sichtbar darzustellen.

Bedürfnisse im Zusammenhang mit organisationaler Identifikation

Ein Unterschied besteht, den Pratt das Bedürfnis nach Ganzheitlichkeit nennt. Etwas, so schreibt er, geht in den letzten Jahren verloren, was früher als selbstverständlich vorausgesetzt werden konnte: Das Gefühl, Teil eines in sich stimmigen, in eine bestimmte Richtung zielenden Systems zu sein, das eine Vergangenheit und eine Zukunft besitzt. Dieses Grundbedürfnis nach Ganzheitlichkeit scheint sich erst seit Kurzem zu zeigen, seitdem eben Teil eines größeren Ganzen zu sein nicht mehr selbstverständlich vorausgesetzt werden kann. Zu ähnlichen Erkenntnissen kommt auch Richard Sennett in seinen letzten drei Büchern zum „Flexiblen Menschen" (Sennett, 2011b), zu „Respekt im Zeitalter der Ungleichheit" (Sennett, 2011a) und „Die Kultur des neuen Kapitalismus" (Sennett 2007). Nach Sennett führt die Forderung nach Flexibilität, Mobilität und permanenter Anpassungsfähigkeit zu einem unvorhergesehenen Nebeneffekt: Menschen seien nicht mehr in der Lage, eine eigene Lebensgeschichte so zu erzählen, dass dieses Erzählen im Freundes-/Kollegen-/Familienkreis eine stabilisierende Bildung von Persönlichkeit und Charakter nach sich ziehe. Sennetts weltbekannt gewordenes Buch, das in Deutschland den Titel „Der flexible Mensch" bekommen hat, heißt im Original „The corrosion of character", also die Auflösung des Charakters in den Formen des neuen Kapitalismus. Auch andere Autoren wie etwa Erik Ringmar von der London School of Economics machen auf diesen bisher wenig beachteten Aspekt der Folgen moderner Organisationsveränderungen aufmerksam: Wenn die Möglichkeit weggenommen wird, eine für einen selbst und seine Umwelt interessante, spannende an Wertorientierungen und Grundbedürfnissen gemessene Lebensgeschichte zu erzählen, kann die Identität eines Menschen selbst massiv infrage gestellt sein. Und das hat massive Folgen, besonders für die psychische Gesundheit der Menschen, wie wir aus unseren empirischen Forschungen schließen können.

Vor diesen Hintergrund bekommt das von Pratt in Reorganisationsprozessen entdeckte tiefe Bedürfnis nach Identifikation einen neuen Stellenwert. Vor diesen Hintergrund lässt sich auch verstehen, weshalb das Dreieck der 3 I's so wichtig sein kann für eine positive Eskalation, die durch eine auf Geschichten, Bildern und Werten basierende respektvolle Führungskommunikation vorangetrieben wird. Doch dies betrifft zunächst

„nur" die inhaltlichen Aspekte der Erfolgsformel. Methodisch und technisch lassen sich auch Hinweise für erfolgreiches Kommunizieren aus der Literatur und aus Erfahrungen in Führungsseminaren ziehen.

Die vier Führungstypen

Kooperativ-partizipativer Typ
Starke Mitarbeiterorientierung kennzeichnet diesen Typ. Den Mitarbeitern wird viel Vertrauen entgegengebracht und viele Freiräume gelassen, ihre Arbeit selbstständig durchzuführen. Die Mitarbeiter werden fair behandelt, keiner bevorzugt.

Kooperativ-autoritärer Typ
Mitarbeiterorientierung wird durch Aufgabenorientierung ergänzt. Den Mitarbeitern werden klare Maßgaben vermittelt, wie sie ihre Arbeit durchführen sollen. Entscheidend ist, dass die Mitarbeiter wissen, woran sie sind („Lesbarkeit").

Misstrauisch-autoritärer Typ
Starke Kontrolle der Mitarbeiter zeigt das Misstrauen ihnen gegenüber. Dieser Typ ist vor allem zielorientiert. Er behandelt seine Mitarbeiter teilweise unfair und bevorzugt bestimmte Mitarbeiter.

Ungreifbarer Typ
Dieser Typ ist für die Mitarbeiter schwer zu erkennen oder einzuschätzen (schlechte „Lesbarkeit"). Er zeigt seine Persönlichkeit nicht und schafft dadurch ein Vakuum, wo eigentlich Führung, Verantwortung und Autorität sein sollten.

Die ersten beiden Typen von Führungsstilen haben eine Gemeinsamkeit: Sie sind prägnant, wieder erkennbar, haben einen eigenen Stil und eine eigene Geschichte, die sie so präsentieren, dass Mitarbeiter wissen, woran sie sind. Darin können diese beiden Typen sowohl autoritär und sehr dynamisch als auch kooperativ und wenig autoritär auftreten.

Bei den beiden anderen Typen von Führungsstilen imponiert, dass deren Geschichte, die sie laut und drohend oder leise und freundlich präsentieren, bei den Mitarbeitern keine Glaubwürdigkeit findet, da entweder offen mit Misstrauen agiert wird oder Sprechen und Handeln extrem widersprüchlich sind. Die einen sind also glaubwürdig, vorhersehbar – wir nennen sie lesbar: Ihre Geschichte macht Sinn. Die anderen sind undurchsichtig, ungerecht und misstrauisch, doch auch hier ist das wichtigste Unterscheidungsmerkmal die Lesbarkeit ihrer Geschichte: Stimmt ihre Geschichte mit dem überein, wie sie sich in Gesprächen und in ihren Merkmalen präsentieren?

Auch hier kann man gut sehen, wie Identifikationsmöglichkeiten mit dem positiven oder negativen Image von Führungskräften einhergehen, mit einem guten Image, das durch die Geschichten geprägt wird, die über Führungskräfte erzählt werden oder die sie selbst erzählen. Die Identität eines Unternehmens, wir haben sie vorhin als Grundregel und Gründungsregel formuliert, ist ja nichts Statisches, sondern wird durch Kommunikationen erneuert, und am wirksamsten eben durch Geschichten.

Hiermit kommen wir zum nächsten Punkt unserer Erfolgsformel:

Geschichten erzählen

Wo möglich in der Kommunikation, erzähle Geschichten! Und: lass Tragödien und Satiren weg, denn diese sind Anzeichen für Untergangsstimmung und Zynismus.

Geschichten, darauf hatten wir oben mit Sennett hingewiesen, haben nicht nur eine unterhaltende Funktion, sondern sind das eigentliche Medium, innerhalb dessen wir „jemand" sind. Wenn Sie jemandem nicht glauben, wenn Sie jemandem unterstellen, er spreche nicht die Wahrheit, dann erzählt er eine in sich nicht stimmige Geschichte.

„Geschichten" haben eine ganz bestimmte sprachliche Form, die einem Spannungsbogen entspricht. Geschichten müssen immer einen Anlass haben, müssen interessant sein, müssen einen Konflikt oder ein zu lösendes Problem oder ein Rätsel darstellen, müssen die Auseinandersetzung damit präsentieren und dann eine Lösung vorführen, der dann eine Bewertung nach dem Motto „...und die Moral von der Geschichte..." folgt.

Wer die Fernsehserie „Stromberg" kennt, weiß, wie eine Führungsperson, deren gesamte Kommunikation daraufhin ausgerichtet ist, jeden letzten Rest von Respekt zu tilgen, gar nicht anders kann als zynisch und sarkastisch zu wirken und insofern aus dem eigenen Leben eine Satire zu machen. Im wirklichen Unternehmensleben soll es tatsächlich viele Führungskräfte geben, die tausende von Zuschauern an Stromberg erinnern.

Auch finden wir sehr häufig in Unternehmen die von Mitarbeitern und Führungskräften gerne erzählte Tragödie der „Helden der Arbeit", Menschen, ob Unternehmensleiter oder Mitarbeiter, die trotz aller geradezu übermenschlicher Anstrengungen von einem Schicksal mehr oder weniger schnell dem sicheren Untergang zugetrieben werden.

Erik Ringmar (Ringmar 2007) hat in einer amüsanten und wirklich faszinierenden Analyse von Auseinandersetzungen auf politischer Ebene um den Irakkrieg sehr glaubwürdig herausgearbeitet, dass es offensichtlich typisch unterschiedliche Vorlieben für die verschiedenen Arten, Geschichten zu erzählen, gibt: Amerika liebt seine Heldengeschichten, die Schweden die Komödie, England seine Satire, Frankreich seine Romanze und Deutschland treibt es nach wie vor der Tragödie entgegen. Vielleicht ist hier auch einer der Gründe für die internationale Zuschreibung, Deutschland sei so pessimistisch.

Für unseren Zusammenhang auf den Punkt gebracht, kann man sagen: Wollen Sie erfolgreich kommunizieren, dann erzählen Sie Geschichten, am besten Gründungsgeschichten Ihres Unternehmens und vermeiden Sie Tragödien und Satiren.

„We kehr for You!" – Die Kraft von guten Geschichten

Ähnlich intelligent agierte die BSR seit Beginn der 1990er-Jahre, als klar wurde, dass die durch die Vereinigung der beiden Seiten Berlins bedingten Anforderungen an die Mitarbeiter des Unternehmens sich extrem steigern dürften. Eine damals ausschließlich der Imageverbesserung der BSR in Berlin zugedachte Maßnahme, bestand in der Kampagne: „We kehr for You". Die Kampagne fand bei den Berlinern sofort ein sehr positives Echo. Nicht jedoch bei den BSR-Mitarbeitern selbst, denn diese fanden sich nicht angemessen durch zwei professionelle Fotomodelle repräsentiert. Sie beschwerten sich.

Das BSR-Management, insbesondere die später dort das Ruder übernehmende charismatische Chefin Frau Vera Gäde-Butzlaff, griff die Initiative der Mitarbeiter auf und fortan waren in allen weiteren Kampagnen tatsächlich ausschließlich echte BSR-Mitarbeiter abgebildet. Die verblüffende Wirkung dieser Maßnahme bestand nicht nur in einer Verbesserung des Images nach außen, sondern insbesondere nach innen: Die in der Kampagne entwickelte neue *Identität* des Unternehmens (orange – Berlin – ökonomisch – ökologisch – witzig und heimatbezogen) wurde über die gelungene Außendarstellung – *Image* – zu einem neuen, für die Mitarbeiter sehr willkommenen Objekt der *Identifikation*. Und diese Identifikation bewirkte etwas Unvorhergesehenes: Die BSR-Mitarbeiter hielten sich gesünder als der Berliner Durchschnitt und das insbesondere mit Blick auf die in fast allen Branchen zu dieser Zeit extrem zunehmenden psychisch-psychiatrischen Krankheiten.

Klar, dass bei diesem körperlich sehr beanspruchenden Job eine Zunahme des bei steigendem Altersdurchschnitt erwartbaren körperlichen Verschleißes auch die Diagnosen des Muskel-Skelett-Apparates anstiegen, nur der für Berlin fast typische Anstieg der psychischen Krankheiten blieb aus. Und: auch die körperlichen Beeinträchtigungen hielten sich in überschaubaren Grenzen.

Über die gelungene Werbekampagne hatte das BSR-Management unbeabsichtigt einen entscheidenden Beitrag zu einen sehr effektiven Betrieblichen Gesundheitsmanagement geleistet. Dieser Beitrag wurde freilich ergänzt durch ein traditionell bei der BSR ohnehin vorbildlichen Gesundheitsmanagement, das in Berlin einen hervorragenden Ruf genießt und ganz besonders durch Georg Heidel, einen ebenso charismatischen Mitarbeitervertreter, aufgebaut worden war.

Ich bin seit fast 20 Jahren in einem regen Gedankenaustausch mit diesem für Betriebliches Gesundheitsmanagement vorbildlichen Unternehmen und habe sehr viel von den dort tätigen Experten lernen dürfen. Auch das 3-I-Konzept, das ich 2004 zum ersten Mal veröffentlichte, war in seinen Grundzügen bei der BSR zur Anwendung gekommen, aber wie das eben auch dem dort praktizierten BGM entsprach, brauchte man dazu kein Konzept, sondern eine proaktive Praxis, die sich durch Erfolg bewähren musste. Was funktioniert, muss man nicht weiter hinterfragen oder theoretisieren, ja, das hätte alte Vorbehalte der Belegschaft gegen Theoretiker und Akademiker reaktivieren können.

Bei der Analyse dieser Beispiele fiel auch ein weiteres Charaktermerkmal dieser Kommunikationen auf:

Sie erzählten nicht nur – wie jede gute Kampagne – eine Geschichte, sondern viele Geschichten und boten darin gerade den eigenen Mitarbeitern an, selbst ein wesentlicher Teil dieser Geschichten zu sein. Das Unternehmen startete darin sozusagen einen neuartigen Biografie-Service: Nein, ich bin nicht nur Müllmann, ich bin Stadthygieniker und als solcher Abenteurer, Komödiant und Romantiker, der stadtbekannt geworden ist. Ich bin ein neuer Stadtheld in Berlin.

Helden, das ist fast ein Charakteristikum ihrer Daseinsart, werden weniger krank und sind in der Regel viel produktiver als Loser, Opfer oder Zyniker.

Und wieder erhielten wir Unterstützung aus Schweden, um uns diesen Zusammenhang zu verdeutlichen: Erik Ringmar, ein damals an der London School of Economics lehrender Professor aus Schweden, hatte eine faszinierende interkulturelle Theorie von Narrationen entwickelt.

Er hatte die zu Beginn des ersten Irakkrieges veröffentlichte Korrespondenz zwischen amerikanischen, englischen, deutschen, französischen und schwedischen Politikern und Beamten analysiert und kam zu dem verblüffenden Schluss, dass der gemeinsamen übereinstimmenden Einschätzung der komplexen politischen Lage unterschiedliche deutlich aus den Korrespondenzen herausfilterbaren Narrationsformen gegenüberstanden, die sich recht eindeutig der klassischen Einteilung unterschiedlicher Erzählarten nach Aristoteles zuordnen ließen. Die Amerikaner schreiben immer im Genre des Abenteuer- und Heldenromans, die Franzosen gaben der Romanze den Vorzug, die Schweden der Komödie, die Engländer der Satire und die Deutschen der Tragödie.

Literatur

Ringmar, E.: Identity, interest and action. Cambridge University Press, Cambridge (2007)

Sennett, R.: The culture of the new capitalism. Yale University Press. New Haven (2007)

Sennett, R.: Respekt im Zeitalter der Ungleichheit. ebook Berlin Verlag (2010)

Sennett, R.: Respect in a world of inequality. W. W. Norton & Company, London(2011a)

Sennett, R.: The corrosion of character: The personal consequences of work in the new capitalism. W. W. Norton & Company (2011b)

Tyler, T.R., Blader, S.L.: Cooperation in groups: Procedural justice, social identity an behavioral engagement. Psychology Press, Philadelphia (2000)

J

Jobunsicherheit, Jugend, Alter, psychische Gefährdungen

Demografische Veränderungen, psychische Gefährdungen und zunehmender Stress sind Hindernisse für wirtschaftliches Wachstum in einem sich deutlich abzeichnenden Arbeitnehmermarkt. Wenn es etwas gibt, was einem Unternehmer das Leben schwer macht, dann sind dies irrational getriebene Unkalkulierbarkeiten. Davon haben wir zurzeit sehr viele (Abb. 1).

Die Presse ist voll von Meldungen zu zunehmenden Stress und daraus folgenden hohen Raten von psychisch-psychiatrischen Erkrankungen, an denen veränderte Arbeitsbedingungen schuld seien. Diese zunehmenden psychisch-psychiatrischen Erkrankungen erforderten nicht nur ein neues System der Organisation von stressfreier Arbeit (gibt es das?), sondern sie würden indirekt einen Wettbewerb schaffen, nachdem in Zukunft knapp gewordene Arbeitnehmer eher stressfreie als gut bezahlte Arbeitsangebote annehmen werden.

Nach dem Total Quality Management droht uns jetzt die Gesundheitszertifizierungswelle. Dass hier wieder genau dieselben üblichen Verdächtigen, namentlich bestimmte Beratungskonzerne ihre Finger im Spiel haben, verwundert nicht. Nur können wir uns diesmal gut dagegen wehren.

Da wir nun den bereits zweiten länderübergreifenden Gesundheitsbericht mit den Daten von sechs Krankenkassen und der Deutschen Rentenversicherung Bund verfasst haben und darin die Veränderung des Gesundheitszustandes von mehr als zwei Dritteln aller gesetzlich krankenversicherten Arbeitnehmerinnen und Arbeitnehmer nach branchentypischen, regionalen und soziodemografischen Unterschieden beschreiben konnten, schlage ich eine andere Erklärung als die zurzeit in der Presse diskutierten Erklärungsmuster für die Zunahme von psychischen Erkrankungen vor.

G. Westermayer, *Organisationsdesign 4.0 von A-Z.*,
https://doi.org/10.1007/978-3-662-63515-5_12

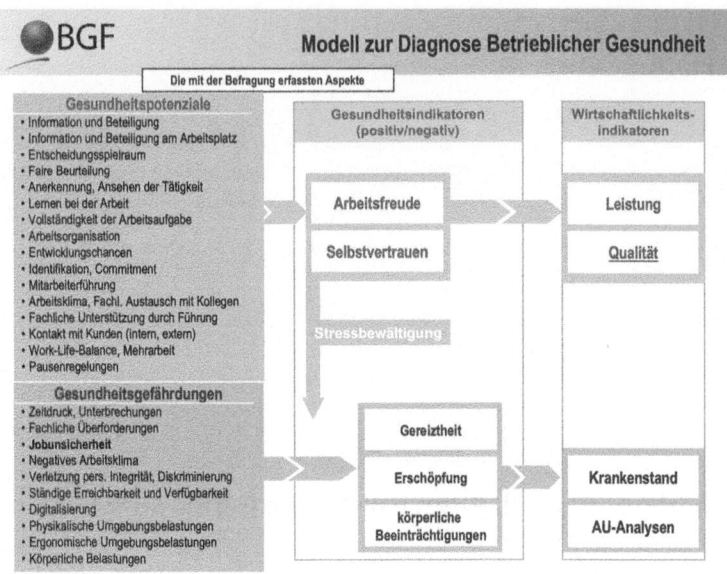

Abb. 1 BGF-Modell J

Während eine Arbeitsministerin mit Blick auf eine alle zwei Jahre durchgeführte Befragung zum Stressempfinden deutscher Mitarbeiter in Richtung Arbeitgeber droht, Zwangsmaßnahmen gegen stresserzeugende Unternehmer einzuführen, kontert der Arbeitgeberpräsident, Unternehmer seien nicht für die Zunahme von psychischen Erkrankungen zuständig, da diese genetisch bedingt seien.

Ohne dass dies von der einen oder anderen Seite klar ausgesprochen würde, wird hier die Frage diskutiert, ob Unternehmens- und Mitarbeiterführung psychisch krank macht (d. h. also der Chef einen in den Wahnsinn treibt) oder ob doch nur die genetisch mangelhafte Ausstattung der Arbeitnehmer ursächlich ist. Demnach müssten die für das heutige Arbeitsleben unzureichend mit Resilienz (Widerstandskraft gegen Stress) ausgestatteten Arbeitnehmer nur noch so lange warten, bis die Pharmaindustrie geeignete Medikamente auf den Markt gebracht hat, welche den Arbeitsstress erträglich machen können.

Hier werden zwei Gruppen durch geschickte Propaganda gegeneinander ausgespielt: Mitarbeiter gegen Führungskräfte und Unternehmer. Dabei profitieren gerade Mitarbeiter und ihre Führungskräfte sowie Unternehmer im Betrieblichen Gesundheitsmanagement gleichermaßen. Aber wie ist es denn nun mit der Zunahme von psychischen Erkrankungen durch Arbeitsstress? Kann Mitarbeiterführung so stressen, dass die Menschen psychisch erkranken? Die glasklare Antwort anhand unserer Befragungsdaten: Nein. Was Stress und schließlich auch psychische Erkrankungen wie zum Beispiel Depressionen im Arbeitsleben erzeugen kann, ist: das Weglassen von Führung.

Wie soll man das verstehen? Die zwei Branchen, die für 90 % der Zunahme psychisch- psychiatrischer Diagnosen verantwortlich sind, sind die Verwaltungsbranche und die Gesundheitsbranche. Genau in diesen beiden Branchen zeigt sich auch sonst noch eine Gemeinsamkeit: Hier wird falsch reorganisiert. Die Mitarbeiterführung wird abgeschafft und stattdessen interner Wettbewerb eingeführt, der durch Kennzahlensysteme gesteuert wird. Man spricht hier von der Industrialisierung der Dienstleistung. Besonders in Branchen, in denen gelingende Kommunikation die eigentliche Kernkompetenz darstellt, weil sie in der Arbeit mit Menschen liegt, wird Kommunikation systematisch durch automatisierte Kennzahlensysteme verhindert. Hinzu kommt, dass gleichzeitig die in den Branchen am häufigsten von psychischen Erkrankungen betroffenen Berufsgruppen Pflegekräfte, Erzieher und Lehrer sind; sie haben durch die Reorganisationseffekte den größten Imageschaden zu verkraften.

In ihrem 2013 veröffentlichten Arzneimittelreport verzeichnet die Barmer GEK die höchsten Zuwachsraten unter von den gesetzlichen Krankenkassen finanzierten Medikamenten bei Psychopharmaka für Kinder und Jugendliche. In den Jahren 2009 bis 2012 betrug der Zuwachs demnach über 40 %. Ein Mehrwert neuer Medikamente für die Patienten ist laut Pharmazeut und Gesundheitsökonom Prof. Glaeser aber nicht ableitbar. Im Gegenteil, die Zunahme der Verschreibungen von Psychopharmaka sei eher auf eine Zunahme „neuer" Diagnosen wie etwa ADHS zurückzuführen. Auch für Senioren wurden alarmierende Zahlen bekannt, ein Drittel der Versicherten über 65 Jahre nahm täglich mehr als fünf Arzneimittelwirkstoffe zu sich. Außerdem erhalten insbesondere Demenzkranke zu viele Schlaf- und Beruhigungsmittel: „Hier wird Personalmangel durch Medikation ersetzt." Mal abgesehen von der im „Spiegel" diskutierten Tatsache, dass diese Medikamente für Jugendliche und pflegebedürftige Senioren extrem schädliche Nebenwirkungen haben, zeigt sich auch hier ein fataler Zusammenhang. Völlig verunsicherte Eltern und Lehrer übergeben ihre Kinder an erziehungsferne Fachdisziplinen, die Psychopharmaka als Schlüssel gelungener Erziehung sehen. Und fehlendes Personal in der Pflege wird kompensiert durch den falschen Einsatz von Psychopharmaka. Es dreht sich schlussendlich alles um einen Mangel an Führung. Der Wortherkunft nach ist „Führung" aus dem Mittelhochdeutschen: ein Instrument, um zu lenken.

Für die Pflegebranche verfolge ich die Hypothese, dass das Weglassen von Führung und das damit verbundene Fehlen von Gesundheitspotenzialen die Hauptursache für die Zunahme psychisch-psychiatrischer Diagnosen darstellt. Die Benchmark-Analyse in dieser Branche bestätigt dies, denn positive Ausnahmen gibt es: Dort, wo aktive und engagierte Mitarbeiterführung vorzufinden ist, gibt es trotz der gleichen Rahmenbedingungen, einen um bis zu 10 Prozentpunkte geringeren Krankenstand und keine auffälligen Diagnosen.

Management ohne Mitarbeiterführung verkehrt gelegentlich die Ziele der Prävention im Setting-Ansatz gerade in ihr Gegenteil. Der Bundesrechnungshof hat die zunächst als großen Erfolg verkaufte Zielerreichung der Vermittlungstätigkeit von fünf Bundesarbeitsagenturen überprüft und ist zu einem vernichtenden Ergebnis gekommen. Der dort von einer bekannten Beratungsfirma eingeführte Wettbewerb zwischen Mitarbeitern um die besten Prozentzahlen beim Vermittlungsergebnis führte zu Entwicklungen ad absurdum. Das Erreichen des vorgegebenen Vermittlungsergebnisses, basierend auf Prozentzahlen wurde auf Führungsebene mit entsprechenden Bonuszahlungen verknüpft. Dies führte dazu, dass nur noch leicht vermittelbare Arbeitslose oder gar eigentlich Nicht-Arbeitslose (Azubis, die bereits einen Job hatten etc.) Ziel der Aktivitäten wurden und diejenigen, für die der Service gedacht war, gar nicht mehr betreut wurden (zum Beispiel Langzeitarbeitslose). Auch hier offenbart sich das gleiche Schema wie in der Pflege und der Verwaltung: Statt Mitarbeiterführung wird ein von Kennzahlen getriebener Wettbewerb initiiert, der bei den Mitarbeitern lediglich einen hohen Krankenstand mit steigendem Risiko psychischer Erkrankungen auslösen kann.

Wenn wir alle drei Branchen betrachten, finden wir ausgerechnet die vom Bundesministerium für Gesundheit definierten prioritären Settings für Prävention vor: Schule, Betrieb oder Stadtteil. Im Settingansatz sollen die Beteiligten aktiv Kompetenzen im Umgang mit ihren gesundheitsbezogenen Interessen erwerben (Empowerment). Erklärtes Ziel ist die Teilhabe gesundheitlich benachteiligter Personen oder Gruppen (sozial schwache Schichten) an übergeordneten Organisationen und Strukturen. Gesundheitsförderung soll sich eben nicht nur auf den Empfang gesundheitsförderlicher Botschaften und Angebote beschränken.

Doch die Lehrer, Erzieher und Verwaltung in Form der zuständigen Behörden für Arbeitslose können keine vorbildliche Förderung erbringen, um die Gesundheitschancen dieser Bevölkerungsgruppen zu erhöhen. Stattdessen werden gerade diese Berufsgruppen in einem Management, das auf internen Wettbewerb setzt, der schon in der Industrie versagt hat, verschlissen. In der Pflegebranche hat dies zudem schon dazu geführt, dass nicht genügend Nachwuchskräfte bereit sind, den verantwortungsvollen Beruf zu ergreifen und dort ein tatsächlicher Pflegenotstand anhand der gestiegenen Verabreichung von Benzodiazepinen offenbar wird.

So betrachtet ist der Setting-Ansatz des Gesundheitsmanagements gescheitert. Es gilt daher den dritten Sektor, den des Betrieblichen Gesundheitsmanagements, davor zu bewahren. Hier ist es durchaus möglich, auch Berufsgruppen mit geringem sozialem Status, niedrigem Einkommen und per se geringeren Gesundheitschancen mit hohen Gesundheitspotenzialen zu versorgen. Wie das funktioniert? Mit guter und gesunder Mitarbeiterführung.

K

Kommunikation

In jeder Kommunikation ist es entscheidend, ob derjenige, der die Kommunikation erfolgreich gestalten möchte, etwas über denjenigen weiß, der als Partner in die Kommunikation einbezogen werden soll. In diesem Prozess der Kommunikation vollziehen sich mehrere miteinander verbundene Prozesse.

Aus Erfahrung weiß man, dass das Erzählen von Geschichten und das Formulieren in einer bildreichen Sprache größere Chancen hat, gehört zu werden als das Vortragen trockener Statistiken oder bürokratischer Vorschriften. Warum das offensichtlich so ist, dazu finden sich interessante Belege in Studien und Grundlagenarbeiten jüngeren Datums (Abb. 1).

Zunächst soll festgehalten werden: Jede erfolgreiche Kommunikation startet dort, wo der Zuhörer, der Kommunikationspartner ist.

Viele Unternehmen befinden sich in Übernahmeprozessen, ihre Mitarbeiter finden sich plötzlich in einer Kultur wieder, die ihnen fremd ist. Das bedeutet, dass die Kommunikationspartner sehr oft wenig voneinander wissen und sich eben nicht dort „abholen", wo sie gerade stehen.

In seiner Studie „To be or not to be" zeigt Pratt (Pratt 1998), welche menschlichen Grundbedürfnisse in Unternehmen durch Identifikation mit dem Unternehmen, den selbst hergestellten Leistungen oder den Mitmenschen erfüllt werden können. Je nachdem, wie stark bei Unternehmenszusammenschlüssen oder Reorganisationen in der Kommunikation darauf geachtet und gezielt Wert gelegt wird, diesen Grundbedürfnissen einen besonderen Stellenwert zukommen zu lassen, haben diese Veränderungsprozesse eine größere oder kleinere Erfolgschance. Wenn man den Zusammenfassungen von van Dick (van Dick 2004) folgt, ist der Erfolg zurzeit extrem gering.

G. Westermayer, *Organisationsdesign 4.0 von A-Z.*,
https://doi.org/10.1007/978-3-662-63515-5_13

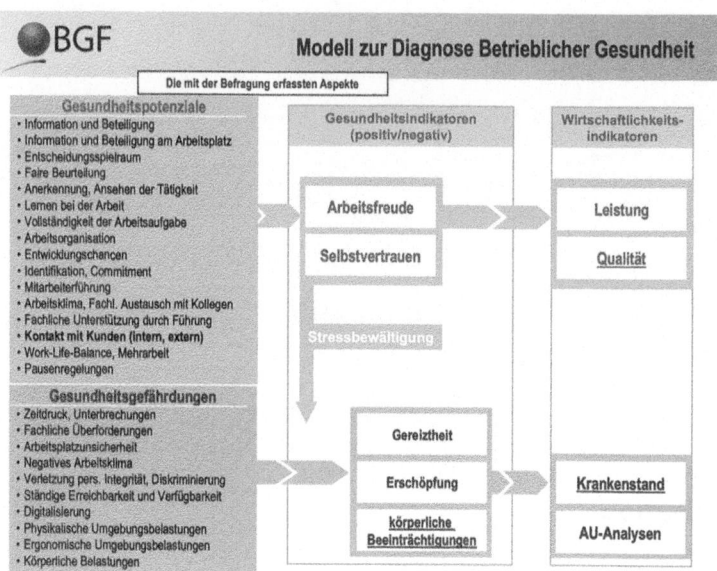

Abb. 1 BGF-Modell K

Die erste wesentliche Orientierung in jeder erfolgreichen Kommunikation muss also den Grundbedürfnissen des Gegenübers gelten. Das ist eigentlich damit gemeint, wenn man davon spricht, dass man jemanden „dort" abholt, wo er gerade steht. Konkret heißt dies, zu wissen, welche Grundbedürfnisse beim Partner im Hintergrund des beobachteten Verhaltens stehen.

Bei Pratts Aufzählung der Grundbedürfnisse, die durch Identifikation erfüllt werden, fällt natürlich jedem Führungsverantwortlichen auf, dass hier ein sehr altes, in jedem Führungsseminar bewährtes Schema von Soziologen neu entdeckt wurde (Abraham Maslow 1954, der Erfinder der sogenannten Bedürfnishierarchie wird tatsächlich in Pratts Studie nicht zitiert).

Das Kommunikationsquadrat (nach Schulz von Thun)

Die von Schulz von Thun vorgeschlagene Vierteilung eines jeden Kommunikationsprozesses kann in ihrer Wichtigkeit kaum überschätzt werden. Im Prinzip besagt sie folgende Grundregel: Wenn man eine Information transportieren möchte, gelingt dies nur, wenn man auf der Beziehungsebene eine sogenannte++ Beziehung herstellt, also eine Beziehung, die durch wechselseitigen Respekt und wechselseitige Anerkennung der jeweiligen Person getragen ist (Abb. 2).

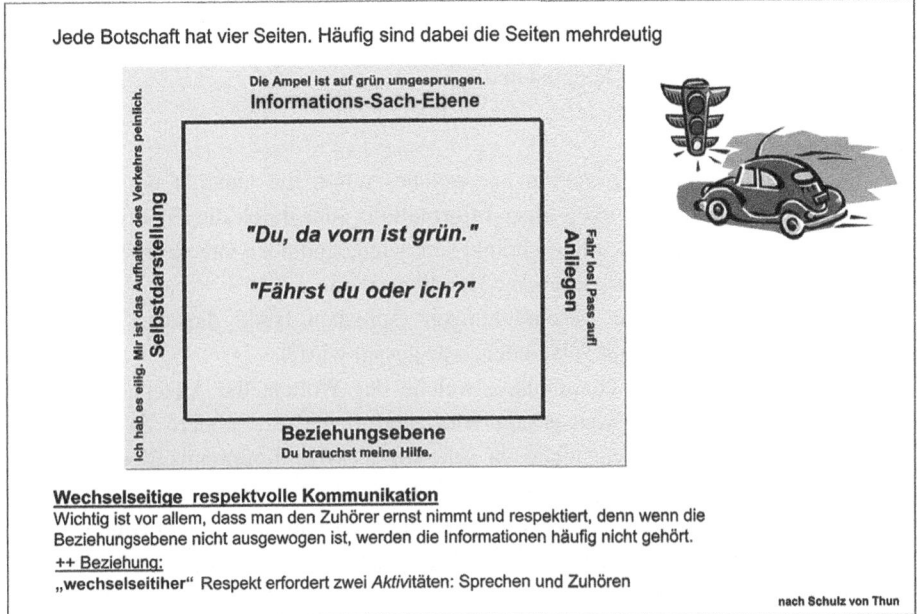

Jede Botschaft hat vier Seiten. Häufig sind dabei die Seiten mehrdeutig

Die Ampel ist auf grün umgesprungen.
Informations-Sach-Ebene

ich hab es eilig. Mir ist das Aufhalten des Verkehrs peinlich.
Selbstdarstellung

"Du, da vorn ist grün."

"Fährst du oder ich?"

Fahr los! Pass auf!
Anliegen

Beziehungsebene
Du brauchst meine Hilfe.

Wechselseitige respektvolle Kommunikation
Wichtig ist vor allem, dass man den Zuhörer ernst nimmt und respektiert, denn wenn die Beziehungsebene nicht ausgewogen ist, werden die Informationen häufig nicht gehört.
++ Beziehung:
„wechselseitiher" Respekt erfordert zwei *Aktiv*itäten: Sprechen und Zuhören

nach Schulz von Thun

Abb. 2 Kommunikationsquadrat

Dieses Herstellen einer solchen Beziehung gelingt genau dann eher, wenn der die Kommunikation startende Partner ausreichend Einblick in seine aktuelle Gemütslage (Wie fühle ich mich gerade?) vermittelt und wenn er präzise und klar sein Anliegen und seine Ziele offenlegt. Das mag zunächst trivial erscheinen, Fakt ist jedoch, dass in sehr vielen Führungsausbildungen das Gegenteil gelehrt wird, nach dem Motto: Lass dir nicht in die Karten schauen, und vor allen Dingen: lass niemanden deine Strategie erkennen.

So wird der Informationsfluss systematisch verhindert, was in einer Dienstleistungsgesellschaft, die fast ausschließlich auf Informationsweitergabe und dem Herstellen von positiven Kundenkontakten beruht, absurd erscheint. Das Kommunikationsquadrat kann helfen, dauernd die eigene Haltung in einer Kommunikation zu überprüfen.

Ablauf einer Kommunikation

Das zweite wichtige technische Instrument bezieht sich auf den typischen Ablauf einer Kommunikation in sieben Schritten (Konrad Lorenz zugeschrieben):

- Gedacht ist nicht gesagt,
- gesagt ist nicht gehört,
- gehört ist nicht verstanden,

- verstanden ist nicht gewollt,
- gewollt ist nicht gekonnt,
- gekonnt und gewollt ist nicht getan und
- getan ist nicht beibehalten.

Vom Wahrnehmen einer Information an, welches durch die Qualität der physischen Medien (die Les- bzw. Hörbarkeit einer Information) oder durch die Funktionalität der Sinnesorgane des Empfängers eingeschränkt sein kann, sind noch vier weitere Hürden zu nehmen, bevor aus einer Information eine Handlung wird.

Da gibt es oft kognitive Beschränkungen (sprechen beide dieselbe [Bildungs-] Sprache? – also wird überhaupt verstanden, was gesagt wird?).

Da gibt es insbesondere Hemmnisse, welche das Wollen, die Akzeptanz und die Übereinstimmung mit dem, was gesagt wird, betreffen. Insbesondere zwischen Vorgesetzten und Mitarbeitern entstehen da sehr oft massive Kommunikationsprobleme. Ein Meister in einem unserer Seminare hat das einmal so formuliert: „Ich war zum Meinungsaustausch beim Chef. Es war wie immer, ich kam mit meiner Meinung rein und kam mit seiner Meinung raus." Das erzählt der Meister aber nur seinen Kollegen im Seminar, nicht seinem Chef.

Deshalb stellt sich für Führungskräfte ein besonderes Kommunikationsproblem: Eine ausgewogene partnerschaftliche Gesprächsatmosphäre herzustellen, ist für sie auch deswegen besonders schwer, weil Hierarchieunterschiede in der Realität faktisch existieren. Es gibt eben ein Oben und ein Unten. Und insbesondere Mitarbeiter sind sich darüber in jeder Kommunikation sehr bewusst und reden eben selten offen und ehrlich mit ihrem Chef, es sei denn, er präsentiert sich so, dass sie ihm vertrauen können.

Nach dieser Stufe des Einverstandenseins, die jede Kommunikation gehen muss, folgen noch die beiden des Anwendens und des Beibehaltens. Hier geht es meist um konkrete Vereinbarungen und Regelungen dazu, wann man sich wieder zusammensetzt und gemeinsam überprüft, wie weit man gekommen ist. Hier geht es um Fragen wie: Wer prüft eigentlich was und wann? All dies ergibt sich nicht selbstverständlich aus einem guten Gespräch, sondern erfordert Präzision und Disziplin auf beiden Seiten. Deshalb sind in erfolgreichen Unternehmen alle Kommunikationsprozesse auch immer in ein System von geregelten Abläufen von Sprechen, Handeln, Messen, Rückmeldungen, Sprechen, etc. eingebunden.

In unseren Untersuchungen zur Wirkung von Führung auf die Höhe des Krankenstandes in verschiedenen Unternehmen lassen sich vier Typen der Führungskommunikation unterscheiden, wovon zwei einen positiven Einfluss auf Krankenstand und Gesundheit haben und zwei einen negativen (vgl Abschnitt Identifikation).

Körperliche Beeinträchtigungen

Körperliche Beeinträchtigungen zeigen sich in ganz konkreten Symptomen:

TREIBER NACH BRANCHEN

Treiber körperliche Beeinträchtigungen Stand: 2020/2021		Einflussfaktoren			N
		1. Einflussfaktor	2. Einflussfaktor	3. Einflussfaktor	
Gesundheits-, Sozialwesen		Mobbing (Über mich werden im Kreise der Vorgesetzten und/oder Kollegen Gerüchte und Unwahrheiten verbreitet.)	physikalische Umgebungsbelastungen (Geruchsbelästigungen)	körperliche Belastungen (Arbeiten in Zwangshaltungen)	5244
Varianzaufklärung: 27,7%		0,22 (0,28)	0,18 (0,33)	0,16 (0,38)	
öffentl. Verwaltung		Work-Life-Balance (Nach meiner Arbeit habe ich noch genügend Kraft/Energie, um meine privaten Aufgaben zu erledigen.)	physikalische Umgebungsbelastungen (Zugluft)	Kundenkontakt (Der Umgang/die Gespräche mit den Kunden ist für mich emotional nicht belastend.)	3264
Varianzaufklärung: 33,6%		-0,26 (-0,52)	0,23 (0,33)	-0,17 (-0,35)	
verarbeitendes Gewerbe		Mobbing (Meine Arbeit wird von meinem Vorgesetzten und/oder meinen Kollegen ständig massiv und ungerechtfertigt kritisiert.)	körperliche Belastungen (Arbeiten in Zwangshaltungen)	Kundenkontakt (Der Umgang mit den Kunden macht mir Freude.)	2634
Varianzaufklärung: 33,4%		0,35 (0,34)	0,26 (0,41)	-0,17 (-0,25)	
Erbringung v. sonstigen wirtschaftlichen Dienstleistungen		physikalische Umgebungsbelastungen (Staub)	Work-Life-Balance (In meinem Arbeitsumfeld wird flexibel mit besonderen privaten Belastungen umgegangen.)	...	6029
Varianzaufklärung: 33,1%		0,34 (0,38)	-0,29 (-0,41)		
Erbringung v. sonstigen Dienstleistungen		körperliche Belastungen (Hocken, Knien, gebückte Haltung)	Mobbing (Meine Arbeit wird von meinem Vorgesetzten und/oder meinen Kollegen ständig massiv und ungerechtfertigt kritisiert.)	...	2422
Varianzaufklärung: 40,1%		0,40 (0,59)	0,27 (0,30)		
Erbringung v. Finanz- und Versicherungsdienstleistungen		Work-Life-Balance (Nach meiner Arbeit habe ich noch genügend Kraft/Energie, um meine privaten Aufgaben zu erledigen.)	physikalische Umgebungsbelastungen (Zugluft)	körperliche Belastungen (immer wiederkehrende Bewegungsabläufe)	6464
Varianzaufklärung: 33,9%		-0,26 (-0,47)	0,24 (0,38)	0,17 (0,33)	

Interpretationshinweis:
Eine schwarze Zahl in einer Zelle zeigt einen *„Je-mehr-desto-mehr-Zusammenhang"* an; eine *rote* Zahl in einer Zelle zeigt einen *„Je-mehr-desto-weniger-Zusammenhang"* an.
Bei den Werten in den Zellen unter den Einflussfaktoren handelt es sich um die Regressionskoeffizienten (β) mit je p < 0.01.

Abb. 3 Treiber Körperliche Beeinträchtigungen

- Ich habe häufig Magenschmerzen.
- Ich habe häufig Verdauungsbeschwerden.
- Ich habe häufig Schmerzen in der Schulter.
- Ich verspüre häufig Rücken- oder Nackenschmerzen.
- Ich habe häufig Gelenkschmerzen.
- Mein Blutdruck ist oft zu hoch.
- Ich habe oft nach geringer körperlicher Anstrengung Herzklopfen.
- Ich leide häufig unter Krampfadern.
- Mir ist häufig schwindelig.
- Ich habe häufig Kopfschmerzen.
- Mir ist häufig übel.
- Ich bin oft erkältet.
- Ich habe häufig Husten.
- Ich leide häufig unter Augenproblemen.
- Ich leide häufig unter Hautproblemen.
- Ich leide häufig unter Ohrgeräuschen (Abb. 3).

Kontakt im Gestaltzyklus (Lernzyklus)

Probleme mit **Kontakten im betrieblichen Umfeld** zeigen sich vor allem in der Antwort auf die Fragen:

- Die Gespräche mit den Kunden belasten mich emotional in einem hohen Maße.
- Der Kontakt mit den Kunden ist weitgehend konfliktfrei.
- Der Umgang mit den Kunden macht mir Freude.

Gestaltorientierte Organisationsentwicklung geht auf zwei wichtige Quellen zurück: auf *Kurt Lewins* Theorie des psychologischen Feldes und seine Entdeckung des Datenfeedback-Effektes und auf *Fritz Perls* Definition von „Kontakt" als eigentliches Medium für veränderndes Lernen (Nevis et al. 1996).

Neue Erkenntnisse aus der Hirnforschung (vgl. Hüther 2013) bestätigen die frühen Erkenntnisse der beiden Berliner Forscher, die während der Nazizeit in die USA auswandern mussten.

Drei Grundprinzipien sind aus der Gestaltlehre für BGM wichtig:

1. Es gibt keine theoriefreie und keine bedürfnisfreie Realität, sondern nur „psychologische Felder". Man kann sich darin den Menschen in etwa wie ein Auto mit zwei Scheinwerfern vorstellen, der eine beleuchtet die Umwelt mit dem Vorwissen, der andere mit den Bedürfnissen. Was nicht beleuchtet wird, wird ausgeblendet. Jeder Mensch sieht seine Umgebung immer durch die eigenen Bedürfnisse und das eigene durch Sozialisation erworbene Weltbild verzerrt. Das gilt insbesondere für Menschen im Betrieb. Diese werden ja gerade wegen ihrer unterschiedlichen Lerngeschichte auf unterschiedlichen Funktionen eingesetzt. Daher gilt gerade in der Organisationsentwicklung der Satz von Luhmann „Verstehen ist höchst unwahrscheinlich" ganz besonders. Hier treffen sozusagen die unterschiedlichsten Scheinwerfer aufeinander. An der Verständigung muss gearbeitet werden, sie kann nicht vorausgesetzt werden.

2. Was aber ähnlich funktioniert, ist der Prozess des Lernens, und dieser läuft in beschreibbaren Phasen ab (Beispiel):

   a) Wahrnehmung: Bei der Autofahrt fällt einem auf einmal ein McDonalds-Plakat auf.

   b) Sich die Gründe der Wahrnehmung bewusst machen (Awareness): Man hat wohl Hunger.

   c) Planen (Energie mobilisieren): Soll man jetzt wirklich einen Hamburger essen? (Wie war das noch mal mit dem Regenwald, den Rindern und dem Weltklima, wie weit ist es zum nächsten Biomarkt etc.) – endet mit einer Entscheidung, die dann in eine

   d) Aktion mündet: Wagen rechts ran fahren, sich umsehen, ob man beobachtet wird, Hamburger kaufen.

   e) Kontakt: Hamburger essen, was nach Perls der wesentliche Vorgang beim Lernen ist: Etwas wird einverleibt, zerkleinert, zerkaut, für den eigenen Organismus so aufbereitet, dass es genutzt werden kann. Dabei verändert sich gleichzeitig der Organismus zusammen mit dem Gegenstand des Bedürfnisses und der Wahrnehmung (dabei kann es sich auch um immaterielle bedürfnisbefriedigende Güter wie etwa Bücher, gute Gespräche etc. handeln – es muss kein Hamburger sein).

   f) Rückzug der Energie und Aufmerksamkeit: Jetzt ist der Blick wieder etwas freier und die Wahrnehmung nicht mehr nur auf Essbares reduziert, was einem ermöglicht, den letzten wichtigen Schritt zu vollziehen, die

g) Bewertung: Naja, geschmeckt hat es ja irgendwie, nur wie? Hamburger haben die eigenartige Eigenschaft, dass sie zwar suggerieren, etwas Substanzielles darzustellen, aber gleichzeitig nicht richtig satt machen, also nächstes Mal doch zum Bioladen und das mit dem Klimawandel stimmt ja auch.

h) Nach einem kompletten Lernzyklus ist man, so die Gestalttheorie, tatsächlich jemand anderes, man hat sich durch die Erfahrung echten Kontakts verändert, auch wenn dieser in unserem Beispiel nicht die Bedürfnisse und die Erwartung erfüllt hat. In der Bewertung des gesamten Lernvorganges liegt ja die Möglichkeit, das nächste Mal bewusster die eigenen Bedürfnisse und die eigenen vorhandenen Erkenntnisse anders mit der Realität in Beziehung zu setzen.

3. Lernen kann man lernen und diese Lernprozesse werden in der Organisationsentwicklung auch für Gruppen organisiert.

Der Datenfeedback-Effekt, den Kurt Lewin bei einer Untersuchung, in der Mitarbeiter eines Unternehmens befragt wurden, zufällig entdeckt hat, hat auch mit dieser Mischung von Bedürfnissen und subjektiven Theorien zu tun. Lewin hat nach einer Befragung mit seinen Kollegen aus der Forschergruppe über die Bedeutung von Ergebnissen diskutiert. Zufällig konnte eine Gruppe von Mitarbeitern, die gerade an dem Zimmer der Forscher vorbeiging, Gesprächsfetzen aufschnappen. Fast empört mischten sich die Mitarbeiter in die Diskussion der Wissenschaftler ein und steuerten Zusatzinformationen bei. Dabei zeigten sie ein so starkes emotionales Engagement, dass Lewin beschloss, dieses Engagement systematisch zu nutzen. Aus einem Datenerhebungsverfahren war ein Interventionsverfahren geworden. Das Datenfeedback schaffte sofort Veränderung in der Bewusstheit der Mitarbeiter.

Auch die diesem Branchenprojekt zugrunde liegende Treiberanalyse verknüpft genau die beiden Größen der Bedürfnisse von Mitarbeitern und deren Kenntnisse zu Quellen von erfolgreicher Mitarbeiterführung, in dem eben die Quellen von Arbeitsfreude und Selbstvertrauen im Betrieb genutzt werden, um gemeinsame Veränderung und nachhaltiges Lernen zu ermöglichen. Erst muss herausgefunden werden, was aus der jeweiligen Sicht der betrieblichen Gruppen wichtig ist (und zwar kognitiv und emotional), um danach dieses berücksichtigend in einen Aushandlungsprozess (Kontakt) über die nächsten wichtigen Veränderungsschritte zu gehen.

Die in der Treiberanalyse entdeckten Potenziale sind ja explizit die vom Betrieb beeinflussbaren Größen, von denen wir wissen, dass sie einen Unterschied bei den Mitarbeitern bewirkt haben und bewirken werden. Sie sind das Geheimnis nachhaltigen Lernens und Veränderns.

Die Gestaltlehre hat aus diesen Voraussetzungen zwei prinzipiell das Lernen fördernde Haltungen destilliert: Awareness und Presence. Während **Awareness** eine gewisse Aufmerksamkeit beschreibt, die es leichter macht, sich über die eigenen Beweggründe klar zu werden (warum sehe ich das McDonalds-Plakat? Ah, weil ich Hunger habe), heute würde man im Deutschen von „Achtsamkeit" sprechen, meint **Presence** eine Haltung, die man ungefähr mit „gelebter Theorie" übersetzen könnte.

Charismatische Führungskräfte, allgemein glaubwürdige Menschen, die ihre Überzeugungen nicht nur in Worten kundtun, sondern sichtbar leben, sind Menschen mit einer
starken Presence (Präsenz). Sie laden ein zum Kontakt, der Dialog mit ihnen verspricht
tatsächlich zu einem echten Lernerlebnis zu werden.

Führungskräfte sollten nicht nur den Lernzyklus nutzen, sondern sich auch in ihrer
Presence schulen.

Kultur und Sinnverstehen

Im Falle sozialer Systeme, erst recht im Falle eines so vagen Gebildes wie dem einer
Unternehmenskultur, ist die „System-Umwelt-Differenz" theoretisch nicht einfach zu
beschreiben. Was gehört zu einer Kultur, was nicht? Wo werden Grenzen gezogen, wie
werden diese konstituiert, wie lassen sie sich beschreiben?

Jede kommunikative Handlung produziert eine Grenze und schafft so einen sinn-
haften Rahmen, auf den bezogen ein potenzieller Gesprächspartner sinnvoll reagieren
kann. Dieser Rahmen ist flexibel und wird bei jeder kommunikativen Handlung
reproduziert und verändert, worauf Luhmann (Luhmann 1984, S. 266) hinweist: „Jede
Kommunikation im sozialen System, und nicht nur etwa eine grenzüberschreitende
Kommunikation nach außen, nimmt die Differenz zur Umwelt in Anspruch und trägt
dadurch zur Bestimmung bzw. zur Veränderung der Systemgrenze bei. Umgekehrt
haben Grenzvorstellungen eine Ordnungsfunktion für die Konstitution der Elemente;
sie ermöglichen es abzuschätzen, welche Elemente im System gebildet, welche
Kommunikationen riskiert werden können."

Welche Kommunikationen können „riskiert" werden, ohne den Bestand des Systems
zu gefährden? In der von Luhmann formulierten abstrakten Weise leuchtet es ein, „Sinn"
als Ordnungsprinzip der Grenzbildung und Grenzaufrechterhaltung zu begreifen. Aber
damit weiß man noch nicht, wie dieser „Sinn" sich in einer Detaildynamik herausbilden
könnte, was dies für die inhaltliche Ausgestaltung eines Unternehmenskulturbegriffes
bedeutet und wie konkret beobachtbare Phänomene in Organisationen darauf bezogen
werden könnten. Zunächst wollen wir uns daher dem Begriff „Sinn" von einer anderen
Seite her nähern.

Graumann et al. (Graumann et al. 1991, S. 67 ff.) beziehen sich auf den geistes-
wissenschaftlichen Ausdruck „Sinnverstehen", um die Besonderheit und Vielschichtigkeit von Kultursystemen deutlich zu machen. Es werden vier Dimensionen des
wissenschaftlichen Sinnverstehens unterschieden, die sich aus verschiedenen Traditionen
geisteswissenschaftlich orientierter Richtungen der Psychologie, Psychoanalyse und
Soziologie entwickelt haben. Zentrale Paradigmen sind hier für Graumann et al. der
symbolische Interaktionismus, die phänomenologische Psychologie, die Psychoanalyse
und Richtungen des französischen Strukturalismus (insbesondere Barthes' Semiologie
und Foucaults Diskursmodell). Die vier hieraus abgeleiteten Dimensionen des Sinnverstehens werden nach ihren verschiedenen Gegenständen unterschieden:

1. *Sinnverstehen erster Ordnung:* Gegenstand dieser Art des Sinnverstehens seien Äußerungen von Personen, die sich selbst oder andere beschreiben und Handlungen deuten, erklären oder rechtfertigen. Ziel dieser Operation des Sinnverstehens ist es, Deutungsmuster aufzudecken, die für das Subjekt relevant sind, oder Handlungsmuster zu entdecken, die aus der Sicht des Subjektes wirksam sind (etwa Biografien, phänomenologische Soziologie des Alltagslebens).

2. *Sinnverstehen zweiter Ordnung:* Gegenstand dieser Operation ist nicht nur das Aufdecken von Deutungsmustern oder Handlungsmustern, sondern die Genese dieser Muster, also Aussagen über Ursprung und Entwicklung der Sinnkonstitutionsprozesse.

3. *Sinnverstehen dritter Ordnung:* Hier werden psychische Phänomene beschrieben und erklärt. Es geht in erster Linie um unbewusste Prozesse wie Fehlleistungen, Träume, Symbolisierungen und triebregulierende Instanzen. „Sinn" wird in doppeldeutiger Hinsicht eingeführt: Nicht nur die dem Subjekt bewusst verfügbaren Regeln zur Deutung und Handlung werden als sinnvoll rekonstruiert, sondern auch die dem Subjekt nicht bewussten Regeln, die seinen Wahrnehmungen und Verhaltensweisen zugrunde liegen, gelten als potenziell sinnvoll.

4. *Sinnverstehen vierter Ordnung:* Hier zielt Sinnverstehen auf die Beschreibung und Erklärung von Momenten der Sinnbildung in Form von handlungswirksamen Einstellungen, Verhaltensdispositionen oder kulturell determinierten Codes. Hier wird also nicht nur gefragt, was für die Subjekte sinnvoll ist, sondern auch, wie sich Prozesse der Veränderung von kollektiver Sinnbildung erfassen lassen.

Die genannten vier Operationen, die Sinnverstehen auf unterschiedliche Gegenstände richten, haben, so kann man Graumann et al. interpretieren, zwei gemeinsame Grundannahmen: „Sinn" wird aufgefasst als eine Größe, die vom Subjekt als unabhängig von seinen Akten existierend angenommen wird. Gleichzeitig wird „Sinn" aufgefasst als eine Größe, die in kollektiven Akten von Subjekten geschaffen wird. Die Begriffe „Sinn" und „Sinnkonstitution" unterstellen in allen genannten Operationen eine Logik, die auf das kollektive Wahrnehmen und das Herstellen von Ähnlichkeitsbeziehungen zurückgreift. Unterschiede zwischen Menschen, Kulturen oder Organisationen werden nicht auf naturwissenschaftlich messbare Eigenschaften biologisch-genetischer Dimensionen zurückgeführt, sondern auf Formen der Herstellung von Regelsystemen individueller und kollektiver Art, die ihrerseits ebenfalls nach rekonstruierbaren Regeln organisiert sind. Es wird jedoch weder bei Luhmann noch bei Graumann et. al. deutlich, wie man sich das Verhältnis von subjektiv bewusst verfügbaren Wahrnehmungs- und Handlungsregeln und subjektiv nicht bewusst verfügbaren Regeln, die gleichwohl Deutungs- und Handlungsmuster und insofern „Sinn" determinieren, vorstellen soll. Bei Luhmann wird auf abstrakte Mechanismen des Systems verwiesen, bei Graumann et al. auf verschiedene Paradigmen der Sozialforschung, die sich auf die jeweiligen Fragestellungen spezialisiert haben. Für unsere Konzeption benötigen wir jedoch ein integratives Modell, aus dem heraus die jeweiligen Regeln der Sinnkonstitution auf den genannten Ebenen integrierbar wären. Psychoanalyse und Strukturalismus, die sich mit der dritten und vierten Ordnung des Sinnverstehens beschäftigen, haben es mit größerer Komplexität zu tun als etwa der symbolische Interaktionismus und die phänomenologische Soziologie, die sich primär mit den ersten beiden Dimensionen des Sinnverstehens beschäftigen.

Für die Rekonstruktion der Regeln und die Genese der Regeln, die für das Subjekt bei der Deutung von Zusammenhängen relevant sind, brauchen Sozialforscher ein Instrumentarium von Metaregeln. Solche Metaregeln stellen zum Beispiel der symbolische Interaktionismus und die phänomenologische Psychologie bereit. Hier geht es primär um „Verstehen", Einfühlung, Perspektivenübernahme und Interpretation. Für die Rekonstruktion doppeldeutiger Sinnsysteme, wie etwa das Verhältnis von bewusstem und unbewusstem Sinn, das die Psychoanalyse unterstellt, oder für die Rekonstruktion kulturell wirksamer Codes ist wie in Foucaults Diskursanalysen oder Roland Barthes' „strukturalistischer Tätigkeit" ein umfassender Begriff von Regelsystem notwendig, der Kommunikationsformen nicht mehr an einzelne Individuen bzw. Dialogpartner bindet, sondern in allgemeinerer Weise die Prozesse der Selbstorganisation von Kommunikationen beschreiben kann.

Bude (Bude 1991) macht gerade für die unter (3) und (4) genannten Regelebenen einen weiteren Differenzierungsvorschlag. „Wenn im Folgenden von Kultur die Rede ist, dann ist diese eigentümliche Realität von Weltbildern gemeint, die für Mitglieder einer Gesellschaft oder einer Gruppierung festlegen, was möglich und was unmöglich ist, was wahrscheinlich und was unwahrscheinlich ist, was real und was eingebildet ist, aber auch was freundlich und was feindlich, was nah und was fern und was anziehend und was abstoßend ist. Es geht um das *Gefüge* dieser informellen Urteile, welche die alltägliche und automatische Konstruktion der Wirklichkeit bestimmen" (Bude 1990, S. 101; Hervorh. hinzugefügt).

Während es bei Schein (Schein 2015) die „basic assumptions" waren, welche die Essenz der Kultur eines Unternehmens ausmachen, ist es in der Definition von Bude das „Gefüge" der informellen Urteile von Mitgliedern einer Kultur. Hierin ist ein Verhältnis angesprochen, in dem die Grundannahmen von Kulturmitgliedern stehen, das es zu rekonstruieren gilt. Budes Definition legt den Schwerpunkt auf eine *Struktur* von Regeln, die zwar von Kulturmitgliedern befolgt werden, ihnen jedoch nicht unbedingt bewusst sind, ja unter Umständen nie bewusst werden können.

Anders als Graumann et. al. (1991), die auf verschiedene Paradigmen der Sinnrekonstruktion verweisen, unternimmt Bude einen Versuch, relevante Teile dieser Paradigmen integrativ zu einem Ansatz der Regelrekonstruktion zu verknüpfen. Um welche Regeln handelt es sich hierbei und wie lässt sich das, was Bude „Gefüge" nennt, näher beschreiben?

„Die kulturanalytische Forschung steht vor dem Problem, wie diese Regeln für das alltägliche Ganze spezifiziert werden können." Mit Bezug auf Habermas und Foucault unterscheidet Bude hier (Bude 1990, S. 102) vier Arten universeller kultureller Regeln: Regeln der *Produktion,* Regeln der *Signifikation,* Regeln der *Kommunikation* und Regeln der *Subjektivation.*

Kulturen unterscheiden sich danach, wie Menschen Dinge herstellen, umformen und verbrauchen (Produktion), wie Menschen Begriffe und Klassifikationen gebrauchen, also sprechen, um ihre Wirklichkeit zu ordnen (Signifikation), wie sie miteinander kommunizieren (Kommunikation) und schließlich wie sie dabei mit sich selbst umgehen: „mit ihrem Körper, mit ihrer Seele und mit ihrem Geist und wie sie sich dabei verstehen" (Subjektivation) (Bude 1990).

Bei noch so großen Unterschieden zwischen Kulturen bilden diese vier Dimensionen von Regeln und ihr Zusammenspiel den Hintergrund, vor dem sich eine spezifische und einzigartige Kultur entwickeln kann. Insofern sind diese Regeldimensionen auch für Unternehmenskulturen maßgebend, auch wenn sie aus anderen Bereichen der Kulturforschung abgeleitet worden sind. Das spezifische Problem besteht nun darin, wie der Zusammenhang zwischen diesen Regeln rekonstruiert werden kann: „So hängt die Art und Weise, wie die Subjekte ihren Körper pflegen, damit zusammen, wie sie mit Anderen Kontakt aufnehmen, wie sie die Unterschiede zwischen körperlichen Verfassungen bezeichnen und welche Kooperationsformen sie in der Produktion bilden" (ebd., S. 103).

Eine Kultur bezeichnet also das Zusammenspiel dieser Regeln auf den genannten vier Ebenen. Zur Möglichkeit, dieses Zusammenspiel näher zu beschreiben, gibt Bude einen Hinweis auf die neuere Systemtheorie: „Ein kulturelles System, so lassen sich diese Überlegungen mithilfe eines neueren Vokabulars aus der Systemtheorie zusammenfassen, bildet einen lose gekoppelten Zusammenhang von Regeln der Produktion, der Kommunikation, der Signifikation und der Subjektivation mit Zeiten hoher Konkordanz, in denen schnelle und dichte Koppelungen zwischen Entwicklungen auf allen Gebieten der Kultur stattfinden (das sind die kulturellen Blütezeiten mit ihrer eigentümlichen Mischung aus Reifung und Niedergang), und mit Zeiten hoher Diskordanz, in denen sich die verschiedenen Entwicklungen voneinander entkoppeln und leer drehen (das sind die kulturellen Wartezeiten mit ihrer eigentümlichen Mischung aus Hektik und Überdruss)" (ebd.).

Bude hat bei dieser Definition wahrscheinlich weniger eine Kultur vor Augen, die wir in Unternehmen vorfinden, sondern denkt hier in größeren Zeitzusammenhängen und größeren Räumen. Wir haben dennoch diese Kulturdefinition gewählt, da sich mit ihr recht exakt die zu Beginn der Arbeit genannten Veränderungen in den Bereichen Belastungsformen, Werthaltungen, Technologie und Krankheitspanorama in einen verständlichen Zusammenhang bringen lassen. Ferner gibt Bude mit dem Hinweis auf ein „neues" Vokabular der Systemtheorie die Richtung an, in der ein solcher spezifischer Regelzusammenhang mit hoher bzw. niedriger Konkordanz modellhaft beschrieben wird. So lassen sich bisher scheinbar nicht zusammenhängende Phänomene auf den Ebenen der Produktion, Kommunikation, Subjektivation und Signifikation in einem „kulturellen System" integrieren.

Konkret bedeutet dies, dass man bei der Analyse einer Unternehmenskultur darauf zu achten hat, in welchem Zusammenhang technisch-organisatorische Arbeitsanforderungen (Regeln der Produktion) und das Belastungserleben von einzelnen Mitarbeitern in Form von Angst, Misstrauen, Befindlichkeitsstörungen oder Krankheiten

(Regeln der Subjektivation) stehen, und wie diese wiederum mit der Art und Weise zusammenhängen, in der im Betrieb kooperiert wird (etwa zynisch, transparent o. ä.; Regeln der Kommunikation) und mit welchen Begriffen, Klassifikationen etc. über diese Zusammenhänge gesprochen wird (Regeln der Signifikation). Ein Muster, das sowohl den Zusammenhang zwischen diesen Ebenen von Regeln abbilden als auch auf jeder Ebene für sich rekonstruiert werden kann, lässt sich dann sowohl für die Bestimmung der je spezifischen Kultur verwenden als auch für die Entwicklung von Strategien zur Organisationsentwicklung. Mithilfe eines solchermaßen entwickelten Instrumentariums glauben wir, auch die bisher gestellten Fragen nach der Struktur der Kohärenz bzw. nach der Struktur der „kontrollierten Autonomie" anders stellen zu können. Der dort aufgezeigte nicht lösbare Widerspruch zwischen Rolle und Person lässt sich mit einem Kulturbegriff als Symptom der Veränderung der Inhalte von Regeln der Subjektivation, Signifikation, Kommunikation und Produktion beschreiben.

Unternehmenskultur lässt sich nun zusammenfassend folgendermaßen beschreiben und definieren: Es handelt es sich um das „Gefüge" der Regeln, welche die Arten der Subjektivation, Kommunikation, Produktion und Signifikation von Unternehmensmitgliedern bestimmen. Diese Regeln sind universell, den Horizont des Unternehmens betreffend. Das heißt, es sind Regeln, die hierarchieübergreifend gelten, die eher unbewusst befolgt werden, die als selbstverständlich gegeben gelten und die nur im Vergleich der verschiedenen ebenenspezifischen Regeln rekonstruiert werden können.

Da diese Regeln in einem spezifischen, die Kultur konstituierenden Zusammenhang stehen, wird jede Veränderung auch auf nur einer Ebene den Gesamtzusammenhang verändern. Mit Schein lässt sich hinzufügen, dass es sich um Regeln handeln muss, die wiederholt und verlässlich „Überlebensprobleme" und „Integrationsprobleme" gelöst haben. Es ist anzunehmen, dass gerade in Krisenzeiten, also in Zeiten von Unternehmensveränderungen, diese sonst als selbstverständlicher Hintergrund fungierenden Regeln reaktiviert werden. So müsste eine Veränderung der Produktionsformen, wie etwa die Umstellung auf EDV-gestützte Produktion, eine Veränderung der Regeln der Subjektivation, Kommunikation und Signifikation zur Folge haben, wenn der Zusammenhang, also in unserem Verständnis die Kultur, erhalten bleiben soll.

Literatur

Bude, H.: Die Rekonstruktion kultureller Sinnsysteme. In: Flick, U., Kardorff, E.V., Keupp, H., Rosenstiel, L.V., Wolff, S. (Hrsg.) Handbuch qualitative Sozialforschung, Psychologische Verlagsunion, München (1991)

Graumann, C.F., Métraux, A., Schneider, G. Ansätze des Sinnverstehens. In: Flick, U., Kardorff, E.V., Keupp, H., Rosenstiel, L.V., Wolff, S. (Hrsg.) Handbuch qualitative Sozialforschung. Psychologische Verlagsunion, München (1991)

Hüther, G.: Bedienungsanleitung für ein menschliches Gehirn – Die Macht der inneren Bilder – Biologie der Angst. (2013)

Luhmann, N.: Soziale Systeme. Grundriß einer allgemeinen Theorie. Suhrkamp, Frankfurt a. M. (1984)

Pratt, M.G.: To be or not to be: Central questions in organizational identification. In: Whetten, D.A., Godfrey, P.C. (Hrsg.) Identity in Organizations. Building theory through conversations, Sage Thousands Oaks (1998)

van Dick, R.: Commitment und Identifikation mit Organisationen. Hogrefe, Göttingen (2004)

L

Lernen bei der Arbeit

Die BGF GmbH hat in ihrem Fragebogeninventar das Thema **Lernen bei der Arbeit** wie folgt operationalisiert (Abb. 1):

- Bei meiner Arbeit verliere ich viele Fähigkeiten, die ich früher hatte.
- Bei dieser Arbeit kann ich immer wieder Neues dazulernen.
- Meine Fähigkeiten und Fertigkeiten kann ich in meiner Arbeit entfalten.

Das Potenzial Lernen bei der Arbeit bekommt in der modernen Dienstleistungsgesellschaft neben Identifikation eine immer stärkere Wichtigkeit. Weshalb das so ist, soll im folgenden Abschnitt über das Lernmodell der Gestaltpsychologie, den sogenannten „Cycle of Experience" oder Zyklus der Erfahrung oder des Lernens, erläutert werden. Dieser Lernzyklus kann im Prinzip für alle beruflichen Abläufe als Ordnungsprinzip genutzt werden. Darüber hinaus stellt er einen eleganten Zugang zur intrinsischen Motivation jedes Mitarbeiters her, ist daher ein hervorragendes Führungs- und Motivationsmittel.

Die Forschung zeigt, dass anders als früher angenommen nicht die genetische Ausstattung und das in frühen Jahren der Sozialisation bereits zu Ende entwickelte menschliche Gehirn die Wahrnehmung weitestgehend prägt und somit auch die Möglichkeiten positiver oder negativer Erfahrungen einschränkt (Glückspilze vs. Schwarzseher), sondern dass es offensichtlich umgekehrt zu sein scheint: Wenn Menschen in die Lage versetzt werden, immer wieder negative Erfahrungen zu machen (Dauerstress), dann verändert sich tatsächlich das Gehirn physisch (bestimmte Neurodendriten stellen ihr Wachstum ein, Depressionen entstehen). Das Gleiche scheint aber auch umgekehrt zu funktionieren. Wenn Menschen in die Lage versetzt werden, positive Erfahrungen zu

G. Westermayer, *Organisationsdesign 4.0 von A-Z.*,
https://doi.org/10.1007/978-3-662-63515-5_14

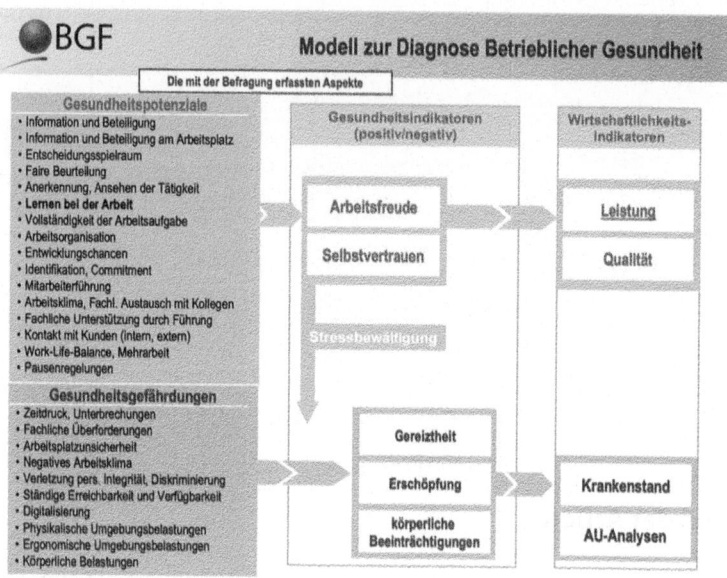

Abb. 1 BGF-Modell L

machen, verändert sich ihr Gehirn ebenfalls, es scheinen neue Bahnungen zu entstehen, die neue, positive Wahrnehmungen wahrscheinlich machen (sehr spannend zu diesem Punkt ist die Arbeit von Prof. Dr. Hüther, der seit vielen Jahren auch experimentell und im sozialen Bereich über die Plastizität – Veränderbarkeit – des Gehirns bis ins hohe Alter forscht). Negative und positive Erfahrungen meint in unserem Zusammenhang sehr präzise das emotionale und gefühlte Erleben von Menschen, wenn sie Erfahrungen machen. Diese Emotionen und Gefühle signalisieren uns, ob wir unser Leben als sinn-voll oder sinnlos erleben. Depressionen und Burnout sind Gefühlszustände, die schreck-lich sind, weil etwa bei der Depression das Gefühl vorherrscht, überhaupt nichts mehr fühlen zu können bzw. wenn, dann in der Regel nur Schuldgefühle. Sehr oft gehen mit einer Depression auch körperliche Beschwerden einher, manche Ärzte diagnostizieren bei vielen Rückenbeschwerden auch eine „larvierte (hinter körperlichen Symptomen ver-steckte) Depression".

Sich selbst über solche in der Wahrnehmung bereits vorhandenen Annahmen bewusst zu werden oder, anders ausgedrückt, sich selbst neugierig zu fragen, mit welchen Annahmen man ein Phänomen erklären kann, was man im Moment nicht versteht, nennt man Lernen. So startet Lernen mit einer Überraschung: Etwas fällt deshalb auf, weil man es sich nicht mit seinen impliziten Theorien erklären kann und deshalb erst die impliziten Theorien aktivieren muss, bevor man überhaupt in der Lage ist, zu ver-stehen, was man nicht versteht, weil es auffällig ist. Es gibt zahlreiche Hinweise auf jüngste Forschungsergebnisse der Hirnforschung, weshalb diese mit freudiger Erwartung verbundene Suche nach Erklärungen gesund ist. Und weshalb möglicherweise gerade deshalb „Lernen bei der Arbeit" die wichtigste Einflussgröße auf die Gesundheit in all unseren bisher durchgeführten Befragungen darstellt.

- Lernen bei der Arbeit erhöht die Wahrscheinlichkeit von Gestaltswitches und Aha-Erlebnissen. Es macht Spaß, ist gesund, macht glücklich und stolz.
- Lernen findet eigentlich nur dann vollständig statt, wenn der gesamt Lernzyklus durchlaufen wird.

Der Lernzyklus ist das zentrale Konstrukt der Gestaltpsychologie.

Er liegt auch allen Instrumenten zugrunde, ob dies nun Gesundheitszirkel sind, der BGM-Regelkreis mit den Schritten Zielsetzung, Analyse, Datenfeedback, Umsetzung durch BGM-Maßnahmen und Evaluation. Auch Einzelinterventionen wie Stressmanagement, gesunde Mitarbeiterführung oder Ernährungsberatung folgen in der Umsetzung dem Schema der hier gezeigten einzelnen Schritte des individuellen Lernens oder Organisationslernens (Organisationsentwicklung).

Die Stärke des betrieblichen Einflusses kann hier geschätzt werden: So haben Lernen bei der Arbeit (Item: Meine Fähigkeiten und Fertigkeiten kann ich in der Arbeit entfalten), Identifikation (Item: Ich bin selbst von unseren Leistungen und Produkten überzeugt) und Kontakt mit Kunden und Klienten (Item: Der Umgang mit Kunden macht mir Freude) mit 42 % Varianzaufklärung der Arbeitsfreude einen deutlich höheren positiven betrieblichen Einfluss auf das Wohlfühlen als die negativen Einflüsse (Work-Life-Balance oder fachliche Überforderung) auf die Beeinträchtigungen körperlicher und psychischer Art.

Lernen

„Im Übrigen darf man selbst manifeste Dummheit nicht mehr als simples Datum nehmen: sie wird durch langes Training in Lernvermeidungsoperationen erworben. Nur nach einer hartnäckig fortgesetzten Serie von selbst-Knock-outs der Intelligenz kann sich ein Habitus zuverlässiger Stupidität stabilisieren – und sogar dieser lässt sich jederzeit durch einen Rückfall in die Nichtdummheit dementieren" (Sloterdijk 2013).

Dieses Zitat von Sloterdijk zeigt einen unerschütterlichen Optimismus auch bei vermeintlich hoffnungslosen Fällen von Versuchen, nicht zu lernen. Nach seiner Ansicht sei es extrem schwer, dumm zu bleiben. Ganz ähnlich hat das auch Fritz Simon in seinem Buch „Die Kunst, nicht zu lernen" formuliert; nur dort wird es anders als bei Sloterdijk nach Abzug des ironischen Beigeschmacks im Buchtitel als ernsthaftes Problem beschrieben: Es ist eine Kunst, nicht zu lernen, die einem in gewissen Phasen des Lebens hilft, der widrigen Umwelt erfolgreich zu trotzen. Was ich nicht sehen will, gibt es auch nicht! Diese Kunst scheint besonders in Krisenzeiten hilfreiche Dienste leisten zu können, modern ausgedrückt: Wer die Kunst der Wahrnehmungssteuerung beherrscht, ist und bleibt wahrscheinlich resilient und erhöht damit die Chance, trotz widriger Umstände gesund zu bleiben.

Wenn man sich die Aufgabe stellt, etwas zum Zusammenhang von Lernförderlichkeit, Arbeitsgestaltung und Gesundheit zu sagen, dann ist das ein wenig so, wie das von Foerster mal für die Unterscheidung von „hard sciences" und „soft sciences" formuliert hat: Die harten Wissenschaften haben es einfach wegen der dort vorfindbaren Eindeutigkeit, die weichen Wissenschaften haben es schwer wegen der dort vorfindbaren Vielfältigkeit. Dort zu forschen sei so ähnlich wie „auf dem Rücken nach hinten im Nebel zu fliegen".

> „Innerhalb dessen, was man Lernen nennt, müssen mindestens die folgenden Arten von Veränderungen unterschieden werden: 1. Lernen als Veränderung der Erkenntnisstruktur (Wissen); 2. Lernen als eine Veränderung der Motivation (annehmen oder ablehnen lernen); 3. Lernen als eine Veränderung der Gruppenzugehörigkeit oder Ideologie (das ist ein wichtiger Aspekt des Hineinwachsens in eine Kultur); 4. Lernen in der Bedeutung der Willkürbeherrschung der Körpermuskulatur (das ist eine der Hauptaspekte des Erwerbs von Fertigkeiten wie des Sprechens und der Selbstbeherrschung)." (Lewin 1968, S. 163)

Ausblick in eine neue, demografisch veränderte Arbeitswelt

Lernen, sich identifizieren und dabei Entscheidungsspielräume behalten scheint ein allgemeines Erfolgsrezept für Arbeit in erfolgreichen Unternehmen zu sein. Vielleicht sollte man sich kurz klarmachen, dass dieses Erfolgstrio heutzutage nur deshalb so unglaublich wirkt, weil die Managementmethoden der letzten 30 Jahre sich systematisch weniger auf den Prozess der Erfolgsherstellung, sondern nur noch auf dessen Ergebnis ausgerichtet haben. Menschen wurden nicht nach ihren Entwicklungsmöglichkeiten, sondern nur nach ihren unmittelbaren Verwertungsmöglichkeiten beurteilt: Sie waren eben Kostenfaktoren und kein Kapital.

Ende Juni 2015 wurde von der Bundesregierung das neue Präventionsgesetz verabschiedet, es trat in seinen die Pflichten der Krankenkassen massiv verändernden Vorgaben im Januar 2016 in Kraft. Dort werden sehr klar Veränderungen in der Unterstützung von Unternehmen gefordert, die „Lernen" im Sinne von Kurt Lewin (Lewin 1968, 1982) Verbesserungen für Kinder sozial benachteiligter Schichten und Arbeitnehmer in Niedriglohngruppen unterstützen, eben wie Moll Marzipan. Im Jahre 2030 werden anstatt wie heute 3 Arbeitnehmer 2 Arbeitnehmer einen Rentner finanzieren müssen, das wird nicht möglich sein ohne ähnlich positiv verlaufende Lernfortschritte in allen Branchen. Dass das möglich ist, haben wir mit Moll Marzipan, aber auch vielen anderen Unternehmen zeigen können. Ebenfalls bis zum Jahr 2030 werden in New York die neuen Ziele für die UNO festgelegt, die sogenannten weltweiten Nachhaltigkeitsziele. Auch hier spielt die verbesserte Bildung für Kinder unterer Einkommensschichten und die Verbesserung der Gesundheitschancen dieser Schichten und nicht nur der Kinder eine wesentliche Rolle. Was das angeht, hat Deutschland im internationalen Ranking inzwischen den Status eines Entwicklungslandes. Es wird Zeit, das zu verändern!

Lebensentwurf, Gesundheit und Organisationsveränderungen

Lebensentwürfe und Gesundheit haben eines gemeinsam: Sie werden in der Regel nicht beachtet, man nimmt sie als selbstverständlich gegeben. Erst bei Störungen und Krisen wird die Aufmerksamkeit auf sie gelenkt. Nur durch die Krankheit wird einem die Bedeutung der Gesundheit bewusst, nur durch Krisen und Sinnverlusterlebnisse wird man mit der Frage nach dem Lebensentwurf konfrontiert. Doch es gibt noch mehr Gemeinsamkeiten: nach Antonovskys Modell der Salutogenese scheint das Vorhandensein eines kohärenten Lebensentwurfes (Sense of Coherence) geradezu Voraussetzung für den Erhalt der Gesundheit zu sein.

Antonovsky definiert den „Sense of Coherence" folgendermaßen:

> „Eine globale Orientierung, die das Ausmaß ausdrückt, in dem jemand ein durchdringendes, überdauerndes und dennoch dynamisches Gefühl des Vertrauens hat, daß erstens die Anforderungen aus der internalen oder externalen Umwelt im Verlauf des Lebens strukturiert, vorhersagbar und erklärbar sind, und daß zweitens die Ressourcen verfügbar sind, die nötig sind, um den Anforderungen gerecht zu werden. Und drittens, daß diese Anforderungen Herausforderungen sind, die Investitionen und Engagement verdienen." (Antonovsky 1993, S. 12)

Daher haben wir von Beginn an das Salutogenesemodell von Aaron Antonowsky als Vorbild für unser Diagnosesystem Betriebliche Gesundheit verwendet.

Dabei wurden in dieser Transformation die bei Antonowsky sogenannten *generalisierten Widerstandsressourcen* zu Potenzialen und die bei ihm Stressoren genannten Größen zu Gefährdungen umgetauft.

Das Salutogenesemodell Antonovskys entstand im Kontext von Forschungsarbeiten zur Verarbeitung traumatisierender Erfahrungen von Überlebenden aus Konzentrationslagern. Ein starkes Kohärenzgefühl, so die Essenz der Ergebnisse Antonovskys, bot offensichtlich einen wirksamen Schutz gegen stressbedingte Formen von Krankheit. Einerseits führt Antonovsky die Voraussetzungen zur Entwicklung eines solchen Kohärenzgefühls auf die Erfahrungen und Chancen zurück, die Menschen von der Gesellschaft geboten werden, andererseits betont er, dass die Möglichkeit der Entwicklung eines starken Kohärenzgefühls unabhängig von den Werten existiert, welche durch gesellschaftliche Rahmenbedingungen transportiert werden:

> „Ich würde gern behaupten, daß ein starkes Kohärenzgefühl nur in einer Gesellschaft möglich ist, die Autonomie, Kreativität, Freiheit, Gleichheit, Wärme in menschlichen Beziehungen, Würde und Respekt für alle Menschen erlaubt. Dies sind Werte, an die ich glaube. Aber unglücklicherweise muß ich feststellen, daß ein starkes Kohärenzgefühl nicht nur unter verschiedenen sozialen und kulturellen Bedingungen entstehen, sondern auch

aufrechterhalten werden kann. Es läßt sich vereinbaren mit vielen unterschiedlichen Arten des Lebens, auch mit solchen, die Werte verletzen, die mir bedeutsam sind. Wer sagt, daß Gesundheit der einzige Wert im menschlichen Leben ist oder auch nur der wichtigste?" (Antonovsky 1993, S. 13)

Nach Antonovsky liegen die Voraussetzungen für Gesundheit also nicht in einer ethischen Wertedimension, sondern darin, kohärente Erfahrung in Übereinstimmung mit oder Abgrenzung zu dem jeweiligen kulturellen Umfeld machen zu können.

Literatur

Antonovsky, A.: Gesundheitsforschung vs. Krankheitsforschung. In: Franke A., Broda M. (Hrsg.) Psychosomatische Gesundheit. DGVT, Tübingen (1993)
Lewin, K.: Die Lösung sozialer Konflikte. Ausgewählte Abhandlungen über Gruppendynamik. Christian Verlag, Bad Nauheim (1968)
Sloterdijk, P.: Du mußt dein Leben ändern: über Anthropotechnik. Suhrkamp, Berlin (2013)

M

Mitarbeiterführung

Die BGF GmbH hat in ihrem Fragebogeninventar das Thema Mitarbeiterführung wie folgt operationalisiert (Abb. 1):

- Mein Vorgesetzter ist offen für konstruktive Kritik.
- Mein Vorgesetzter sorgt dafür, dass mit den Kollegen gesprochen wird und nicht über sie.
- Mein Vorgesetzter sorgt für ein gutes Arbeitsklima im Team.
- Mein Vorgesetzter kann auch mal „Danke" sagen.
- Mein Vorgesetzter greift bei Streitigkeiten vermittelnd ein.
- Mein Vorgesetzter hat für meine persönlichen Probleme immer ein offenes Ohr.
- Mein Vorgesetzter strahlt auch in schwierigen Zeiten Ruhe und Gelassenheit aus.
- Ich habe leicht Zugang zu meinem Vorgesetzten.
- Mein Vorgesetzter sagt, was er denkt und tut, was er sagt.
- In schwierigen Situationen trifft mein Vorgesetzter klare und nachvollziehbare Entscheidungen.

Die Herausforderung einer nachhaltigen Mitarbeiterführung als Teil einer nachhaltigen Unternehmensführung kann kaum wichtig genug eingeschätzt werden. Ein Handlungs- und Steuerungssystem für eine Unternehmensführung, die auf der einen Seite den Kriterien von Corporate Social Responsability entspricht, andererseits die für Nachhaltigkeit wesentlichen wirtschaftlichen Wachstumsschritte enthält, muss möglichst schnell entwickelt und umgesetzt werden.

Das verlangt die Berücksichtigung von Veränderungsprozessen, die nicht mehr aufgehalten werden können, im besten Falle in ihrer Richtung beeinflusst werden.

G. Westermayer, *Organisationsdesign 4.0 von A-Z.,*
https://doi.org/10.1007/978-3-662-63515-5_15

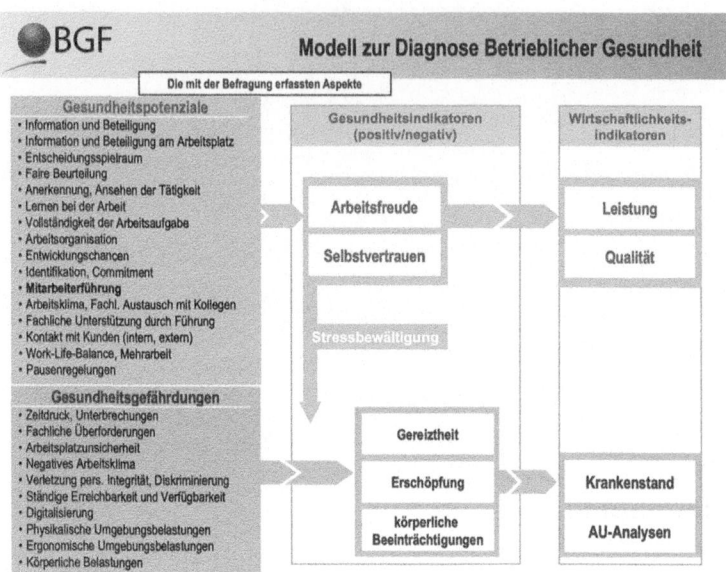

Abb. 1 BGF-Modell M

Dazu gehören vor allem die demografischen Veränderungen und die ökologische Wende. Demografische Veränderungen sind Veränderungen, welche bisher als selbstverständlich vorausgesetzte gesellschaftliche Verhältnisse an der Teilhabe von Macht, Eigentum, Zugang zu Gesundheit erhaltenden Potenzialen der Arbeitswelt und damit zu Verfügbarkeit an Arbeitsfreude und Selbstvertrauen erzeugenden Erfahrungen infrage stellen werden.

Die gegenwärtige Generation von Arbeitnehmern sieht einer Zukunft entgegen, in der ihr zugemutet werden soll, die von der aktuellen Generation aufgetürmten Steuerschulden abzutragen und gleichzeitig die zusätzlichen und steigenden Ausgaben des Umbaus der Wirtschaft in ein ökologisch fundiertes und nachhaltig organisiertes System der Ressourcenreproduktion zu finanzieren. In Arbeitszeiten geschätzt, bedeutete dies wahrscheinlich die Rückkehr zur 60-Stunden-Woche. Ich vermute, unsere Nachfolgegeneration wird dies nicht akzeptieren, warum sollte sie auch? Es wird zu einem Generationenkonflikt kommen, für den es in der bisherigen Geschichte noch kein Beispiel gibt, es sei denn die ältere Generation macht sich die Dimension des selbstangerichteten Desasters rechtzeitig klar und übergibt möglichst schnell die Führungskompetenz an die Jüngeren.

Denn, was im Augenblick auch zu wenig beachtet wird, die demografische Veränderung wird paradoxerweise auch dazu führen, dass der produktive Anteil unserer Gesellschaft, also die Generation der heute Dreißigjährigen, eine Minderheit im politischen Willensbildungsprozess darstellen wird.

Wie kann eine von Rentnern geführte Gesellschaft eigentlich aussehen?

Dass wir für dieses Problem von den derzeit aktiven Politikern keine Lösung erwarten können, machen diese seit etwa einem Jahrzehnt nachhaltig klar. Sie streben ebenfalls einem Pensionslebensabschnitt zu, ohne sich vor Augen führen zu wollen/können, dass die angestrebten Pensionen nicht finanzierbar sind. Die Rente, auch die Pensionen der Politiker, sind eben alles andere als sicher. Daher sind die hier beschriebenen Probleme, wenn sie denn überhaupt noch gelöst werden können, nur von Unternehmern erfolgreich anzugehen.

Zurzeit scheinen sich wenige Menschen klarmachen zu wollen, dass ein nachhaltig funktionierendes Wirtschaftssystem Mehrwert erzeugen muss. Dieser Mehrwert wurde in den ersten beiden der letzten vier Generationen generationsübergreifend produziert und in den letzten beiden Generationen lediglich propagiert.

Haben die ersten beiden Generationen tatsächlich noch Anwartschaften auf eine Verteilung des Mehrwerts erworben, erwerben die aktuellen Generationen von Arbeitnehmern Anwartschaften auf die Abarbeitung von Schulden, die aufgenommen werden müssen, um die Anwartschaften der ersten beiden Generationen zu finanzieren.

Die historisch ungerechte Dimension dieses Vorganges besteht darin, dass wahrscheinlich genau zu dem Zeitpunkt, zu dem die Nutznießer beerdigt werden, die Testamentsvollstrecker die ganze, dann sehr unangenehme Wahrheit präsentieren werden: Nutznießer wird es nie mehr geben, jetzt wird es darum gehen, das ganze System von Schuldenfinanzierung (diese hat schon immer die Delegation von Anstrengung und Arbeit in die Zukunft bedeutet) auf Überlebensfähigkeit in einer ökologischen Dimension umzustellen.

Diese Umstellung kommt einer kompletten Umstellung von Grundüberzeugungen darüber gleich, was Mehrwert schafft und was nicht. Diese Umstellung bedeutet auch den Abschied von Grundüberzeugungen des 20. Jahrhunderts, die nun im grellen Licht und der Hitze der Klimaerwärmung betrachtet, sich als das erweisen, was sie immer schon waren: Eine geradezu peinliche Fehleinschätzung von Wachstumsprozessen. Auch die ökologische Veränderung geht einher mit einer Veränderung in der Auffassung der Grundprinzipien von Wirtschaft. Der von Hans Jonas umformulierte kategorische Imperativ: *„Handle so, dass die Wirkungen deiner Handlungen verträglich sind mit der Permanenz echten menschlichen Lebens auf Erden."*

Führung, das scheint heute außer Zweifel zu stehen, spielt eine wichtige Rolle für die Gesundheit der Mitarbeiter und für die Gesundheit des Unternehmens.

Führungskräfte müssen Entscheidungen treffen, genau dann, wenn das, was zu entscheiden ist, anderweitig nicht entschieden werden kann. Führung ist gerade in unsicheren Situationen kompliziert, in welchen das kulturelle und technische Regelsystem (Aufgabenbeschreibungen, Kennzahlen etc.) keine Entscheidungsgrundlage bietet.

Im Entscheiden, in der Festlegung der Handlungsalternativen in einem Kontext, wo diese Alternativen für andere nicht sichtbar oder riskant erscheinen, bietet Führung Rückendeckung und Entwicklungsmöglichkeit in einem.

Zwar ist nicht immer garantiert, dass es die richtige Entscheidung war, die getroffen wurde, aber die Sicherheit, dass eine Entscheidung getroffen wird, ermöglicht es auch allen anderen Beteiligten, neben potenziellen Gefährdungen auch Potenziale, herausfordernde und attraktive Bewältigungsproben zu sehen.

Die im blinden Vertrauen praktizierte Gleichgültigkeit des „Wie Sie das machen, ist mir egal", weicht einer trotz geteilter Besorgnis klaren Zielorientierung: „Es scheint zwar im Moment fast unmöglich, aber gemeinsam können wir es vielleicht schaffen. Lasst uns loslegen, ich halte euch den Rücken frei und werde jeden Schritt genau überprüfen. Also seid nicht irritiert, wenn ich euch öfter als sonst kontrolliere."

Erstere Haltung ist blöd, letztere intelligent. Die erste vernichtet nicht nur Potenziale, sondern in der Tat auch persönliche Ressourcen. Letztere vermeidet weitestgehend Gefährdungen (Rücken freihalten), bietet Potenziale und fördert den Aufbau persönlicher Ressourcen. Während erstere auf Absicherung und Distanz geht und darin nicht nur Werte vernichtet, sondern auch Chancen, die sich nebenbei ergeben könnten, gar nicht wahrnehmen kann, entwickelt letztere Haltung die Möglichkeit, unvorhergesehene Erkenntnisse für die aktuelle Zielerreichung, aber auch für zukünftige Herausforderungen zu dokumentieren und zu konservieren.

MiGeLe-Software

In den letzten 30 Jahren unserer Arbeit mit Organisationen und deren erfolgreichen Veränderungen haben wir ein Instrument entwickelt, das man mit beliebig vielen Mitarbeitern oder Bürgern nutzen kann.

Mit unserer **Befragungs- und Echtzeitauswertungssoftware MiGeLe** (**Mi**tarbeiter, **Ge**sundheit und **Le**rnen) machen wir diesen Dialog möglich und zwar unabhängig von der Anzahl der beteiligten Mitarbeiter oder Bürger. Das geht auch mit mehreren 100 000 Menschen.

Unternehmer und Führungskräfte, Politiker und ihre Beamten erfahren von ihren Mitarbeitern bzw. Mitbürgern, welche positiven Aspekte der derzeitigen Situation am wichtigsten sind und beibehalten werden sollten und welche negativen schädlich sind und abgeschafft werden müssen.

In Online- oder realen Rückmeldeworkshops können sie die Vorschläge ihrer Mitarbeiter/ Bürger aufnehmen und sie dabei nicht nur beteiligen, sondern motivieren, gesund erhalten und für die Zukunft binden.

Wie kommen diese Ergebnisse zustande? Wir verteilen Fragebögen in Unternehmen und bitten die Menschen, 132 Fragen zu beantworten. Dann füttern wir ein Computerprogramm mit den Daten und lassen bestimmte Berechnungen anstellen. Als Ergebnis kommt eine Tabelle heraus. Aus der können wir viel ablesen:

- Welche sind die maximal 6 positiven Faktoren, welche die maximal 9 negativen?
- Sehr häufig sind es weniger als 15 Faktoren, meistens nur 10.
- Anhand der besten Ergebnisse können wir in den Unternehmen diejenigen Abteilungen rausfinden, wo es den Leuten richtig gut geht, wo also die positiven Faktoren stärker wirken als die negativen.
- Dann fragen wir die Vorgesetzten und die Mitarbeiter dieser Abteilungen, wie sie das hinbekommen
- Das schreiben wir auf und bringen es zu den anderen Abteilungen, die das dann dort auch umsetzen können.

Das ist es eigentlich schon: Wo sind die Leute gut drauf und warum? Genau das findet Betriebliches Gesundheitsmanagement raus. Dann müssen wir nur noch darauf achten, wer das verändern kann. Das sind in den Betrieben meist die Führungskräfte und Vorgesetzte. Eigentlich ist das Ganze relativ leicht umzusetzen.

Dank der Software der ReMo GmbH ist es möglich, die Unterschiede der Potenziale für die Erzeugung von Arbeitsfreude und Selbstvertrauen in verschiedenen Branchen und Unternehmen zu identifizieren. Auch die Unterschiede in den Risiken, die zu Stress, Erschöpfung und körperlicher Beeinträchtigung führen, lassen sich präzise messen.

Ausgestattet mit diesem Instrumentarium wird es möglich, europaweit Arbeit so umzugestalten, dass die Arbeitnehmer ein deutlich höheres Ausmaß an Gesundheit, Wohlbefinden und Leistungssteigerung erreichen. Das wiederum führt zu mehr Einkommen und Wohlstand für alle. Den Anstoß zu dieser breiten Bewegung werden die großen Unternehmen machen.

Pro 1000 Mitarbeiter pro Unternehmen wird ein ReMo-Berater dafür sorgen, dass die Wege zu mehr Gesundheit und Wohlstand aufgezeigt werden können. Dafür werden die Berater in einer 6-tägigen Ausbildung geschult und mit Software, Supervision und Kommunikationsprogrammen in ihrer Arbeit unterstützt.

Bei diesem Vorgehen kann ein Rückgang des Krankenstandes garantiert und eine Steigerung der Produktivität versprochen werden. Bei einem Rückgang um nur 1 % bei 1000 Mitarbeitern haben wir eine Einsparung von etwa einer halben Million Euro. Dem stehen Kosten von 100 € Franchisegebühr pro Monat und einmalig 2.800,00 € für die Ausbildung „Organisationsentwicklung gesundes Arbeiten" gegenüber, also knapp 4000 € im ersten Jahr, 1.200,00 ab dem zweiten Jahr.

Die Ausbildung wird in Kooperation mit Universitäten und mit dem Springer-Verlag (Springer Campus) stattfinden und im renommierten Capital Club Berlin durchgeführt.

Mobbing

Mobbing ist ein sehr schillernder Begriff und bezeichnet eine Kommunikationsform, die als äußerst belastend gilt und Gesundheit dauerhaft schädigen kann. In der Tat können Menschen massiv erkranken, wenn sie Opfer von Mobbing-Attacken geworden sind.

In einem Standardwerk zum Thema (Leymann 1993) wird betont, dass zu Mobbing Absicht, Plan und Systematik sowie eine Zeitdauer von mindestens 6 Wochen gehören muss, um alle Definitionskriterien zu erfüllen und von anderen Formen schlechter Kommunikation abzugrenzen.

Insofern sind die Items des MiGeLe-Fragebogen zum Thema möglicherweise nicht geeignet, „Mobbing" in der von Leymann geforderten Reinform zu erfassen, allerdings fällt es auf jeden Fall auf und völlig aus dem Rahmen, wenn wir wie im hier dargestellten Beispiel „Mobbing" dreimal als Haupteinflussfaktor auf Gereiztheit, Erschöpfung und körperliche Beeinträchtigungen statistisch signifikant finden.

Auch die ungewöhnlich hohen Varianzaufklärungsraten sprechen hier für die Stärke dieser besonderen betrieblichen Kommunikationsform bei der Firma, die wir hier einfach Metall nennen wollen.

Mobbing wird im Fragebogen mit folgenden Fragen erfasst:

- Über mich werden im Kreise der Vorgesetzten und/oder Kollegen Gerüchte und Unwahrheiten verbreitet.
- Ich werde von meinen Vorgesetzten und/oder Kollegen ausgegrenzt und isoliert.
- Meine Arbeit wird von meinen Vorgesetzten und/oder Kollegen ständig massiv und ungerechtfertigt kritisiert.
- Ich werde von meinen Vorgesetzten und/oder Kollegen ständig an der Durchführung meiner Arbeitsaufgaben gehindert.

Kommunikation ist in dieser Hinsicht so etwas wie ein Heilmittel oder Gift für Identität und Gesundheit, weil Kommunikation das Medium von Geschichten und darin von möglichen erfolgreichen oder nicht erfolgreichen Handlungen darstellt. Nicht erfolgreiche Handlungen sind so betrachtet unendlich viel mehr wert als nicht anerkannte, weil nicht gehörte, nicht gesehene, nicht rückgemeldete Handlungen. Oder frei nach Sennett: Jede noch so negative Rückmeldung ist gesünder als Gleichgültigkeit, jede respektvolle Rückmeldung gesünder als negative.

Durch Ringmars Analysekonzept kann man meines Erachtens eine sehr solide Mobbingtheorie entwickeln, die erklärbar macht, weshalb Mobbing so dramatische gesundheitliche Folgen nach sich ziehen kann und in den seltensten Fällen „nachweisbar" ist. (Mobbing ist das Weglassen von Respekt und Anerkennung auch in den als selbstverständlich betrachteten Kommunikationsakten. Wo sonst etwas wäre, ist eben nichts, und dieses Nichts ist nicht nachweisbar.)

Im vorliegenden Beispiel geht es um ein metallverarbeitendes Unternehmen in Brandenburg. Hier haben wir zweimal das Item „*Über mich werden im Kreise der Vorgesetzten Gerüchte und Unwahrheiten verbreitet*" als Haupteinflussfaktor auf die Gereiztheit und die Erschöpfung. Auf die körperlichen Beeinträchtigungen wirkt als zweitstärkster Faktor das Gefühl, „*vom Vorgesetzten ausgegrenzt und isoliert zu werden*" ein (Abb. 2).

Lassen Sie uns diese Einflüsse am Beispiel diskutieren. Wie gesagt, ist das hier vorliegende Ergebnis höchst ungewöhnlich und eignet sich gut dafür, unsere statistisch organisierte Such- und Findestrategie an diesem Beispiel zu erläutern.

Einfluss von Gesundheitspotenzialen und/oder -gefährdungen auf die Gesundheitsindikatoren (Skalenebene)

		Einflussfaktoren		
		1. Einflussfaktor	2. Einflussfaktor	3. Einflussfaktor
Gesundheitsindikatoren	**Arbeitsfreude**	Lernen bei der Arbeit	Identifikation	Kundenkontakt
	Varianzaufklärung: 44,4%	0,48	0,32	0,22
	Selbstvertrauen	fachliche Überforderungen	Vollständigkeit der Arbeitsaufgabe	–
	Varianzaufklärung: 25,2%	-0,34	0,27	
	Gereiztheit	Mobbing	fachliche Überforderungen	–
	Varianzaufklärung: 37,6%	0,48	0,28	
	Erschöpfung	Mobbing	physikalische Umgebungsbelastungen	fachliche Überforderungen
	Varianzaufklärung: 56,8%	0,48	0,32	0,20
	körperliche Beeinträchtigungen	physikalische Umgebungsbelastungen	Mobbing	fachlicher Austausch zwischen Kollegen
	Varianzaufklärung: 59,5%	0,42	0,31	-0,26

Interpretationshinweis:
Eine *schwarze* Zahl in einer Zelle zeigt einen *"je-mehr-desto-mehr-Zusammenhang"* an; eine *rote* Zahl in einer Zelle zeigt einen *"je-mehr-desto-weniger-Zusammenhang"* an.

Abb. 2   Einflussfaktoren auf die Gesundheit (Skalenebene)

In Abb. 2 sehen Sie auf der rechten Seite unter den Überschriften 1., 2., 3. Einfluss-faktor in 13 von den 15 Kästen 9 Faktoren. Diese wurden mit einem statistischen Ver-fahren, das Zusammenhänge misst, identifiziert. Obwohl 13 Kästen gefüllt sind – d. h., für 2 Kästen gab es keine weiteren statistischen signifikanten Auffälligkeiten (und zwar für Selbstvertrauen und Gereiztheit) –, gab es nur 9 statistisch signifikante Zusammen-hänge. Das, weil Mobbing 3-mal vorkommt, fachliche Überforderung 3-mal und physikalische Umgebungsbelastungen 2-mal vorkommt. Wie diese Zusammenhänge zu interpretieren sind, lässt sich gut am Beispiel fachliche Überforderung zeigen: Wenn diese gering ausgeprägt ist, steigt das Selbstvertrauen an, gleichzeitig gehen davon unabhängig die Gereiztheit zurück und die Erschöpfung wird ebenfalls geringer. Das ist hier ganz wichtig zu sehen, das sind drei verschiedene Vorgänge in den Körpern der betroffenen Mitarbeiter. Dazu passt auch gut, dass fachlicher Austausch mit Kollegen körperliche Beeinträchtigungen weniger werden lässt. Das ist zwar ein ähnlicher Zusammenhang wie der von Lernen und mehr Arbeitsfreude verbunden mit Identi-fikation und gutem Kundenkontakt, aber eben ein anderer Zusammenhang.

Wenn wir uns nun der nächsten Grafik in Abb. 3 zuwenden, ist es wichtig, sich klar-zumachen, dass diese nur eine Verfeinerung der obigen Grafik darstellt. Hier werden die-jenigen Items, also Einzelfragen bzw. Statements in der jeweiligen Skala herausgestellt, die dort am stärksten wirken. So finden wir bei Mobbing das Item „Mein Vorgesetzter verbreitet Unwahrheiten und Gerüchte über mich" als größter Einflussfaktor für das Gefühl, unter Stress zu stehen, aber auch schon, nicht mehr zu können, stark erschöpft zu sein, was sehr oft eine Entwicklung in Richtung Burn-out andeuten kann. Das Item „Ich werde von meinem Vorgesetzten isoliert und ausgegrenzt" führt hier schon zu körperlichen Beeinträchtigungen. Hier ist der Weg in die Krankheit durch offensichtlich schlechte Führung vorgezeichnet und durch Statistik nachweisbar (Abb. 3).

Nun kennen wir die relevanten Zusammenhänge und wissen sogar, wie stark diese wirken, und nun kommt ein ganz wesentlicher Punkt, wenn diese häufig vorkommen.

Und über die Häufigkeit erfahren wir etwas durch Mittelwertvergleiche (Abb. 4).

Mobbing kommt zu 16 % vor, im Vergleich dazu sehen wir 11 % bei allen anderen Befragungen (N = 25.000). Das heißt, es gibt jemanden, der darunter leidet, bzw. zu 16 % nehmen die Mitarbeiter an, dass Mobbing vorkommt und dass es, wenn es vorkommt, zu drei verschiedenen Befindlichkeitsstörungen kommt. Kompliziert, nicht? Aber ein verdammt guter Wegweiser durch unwegsames Gelände, was jede Firma darstellt, in der Mobbing vorkommt.

Mit der Treiberanalyse wird überprüft, ob es signifikante Zusammenhänge zwischen Gefährdungen und Befindlichkeit gibt. Es wird eine ursächliche Wirkung unterstellt, allerdings nur vorläufig mit Blick auf die darüber stattfindende Diskussion. Ist das wirklich so? Dann wird überprüft, ob die Zusammenhänge im Vergleich zu anderen Abteilungen oder hier im Beispiel zu allen bereits durchgeformten Befragungen unterschiedlich hoch sind. Beim Thema Mobbing neigen die meisten Firmen dazu, von Nullfehlertoleranz auszugehen. Ein „bisschen Mobbing" oder ein „wenig sexuelle Belästigung" kann nicht als mehr oder wenig schädlich wie etwa beim Zeitdruck geduldet werden. Im Beispiel gab es hier in der Tat einen Unterschied von Prozentpunkten im Datenvergleich mit der Referenzgruppe, also 5% Punkte höher. Dieser Unterschied wird nicht auf Signifikanz geprüft, ist allerdings ein wesentlicher

Einfluss von Gesundheitspotenzialen und/oder -gefährdungen auf die Gesundheitsindikatoren (Itemebene)

		Einflussfaktoren		
		1. Einflussfaktor	2. Einflussfaktor	3. Einflussfaktor
Gesundheitsindikatoren	Arbeitsfreude	Meine Fähigkeiten und Fertigkeiten kann ich bei meiner Arbeit entfalten.	Unser Unternehmen hat Zukunft.	Der Umgang mit den Kunden macht mir Freude.
		0,58	0,55	0,36
	Selbstvertrauen	Es kommt häufig vor, dass mir übertragene Aufgaben mein fachliches Können übersteigen.	Meinen Arbeitsauftrag kann ich von A bis Z ausführen.	---
		-0,51	0,41	
	Gereiztheit	Über mich werden im Kreise der Vorgesetzten Gerüchte und Unwahrheiten verbreitet.	Es kommt häufig vor, dass mir Arbeitsaufgaben übertragen werden, auf die ich nicht ausreichend vorbereitet worden bin	---
		0,55	0,40	
	Erschöpfung	Über mich werden im Kreise der Vorgesetzten Gerüchte und Unwahrheiten verbreitet.	Hitze	Es kommt häufig vor, dass mir Arbeitsaufgaben übertragen werden, auf die ich nicht ausreichend vorbereitet worden bin.
		0,64	0,47	0,48
	körperliche Beeinträchtigungen	Geruchsbelästigungen	Ich werde von meinen Vorgesetzten ausgegrenzt und isoliert.	Zur Erledigung meiner Arbeitsaufgaben habe ich ausreichend die Möglichkeit, mich mit Kollegen meines Arbeitsbereiches auszutauschen.
		0,53	0,64	-0,63

Interpretationshinweis:
Eine schwarze Zahl in einer Zelle zeigt einen *"Je-mehr- desto-mehr-Zusammenhang"* an; eine *rote* Zahl in einer Zelle zeigt einen *"Je-mehr- desto-weniger-Zusammenhang"* an.

Abb. 3 Einfluss von Gesundheitspotenzialen und/oder -gefährdungen auf die Gesundheitsindikatoren (Itemebene)

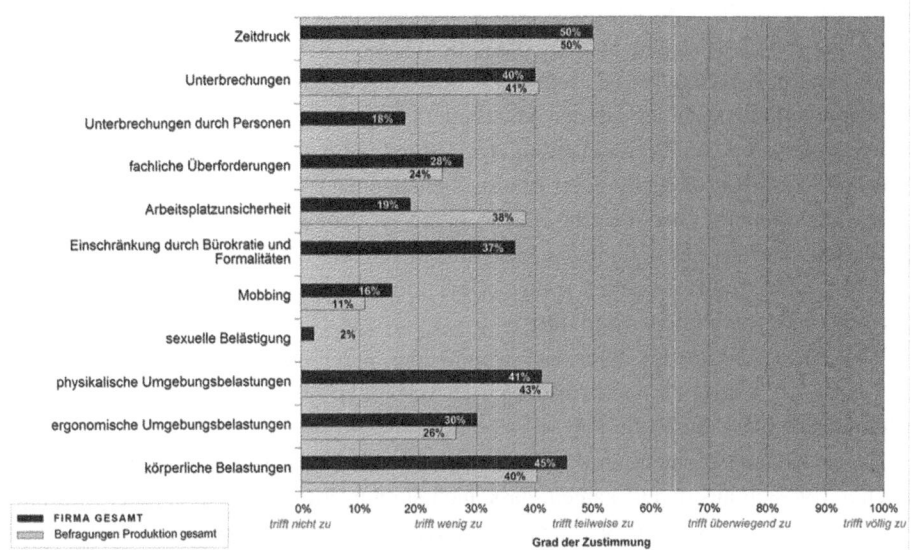

Abb. 4 Grad der Zustimmung

heuristischer Hinweis für Nachfragen in den Datenfeedbackworkshops. Die Entscheidungsgrundlage für mögliche Interventionen sind nicht die statistischen Ergebnisse, sondern die Diskussionen in den Workshops zur Bewertung der Daten.

Diese Datenfeedback-Workshops müssen immer Top down durchgeführt werden, das bedeutet: Erst wird die Firmenleitung und der dazu eingerichtete Steuerkreis informiert. Die Leitung und der Steuerkreis beschließen dann den weiteren Verlauf der Kommunikation. Im vorliegenden Fall haben wir beschlossen, das übliche Top-down-Vorgehen zu modifizieren.

Die Vorgesetzten wurden zwar über die Ergebnisse informiert, aber es wurde in dieser Information noch nichts beschlossen, was verändert werden sollte. Die Vorgesetzten waren über das Ergebnis schockiert und konnten dieses nicht nachvollziehen. Allerdings entsteht hier natürlich eine schwierige Situation. Welcher Vorgesetzte würde vor der Firmenleitung eingestehen, seine Mitarbeiter regelmäßig zu mobben, das wäre übrigens dann auch strafbar, also muss man anders damit umgehen. Ich habe für solch kniffligen Fälle eine Strategie entwickelt, die man mit den Worten *Amnesie und Amnestie* beschreiben kann.

Also, wir haben folgende Situation: Die Mitarbeiter sind davon überzeugt, dass sie gemobbt werden, die Vorgesetzten wissen nichts davon.

Mit den Vorgesetzten habe ich dann folgende Strategie vereinbart: Für Vorgesetzte spielt es eigentlich keine Rolle, ob sie gemobbt haben oder nicht, sondern für sie ist lediglich die Annahme ihrer Mitarbeiter relevant, dass diese annehmen, dass es so gewesen sei. Wie geht man mit einer solchen Konstellation um?

Mein Vorschlag war etwa so: Ihr habt nichts mehr zu verlieren, das ist nun bereits geschehen, geht ins Wochenende, erholt euch gut, denn Montag morgen müsst ihr gut drauf sein, weil ihr dann mit euren Mitarbeitern darüber sprechen müsst, wie der Eindruck bei ihnen entstehen konnte, dass die Vorgesetzten sie gemobbt hätten. Wenn dieser Eindruck entstanden ist, sollten sie sich entschuldigen und neue Regeln für die Kommunikation zusammen mit den Mitarbeitern beschließen.

Ich sollte aber vorher im Auftrag der Vorgesetzten mit den Mitarbeitern darüber sprechen, wie aus ihrer Sicht dieser Eindruck entstanden ist.

Die Mitarbeiter kamen dann in zwei weiteren Workshops mit mir zu Wort. Als ich in der Präsentation zur Darstellung der Zusammenhänge mit Mobbing kam, fragte ich beide Gruppen, wie ich das verstehen sollte: „Über mich werden im Kreise der Vorgesetzten Gerüchte und Unwahrheiten berichtet".

Wie genau funktioniert denn das? Kommt der Vorgesetzte zu ihnen und sagt: „So, jetzt habe ich wieder ein Gerücht über dich verbreitet!" Oder wie kommen sie zu der Einschätzung, dass dieses der Fall sein könnte?

Das spannende Moment an der dann entstehenden Diskussion war es, dass die Mitarbeiter von sich aus darauf kamen, dass auch sie nur über Gerüchte darüber informiert worden waren, dass Gerüchte über sie verbreitet wurden. Daraufhin fanden beide Gruppen die Idee sehr gut, am kommenden Montag zusammen mit ihren Vorgesetzten neue Regeln für eine gesündere Kommunikation zu beschließen. Soweit ich informiert wurde, hat das auch recht gut geklappt.

Denn: Mobbing macht eigentlich niemandem Spaß, auch dem Mobber nicht. In meiner Firma hat sich dazu neben Amnesie und Amnestie noch ein weiterer Merksatz etabliert. „Zu blöd zum Mobben" meint hier: Wer glaubt, mobben zu müssen, hat höchstwahrscheinlich große kommunikative Defizite, die sich dann aber ebenfalls beim Mobbing wieder zeigen. Mobbing geht nie länger gut, auch und insbesondere nicht für diejenigen, die diese ungesunde Kommunikationsform anwenden. Also lässt man sie besser weg.

Es gibt ein hochinteressantes Buch von Kate Picket und Richard Wilkinson „The Spirit Level", in dem untersucht wird, weshalb der weltweit gültige Zusammenhang zwischen geringem Einkommen und geringer Lebenserwartung in Skandinavien nicht gültig ist. Das sei der Spirit Level: In der schwedischen Verfassung ist das wichtigste Grundrecht eines jeden Bürgers die Teilhabe an Kultur, Bildung und politischem Leben. Deshalb werden dort Kinder auf Staatskosten in die Schule gefahren oder ältere Bewohner zu kulturellen und politischen Veranstaltungen, und zwar unabhängig vom Einkommen und kostenfrei. In Deutschland gilt nach wie vor das Sprichwort „Wer den Schaden hat, braucht für den Spott nicht zu sorgen" und im englischen Sprachraum wurde ein Lied zum Hit mit dem Text „I am a loser, why don't you kill me". Respektvolle Führung kann mit Mobbing ohnehin nichts anfangen und sollte sich von Mitarbeitern bzw. Führungskräften, die das anders sehen, schnell trennen. Das ist für alle Beteiligten der beste Weg.

Literatur

Leymann, H.: Mobbing. Rowohlt, Hamburg (1993)

Exkurs: Mecki-Technik – Wo der Hase hinläuft

Müllers Weg: Ein demografischer Wirtschaftskrimi von Gerd Westermayer

Prolog

Deutschland im Jahre 2050. Nachdem die Grauen Panther bei der letzten Bundestagswahl die absolute Mehrheit errungen hatten und auf keinen Koalitionspartner mehr angewiesen waren, wurden alle befürchteten Gesetzesveränderungen umgesetzt. Die FDP war schon 2025 aufgelöst worden, SPD, CDU und Grüne kamen zusammen gerade mal auf 18 % der Stimmen. Sie hatten dann auch zusammen mit den Piraten, die immerhin 25 % Prozent aufweisen konnten, nur 43 %, was eben nichts an der Alleinherrschaft der Panther verändern konnte. Die Piraten hatten für diesen Fall ja bereits angekündigt, in den Untergrund zu gehen.

Die Notstandsgesetze traten sofort in Kraft: In Deutschland gab es ab sofort Arbeitspflicht, die Arbeitszeit wurde von 10 auf 12 h täglich erhöht, der Urlaub auf eine Woche pro Jahr verkürzt.

Durch die gleichzeitig beschlossene Rentenerhöhung stieg der Abgabenteil für Steuern, Renten- und Krankenversicherung an den Gehältern von 70 auf 80 %. Mit Bezug auf die neuesten Forschungsergebnisse wurde auch die Lebensarbeitszeit von 75 auf 80 Jahre erhöht, da in den letzten 30 Jahren die Lebenserwartung auf 125 Jahre angestiegen war, änderte das nicht viel an den explodierenden Alterskosten. Pflegeheime und Sterbecenter verzeichneten das stärkste Wirtschaftswachstum aller Branchen.

In den Städten hatten sich seit Anfang der 1930er-Jahre Gettos gebildet, die Unter-30, Unter-50 und Über-60 heißen. Zwei Drittel der Stadtfläche wurden von den über 60-Jährigen beherrscht.

Immer wieder kam es zu Überfällen der einen Gruppe auf die anderen. Besonders ungerecht wurde die Tatsache empfunden, dass das absolute Verbot für Handfeuerwaffen für die über 60-Jährigen durch Ausnahmeregelungen so unterlaufen werden konnte, dass nahezu jeder zweite von ihnen eine Waffe bei sich tragen konnte, was

G. Westermayer, *Organisationsdesign 4.0 von A-Z.*, https://doi.org/10.1007/978-3-662-63515-5_16

den unter 60-Jährigen bei Todesstrafe verboten war. Diese war 2032 wieder eingeführt worden, auch um der starken Nachfrage beim Organhandel etwas bieten zu können. Aber es gab noch die sogenannten SWZs: Sonderwirtschaftszonen, in welchen die Generationsunterschiede keine Rolle spielten und in welchen die Geburtenrate in den letzten 50 Jahren konstant hoch geblieben war. Diese Gebiete verfügten nicht nur über wirtschaftliche Unabhängigkeit, sondern waren auch ökologisch und energetisch autark. Alle Häuser produzierten dort mehr Energie, als sie selbst verbrauchten, die Nahrung für die Bevölkerung wurde zu 80 % selbst produziert. Alle Dächer waren begrünt, es gab überall Sonnenkollektoren und Regenwassersammelbehälter. Die Wärmeenergie wurde ausschließlich über Erdwärme bezogen. Nur: Die Lage dieser Sonderwirtschaftszonen wurde absolut geheim gehalten. Es ging sogar das Gerücht um, dass Google Maps nur deshalb verboten wurde, um die Lage der Zonen weiter geheim zu halten.

In den letzten 30 Jahren verschwanden in regelmäßigen Abständen Klein-und Mittel-unternehmen, Forschungsinstitute, Pflegeeinrichtungen, Schulen und Kindertagesstätten ganz plötzlich von ihrem bisherigen Standort. Die Standarderklärung, diese seien in die Insolvenz gegangen und sehr schnell abgewickelt worden, war wenig glaubwürdig, da es sich immer und ausschließlich um wirtschaftlich sehr erfolgreiche Unternehmen handelte. Wahrscheinlicher ist vielmehr eine andere Erklärung: Es gibt das Gerücht, dass die Sonderwirtschaftszonen Agenten anstellen, die draußen den Markt beobachten. Immer, wenn sie ein Unternehmen entdecken, das einen ROI von mehr als 20 erreicht, wird es, wenn es zum Bedarf der SWZ passt, gebeten, dorthin umzusiedeln, und es wird ihm für die ersten zwei Jahre eine dem bisherigen Ergebnis entsprechende Umsatzhöhe garantiert. Die Kosten für den Umzug werden dem Unternehmen erstattet. Um die SBZ gab es enorm viele Gerüchte und Geschichten, aber jeder kannte irgendjemanden, der irgendjemanden kannte, der bestätigen konnte, dass sie tatsächlich existieren.

Wie auch immer, in den normalen Städten spitzte sich die Lage mit den neuen Gesetzen dramatisch zu. Es regte sich breiter Widerstand besonders unter den jungen Menschen. Die Regierung kam immer mehr unter Druck und veränderte als ersten Schritt das Wirtschaftsministerium nach dem japanischen Vorbild des MITI. Ab sofort wurden alle Staatssekretärsposten an eine große und sehr bekannte Beratungsfirma ver-geben. Der Minister selbst wurde aus den Reihen einer Wahlkommission gewählt, die sich aus allen Vorständen der DAX-Firmen gebildet hatte. So wollte man eine größere Wirtschaftsnähe bilden und gleichzeitig das Ministerium selbst wie ein Wirtschaftsunter-nehmen führen. Das Beratungsunternehmen wurde beauftragt, ein Programm zu ent-wickeln, das es ermöglichte, die durchschnittliche Produktivität der Mitarbeiter um 40 % zu steigern und gleichzeitig sicherzustellen, dass es keinen Anstieg von Boykott oder Arbeitsverweigerung geben wird. Es brauchte also eine psychologische Strategie, diese Ziele zu erreichen.

In dieser Zeit machte Müller, ein mittlerer Vorgesetzter in einem großen Dienstleistungs-betrieb die Bekanntschaft mit diesem neuen, Produktivität steigernden Managementsystem. Seine Geschichte und Berufskarriere, welche später als „Müllers Weg" ist Thema dieses Kapitels.

Wo der Hase hinläuft

Wilhelm Schröder, von dem die Gebrüder Grimm das Märchen vom Hasen und Igel in ihre Sammlung übernommen haben, hat sicher nicht vermutet, dass seine Geschichte einmal Bestandteil des ersten deutschen demografischen Wirtschaftskrimis sein wird. Sie passt jedenfalls sehr gut, um zu erzählen, wie ein neues Managementsystem nach und nach unsere Wirtschaft zerstört. Es ist wichtig, komplexe und komplizierte (das Wort steht den Komplizen nahe) wirtschaftliche Zusammenhänge so zu erzählen, dass sie packend und darin verständlich werden. Hauptrolle in diesen Geschichten spielen die Meckis, ein neuer verschlagener Managementtyp, der als Berater und Führungskraft sein Unwesen in deutschen Unternehmen treibt. Im Märchen sind das die Igel, die den anderen Protagonisten rennen lassen, erst um sein Leben, dann in den Tod. Wo der Hase hinläuft, wird schnell klar: ins Verderben. Aber warum er das tut, das zu erläutern, ist wirklich eine Geschichte wert. Geschichten zu erzählen ist nicht ganz einfach. Wir erinnern uns der Tatsache, dass es nach Aristoteles Einteilung eigentlich nur fünf Arten von Geschichten gibt: die Tragödie, die Komödie, die Satire, die Romanze und die Abenteuergeschichte.

Als Deutsche sind wir eingeübt, Tragödien zu erzählen und zu erleben, wir scheitern gern am Alltag und am Schicksal, bisweilen bedienen wir uns auch der den Engländern zugeschriebenen Form von Geschichte und erleben eine Satire. Fast in jeder deutschen Führungskraft steckt auch ein Stromberg und Stromberg ist nun mal der Prototyp eines Meckis: verschlagen, blöd, geschmacklos, skrupellos und hinterhältig, die humoristische Oberfläche sollte über seine Kerncharakterzüge nicht wegtäuschen. Der hier dargebotene demografische Wirtschaftskrimi bedient sich ausschließlich der Formen des Abenteuers, der Komödie und der Romanze.

Verfolgen wir, wie die Meckis subtil, aber nachhaltig die deutsche Wirtschaft unterlaufen, indem sie aus jedem Unternehmen eine Rennbahn machen. Hier laufen sich dann die unzähligen Hasen zu Tode: Die Leistungsverdichtung erzeugt einen solchen Stress in ihren Gemütern, dass sie nicht erkennen können, dass es sich immer um mehrere Meckis handelt. Ihre Wahrnehmung ist so verzerrt, dass sie weder nach dem Sinn des Rennens fragen und jede Differenzierungsmöglichkeit ihrer Wahrnehmung einbüßen: sie erkennen nicht mal mehr den Unterschied zwischen Mann und Frau, sie sehen einfach nur noch *den Mecki* an sich.

Lassen Sie mich noch ein weiteres Stilmittel einführen. Obwohl das Mecki-Unternehmen breit angelegt ist und sich die Meckis heute so stark vermehren, wie es früher nur die Hasen getan haben, bleibt doch der Sinn des ganzen Unternehmens im Dunkeln. Was soll das alles? Nun, es gibt hier tatsächlich keinen, denn niemand – ausgenommen der Mecki – hat einen Nutzen von diesem neuen Managementstil. Doch ohne Sinn werden Geschichten schnell entweder langweilig, unglaubwürdig oder tragisch und zynisch – und das wollen wir ja nicht. Also unterstellen wir einen geheimen Sinn und schon haben wir die beste konspirativ paranoide Ausgangssituation: Die Meckis folgen einem geheimen Plan, unsere Wirtschaft zu unterlaufen und kaputt zu machen, und wir müssen gegen sie antreten. Ach das hört sich doch schon viel besser an, oder? Ja, jetzt sind wir bereit, die Geschichte zu starten. Sie werden sich darin wiederfinden und noch sehr sehr wundern. Los geht's! Ab auf die Rennbahn!

Auf der Rennbahn. Die Meckis übernehmen die Firma

Bevor wir uns ins Rennen stürzen, betrachten wir die Architektur der Rennbahn, die sich die Meckis ausgedacht haben. Sie ähnelt ein wenig einem Konstrukt, das der utilitaristische Philosoph Jeremy Bentham entwickelt hat: das Panoptikon. Von einem tiefen pragmatischen Humanismus angetrieben, fragte sich Jeremy Bentham, wie er die in seiner Zeit noch gang und gäbe gewesenen martialischen Strafen für Verbrecher überflüssig machen könnte. Wie unsere Rennbahnarchitektur war Benthams Idee eine architektonische: Statt Folter wollte er Verbrecher durch Wahrnehmungspsychologie gefügig machen, und das gelang auch gut. Er entwarf runde Gefängnisgebäude, in deren zyklischem Zentrum ein Wachturm stand. Dieser Wachturm, ebenfalls rund, war durch und durch mit Fenstern versehen. Diese Fenster hatten eine Besonderheit und zwar waren sie Einwegfenster: Man konnte von innen nach außen sehen, aber nicht von außen nach innen. Innen taten die Wächter – heute würden wir Vollzugsbeamte sagen – ihren Dienst. Wenn sie aus dem Fenster sahen, sahen sie gegenüber das ebenfalls runde, mit Fenstern ausgestattete Gefängnisgebäude. Hier gab es für jede Zelle ein Fenster in den Innenraum und ein Fenster zur Außenwand. Durch diese Konstruktion war aus der Perspektive der Wächter jede Zelle so etwas wie eine durchsichtige Bühne, auf der der Gefangene bei jeder seiner Bewegungen und Regungen beobachtet werden konnte. Durch die Einwegfenster der Wächter war es aber den Gefangenen nicht möglich, die Wächter dahinter zu sehen. Sie wussten also nie, ob sie beobachtet wurden oder nicht.

Eine kleine architektonische Veränderung im Gebäudekonzept hatte also eine enorme psychologische und disziplinierende Wirkung. Die Gefangenen mussten faktisch gar nicht überwacht werden, es reichte, es sie annehmen zu lassen, um sie nachhaltig zu verändern. Sie befanden sich in einem Dauerstresszustand der Überwachung. Michel Foucault beruft sich auf Bentham, um ein ähnliches Prinzip in modernen Machtdiskursen, also Kommunikationsmustern aufzuzeigen. Und damit wären wir bei unserer Rennbahnarchitektur. Was bei Benthams Gefängnis die Einwegfenster sind, sind in der Rennbahnarchitektur Start und Ziel. Auch hier wird wahrnehmungspsychologisch manipuliert, dort der Gefangene, hier der Hase. Wenn der Hase gegen den Igel antritt, bemerkt er nicht, dass dieser gar nicht läuft, erst am vermeintlichen Ziel, wenn der Partnerigel plötzlich schon da ist und ihm dies mitteilt, fällt ihm vage auf, dass irgendetwas schräg läuft, und doch kann er nie sagen, was es eigentlich sei. Er kommt einfach nicht auf die Idee, dass es sich nicht um einen, sondern zwei Igel handelt. Und er kommt schon gar nicht auf die Idee, dass der ganze Zweck der Veranstaltung darin besteht, ihn in jeder Runde schneller laufen zu lassen. Eigentlich wäre es nicht so schwer, auch

nicht für einen Hasen, das Manipulationsspiel zu durchschauen. Dass dieses trotzdem funktioniert, liegt daran, dass von vornherein mit psychologischen Manipulationstechniken gearbeitet wird.

Der Start des Rennens, das ja eigentlich für sich genommen einen absurden Charakter
hat – Hase gegen Igel? –, muss also bereits inszeniert werden durch Provokation von
Gefühlen der Ehre, des Stolzes, der Anerkennung etc. Solche Gefühle sind nie Gegenstand, aber immer Grundlage und Voraussetzung von gelingender Kommunikation, sie
sind eigentlich selbstverständlich, weil sie mit allgemein geteilten Wertvorstellungen zu
tun haben. Bei der Inszenierung des Rennens, bei der Provokation, einen Wettbewerb zu
starten, arbeiten die Igel eben nicht auf der Basis der Voraussetzung der Selbstverständlichkeit gemeinsam geteilter Werte, sondern sie nutzen das Wissen um das Funktionieren
dieser Werte in der Hasenkommunikation. Sie vergegenständlichen den Hasen als
Objekt einer Manipulationsstrategie und nicht als Partner in einer gemeinsamen
Kommunikation. Sie nutzen die Werte, die für den Hasen Antriebs- und Motivations-
charakter haben, als Beschleunigungsmedium, als Sprit für die Produktivität. Wir werden
später sehen, wie sie nach gelungener Anfangsmanipulation des Wettbewerbsszenarios
durch feine und wohl durchdachte Kommunikationen die Anstrengungen des Hasen
durch auf die ihn antreibenden Wertüberzeugungen so steigern, dass er lieber sterben
würde, und das schließlich auch tut, als seine Wertüberzeugungen aufzugeben.

Wenn wir wie oben angedeutet uns diese Rennbahn als ein deutsches Unternehmen
vorstellen: Welche Meckiaktivität lässt sich hier identifizieren, die den Wettbewerb plötz-
lich als Garant des Erhalts von identitätsstiftenden Wertüberzeugungen etabliert? Es
ist der Unternehmenskauf, die feindliche Übernahme eines Unternehmens, die in den
Anfangsjahren dem Schema von Rappaport – Share Holder Value Calculator – folgte.
Der Shareholder Value Calculator aus dem Jahre 1979 machte sich ein Phänomen zum
Gegenstand, das viele an der Börse notierte Unternehmen selbst übersahen: Werte des
Unternehmens wie Immobilien, Patente, Marken, die nichts mit dem unmittelbaren
Geschäft der Firma zu tun hatten und längst abgeschrieben waren, wurden zum Gegen-
stand der Begierde von Analysten und Hedgefondsgruppen. Ein Unternehmen mit
dem Börsenwert X war unter Umständen viel teurer, wenn man seine abgeschriebenen
Liegenschaften und immateriellen Werte aufsummierte, die sogenannten stillen
Reserven. So entstand die Idee, sich Aktien dieses Unternehmens zu kaufen, um dann
diese schlummernden Werte zu aktivieren und so die eigenen Aktien in ihrem Wert
enorm schnell zu steigern. Aber der eigentliche von unseren Meckis populär gemachte
Dreh bestand darin, ein Unternehmen feindlich zu übernehmen und dabei kein eigenes
Geld in die Hand zu nehmen. Man sammelte Geld bei vielen Fondskäufern ein, um
Banken, die sich sehr schnell auf dieses besondere Geschäft spezialisiert hatten, eine
Sicherheit für einen Kredit zu geben, der genutzt wurde, um ein Unternehmen zu kaufen.
Und nun kommt der entscheidende Manipulationsmechanismus: Dieser Kredit wurde
als Verlust in die Bilanz des gekauften Unternehmens eingetragen. Jetzt haben wir die
Notwendigkeit eines Wettbewerbs etabliert, jetzt wird sogar ein Rennen Hase gegen Igel
plausibel, weil der Unternehmensbestand selbst infrage steht. Aus einem florierenden

Unternehmen wurde über Nacht durch einen Buchungstrick ein Pleiteunternehmen. Jetzt wird um die Existenzsicherung gekämpft und dieser Kampf ist Wettbewerb.

Hasen, ihr müsst schneller rennen, sonst gibt es euch bald nicht mehr, die Zahlen belegen das, so lautet von nun an das Unternehmensmotto.

Der zentrale psychologische Effekt besteht also in der Veränderung der Wahrnehmung des Unternehmens, es wird nicht mehr als produktives und erfolgreiches Unternehmen betrachtet, sondern als Pleiteunternehmen. Man beachte, dass sich zu diesem Zeitpunkt faktisch noch nichts verändert hat außer einer anderen Beschreibung des Unternehmens. Die Imageveränderung ergreift jedes einzelne Unternehmensmitglied, nicht mehr Starverkäufer, sondern Loser – hier wird an der Wertorientierung und am Selbstbild der Mitarbeiter der Hebel angesetzt, es wird ihre Identität grundsätzlich infrage gestellt. Das erzeugt Stress bei jedem einzelnen Mitarbeiter. Das Klima verändert sich von Loyalität hin zu Wettbewerb und die Meckieberater haben einen Vorschlag: Führen wir ein Zielvereinbarungssystem ein – *Management by Objectives*. Nun kann das Rennen losgehen.

Meckitechnik 1: Der Buchungstrick

Die erste Meckitechnik, der Buchungstrick, schafft die Voraussetzung für die Etablierung eines unternehmensinternen Wettbewerbs.

Wie wir oben gesehen haben, besteht der wesentliche Manipulationstrick der Meckis in einem Buchungstrick: Der Kaufpreis des Unternehmens wird in der Bilanz als Verlust verbucht. Nehmen wir an, der bei den Banken aufgenommene Kredit beträgt 30 Mio. Bisher hat das Unternehmen eine ansehnliche Rendite von 10 % nach Steuern erwirtschaftet, was einem jährlichen Gewinn von etwa einer Million entsprach. Mit den 30 Mio. zusätzlicher Belastung verändert sich das Bild: Wir haben auf einmal einen Verlust von 29 Mio., einmalig in der Unternehmensgeschichte, nun, das ist jedem klar, muss gehandelt werden. Nun kommt die Zeit der Propaganda und Durchhalteparolen: Wir sitzen alle in einem Boot. Wir müssen Kosten senken. Wir haben zu viel Personal an Bord. Die Botschaft ist klar, wer jetzt nicht mitzieht, fliegt raus.

Führungskräfte sind angehalten, Mitarbeiter zu benennen, die für Entlassungen infrage kommen, weil sie nicht engagiert genug wirken. Kostensenkung ist von nun an das wichtigste Ziel im Unternehmen, und wer sich ihm nicht verschreibt, muss gehen.

Die Regeln für den nun anstehenden Wettlauf werden Mitarbeitern in sogenannten Zielvereinbarungsgesprächen mitgeteilt. Hier findet nun der zweite psychologische Manipulationstrick der Meckis statt, dieser steckt im Wort: Zielvereinbarung.

Am besten versteht man die vielschichtige psychologische Bedeutung dieses Wortes, wenn wir mal kurz einem solchen Zielvereinbarungsgespräch zuhören. Herr Müller, seit 20 Jahren stolzer Mitarbeiter der Firma, wird vom neuen Chef dazu eingeladen. Er weiß nicht, worum es genau gehen soll, doch er freut sich darauf, den neuen Chef kennenzulernen.

„Guten Tag, Herr Müller, meinen Namen kennen Sie ja schon. Ich möchte dieses Gespräch nutzen, um mich vorzustellen und mit Ihnen über Ihre Jahresziele zu sprechen.

Die prekäre wirtschaftliche Situation unseres Unternehmens kennen Sie ja, 29 Mio. Verlust in nur einem Jahr.

Das ist beispiellos in der Unternehmensgeschichte. Mich interessieren Ihre Ideen, wie wir diesen Verlust möglichst schnell ausgleichen können. Es versteht sich von selbst, dass jeder Mitarbeiter in einem solchen Unternehmen die Wahl hat: Will ich zu den Gewinnern gehören oder bleibe ich ein Verlierer, ein Verlusterzeuger? Zu welcher Gruppe gehören Sie, Herr Müller?"

Herrn Müller dämmert, dass das Gespräch in eine Richtung geht, die er nicht vorhergesehen hat, und wird nervös. Es bilden sich Schweißperlen auf seiner Stirn, die Hände werden feucht und in seinem Hals fühlt er einen immer größer werdenden Kloß. „Äh, ich, äh, zähle mich zu den Gewinnern?"

Der neue Chef bemerkt und kommentiert Müllers Verunsicherung „Sie wirken etwas unsicher und gestresst, geht es Ihnen nicht gut? Sind Sie sicher, dass Sie den kommenden Herausforderungen gewachsen sein werden, wenn Sie schon, bevor die Arbeit losgeht, so erschöpft und verunsichert wirken? Was ist los mit Ihnen, wollen Sie meine Zeit verschwenden? Sie wissen, dass wir aus Kostengründen 10 % unserer Belegschaft dieses Jahr entlassen müssen, Herr Müller. Gewinner sehen anders aus."

„Ja, ich weiß das."

„Na also, wie sehen Ihre Vorschläge aus? Ich habe nicht den ganzen Tag Zeit, um Ihnen jedes einzelne Wort aus der Nase zu ziehen, Müller! Schießen Sie mal los. Um wie viel Prozent wollen Sie Ihr Verkaufsergebnis dieses Jahr steigern, Müller? 10, 20, 30, das liegt ganz bei Ihnen, wir werden dann nach unseren Gesprächen prüfen, welche Steigerung von welchem Mitarbeiter einen nachhaltigen Effekt für den angezielten Verlustausgleich gehabt hat. Müller, was ist eigentlich los mit Ihnen? Haben Sie schlecht geschlafen heute Nacht? Gestern vielleicht zu lange gefeiert, hä?"

„Äh 30 % …"

„Na also geht doch, ich halte das hier fest und werde Ihren Fortschritt in der Verkaufssteigerung wöchentlich überprüfen, hierzu haben wir ein neues Controllingsystem eingeführt. Wenn Sie der Entwicklung hinterherhinken, was ich mir bei Ihnen gut vorstellen kann, erhalten Sie ein Verkaufscoaching durch mich persönlich so lange, bis Sie Ihre Leistung den Anforderungen angepasst haben. Ist das klar?"

„Ja, Chef."

„Dann mal los, ran an die Arbeit, oder wollen Sie her noch den ganzen Tag rumsitzen? Guten Tag!"

Meckitechnik 2: Die Einführung eines Zielvereinbarungssystems

Die zweite Meckitechnik, die Einführung eines Zielvereinbarungssystems mit seinen Bestandteilen Controllingsystem, Coaching und Gesprächen, gibt sozusagen den Startschuss für den Firmenlauf aller Mitarbeiter gegeneinander.

Müller verlässt den Raum und stolpert mehr, als zu gehen, zu seinem Büro zurück. Ganz vage kann er sich erinnern, dass er irgendetwas mit 30 % zugesagt hat und dass das kontrolliert werden wird. Müller fühlt sich wie gerädert, erschöpft, panisch und verwirrt. Was geht hier eigentlich vor? Aber er verspürt zu wenig Kraft, sich mit dieser Frage ernsthaft auseinanderzusetzen. Am liebsten würde er jetzt nach Hause gehen und sich verstecken, aber das geht nicht.

Zurück in seinem Büro kommt langsam seine Selbstsicherheit zurück, die ihn beim Gespräch schlagartig verlassen hatte. Was war da eigentlich geschehen? Er kannte sich selbst nicht wieder: Hatte er tatsächlich freiwillig eine 30%ige Verkaufssteigerung vorgeschlagen? Er hatte, obwohl jedem klar ist, dass so eine Steigerung völlig ausgeschlossen ist. Das Gerede des Chefs vom 10 %igen Abbau des Personals, von Gewinnern und Verlierern, vom Controllingsystem und Coaching hatte ihn völlig aus der Fassung gebracht. Er hatte plötzlich panische Angst, dass dieser Chef ihn coachen würde. Lieber würde er seine Leistung um 50 % steigern und wenn er dafür doppelt so viel arbeiten müsste. Aber kein Coaching von diesem Mann. Aber was hat ihm eigentlich so starke Angst gemacht? Den Job zu verlieren? Müller war ein hochqualifizierter Vertriebsmann, er konnte bei der Konkurrenz bei verschiedenen Firmen innerhalb von zwei Wochen sofort eine neue Anstellung bekommen. Was war es also dann? Etwas hatte ihn stark berührt, als der Chef von Verlieren und Gewinnern sprach. Er war mit Sicherheit kein Verlierer oder vielleicht doch? Das für ihn neue Unsicherheitsgefühl, das er die ganze Zeit des Gesprächs über verspürt hatte, kam zurück. Was ist los mit mir? Warum bekomme ich jetzt wieder feuchte Hände und eine Denkblockade? Müller konnte die nächsten Nächte kaum schlafen. Er lag die meiste Zeit nachts wach und grübelte immer wieder nach, ob er vielleicht doch ein Verlierer sei. Zu Hause und in den sozialen Kontakten mit Kollegen verschloss er sich immer mehr und zog sich in sich zurück. Nach etwa vier Wochen wurde er zu einem Controllinggespräch zum neuen Chef bestellt, der sich über seine Fortschritte in seiner Verkaufssteigerung erkundigen wollte. Müller blickte wie gelähmt auf seinen Bildschirm, auf dem er die Einladungsmail des Chefs geöffnet hatte. Wie durch eine Nebelwand vernahm er die Stimmen seiner Kollegen: „Was ist los? Geht es Ihnen nicht gut?" Der Notarzt gab ihm ein Beruhigungsmittel. In der Klinik wurde ein Burn-out mit einer schweren Depression diagnostiziert. Die Behandlung dauerte ein halbes Jahr. Da Müller einer Entlassung durch die Firma zuvorkommen wollte, kündigte er selbst. Durch die einfühlsame Begleitung eines Psychotherapeuten gelang es ihm nach einem weiteren halben Jahr, sich bei einer Konkurrenzfirma zu bewerben. Er bekam den Job, nachdem er ein ganzes Jahr durch ein 10-min Gespräch verloren hatte. Müller weiß immer noch nicht, was ihm da geschehen ist.

Meckitechnik 3: Die Umkehrreaktion

Die dritte Meckitechnik hatte Müller im Gespräch mit seinem Chef nachhaltig verunsichert, er wurde Gegenstand der Umkehrreaktion. Lassen Sie uns nochmal nachvollziehen, wie diese funktioniert, denn nur wenn man weiß, wie diese funktioniert, kann man sich davor schützen, Müller konnte das nicht.

Richard Sennett hat in seinem hervorragenden Buch zu verschiedenen Stilen der Mitarbeiterführung die Umkehrreaktion als Kennzeichen der technologischen Autorität beschrieben. Sie funktioniert in drei klar voneinander abzugrenzenden Schritten: Distanzierung, Funktionalisierung, Instrumentalisierung. Im ersten Schritt wird ein vermeintlicher Partner in einer Kommunikation auf Distanz gebracht, indem man ihn als Objekt behandelt. Müller ist für den Chef nichts weiter als ein Kostenfaktor, der um 10 % reduziert werden muss. In dieser Phase des Gesprächs bildet der Chef sich eine Theorie über die Beschaffenheit des Kostenfaktors Müller: Ist er belastbar, ist seine Leistung steigerbar? Müller wird reduziert auf diesen einen Aspekt seiner vielfältigen Persönlichkeit. Quasi nebenbei werden die Rollen neu sortiert: Welchen Vorschlag haben Sie? Müller hatte erwartet, dass der Chef einen Vorschlag machen würde oder eine Anweisung geben würde, er hatte nicht erwartet, dass er diese Rolle selbst übernehmen sollte. In der Distanzierungsphase wird Müller reduziert auf eine Funktion: Kostensenkung, Leistungssteigerung, die er mehr oder weniger erfolgreich ausfüllen wird, im letzteren Falle würde das ihn seinen Job kosten. Der Effekt der Distanzierung besteht also in einer Demütigung, wie ein Ding oder eine Maschine behandelt zu werden. Müllers Identität wird infrage gestellt, ja sie wird ihm in gewisser Hinsicht genommen. Daher die tief gehende Verunsicherung, die sich Müller selbst nicht erklären konnte. Er wurde auf ein Nichts reduziert, war in gewisser Hinsicht niemand mehr. Im nächsten Schritt erfolgt dann die Funktionalisierung: Als Ding, das Kosten senken kann und Leistung steigern kann, bekommt Müller ein neues Identitätsangebot, wenn er dieser Funktionalisierung zustimmt, dann und nur dann erhält er eine neue Position, Funktion, Identität in diesem Unternehmen. Wenn er nicht zustimmt, gibt es ihn einfach nicht mehr.

Daher Müllers Vorschlag, 30 % Leistungssteigerung zu leisten, er will weiter Teil dieses Unternehmens bleiben und bei Androhung des Anschlusses, kam ihm der Vorschlag fast leicht über die Lippen.

Im letzten Teil des Gesprächs über Controllingsystem und Coaching können wir die Phase der Instrumentalisierung sehen. In der Identität auf eine Funktion reduziert, wird Müller als Kostensenkungs- und Leistungssteigerungssystem instrumentalisiert. Es geht hier längst nicht mehr um ihn, sondern lediglich und ausschließlich um die Zahlen, die er für das Controllingsystem liefern wird. Er als Person ist komplett austauschbar und uninteressant. Man könnte sagen, Müller fügt sich diesem Prozess, weil er ab jetzt nichts anderes mehr will, als seine Identität zurückzubekommen. Ihm ist nicht klar, dass das Gegenteil eintreten wird, er verliert seine Identität fast vollständig, bis ihn die Diagnose Burn-out aus diesem menschenverachtenden Kommunikationssystem befreit. Man kann sagen, Müller hat noch Glück gehabt. Seine Kolleginnen und Kollegen halten länger durch, bis schließlich auch sie meist mit chronischen Krankheiten als Fremdkörper aus der Maschinerie ausgestoßen werden.

Theorie: Wie funktioniert das Meckisystem?

Ich habe oben drei Teiltechniken eines größeren Gesamtsystems skizziert, das, wenn es nicht gestoppt wird, unser Wirtschaftssystem zerstören wird. Es handelt sich dabei um ein Kommunikationssystem, das mit verschiedenen Medien arbeitet. Jedes Medium hat darin eine eigene Funktion: Ein nach Benthams Vorbild gebildetes Machtdiskurssystem (Foucault) liefert gestaltpsychologisch gesprochen den Grund, den Hintergrund für alle nachfolgenden Kommunikationen. Die Botschaft dieses Hintergrundes heißt Wettbewerb. Das ist wichtig zu sehen, denn diese Botschaft ist keineswegs selbstverständlich. Warum sollte gerade ein unternehmensinterner Wettbewerb zwischen den Mitarbeitern die Gesamtleistung des Unternehmens steigern? Alle ernst zu nehmenden empirischen Studien zur Wirkung von unternehmensinternem Wettbewerb auf die Gesamtproduktivität kommen zum selben Ergebnis: diese sinkt. Das ist auch intuitiv nachvollziehbar, wenn Mitarbeiter gegeneinander und nicht miteinander arbeiten, warum sollte dann die Gesamtleistung steigen?

Hier liegt der entscheidende Kommunikationsauftrag für die Meckiberater: Sie müssen die eigentlich unglaubwürdige Botschaft –Wettbewerb im Unternehmen schafft Mehrwert – irgendwie glaubwürdig gestalten. Das schaffen sie, indem sie ein Szenario erzeugen, innerhalb dessen die einzige in einer zivilisierten Gemeinschaft vorgesehene Wettbewerbssituation möglich wird: Es geht ums Überleben der Gemeinschaft. Dann, und nur dann, ist Kampf innerhalb der Gemeinschaft legitim, um diese zu erhalten. Diese Wettbewerbsausnahmesituation wird durch den oben beschriebenen Buchungstrick inszeniert. Die Botschaft an die Mitarbeiter lautet in diesem Falle ja nicht: Wir haben die Bücher manipuliert und den geliehenen Kaufbetrag als Verlust bilanziert, sondern sie lautet: Ihr arbeitet schlecht und bringt die Basis eurer wirtschaftlichen Existenz in ernsthafte Gefahr! Warum tut ihr das?

Und dann wird diese Frage präzisiert zu: Wer von euch tut das eigentlich? Wer von euch ist Verlierer, wer von euch ist Gewinner? Bis dahin hatte sich noch nie jemand im Unternehmen diese absurde Frage gestellt: Bin ich ein Verlierer, bringe ich mein Unternehmen in Gefahr? Und gerade deshalb beschäftigt diese Frage sofort alle und jeden, obwohl sie wie gesagt absurd ist. Mit dieser Frage werden auch Ursache und Wirkung umgekehrt: Die Frage unterstellt ja bereits, dass es einzelne Mitarbeiter persönlich sind, welche die Entscheidung getroffen hätten, ihr Unternehmen gezielt zu gefährden. Der Verlierer plant seine Vergehen. Ein Machtdiskurs gewinnt Gestalt und wird darin zu einem gemeinsamen geteilten Hintergrund der kollektiven Realitätswahrnehmung. Wie durch Zauberhand gelenkt, richtet sich nun die kollektive Aufmerksamkeit aus, die Verlierer werden gesucht, ihre geheimen Motive werden erforscht, der Feind ist da, nur operiert er noch verdeckt. Richard Sennett nennt diesen Vorgang das Unsichtbarwerden der Macht. Nicht eine Managemententscheidung (Bilanztrick) wird verantwortlich gemacht für die Verluste, sondern die mangelnde Motivation der Verlierer, ja, ihr perfider Plan, das Unternehmen zugrunde zu richten.

Da der Feind sich verstellt und undercover operiert, kann er überall sein. Plötzlich besteht ein vormals erfolgreiches Unternehmen aus Feinden und Freunden, und nun ist Wettbewerb nicht nur eine Option, sondern geradezu Voraussetzung für das gemeinsame Überleben. Wenn dies erreicht worden ist, haben die Meckis ihren Job gut gemacht – für sich, nicht für das Unternehmen.

Was nun folgt, wird unter der Überschrift „zivilisierte Kriegsführung und Transparenz" verkauft. Wer Gutes für das Unternehmen tun möchte, kann sich gerne am Wettbewerb beteiligen: Management by Objectives. Transparenz wird geschaffen durch ein objektives

Controllingsystem. Wer Nutzen schafft, ist Gewinner, wer Kosten schafft, ist Verlierer. Wer will unter diesen Rahmenbedingungen als Verlierer erscheinen? Niemand, nur es muss sie geben, sonst stünde das Unternehmen ja nicht so schlecht da. Ab jetzt geht es darum, sich als Gewinner zu präsentieren, als jemand, der Kosten senkt und Leistung steigert. Das Controllingsystem ist dabei behilflich: Überstunden werden als Kosten verbucht, Leistungssteigerung als Umsatz. Wenn sich jemand als jemand in diesem System präsentieren kann, der hohen Umsatz ohne hohe Kosten realisiert, ist er ein Gewinner. So funktioniert das System, ab sofort gibt es keine Überstunden mehr, sie werden einfach nicht angegeben. Wahrlich eine Maschinerie der wunderbaren Geldvermehrung.

Selbstverständlich gibt es in einem solchen System Menschen, die ohne größere Anstrengung enorme Produktivitätssteigerungen leisten können. Sie sind, wenn man so will, am richtigen Platz.

Aber es gibt auch die, die das nicht können, weil ihnen die Mittel zur Zielerreichung vorenthalten werden. Denken Sie an Müller! Diese Menschen, Kandidaten für den zehnprozentigen Abbau des Personals, werden dringend für die weitere Inszenierung des Wettbewerbsszenarios gebraucht: Als Beispiel für Verlierer, als Beispiel für Menschen mit der falschen Einstellung, als Beispiel für Mitarbeiter, die gerne mehr leisten würden, das aber aus unerfindlichen Gründen nicht können, als Beispiel für irgendwie an ihrer Leistungsfähigkeit gesundheitlich oder charakterlich behinderten Menschen, denen die Unterstützung des Unternehmens zukommen wird; Verlierer, Demotivierte, Inkompetente, Behinderte bilden den Gegenpol zum Image des Gewinners. Die Belegschaft ist jetzt eingeteilt. Auf der Gewinnerseite, die durch das objektive Controllingsystem beliebig differenziert werden kann, bilden sich Rangreihen. Kriterium ist wie gesagt nicht die objektive Leistung, sondern die für das Controllingsystem gemeldete. Hier bilden sich dann sehr schnell verschiedene Muster der Erfolgsmeldungen heraus: Es werden Umsatzzahlen gefälscht und Mehrarbeit nicht gemeldet. Wichtig ist ja nur auf der Gewinnerseite zu bleiben, wie ist egal.

Es bilden sich neue Identitäten und neue Formen der Kommunikation heraus, und das ist gewollt und forciert. In diesem System gibt es tatsächlich keine Transparenz mehr. Es hält genau so lange, wie die tatsächlichen Verhältnisse verschleiert werden können, und das ist in der Regel lange genug, um den Meckis einen geordneten Rückzug aus und zu einem anderen Unternehmen zu ermöglichen. Wenn das ganze Manipulationssystem dann nach etwa einem halben Jahr in sich zusammenbricht, ist kein Mecki mehr da, ja zu diesem Zeitpunkt wird man den Zusammenbruch nicht mehr mit den Meckis verbinden. Als sie aktiv waren, funktionierte das Controlling ja hervorragend.

Neue Formen von Stress: Das Verantwortungsdilemma

In der Wettbewerbsinszenierung, in der Einteilung der Welt in Verlierer und Gewinner, verändert sich die kollektive Wahrnehmung der Menschen. Sie hat einen leicht paranoiden Zug bekommen. Überall könnten Verlierer ihr hinterhältiges Werk verrichten, gleichzeitig weiß man selbst nicht mehr so genau, ob man nicht auch zu den Verlierern gezählt würde, wenn man seine Leistungsbescheide und Überstunden korrekt melden würde. Dieses System führt also dazu, dass Überstunden geleistet werden müssen, man sich dabei aber nicht erwischen lassen darf. Nicht daran zu denken, diese korrekt anzugeben und etwa noch Geld dafür einzufordern. Die Menschen vereinsamen kollektiv. Man kann niemand mehr trauen, man spricht nicht über den eigenen Leistungsstand, verlässliche Informationen werden rar.

Wenn die Entwicklung diese Phase erreicht hat, treten verstärkt Stresssituationen auf, die wir mit dem Begriff Verantwortungsdilemma beschreiben. Ein Verantwortungsdilemma liegt dann vor, wenn man sich im Zielvereinbarungsprozess auf das Erreichen einer bestimmten messbaren Leistung verpflichtet hat, die Mittel, die zur Erreichung des Zieles notwendig sind, aber nicht erhält. Um Leistungen zu steigern, braucht man Zeit, Informationen und Daten, technische Hilfsmittel wie Software und Computer, Unterstützung durch die eigene Führungskraft und die Kollegen.

Diese Mittel werden im Wettbewerb verknappt.

Meckitechnik 4: Geplante Inkompetenz der Führungskräfte

„Im Übrigen darf man selbst manifeste Dummheit nicht mehr als simples Datum nehmen: sie wird durch langes Training in Lernvermeidungsoperationen erworben. Nur nach einer hartnäckig fortgesetzten Serie von Selbst-Knock-outs der Intelligenz kann sich ein Habitus zuverlässiger Stupidität stabilisieren – und sogar dieser lässt sich jederzeit durch einen Rückfall in die Nichtdummheit dementieren" (Sloterdijk 2013).

Peter Sloterdijk benennt hier ein Problem, das durch die Meckitechnik 4 erfolgreich gelöst werden kann. Bei der Beschreibung des Meckisystems dürfte klar geworden sein, dass bei aller offensichtlicher Niedertracht dieses Ausbeutungssystems die Gesamtinszenierung doch ein ordentliches Quantum an Intelligenz aufweist. Meckis sind intelligent, sie spielen ein Kommunikationsspiel, zu dem es gehört, die eigene Intelligenz zu verbergen. Sich dumm stellen ist etwas anderes als dumm sein. Aber sogar manifest dumme Menschen, so Sloterdijk, laufen permanent Gefahr, wieder Intelligenz zu entwickeln, wenn sie es einmal vergessen, die „hartnäckig fortgesetzte Serie von Selbst-Knock-Outs der Intelligenz" fortzuführen. In Situationen des Verantwortungsdilemmas fällt es auch bisweilen einem Mecki schwer, den Argumenten seiner Mitarbeiter nicht zu folgen: Wie sollen diese denn Ziele erfüllen, wenn man ihnen die Mittel vorenthält? Er kann den Mitarbeitern ja schlecht sagen, dass es gar nicht um die Zielerfüllung geht, sondern um die nicht in Rechnung gestellte kollektive Mehrarbeit. Weil der Mecki weiß, worum es eigentlich geht, läuft er Gefahr, in zwischenmenschlich schwierigen Situationen Skrupel zu entwickeln.

Die Lösung besteht nun darin, auf alle Führungspositionen Nichtmeckis zu setzen, also Mitarbeiter, die von den tatsächlichen Zusammenhängen keine Ahnung haben und so schlecht ausgebildet sind, dass sie gar nicht in die Lage kommen können, Skrupel zu entwickeln. Einer dieser Kandidaten ist mir noch sehr gut in Erinnerung: In einem großen Krankenhaus wurde die ganze Wettbewerbsinszenierung nach allen Regeln der Kunst durchgeführt. Jeder Vorschlag, Kosten zu sparen, sollte umgesetzt werden. Der Meckiberater machte nun ernsthaft den Vorschlag, die Reinigungskosten in der Intensivstation komplett einzusparen, da Reinigung nicht zum Kerngeschäft des Unternehmens gehöre. Selbstverständlich machte er sich durch diesen Vorschlag lächerlich, nur bewirkte er nebenbei damit mehrere interessante Konsequenzen: Von nun an wurde er nicht mehr nach Vorschlägen gefragt, weil klar wurde, dass seine Vorschläge nichts taugen. Die an der Kostenreduktion beteiligten anderen Mitarbeiter übernahmen seinen Job, um das Unternehmen vor weiteren Schäden zu bewahren. Das kostet natürlich zusätzliche Zeit, die wie im System üblich geworden nicht berechnet wird.

Diese Meckitechnik wird gegen Mitarbeiter eingesetzt, die ihren Vorgesetzten in der Situation des Verantwortungsdilemmas um Hilfe angehen. „Chef, wenn ich meine Ziele erreichen soll, brauche ich unbedingt die Planungsvorgaben und die letzte Version unserer Kundendatei." „Warum erzählen Sie mir das, Sie wissen doch, dass ich mich nicht in Ihren Kompetenzbereich einmischen werde, erstens habe ich dazu nicht das Wissen, zweitens nicht die Zeit. Sie haben doch gesagt, dass Sie mal selbstverantwortlich das Projekt zu Ende bringen wollen. Dann übernehmen Sie doch endlich mal Verantwortung. Sie kriegen das schon hin, da bin ich mir sicher, und bitte lassen Sie mich mit Details in Ruhe, ich bin am Endergebnis interessiert. Apropos Endergebnis, Ende nächster Woche möchte ich Zahlen sehen."

Es ist klar, dass das der letzte Versuch des Mitarbeiters war, von seinem Chef Unterstützung zu erhalten. Er wird sich selbst helfen müssen. Nun gibt es zwei verschiedene Varianten des Chefstatements, die sich nur durch ihren Hintergrund unterscheiden. In Variante 1, von einem intelligenten Meckichef ausgesprochen, handelt es sich bei dem Satz um eine wohlkalkulierte Ansammlung von Killerphrasen. Der Mecki weiß ganz genau, was er sagen muss und wie er sich dumm stellen muss, um das Anliegen des Mitarbeiters von sich zu weisen. Er spielt für den Mitarbeiter einen ganz bestimmten Typus von Chef.

In Variante 2 haben wir zwar denselben Satz, aber der Hintergrund ist ein anderer. Hier haben wir einen Chef, der tatsächlich nichts vom Kerngeschäft des Mitarbeiters versteht, den tatsächlich keine Details interessieren und der tatsächlich nur am Ergebnis interessiert ist und an nichts anderem. Dieser Chef muss nicht spielen, er meint die Worte, die er sagt, genauso wie sie aus ihm herausprudeln. Er ist authentisch und insofern ist bei ihm dank echter Blödheit und Inkompetenz das Risiko des Rückfalls in die Intelligenz und damit in Skrupelhaftigkeit viel geringer als bei den Schauspielern. Es gab wahrscheinlich noch nie vorher ein Managementsystem, das durch die Qualifikation Inkompetenz des Vorgesetzten getragen wurde. Sehr oft übernehmen die Mitarbeiter, die mit einem solchen Vorgesetzten konfrontiert werden, auch die Verantwortung für alle anderen Managementaufgaben, da ihr Chef sehr glaubwürdig klargemacht hat, dass er diese nicht übernehmen kann. Manchmal fragen sich solche Vorgesetzten die einzig entscheidende Frage: Warum wurde ausgerechnet ich für den Führungsposten ausgewählt? Denn der Vorgesetzte, der sie ausgewählt hat, sagte ihnen ja nicht, wunderbar,

Sie sind blöd genug, diesen Posten zu übernehmen, sondern schwafelte irgendetwas von Führungstalenten und -herausforderungen.

Da sie von ihren Vorgesetzten dazu keine befriedigende Antwort erhalten, greifen sie meist in die verstaubte Argumentationsmottenkiste der Elitetheorien: Vorsehung, Evolution, natürliche Selektion – bald glauben sie selbst daran, dass sie etwas ganz Besonderes seien –, was ja auch stimmt, nur eben anders, als sie es vermuten. Sie sind ganz besondere Vollidioten und darin tatsächlich echt.

Wenn es nicht so traurig wäre, könnte man es fast komisch finden, dass auch dieser Typ von Führungskraft die wichtigste in vielen empirischen Untersuchungen belegte Führungseigenschaft erfüllt: Glaubwürdigkeit. Wir messen diese Eigenschaft mit dem Item: „Mein Vorgesetzter sagt, was er meint, und tut, was er sagt.“

Vor dem Zusammenbruch: Quick-and-dirty-Systeme

Lassen Sie uns kurz zusammenfassen: Wir haben ein paranoid anmutendes Wettbewerbssystem, in dem alle gegen alle kämpfen. Der Mehrwert entsteht hier kurzfristig durch eine Steigerung der Produktivität, da die Mehrarbeit nicht mehr berechnet wird. Die Beschleunigung aller Arbeiten durch das Zielvereinbarungssystem führt nicht zur Steigerung der Zielerreichung, sondern zu einem kompletten Informationsverlust über die Zielerreichung – wir haben es meist mit gefakten Daten zu tun. Der ganze Prozess wird von einer Mannschaft inkompetenter Führungskräfte geleitet bzw. eben nicht geleitet, was nur scheinbar paradox den Prozess am Laufen hält.

Dass dieses System über kurz oder lang zusammenbrechen wird, darüber besteht kein Zweifel. Es wird genauso lange funktionieren, wie der Verschleiß der Gesundheit der Mitarbeiter dauert. Wenn die Krankenstände explodieren, die gezinkten Daten aus dem Controllingsystem offenbar werden, wenn die Leistung schlagartig einbricht, werden die ersten Führungskräfte um Erklärungen gebeten. Diese werden dann wahrheitsgemäß sagen: Wir haben nichts gemacht und wir wissen von nichts.

Die Meckis sind dann allerdings schon länger nicht mehr im Haus. Ja, niemand bringt die aktuellen Zusammenbruchstendenzen mit ihrer Beratungsleistung in Zusammenhang: Es hat doch wunderbar funktioniert, als sie noch im Hause waren.

Verzögert wird der Zusammenbruch durch sogenannte Quick-and-dirty-Systeme im Vertrieb. „Quick and dirty“ ist tatsächlich eine neue Strategie im Vertrieb, die darauf abzielt, schnelle Erfolge zu erzielen. Dabei kommt es nicht auf die Nachhaltigkeit der Wirkung an und auch nicht auf die Wahl der Mittel. Im Zentrum steht die schnelle Lösung, der schnelle Erfolg. Hier können dann für das Controllingsystem weitere Erfolgsmeldungen produziert werden und der Anschein, alles verlaufe nach Plan, kann aufrechterhalten werden.

Kürzlich wurde mir von einer besonders effektiven Quick-and-dirty-Vertriebsaktivität berichtet. Ein Vertriebsmitarbeiter einer großen deutschen Krankenkasse, der wegen seiner Aktivitäten mehrmals als Vorbild für die anderen Mitarbeiter ausgezeichnet wurde, hatte folgende Idee: Selbst aus Polen nach Deutschland eingewandert, spezialisierte er sich darauf, polnische Arbeitnehmer, die in Deutschland arbeiten wollen, in einer Grenzstadt abzupassen und sie mit allen möglichen Argumenten eine Mitgliedschaftserklärung für die Krankenkasse unterschreiben zu lassen. Des Deutschen nicht mächtig, nahmen die Arbeitnehmer seine vermeintliche Hilfe bei der Bewältigung deutscher Bürokratie gerne in Anspruch. Die meisten von ihnen erfahren erst Jahre später, wenn sie ein wenig deutsch sprechen gelernt haben, was sie da alles an Zusatzvereinbarungen mit unterschrieben haben. Dann ist der Werber aber nicht mehr verfügbar: quick and dirty.

Quick and dirty heißt: Kunden über den Tisch ziehen und dann wegwerfen und sich den nächsten zuwenden. Dass diese Strategie der verbrannten Erde nicht nachhaltig erfolgreich sein wird, ist einkalkuliert, es geht um den schnellen messbaren Erfolg.

Diese und andere Strategien schönen die Zahlen kurz vor dem Zusammenbruch und nur deshalb kommt dieser für die meisten im Unternehmen überraschend. Viele dieser so behandelten Unternehmen waren schon längere Zeit pleite, ohne dass dies jemand bemerkt hätte – wie auch bei der Beschaffenheit der Führungskräfte. Das Meckisystem schafft kurzfristige Produktivitätssteigerungen über Nichtberechnung von Leistungsverdichtung und Mehrarbeit. Sehr oft gelingt es damit tatsächlich, die zu Beginn des Prozesses eingebuchten Verluste auszugleichen. Wenn das Unternehmen also kurz vor dem Zusammenbruch wieder schwarze Zahlen schreibt und dann an einen zahlungskräftigen Mitbewerber weiterverkauft wird, sind nicht nur die Verluste ausgeglichen, sondern in der Regel werden Renditen von 10–20 % zusätzlich verdient. So wurden in zwei Jahren aus null Euro etwa 40 Mio. gemacht. Und hierum geht es bei der ganzen Inszenierung von Wettbewerb: Wie überzeuge ich Mitarbeiter davon, wie Sklaven für einen unverschämt hohen Profit zu arbeiten?

Das System funktioniert also. Die Mitarbeiter erreichen die Produktivität auf Kosten des Verschleißes ihrer Gesundheit, aber auch hier werden eben nicht alle krank und die, die krank werden, so ist die Idee, wird man ohnehin nicht halten können. So ergibt sich quasi ein günstiger Nebenweg, diese ohne Abfindung loszuwerden.

Nachdem ein Vertreter der Beratungsfirma diese Idee dem Ministerium erläutert hatte, beschloss dieses ein Gesetz, nach dem alle Firmen, die den geforderten Produktivitätszuwachs nicht leisten können, dieses System einzuführen haben. Andernfalls, so die leicht aufgemachte Rechnung, würde innerhalb von fünf Jahren bei weiter steigendem Alter das gesamte Sozialversicherungssystem zusammenbrechen. Nun kam es darauf an, entweder das Meckisystem zu kopieren oder eine menschlichere Alternative dafür zu finden oder zu entwickeln. Aber wo und wie? Ja, ganz klar, in der SWZ, nur wie kommt man dorthin? Müller kommt dorthin über einen glücklichen Zufall.

Müllers zweite Chance – Pflegehaus „goldener Oktober"

Müller fand den Brief am Dienstag morgen bei der anderen Post – Absender „Goldener Oktober" und ganz klein darunter: SWZ. Das war ja sensationell. Es gab sie also doch.

Er machte den Brief auf und traute seinen Augen kaum, als er ein an ihn persönlich gerichtetes Stellenangebot vorfand. Er solle sich um die Stelle des Personalleiters
bewerben. Wieso ich? Das Thema interessierte ihn schon, insbesondere seit seinen
dramatischen und traumatischen Erfahrungen mit seinem Chef, nur hatte er selbst noch
nie Führungsverantwortung übernommen. Und nun soll er als Personalleiter in einem
Pflegeheim mit 800 Mitarbeitern die Führungsphilosophie verkörpern? Müller kam
aus der Güterproduktion und hatte dort im Vertrieb gearbeitet, von Pflege verstand er
nun überhaupt nichts. Wie waren die auf ihn gekommen? Ach ja, hier wurde die Ver-
mittlungsagentur erwähnt, der er vor eineinhalb Jahren seine Papiere überlassen hatte.
Das erklärt zumindest den Kontakt, aber auch das Büro dürfte wissen, dass Müller weder
Ahnung von Pflege noch von Führung hatte. Wahrlich etwas mysteriös. Auf der anderen
Seite kann man ein Angebot, das aus einer SWZ kommt, faktisch nicht ablehnen, da
könnte man ja auch den Empfang eines Gewinns beim Lotto verweigern. Also wählte
er die Nummer vom Briefkopf. „Goldener Oktober-Pflegehaus-Vorstandssekretariat.
Was kann ich für Sie tun?" „Ja, hier Müller…" „Das ist ja schön, dass Sie anrufen, Herr
Müller, wir haben Ihren Anruf schon erwartet, oder soll ich sagen, erhofft. Ich stelle Sie
zum Chef durch, ja der wird sich ja freuen. Einen schönen Tag noch!" „Hä?…" Müller
konnte nicht mehr zu sich selbst sagen, weil am anderen Ende eine tiefe, kräftig-sonore
Stimme „Ja, der Herr Müller! Ich grüße Sie!" rief, ja fast brüllte.

„Ich grüße Sie auch, mit wem habe ich denn das Vergnügen?" „Mein Name ist Grünberg, Vorstandsvorsitzender der Goldenen Oktobergruppe, wann sehen wir uns, Herr
Müller? Passt es Ihnen morgen um 13 Uhr, ich habe mir diesen Termin endlich frei-
schaufeln können." Müller, immer noch verblüfft, stotterte: „Ja, ich habe da noch nichts
vor aber…" „Aber gibt's nicht, aber kann fast immer durch und ersetzt werden, ha, ha,
ha, was diese Berater alles immer für einen Kauderwelsch verzapfen, ist doch fürchter-
lich. Also alles klar, morgen um 13 Uhr bei mir. Mein Fahrer wird Sie abholen, wie Sie
wissen, sitzen wir in einer SWZ, deshalb brauchen wir für das erste Gespräch noch einen
Wagen mit verdunkelten Scheiben. Wenn Sie dann den Vertrag unterschrieben haben,
können Sie sich völlig frei und selbstständig aus der Zone raus- und reinbewegen. Aber
glauben Sie mir, warum sollten Sie sich rausbewegen wollen, wenn Sie erstmal erlebt
haben, wie wir hier leben! Bis morgen, Herr Müller ich freu mich!" Weg war er. War
das jetzt echt oder hatte er vielleicht durch Spätfolgen des Burn-outs Halluzinationen
entwickelt? Er hob den Hörer auf und sah die Nummer des Goldenen Oktober klar und
deutlich auf dem Display: Es war echt.

Der Besuch

Der Wagen fuhr pünktlich um 12 Uhr 15 vor Müllers Haus vor. Eine schwarze
Limousine mit schwarzen Fenstern hatte er bis dahin auch noch nicht gesehen. Der
Fahrer blieb sitzen. Vorder- und Rücksitze waren ebenfalls durch eine schwarze Scheibe
getrennt. Die Begrüßung des Fahrers kam durch eine Gegensprechanlage. Sie fuhren

etwa 40 min und Müller konnte tatsächlich nicht nach außen sehen. Das Pflegeheim sah aus wie ein altes herrschaftliches Landgut. Zwei Flügel umrahmten das Hauptportal, das den Blick auf eine großzügig gestaltete Empfangshalle frei gab. Überall sah Müller ältere Menschen und vereinzelt auch Pflegepersonal. Es herrschte eine Stimmung von frühlingshafter Harmonie und Freundlichkeit. Man konnte spüren, dass sich die Menschen hier mochten, ein Gefühl, das er schon seit 20 Jahren nicht mehr wahrgenommen hatte. Schön!

„Sie werden am Empfang abgeholt, ich hole Sie in zwei Stunden hier wieder ab." „Danke!"

Die überaus freundliche Dame am Empfang begrüßte ihn mit seinem Namen: „Das ist ja schön, Herr Müller, dass ich Sie kennenlernen darf. Der Chef holt Sie persönlich ab. Nehmen Sie doch Platz. Soll der Kaffee mit Milch sein oder darf ich Ihnen einen Cappuccino machen?" „Herzlichen Dank, gerne einen Cappuccino." Müller fiel auf, dass alle Menschen hier zu ihm und zueinander unglaublich freundlich waren. Alle lächelten fast ununterbrochen. Wo war er hier hingeraten?

„Herr Müller! Hat es also geklappt! Sie glauben ja gar nicht, wie sehr gespannt ich auf unser Gespräch bin!" „Guten Tag, Herr Grünberg, ich freue mich sehr, Sie nun persönlich kennen zu lernen. Allerdings glaube ich immer noch, dass es sich bei unserem Treffen vielleicht um ein Missverständnis handeln könnte?" „Ich weiß, was Sie meinen, lieber Müller, das kann ich verstehen, nur glauben Sie mir, es handelt sich definitiv um kein Missverständnis! Lassen Sie uns in mein Büro gehen! Madeleine, ich bin für zwei Stunden nicht zu sprechen! Danke!"

Das Büro lag im achten Stock und war Teil eines großzügig ausgestatteten Penthouses mit einem Garten, Obstbäumen und einer Hängematte dazwischen. Wirklich ein kleines Paradies. Müller fühlte sich sofort wohl und die beiden nahmen ganz nahe neben dem Springbrunnen Platz, dessen Wasserlauf von nun an ein angenehmes Hintergrundgeräusch zu ihrem Gespräch erzeugte.

„Lieber Herr Müller, mir ist klar, dass ich Ihnen eine Erklärung schuldig bin und Sie sich fragen, weshalb wir Ihnen den Posten des Personalleiters anbieten wollen. Die Wahrheit ist, dass wir – wer das ist, dazu später – von der Personalvermittlungsagentur darüber informiert wurden, dass Sie vor zwei Jahren Teil der Belegschaft waren, die dem ersten großen Meckixperiment ausgesetzt worden ist." Ja, Müller hatte damals dem Personalberater von seinen traumatischen Erfahrungen berichtet, nachdem ihn sein Psychotherapeut dazu aufgefordert hatte: „Sie werden Ihr Trauma nie loswerden, wenn Sie nicht lernen, darüber gelassen zu erzählen. Erzählen Sie es jedem, der es hören will. Mit jeder Erzählung gewinnen Sie ein Stück mehr Distanz und diese brauchen Sie, um sich innerlich wirklich von diesen Erfahrungen zu befreien!" Das hatte der Psychotherapeut gesagt und Müller hat versucht, sich daran zu halten und in der Tat, es hat gut so funktioniert.

„Ja, in der Tat, ich war damals dabei, bis ich unter dem psychischen Druck zusammengebrochen und ausgeschieden bin."

„Sehen Sie, Herr Müller, das mag Sie vielleicht verwundern, aber Sie sind der erste Mitarbeiter der ganzen Belegschaft, der über seine Erfahrungen sprechen möchte und dies auch kann. Alle anderen, die wir befragt haben, sind entweder noch so traumatisiert, dass man aus ihnen keinen zusammenhängenden Satz rausbringt, oder sie schweigen sich zu dem Thema aus. Sie haben offensichtlich immer noch Angst. Die Symptome sind denen von Sektenanhängern sehr ähnlich. Wir interessieren uns für das Meckisystem, das wir seit vielen Jahren beobachten, doch wir haben noch nie einen Insider dazu befragen können. Wir verstehen einfach noch nicht, wie das System genau funktioniert und vor allen Dingen nicht, weshalb Mitarbeiter sich darin so menschenunwürdig behandeln lassen und dies allem Anschein nach freiwillig tun."

Müller wurde schlagartig klar, dass das System, wenn man es nur von außen betrachtet und nicht von innen erlebt, tatsächlich sehr undurchsichtig sein dürfte. Es besteht ja zum großen Teil gerade im Weglassen von Informationen (Überstunden) und Fälschen von Informationen (Zielerreichung).

„Sie haben mich doch sicher nicht nur deshalb eingeladen, um über das Meckisystem zu reden, oder?" „Nein, Sie haben ganz Recht! Ich möchte Ihnen eine ganz spezielle Aufgabe anbieten, die zwar auch etwas mit der Personalleitung zu tun hat, aber auch darüber hinausgeht. Ich möchte, dass Sie eine Gruppe von Unternehmern in der SWZ koordinieren, die einerseits das Meckisystem bekämpfen und abschaffen wollen, andererseits sich um Best-Practice-Beispiele der nachhaltigen Mitarbeiterführung kümmern, um eine ähnlich hohe, aber verschleißfreie Produktivitätssteigerung zu erreichen. Denn: wenn wir das nicht meckifrei schaffen, dann wird es den anderen Unternehmen genauso gehen wir Ihrem ehemaligen. Es hat, wie Sie sicher wissen, letztes Jahr Insolvenz angemeldet.

Da nun die Regierung erwägt, die Meckis mit einem Großauftrag ihr System in allen Unternehmen zu implementieren, ist Eile angesagt. Wir müssen schneller sein und deshalb soll diesen Job ein Insider wie Sie übernehmen. Übrigens heißt die Gruppe, die Sie leiten sollen: Die Perlen der Berliner Wirtschaft. Schöner Name, nicht wahr?"

Literatur

Sloterdijk, P.: Du mußt dein Leben ändern: über Anthropotechnik. Suhrkamp, Berlin (2013)

N

Siehe Abb. 1.

Nichtführen

Nichtführen heißt im Rahmen eines Zielvereinbarungssystems (Management by Objectives), dessen Controlling durch automatisierte Kennzahlensysteme gesteuert wird, auf Nachfragen von Mitarbeitern, auf Bitten nach Unterstützung und auf sonstige geäußerte Anliegen nicht zu reagieren – weder mit Worten noch mit Taten.

Der Vorgesetzte tut *gezielt* nichts

Hier ist zu beachten, dass das Grundaxiom der Kommunikation von Watzlawik „Man kann nicht nicht kommunizieren" nach wie vor seine Gültigkeit hat. Denn gerade, weil dieses Axiom auch beim Nichtführen seine Gültigkeit behält, kann dieses Nichtführen so nachhaltige Wirkungen bei Mitarbeitern entfalten. Bei ihnen entsteht Verunsicherung, Fassungslosigkeit, Irritation und vor allen Dingen Stress in seinen unterschiedlichsten Erscheinungsformen. Das Nichtreagieren der Vorgesetzten in schwierigen Situationen, in welchen berechtigterweise eine Reaktion erwartet werden darf, schafft eine so noch nie erlebte Unternehmensumwelt. Dabei wirkt sich die Verunsicherung der Mitarbeiter höchst unterschiedlich aus: Zartbesaitete Mitarbeiter erleben eine massive Störung ihrer Wahrnehmung, die bis zu einer nachhaltigen Identitätskrise reichen kann. Härter gesottene Mitarbeiter schotten sich ihrerseits auch von diesen als unangenehm empfundenen Erfahrungen ab und finden einen Weg, Dienst nach Vorschrift zu machen – selbst dann, wenn die Vorschrift völlig fehlt. Was aber allen gemeinsam widerfährt, ist eine deutliche Steigerung ihres inneren Stresslevels, das wiederum nach Aktionen verlangt, um es abzubauen. Hier startet das, was man in Unternehmen Stressteufelskreise

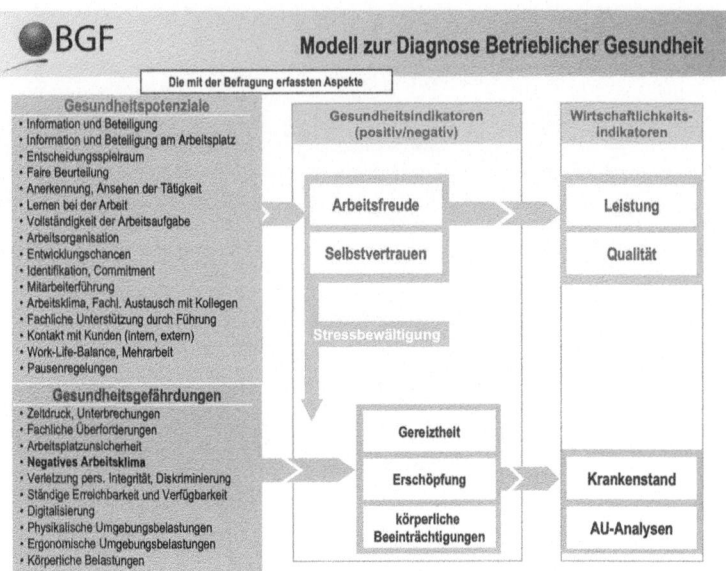

Abb. 1 BGF-Modell N

nennt – eben nicht induziert durch autoritäre Mitarbeiterführung, sondern durch Nicht-führung. Eine autoritäre Führung würde in solchen Situationen als angenehm und unter-stützend erfahren werden.

Wer eignet sich als Nichtführungskraft? Fragen wir zunächst, wer tut das nicht? Wie gerade angedeutet, fallen als Kandidaten für diese Nichtführungsaufgabe autori-täre Führungskräfte aus. Ihre Präsenz, Tatkraft und Überzeugung wären hier tatsächlich kontraproduktiv. Aber auch sogenannte empathische und/oder kooperative Führungs-kräfte eigenen sich für diesen Job nicht. Empathie und das Bestreben zur Kooperation würden einem authentischen Nichtführen durch das Zeigen von Charakter und Persön-lichkeit voraussetzenden Eigenschaften entgegenwirken. Sie wären unglaubwürdig im Nichtführen.

Am besten dürften sich eigentlich Menschen eignen, die wenig Charakter oder Persönlichkeit haben oder zumindest in der Lage sind, deren Anzeichen in der Kommunikation zu verbergen. Die Schule der „situativen Führung" weist den Weg zur charakterfreien Führungspersönlichkeit. Auch der Ansatz der „flexiblen" Mitarbeiter-führung wäre hier zu nennen. Ein Klassiker dieser Richtung stellt das sogenannte „Pokerface" als Vorbild für Führungskräfte dar: Zeig in deinem Gesicht, in deinen Worten und deinen Handlungen nie Anzeichen dafür, was du denkst, fühlst oder tun wirst. Wenn dir das gelingt, werden deine Gesprächspartner eine tiefe Verunsicherung verspüren, die du wiederum für deine Zwecke nutzen kannst.

Man kann davon ausgehen, dass es Menschen leichter fällt, Kommunikationsregeln zu brechen, die ansonsten überall gültig sind, die ihre Kommunikationsmuster weitgehend mit Maschinen erworben haben, etwa IT-Spezialisten oder Ingenieure, aber auch Fachkräfte, für deren Erfolg es wichtig ist, menschliche Aspekte aus ihrer Tätigkeit auszublenden, zum Beispiel Chirurgen.

Eine der wichtigsten Kommunikationsregeln in einer normalen Kommunikation ist die Vertrauensregel, die eine kontrafaktische Regelkompetenz beim Kommunikationspartner voraussetzt, ja voraussetzen muss. Sie beschreibt eine gelingende Kommunikation genau dann, wenn der zuhörende Gesprächspartner stillschweigend unterstellt, dass die Kommunikation seines Partners sich am Ende des Kommunikationsaktes als sinnvoll erweisen wird. Diese Unterstellung investiert Vertrauen zu einem Zeitpunkt, zu dem dieses noch nicht gerechtfertigt ist. Die wichtige Aktion im Rahmen dieser Unterstellung ist also das zuhörende und wohlwollende Schweigen, das die gerechtfertigte Erwartung von Sinn verkörpert.

Doch diese zu Recht erwartete Sinnproduktion bleibt bei dem neuen objektivierenden Führungsstil aus und hinterlässt eine irritierte Lücke im gemeinsam geschaffenen Erwartungsraum.

Das Kennzeichen dieses Führungsstils kann als fehlende Empathie oder deutlicher als authentische Gleichgültigkeit beschrieben werden. Er macht keinen Unterschied zwischen Menschen, Dingen, Zahlen oder Prozessen: er ist objektiv. Im Selbstverständnis des ihn praktizierenden Vorgesetzten meint objektiv fast immer gerecht, dass es in erster Linie unmenschlich ist, bleibt den ausübenden Vorgesetzten verborgen.

Wenn Regeln der normalen Kommunikation gebrochen werden, was bei dem objektivierenden Führungsstil der Fall ist, dann sind beim Vorgesetzten folgende drei Aktivitäten zu beobachten:

1. Distanzierung vom Partner in der Kommunikation: Er wird objektiviert
2. Bildung einer Theorie über dieses distanzierte Objekt: Wie funktioniert dieses Ding?
3. Instrumentalisierung dieser Theorie in einem Verwertungszusammenhang: Wie lässt sich dieses Ding nutzen?

Der Vorgesetzte, der im Mitarbeiter nur mehr das Mittel zum Zweck der Zielerreichung sieht, muss sich diese Sichtweise erarbeiten, er muss sie einüben, eben weil sie nicht selbstverständlich ist und allen Regeln einer sozialen Kommunikation widerspricht.

Hieraus entsteht für viele Menschen innerhalb einer solchen kommunikativen Situation das Gefühl einer dramatischen Herabsetzung: Sie fühlen Scham und Demütigung, ohne genau sagen zu können, was und wie ihnen dies geschieht, gerade weil sie ganz richtig erfassen, dass sie auf ein Ding reduziert, dass sie objektiviert werden. Menschen, die mit einer solchen Gleichgültigkeit konfrontiert sind, wollen in der Regel nur eins: raus aus dieser als unerträglich empfundenen Situation. Ich bin davon überzeugt, dass die Zunahme von Burn-outs in deutschen Unternehmen mit der Zunahme solcher Kommunikationsmuster und damit verbunden wahrscheinlich auch mit der Zunahme von entsprechend technisch ausgerichteten Führungskräften erklärt werden kann. Es scheint mir auch sprachlich sehr interessant zu sein, dass der hier diskutierte Führungsstil im englischen „Management by Objectives" heißt und darin wörtlich sehr klar zum Ausdruck bringt, worum es geht: Die Ziele werden tatsächlich durch eine wörtlich zu verstehende Objektivierung der Menschen erreicht, das eher weichere deutsche Wort von Zielvereinbarung verschleiert die wahren kommunikativen Akte. Viele Mitarbeiter in Deutschland wissen, dass es sich bei den Kommunikationen, die als Zielvereinbarung bezeichnet werden, gerade nicht um eine Vereinbarung zwischen zwei freien Individuen handelt. Menschen verspüren Scham, wenn sie nicht mehr als Person und Individuum anerkannt werden und auf ein Objekt, Ding oder Mittel reduziert werden.

Hinzu kommt meist, dass diese Menschen sich dann noch für ihr Schamgefühl schämen, weil sie sich es selbst nicht erklären können.

Manche Führungskräfte der Objektivierung reichern ihre Gleichgültigkeit noch mit einem Schuss Sadismus und Sarkasmus an. Wenn der Prototyp einer deutschen Führungskraft als Bernd Stromberg in der gleichnamigen Fernsehserie beim Publikum so überaus populär geworden ist, dann sicher nicht, weil seine Verhaltensweisen irgendwie attraktiv erscheinen, sondern eher weil man bei ihnen einen hohen Wiedererkennungseffekt haben dürfte. Stromberg macht sehr deutlich, was Tausende von Mitarbeitern in Deutschland täglich ertragen müssen: „Das ist doch kein Wunder, wenn uns die Chinesen wirtschaftlich überholen. Wenn in China ein Mitarbeiter nicht spurt oder krank macht, dann erschießt ihn der Vorgesetzte einfach. In Deutschland braucht man ja schon ein halbes Jahr, bis man einen Waffenschein bekommt." Was bei diesem Satz imponiert, ist weniger die unfreiwillige Komik, mit der der Schauspieler brilliert, sondern eben die zur Schau getragene Gleichgültigkeit gegenüber dem Phänomen Mitarbeiter, der als reines Mittel und Unperson gedacht wird.

Denn wie im richtigen Leben ist auch im obigen Zitat das eigentliche Vergehen, Mitarbeiter auf Dinge zu reduzieren, verdeckt durch eine nur scheinbar mehr skandalträchtige Beschreibung von Gewalt durch Erschießen. Das zentrale Verbrechen, so könnte man formulieren, wird durch Ablenkung in der psychopathischen Kommunikation verdeckt und kann genau deshalb weiter Schaden anrichten. Die Mitarbeiter sind in der Regel nicht in der Lage zu verstehen, was und wie ihnen geschieht.

O

Siehe Abb. 1.

Objektivierender Führungsstil oder Respektmotivation durch Potenziale

Die letzten dreißig Jahre haben bei Mitarbeiterinnen und Mitarbeitern in Deutschland eine tiefe und nachhaltige Verunsicherung hinterlassen. Diese können wir heute im Rückgang der Geburtenraten, in der Zunahme von psychisch-psychiatrischen Diagnosen und in einem tiefen Vertrauensverlust in Management und Mitarbeiterführung beobachten. Insbesondere die Veränderung der Führungsstile hat an dieser Entwicklung einen wesentlichen Anteil. Sie ist es nämlich, die unmittelbar beobachtbar den größten Teil zur Verunsicherung beigetragen hat. Was hat sich da verändert?

Mitte der Achtzigerjahre begannen inspiriert vom Beispiel der japanischen Industrie sehr viele deutsche Unternehmen, das sogenannte Lean Management einzuführen. Lean hieß diese Richtung deshalb, weil sie das Ideal eines „schlanken" und beschleunigten Geschäftsprozesses entwarf.

Schlank sollte dabei sowohl die Aufbau- als auch Ablauforganisation werden mit dem damit gewollten Nebeneffekt einer Beschleunigung aller Abläufe. Alles sollte schneller werden, während gleichzeitig die Kosten durch umfassende Einsparungen an Menschen und Material deutlich reduziert werden sollten. Was in Deutschland bei der Einführung dieser Managementsysteme schlicht übersehen worden ist, ist die Tatsache, dass es sich bei den japanischen Vorbildern um völlig andere Rahmenbedingungen handelte. Dort gab es aufgrund der historischen Situation nach dem Zweiten Weltkrieg Voraussetzungen, die in Deutschland nicht galten. Die Mitarbeiterrechte und ihre Vertretungen in den japanischen Gewerkschaften setzten unterstützt durch die Siegermacht USA für

G. Westermayer, *Organisationsdesign 4.0 von A-Z.*, https://doi.org/10.1007/978-3-662-63515-5_18

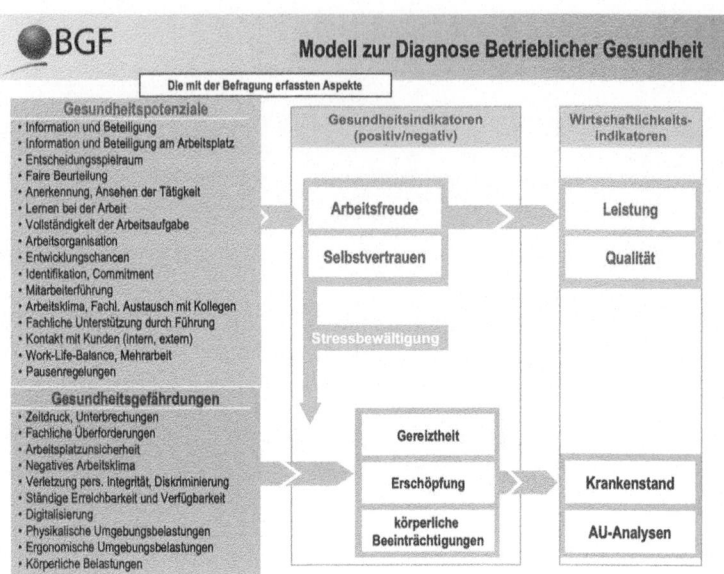

Abb. 1 BGF-Modell O

alle japanischen Arbeitnehmer ein lebenslanges Beschäftigungsrecht durch. Erst auf dieser Basis macht es Sinn, alle Arbeitnehmer in einem breit angelegten und sich ständig erneuernden Verbesserungsprozess zu beteiligen. Im Rahmen einer garantierten Arbeitsplatzsicherheit fördert das die Motivation der Mitarbeiter.

In Deutschland hingegen zielten die Reorganisationsprozesse der Unternehmen gerade auf den Abbau von Arbeitsplätzen. In dieser Zeit wurde auch die nicht mehr verklingen wollenden Warnrufe auf die Globalisierung eingeübt. Wer nicht die schlankeste, schnellste und flexibelste Organisationsstruktur vorweisen kann, wird schnell Opfer des globalisierten Turbokapitalismus, so jedenfalls die damals weit verbreitete Managementfolklore. Verstärkt wurde diese immer mehr zum kollektiven Common Sense wachsende Überzeugung durch neue wundersame Geldvermehrungslegenden. Der Shareholder-Value-Kalkulator betrat die Bühne. Wenn im regionalen Wettbewerb die Aktienbesitzer nicht die höchsten Renditen erwirtschaften könnten, dann würden sie ihr Geld ins Ausland tragen und aus den heimischen Unternehmen abziehen. In den Gebüschen der frühen Neunzigerjahre begannen sich die berüchtigten feindlichen Übernehmer zu positionieren. Heimlich mithilfe von darauf spezialisierten Banken kauften sie Mehrheiten von arglosen Unternehmen, die sich dann am nächsten Tag plötzlich mit neuen Besitzern und, was noch schwerer wog, mit roten Zahlen in den vorher wirtschaftlich gesunden Büchern wiederfanden.

Und nun fing die eigentliche Verunsicherung der Mitarbeiter erst richtig an. Leuchtete bereits mitte der Achtziger dem Mitarbeiter wenig ein, dass er sich begeistert am

Projekt des Astabsägens, auf dem man selbst sitzt, beteiligen sollte, wurde nun auf der Zumutungsskala eine neue noch höhere Stufe eingeführt. Das von feindlichen Übernehmern mit Krediten gekaperte eigene Unternehmen sollte fortan der Ort sein, an dem zusätzlich zum geforderten Profit auch der Kredit wieder hereingewirtschaftet werden sollte – allein durch Produktivitätssteigerungen der Mitarbeiter. Im Rückblick lässt sich fragen, weshalb die Mitarbeiter solche Zumutungen in den allermeisten Fällen akzeptierten. Auch erst im Rückblick lässt sich tatsächlich eine einleuchtende Antwort auf diese Frage geben: Sie akzeptierten diese Zumutungen deshalb, weil sie mit einer historisch tatsächlich neuen Kommunikationskultur konfrontiert wurden, die euphemistisch Mitarbeiterführung genannt wurde, tatsächlich aber darin bestand, eben nicht mehr zu führen. Dieses Nichtführen gab den anderen für sich schon bitteren Zutaten der Globalisierungspropaganda den eigentlich bitteren Beigeschmack.

Der alternative Führungsstil: Das Zurverfügungstellen von Potenzialen durch Respektmotivation

Vor Jahren betreute ich ein Gesundheitsförderungsprojekt bei einer großen Bank. Gesundheit war dort zum Thema geworden, weil nach dem Start einer neuen Vertriebsoffensive der Krankenstand der Mitarbeiter sprunghaft angestiegen war. Im Bankensektor kannte man bis dahin kaum Probleme mit Krankenstand, der sich üblicherweise immer am unteren Rand von etwa 2 % bewegte. Bei der besagten Bank stieg der Krankenstand innerhalb von zwei Jahren auf fast 10 %. Aus einer dort durchgeführten Mitarbeiterbefragung wurde ferner deutlich, dass die gesamte Belegschaft extrem verunsichert war, da sie zu einem großen Teil die Fragen offensichtlich nicht ehrlich beantworteten, da sich in den Antworten ein sehr starker Trend zur sozialen Erwünschtheit ablesen ließ.

Die Personalabteilung sah zwar einen Zusammenhang zwischen den neuen Arbeitsbedingungen und dem Anstieg des Krankenstandes, dieser wurde ihr auch von den meisten Führungskräften bestätigt, sie verstand allerdings nicht, weshalb die Verschlechterung der Arbeitsbedingungen sich nicht durchgängig negativ auswirkte. Daher beauftragte sie mich, ein interessantes Experiment durchzuführen. Es wurden mit zwölf Führungskräften Termine vereinbart, an welchen ich zusammen mit den Führungskräften in Interviews herausfinden sollte, wie sich genau der Zusammenhang zwischen Krankenstand und den neuen Arbeitsanforderungen erklären lassen könnte. Das spannende an diesem Experiment bestand darin, dass vier von den zwölf Führungskräften in ihren Teams ganz andere Ergebnisse erreicht hatten als die anderen acht. Bei den Mitarbeitern der vier Führungskräfte war der Krankenstand sogar zurückgegangen, sie hatten alle vereinbarten Ziele erreicht und die Motivation wurde als sehr gut beschrieben. Bei den Teams der anderen acht Führungskräfte hatte sich Gegenteiliges ereignet: hoher Krankenstand, unterdurchschnittliche Zielerreichung und eine Stimmung, die von Resignation und Erschöpfung gekennzeichnet war.

Mir wurde nicht gesagt, wer zu welcher Gruppe gehört. Das sollte ich selbst herausfinden und darüber hinaus die Merkmale beschreiben, welche die beiden Führungsgruppen unterscheiden konnten.

Es war relativ einfach, die erfolgreichen Führungskräfte von den nicht erfolgreichen zu unterscheiden. Die nicht erfolgreichen lassen sich ausnahmslos als Vertreter des oben beschriebenen „objektivierenden" Führungsstils beschreiben.

Die erfolgreichen Führungskräfte hatten dagegen drei Gemeinsamkeiten, die sie offensichtlich völlig unabhängig voneinander entwickelt haben.

Die erste Gemeinsamkeit bestand darin, dass sie die vorgegebenen Vertriebsziele weniger als Belastung und auch weniger als Steigerung von Produktivität betrachteten, sondern vielmehr als Medium und Mittel, Talente ihrer Mitarbeiter zu entdecken und zu entwickeln. Daher war die Vorgabe von Zielen für diese Führungskräfte auch kein Anlass, ihre Mitarbeiter unter Druck zu setzen, sondern vielmehr Anlass, sich ganz genau mit jedem einzelnen Mitarbeiter zu beschäftigen. Wo liegen seine Stärken? Was kann er oder sie ganz besonders gut? In welchen Zusammenhängen entwickelt der Mitarbeiter seine Leidenschaft? Was begeistert ihn, was hält ihn zurück? Diese als erste Gemeinsamkeit imponierende Haltung führte dann auch zu entsprechenden Aktivitäten: Die erfolgreichen Führungskräfte führten verstärkt Gespräche mit ihren Leuten, eben um deren Stärken, Leidenschaften, Hemmnisse und Vorlieben genau kennenzulernen. In diesen Gesprächen, die manchmal mehrere Stunden dauerten, versuchten die Führungskräfte zusammen mit den Mitarbeitern herauszufinden, welche Ziele die Mitarbeiter im Unternehmen verfolgten. Auf diese Art und Weise entstand nach und nach ein Kontakt, der es ermöglichte, immer drei Themen gleichzeitig zu bearbeiten: Was sind die Ziele des Unternehmens? Welche Ziele hat der Vorgesetzte? Und welche Ziele verfolgt der Mitarbeiter? Ziel dieses Zielvergleiches war es, die größtmögliche Schnittmenge zu entdecken und auszubauen. Wenn wir diese Haltung und das damit verbundene Kommunikationsverhalten betrachten und mit dem oben beschriebenen Führungsstil vergleichen, fällt sofort auf, dass wir es hier mit einer psychologischen Bewegung zu tun haben, die um 180 Grad gewendet genau in die andere Richtung zielt. In drei Schritten stellt die Führungskraft zusammen mit dem Mitarbeiter Nähe her und eben nicht Distanz: Im ersten Schritt werden die eigenen Ziele für den Vorgesetzten dem Mitarbeiter transparent gemacht, in einem zweiten werden die Unternehmensziele dazu in Beziehung gesetzt und in einem dritten werden die Ziele des Mitarbeiters den anderen beiden Zielen gegenübergestellt. Der Vorgesetzte lebt dabei diese Haltung und Haltungsveränderungen vor. Was er genau tut, ist eine Bewegung des Respekts zu vollziehen. Respectare heißt wörtlich aus dem Lateinischen übersetzt: zurückblicken, erwarten und anerkennen.

Man könnte es auch so formulieren: Indem der Vorgesetzte die Ziele des Mitarbeiters anerkennt, schafft er sich ein Medium, durch das hindurch es ihm erst möglich wird, die Unternehmensziele und die eigenen Ziele vor dem Hintergrund der Mitarbeiterperspektive zu bewerten. Er muss hierzu eine dreifache Perspektivenübernahme durchführen. Er muss sich in den Mitarbeiter hineinversetzen und jede zusätzliche persönliche

Information des Mitarbeiters hilft ihm dabei, diesen wichtigen psychologischen Vorgang durchzuführen. Der Vorgesetzte schafft respektvolle Nähe und nicht wie seine anderen acht Kollegen Distanz.

Erfolgte nach der Distanzierung im objektivierenden Führungsstil die Theoriebildung, so stimmen hier die beiden Ansätze sogar überein: Allerdings folgt im objektivierenden Führungsstil nahezu immer eine mechanische Theorie des Funktionierens des distanzierten Objekts, während in der Respektbewegung eine gemeinsame Theorie der Zielübereinstimmung und der Kooperation zur Zielerreichung entwickelt wird.

Der letzten Phase des objektivierenden Führungsstils der Instrumentalisierung und Funktionalisierung des Objekts zur Gewinnmaximierung steht im Respektmodell die Aktivierung der Ressourcen des Mitarbeiters durch Zurverfügungstellen von Potenzialen gegenüber.

Hier zeigt sich, wie wichtig die Gespräche zur Auffindung der für den Mitarbeiter wichtigen Potenziale sind. Potenziale sind für den Mitarbeiter Motivatoren, die in der Lage sind, seine emotionalen Ressourcen wie Arbeitsfreude und Selbstvertrauen zu aktivieren. Für die richtige Potenzialauswahl braucht der Vorgesetzte genaue Kenntnis über Vorlieben, Leidenschaften und Interessen des Mitarbeiters. Unser Modell zeigt den Zusammenhang von Potenzialen, Ressourcen und Gefährdungen auf.

Dabei dürfte sofort klar werden, dass der objektivierende Führungsstil auf Gefährdungssteigerungen abzielt und Motivation durch Strafandrohung befördern möchte und der respektvolle Führungsstil auf Potenzialsteigerung abzielt und Motivation durch Aktivierung der Ressourcen Arbeitsfreude und Selbstvertrauen aktivieren möchte. Dabei wird auch klar, dass nachhaltige Motivation und Leistungssteigerung nur erreicht wird, wenn sich ein routinierter Austausch von Potenzialen und Ressourcen einspielt: Durch Anerkennung, Identifikation und Lernen erfahrene Arbeitsfreude erzeugt unmittelbar das Bedürfnis nach mehr Anerkennung, Identifikation und Lernmöglichkeiten.

Durch Zeitdruck, fachliche Überforderung und Verantwortungsdilemma erfahrene Gereiztheit und Erschöpfung erzeugt unmittelbar Angst vor weiteren Abwertungen.

Der respektvolle und motivierende Führungsstil hat nicht nur diesen sehr willkommenen Nebeneffekt eines sich selbst erzeugenden Motivationssystems, sondern er führt auch in der Kommunikation mit dem Mitarbeiter zu einer nachhaltigen Steigerung und Vermehrung der Autorität der Führungskraft. Es lässt sich dieser Kommunikationsvorgang als eine Art Handel zwischen Vorgesetztem und Mitarbeiter beschreiben: Der Vorgesetzte stellt dem Mitarbeiter Potenziale Verfügung, die es diesem ermöglichen, seine Leistungen zu steigern und darin positive Gefühle der Arbeitsfreude, des Stolzes und des Selbstvertrauens zu erfahren. Der Mitarbeiter schreibt dem Vorgesetzten im Gegenzug Autorität zu. Autorität erhalten die Vorgesetzten von ihren Mitarbeitern, sie ist nichts Angeborenes und nichts Erworbenes, sondern sehr präzise ein Image, das die Mitarbeiter für ihren Vorgesetzten schaffen.

Dass dieser Führungsstil sowohl in menschlicher, ökonomischer und gesundheitlicher Hinsicht der weitaus erfolgreichere ist, wird nicht nur durch die empirisch belegten

Ergebnisse der vier erfolgreichen Führungskräfte belegt, sondern dürfte aus der hier gegebenen Beschreibung unmittelbar einsichtig sein.

Warum gebrauchen angesichts dieser kaum von der Hand zu weisenden Vorteile des respektvollen Führungsstils immer noch sehr viele Führungskräfte den objektivierenden?

Hier scheinen mir zwei Gründe vorzuliegen: Die Führungskräfte haben diesen Verhaltensstil ja tatsächlich gelernt und eingeübt, sei das im Rahmen von Seminaren oder sei es on the job mit Blick auf ihr eigenes Vorbild des Chefs. Der zweite Grund scheint mir gewichtiger: Bei genauerer Betrachtung haben die oben beschriebenen erfolgreichen Führungskräfte gegen das Regelsystem des eigenen Betriebes verstoßen. Sie waren nicht erfolgreich, weil sie sich an die Regeln gehalten haben, sondern weil sie das nicht taten. Ich bin mir ziemlich sicher, dass man diesen Zusammenhang in sehr vielen Unternehmen finden würde: Wo Wettbewerb zwischen den Mitarbeitern durch Zielvereinbarungssysteme eingeführt wird, gewinnt diesen Wettbewerb eher dejenige, der sich nicht an die Zielvereinbarungssysteme hält, sondern diese umfunktioniert zu Talententwicklungsmedien.

Nicht weil diese Systeme psychologischen Druck ausüben, entsteht Erfolg, sondern obwohl dieser Druck ausgeübt wird.

Ein weiterer Grund für objektivierenden Führungsstil mag in der tief sitzenden Angst der Führungskräfte vor persönlicher Nähe liegen. Sehr viele Führungskräfte der letzten Generation haben ihr Handwerk in der Kommunikation mit Maschinen erlernt, die sich von Menschen genau dadurch unterscheiden, dass sie immer klar und präzise einschätzbar sind und keine Überraschungen in der Kommunikation bieten, und selbst wenn dies geschieht, kann man sie rebooten und neu starten lassen. Das ist bei Menschen anders: Diese reagieren sehr oft unvorhergesehen, zeigen Gefühle und Launen und lassen sich sehr schwer vorhersehen.

Der objektivierende Führungsstil ist so betrachtet eigentlich nichts anderes, als sich zumindest in der Theorie die Möglichkeit der Betrachtung der Mitarbeiter als instrumentalisierbares und funktionalisierbares Objekt zu erhalten.

Das macht einfach weniger Angst.

P

Siehe Abb. 1.

Prävention

Die topologische Bestimmung resistenter Organisationsentwicklung findet sich im auch in dem Sozialgesetzbuch (SGB) benutzten **Setting-Ansatz oder den Lebenswelten.**

Im Wesentlichen werden dort (§ 20 SGB V Primäre Prävention und Gesundheitsförderung) drei Leistungsbereiche unterschieden:

1. Leistungen zur verhaltensbezogenen Prävention nach Absatz 5,
2. Leistungen zur Gesundheitsförderung und Prävention in Lebenswelten für in der gesetzlichen Krankenversicherung Versicherte nach § 20a und
3. Leistungen zur Gesundheitsförderung in Betrieben (betriebliche Gesundheitsförderung) nach § 20 b.

Das weitaus erfolgreichste Feld der Prävention ist im Bereich des Betrieblichen Gesundheitsmanagements zu finden. Das scheint auch in Deutschland nur wenigen Experten bekannt zu sein.

Hintergrund dieser Ausrichtung von Präventionsleistungen, die übrigens im Präventionsgesetz (§ 20b SGB V) für Krankenkassen in Deutschland gesetzlich vorgeschrieben sind, ist die wissenschaftlich empirisch gut belegte Tatsache, dass die soziale Schicht in Deutschland nach wie vor die Gesundheitschancen von Menschen erheblich beeinflusst.

Dies ist nicht umstritten. Umstritten sind hingegen Hypothesen und die damit vorgeschlagenen Handlungsempfehlungen der Prävention, weshalb das so ist. Sehr

G. Westermayer, *Organisationsdesign 4.0 von A-Z.*,
https://doi.org/10.1007/978-3-662-63515-5_19

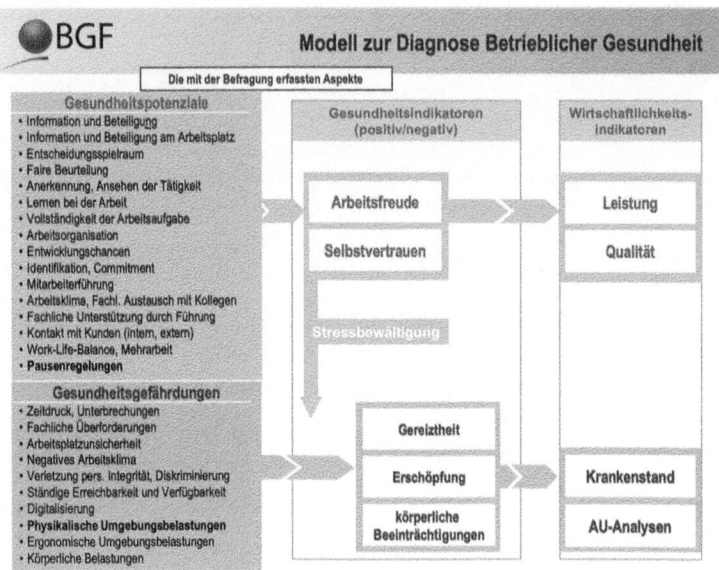

Abb. 1 BGF-Modell P

populär sind verhaltenspräventive Konzepte, die darauf abzielen, Menschen aus sozial benachteiligten Schichten (im Setting-Ansatz ist Betriebliches Gesundheitsmanagement auch deshalb enthalten, weil hier die Zielgruppe der einkommensschwachen „blue collar workers" zu finden ist) durch geeignete Maßnahmen zu gesundheitsgerechtem Verhalten zu bewegen: Richtige Ernährung, Abstinenz von Genussmitteln (Nikotin, Alkohol), Bewegung und Sport sind dabei die Zielverhaltensveränderungen, die in der Tat, wenn sie denn von der Zielgruppe umgesetzt würden, zu deutlichen Verbesserungen im Gesundheitszustand führen dürften.

Diesem Ansatz stellt sich seit etwa 30 Jahren die immer wieder belegte empirische Erkenntnis entgegen, dass gerade die Zielgruppe, die durch den *Setting-Ansatz* angesprochen werden soll, nicht empfänglich ist für Appelle, ihr Verhalten zu verändern.

So dreht sich die Prävention seit vielen Jahren im Prinzip im Kreis: Zielgruppen werden definiert, Informationskampagnen organisiert, Teilnahme an Präventionsmaßnahmen (Ernährungs-, Bewegungskurse, Nichtraucherangebote, Vorsorgeangebote etc.) werden mit dem Ergebnis evaluiert, dass meist nur diejenigen aktiv an Präventionsmaßnahmen teilnehmen, die ohnehin bereits ein ausgeprägtes Gesundheitsbewusstsein haben und nach allem, was man weiß, eben nicht zu den Zielgruppen gehören, nach denen die Settings definiert wurden. Dann geht das Ganze wieder von vorne los: Gesundheitsberichterstattung, Zielgruppendefinition, Informationskampagnen …

Die finanziellen Mittel, die für diese relativ wenig erfolgreichen Maßnahmen aufgewendet werden, sind enorm. **Daher hat sich in den letzten Jahren in Berlin eine relativ breite Mehrheit von Gesundheitsexperten auf das Thema „Armut, Gesundheit und Soziales Kapital" konzentriert.** Auf der Basis der Erkenntnis, dass es eben nicht um das Wissen um gesundheitsgefährdende Verhaltensweisen geht,[1] sondern offensichtlich um die Form der Kommunikation, innerhalb derer dieses Wissen transportiert bzw. hergestellt wird.

Und hier haben wir in der Tat verblüffende Erkenntnisse aus dem betrieblichen Gesundheitsmanagement gewonnen, die zweierlei deutlich machen: Bei gleichen Gefährdungen lassen sich bei Mitarbeitern unterer Gehaltsgruppen dennoch extrem hohe Unterschiede in ihrer Gesundheit feststellen, wenn neben den Gefährdungen sogenannte Gesundheitspotenziale hoch oder wenig ausgeprägt vorhanden sind. **Hohe Gesundheitspotenziale stellen für Mitarbeiter in Betrieben „soziales Kapital" zur Verfügung.** In Betrieben lassen sich regelmäßig Führungskräfte als diejenigen identifizieren, die den Mitarbeitern dieses Kapital zur Verfügung stellen oder entziehen. Wenn Mitarbeiter ihren Job verlieren, verlieren sie nicht nur ihr Einkommen, sondern auch zu einem sehr großen Anteil das „soziale Kapital", das sie vorher durch Arbeit zur Verfügung gestellt bekommen haben.

Wörtlich und ursprünglich meint **Prävention** immer **Vermeidung durch Vorsorge.** Primärprävention meint Vermeidung von Krankheitsursachen und Belastungen, Sekundärprävention die Vermeidung von Effekten, die durch den Umgang mit nicht vermeidbaren Belastungen und Gesundheitsrisiken einhergehen, Tertiärprävention schließlich die Vermeidung von Effekten, die sich normalerweise durch bereits bestehende Krankheiten ergeben werden, wenn man nichts dagegen tut. Ziel ist dabei immer das Vermeiden, das Unterlassen, das Verhindern von Negativwirkungen.

So ist die aktuell von drei Ministerien sehr zu begrüßende Initiative zu Enttabuisierung von psychischen Beanspruchungen, Störungen und Krankheiten bereits als Tertiärprävention zu verstehen: Man muss wohl angesichts der Tatsache der enorm ansteigenden psychischen Beanspruchungen bei gleichzeitigem Anstieg von Gefährdungen zugeben, dass man auf den Gebieten der Primär- und Tertiärprävention radikal gescheitert ist. Deshalb versuchen wir nun gar nicht mehr den Anstieg der psychisch psychiatrischen Krankheiten zu bremsen und sollen nun mit einem Augenzwinkern kollektiv sagen: „Ist doch gar nicht so schlimm, haben wir nicht alle irgendwie eine Macke?"

Dass das an der Leidenswirklichkeit insbesondere schwerer Depressionen und anderer psychischer Störungen komplett vorbeigeht, kann als zynisch aufgefasst

---

[1] Jeder Jugendliche aus Neukölln, der in einer türkischen Gang organisiert ist, weiß, dass Rauchen und Alkoholgenuss gesundheitsgefährdend sind, und das ist ihm ziemlich egal. Ihm fehlt nicht Wissen um die Gesundheitserhaltung, sondern ein Motiv dafür. Wofür soll er sich eigentlich gesund erhalten, das ist die zentrale Frage und nicht die eines Informationsdefizits.

werden. Allerdings ist auch bei schweren psychischen Erkrankungen ein respekt-volles fürsorgliches Miteinander-Umgehen sehr hilfreich, was gerade jetzt während der pandemiebedingten Lockdown-Maßnahmen beim Wegfall ambulanter Unterstützung durch professionelle Helfer sehr deutlich wird.

Psychosomatische Forschung

Mit der Copingwende und mit der Bedeutungsanreicherung von automatisierten Reaktionsmustern fand die Stressforschung auch Einzug in die psychosomatische Forschung.

Die durch Friedman et al. begonnene Zuordnung von Copingtypen zu spezifischen Symptomen und Krankheitsbildern (zum Beispiel Herzinfarkt versus Magengeschwür-typ) führte neben sehr ernst zu nehmenden Ansätzen wie etwa Siegrists „Gratifikations-krisentypus", Blocks „Political Skills" oder Maccobys Führungstypen zu einer Flut von spekulativen Typenlehren, innerhalb derer sowohl esoterisch-psychologische als auch evolutionär-naturwissenschaftlich orientierte Spekulanten sehr oft auf Kosten von not-leidenden Patienten Ad-hoc-Therapien verschreiben (zum Beispiel der Krebs sei die Wiederaufnahme eines alten Familienmusters, das vor 300 Jahren ungelöst geblieben war und nun via Reinkarnation und einer bestimmten Marskonstellation, die nur alle sieben Jahrzehnte vorkomme, die Chance biete, sich nun endlich der Lösung dieses mysteriös tradierten Problems zu stellen. Wenn das dem Patienten dann nicht gelinge, dann dürfte das wohl ein Schicksal sein, das sich mit seinem dann irgendwie selbst ver-schuldeten Tod eben erfülle – bis zur nächsten Reinkarnation. In solchen Fällen wurde das Honorar meist über Vorkasse geregelt, da Krankenkassen in zu dankender Weise nichts für solcher Art von Behandlungen bezahlen).

- Handlungsmaxime dieser spekulativen Therapeuten: Wenn wir dich in die Finger kriegen, bist du selbst schuld an deinem Schicksal.
- Handlungsmaxime der ernst zu nehmenden Stresstypenforscher: Nutze unsere Beschreibungen als heuristische Konzepte, um zu prüfen, ob sie für dich Sinn machen. Wenn ja, benutze die darin entwickelte Handlungslogik, um dir einen inneren Freiraum der Entscheidung zu schaffen

Q

Siehe Abb. 1.

Qualität

Grob lassen sich drei Strategien (nicht Methoden, davon gibt es unzählige) unterscheiden, mithilfe derer man Daten zur Qualität einer Organisation erheben kann:

Quantitative Wirkungsanalyse

Die am meisten verbreitete Möglichkeit besteht darin, betriebswirtschaftliche Kennzahlen wie Profitraten, Marktanteile, Absentismus, Fluktuationsraten, Produktivitätskennzahlen, Qualitätsstandards und andere zu nutzen, um die Wirkung oder den
Output der Unternehmung zu beschreiben. In diesem Ansatz wird die Frage nach den
Merkmalen einer „guten" Organisation gleichgesetzt mit der Frage nach „guten" Ergebnissen einer Organisation. Hier müsste man also alle Ansätze verorten, die vorgeben,
Shareholder Value in seiner Wirkung messen und was oft ebenfalls behauptet wird, vorhersagen zu können.

Vor- und Nachteile
Betriebswirtschaftliche Parameter oder andere Messgrößen zeigen „objektiv" den Output einer Organisation, also bestimmte Wirkungen, die die Organisation intern oder
extern erzielt. Von diesen Wirkungen lässt sich jedoch kein gesicherter Rückschluss auf
die Prozesse und Regeln ziehen, die zu diesen Wirkungen führen. Aussagen hierüber
werden immer den Status von Vermutungen haben, egal wie hoch der wissenschaft-

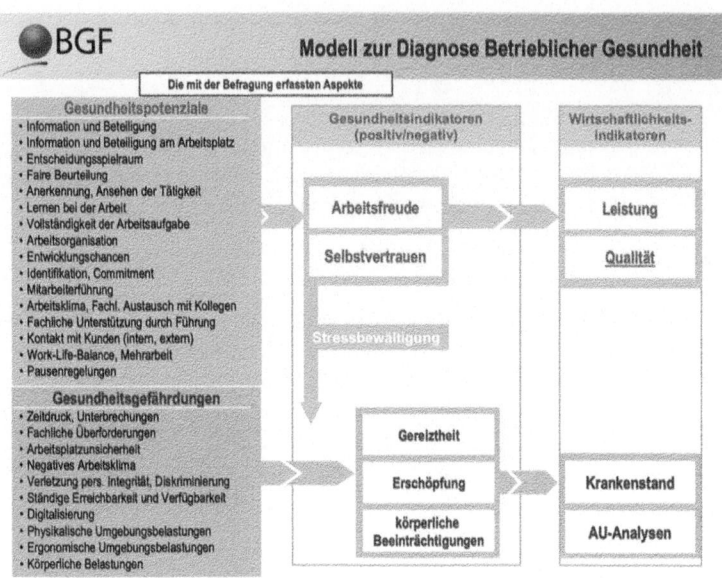

Abb. 1 BGF-Modell Q

lich ermittelte Wahrscheinlichkeitsgrad für das Zutreffen dieser Annahmen auch ist. Dies ist ein gravierender Nachteil, wenn das Ziel darin besteht, konkrete Handlungsweisen und Rahmenbedingungen zu identifizieren, die ursächlich für Erfolg oder Misserfolg von Organisationen sind. Ein zweiter mit oben genanntem Aspekt zusammenhängender Nachteil besteht darin, dass Parameter immer bereits den Endpunkt eines abgeschlossenen Prozesses markieren und dies in einer höchst abstrakten quantifizierten Form. Auch deshalb ist ein Schluss auf zukünftige Prozesse aufgrund gegebener Parameter eigentlich nicht zulässig. So kann beispielsweise der Profit eines abgelaufenen Jahres sehr hoch sein, obwohl zum Messzeitpunkt bereits bestimmte Organisationsveränderungen oder Marktveränderungen dazu führen, dass der Profit bei der nächsten Messung deutlich geringer bewertet werden wird. Genau hier setzen ja auch die neuen betriebswirtschaftlichen Verfahren wie Shareholder-Value-Konzepte oder das bekannte Balanced-Score-Card-Verfahren an. Doch auch bei diesen elaborierteren Formen des Messens bleibt die Grundschwierigkeit bestehen. Bei einer ausschließlichen Orientierung an Kennzahlen handelt es sich immer um „Ex-post-facto"-Messungen, d. h., man orientiert sich gewollt oder nicht gewollt immer an der Vergangenheit.

Erfassung subjektiver Sichtweisen

Eine weitere ebenfalls weit verbreitete Möglichkeit, zu definieren, welches Merkmale einer „guten" Unternehmung sind, besteht darin, standardisierte oder freie Befragungen von Unternehmensmitgliedern durchzuführen. Hier wird nach der subjektiven Einschätzung der Organisationsmitglieder gefragt, wobei diese Einschätzungen meist nach Häufigkeiten zusammengefasst und gewichtet werden. Die Standardisierung und Quantifizierung der erfassten subjektiven Sichtweisen ermöglicht Korrelationen mit betriebswirtschaftlichen Kennzahlen und darin die Bestimmung der Validität der Frage-bogenergebnisse. Auch hier wird bei genauerer Betrachtung eigentlich nicht nach den Merkmalen einer „guten" Organisation gefragt, sondern nach der Übereinstimmung zwischen bestimmten subjektiven Einschätzungsmustern von Organisationsmitgliedern und betriebswirtschaftlich beschreibbaren Organisationswirkungen.

Vor- und Nachteile

Der Vorteil von Befragungen, ob standardisiert oder als freie Interviews gestaltet, liegt darin, dass man eine hohe Chance hat, tatsächlich etwas über die Erfolg her-stellenden Regeln und Strukturen eines Unternehmens zu erfahren. Nachteil dieser Herangehensweise besteht darin, dass es sich auch bei standardisierten und quanti-fizierbaren Befragungen immer um subjektive Sichtweisen oder kollektive Sichtweisen der Befragten handelt. Der Bias liegt hier in möglichen subjektiven oder kollektiven Vorurteilen, welche eine adäquate Beschreibung von Organisationsmerkmalen oder Organisationsregeln verzerren. Meiner Einschätzung nach sind die weitaus meisten Regeln, nach welchen eine Organisation die Handlungen der Mitglieder koordiniert, vor-bewusst wirksam. Gerade effiziente, weitgehend störungsfrei arbeitende Organisationen leben davon, dass ihre Mitarbeiter nicht jeden Arbeitsschritt und jede Kommunikation vorausplanen müssen. Je selbstverständlicher die einzelnen Handlungsweisen sind, desto schwerer wird es sein, sie mit Fragen, standardisiert oder nicht, zu erfassen. Dies bedeutet nun keineswegs, dass Mitarbeiter einer erfolgreichen Organisation von ihrer Organisation und Führung manipuliert werden, indem sie das tun wollen, was sie tun sollen. In solchen Organisationen ist es eher ein Kennzeichen der Führungskräfte, dass sie sich im Sinne Senges als Dienstleister für Teams und selbstverantwortlich handelnde Mitarbeiter verstehen.

Ein weiterer Nachteil von standardisierten Befragungsinstrumenten besteht darin, dass alle Aspekte, die nicht bereits bei der Konstruktion des Fragebogens berücksichtigt wurden, auch bei den Ergebnissen nicht auftauchen können. Im Fragebogen erfasst man immer nur das, was man bereits vorher wusste. Bei den infrage stehenden Regeln und Strukturen geht es jedoch darum, gerade jene neuen, noch nicht bekannten Aspekte zu erfassen.

Theoriengeleitete Analysen

Eine dritte praktizierte Möglichkeit, die Frage zu beantworten, ob eine Organisation „gut" ist oder nicht, besteht darin, das Attribut „gut" hinsichtlich spezifischer Organisationsaspekte zu präzisieren: Also „gut" im Hinblick etwa auf Merkmale des Arbeitsklimas, bezogen auf Merkmale der Kommunikationsstruktur, auf Eigenschaften, Competencies, Wertorientierungen der Organisationsmitglieder, bezogen auf Ziele, Führungsstile, Rituale der Organisationsmitglieder, bezogen auf die technische Ausstattung, auf das Vorhandensein eines Regelsystems (das es erlaubt, Organisationsabläufe zu beschreiben und zu messen), bezogen auf Transparenz, Geschwindigkeit, Schwierigkeit, Komplexität, Intellectual Capital und Shareholder Value. Hier sind die Möglichkeiten kaum aufzählbar. Das Besondere an dieser dritten Variante besteht darin, dass sie – in der Regel von einem theoretischen Modell ausgehend – die Frage, was als „gut" und was als „schlecht" zu bezeichnen ist, bereits vor der Untersuchung beantwortet hat und die Untersuchung selbst nichts Neues hervorbringen kann.

Vor- und Nachteile

Der Rückgriff auf wissenschaftliche Modelle oder Theorien, die präzisieren, was als „gute" Organisation bezeichnet werden kann, bietet den Vorteil, dass unternehmensinterne Sichtweisen relativiert werden können an Sichtweisen, die wissenschaftlich, also extern und handlungsentlastet gewonnen wurden. Allein der Verweis auf die unübersehbare Fülle an Modellen und Teilaspekten dessen, was als „gut" bezeichnet werden kann, macht deutlich, dass hier auch keine adäquate Lösung für konkrete Organisationen zu finden ist. Von großem Nachteil sind theoretische Modelle dann, wenn sie den Blick auf diejenigen Aspekte der Realität verstellen, die nicht im eigenen Konzept berücksichtigt wurden. Wenn beispielsweise im Rahmen von Business-Redesign-Konzepten nicht messbare Kulturfaktoren des Produktionsprozesses einfach ausgeblendet werden und die hierfür aufgewendete Zeit im Rahmen von Prozessoptimierungen gestrichen wird, nimmt es nicht Wunder, dass hinterher die Produktion nicht mehr funktioniert und dann nicht nur eine Menge an Existenzen vernichtet wurden, sondern auch das Unternehmen sehr viel Geld verloren hat. Gleichwohl kann dieses Nichtfunktionieren mit einer Business-Redesign-Theorie nicht erklärt werden, weil es in der Theorie nicht vorkommt.

Als heuristisches Mittel zur Entdeckung neuer Aspekte der Organisationsrealität sind Modelle und Theorien jedoch unverzichtbar. Wahrscheinlich gibt es ebenso viele Organisationstheorien, wie es Organisationen gibt. Wissenschaftliche Modelle von Organisationen können nicht vorschreiben, wie Organisationen am besten funktionieren oder was als „gute" Organisation bezeichnet werden kann, sondern sie können helfen zu verstehen, wie die eigene implizite Organisationstheorie sich unterscheidet von den jeweils ausgewählten wissenschaftlichen Modellen. Sie können also helfen, dasjenige Modell oder diejenige Theorie zu entwickeln, das am besten zu der Organisation passt, die untersucht werden soll. Genau an diesem Punkt setzt Salutogenic Management an. An einer Methode des sukzessiven durch Datenfeedback umgesetzten Rekonstruierens der Erfolgsregeln einer Organisation.

Ein Design zur Konstruktion von Regeln der Beobachtung von „werterzeugenden" Unternehmensaspekten

Ziel von Organisationsanalysen in meinem Verständnis ist es, die impliziten handlungsleitenden Regeln zu erfassen, welche erfolgreiches Verhalten in und von Organisationen ermöglichen. Über die Erfassung dieser Regeln wird es in einem zweiten Schritt möglich, die Strukturen zu identifizieren, welche wiederum Bedingung dafür sind, dass die handlungsleitenden Regeln zur Wirkung kommen können. Es handelt sich bei dem Vorgehen also um eine sukzessive mehrstufige Rekonstruktionsarbeit. Zu diesem Zweck verbindet das von uns entwickelte Design alle Vorteile der oben genannten Vorgehensweisen und vermeidet alle Nachteile. Es integriert objektive Parameter der Wirkungen von Organisationen durch die Analyse von Kennzahlen, vermeidet aber aus deren Ergebnissen Schlüsse auf die Regeln und Strukturen der sie herstellenden Prozesse zu ziehen. Es erfasst individuelle und kollektive Sichtweisen von Organisationsmitgliedern mithilfe von Surveys bzw. qualitativen Verfahren (Interviews, teilnehmende Beobachtungen, Gruppendiskussionen und Workshops), versteht diese aber nicht als eine objektive Beschreibung der Realität, sondern als Teil der Realität im Sinne von „Kultur". Die zugrunde liegenden Regeln, welche zur Entwicklung solcher Sichtweisen geführt haben, stiften Sinn für die einzelnen Individuen und erfüllen einen Zweck für das Unternehmen. Diesen Zusammenhang gilt es zunächst zu ergründen. Zur Erstellung dieses Zusammenhangs ist es dann angebracht, im Sinne heuristischer Konzepte Organisationstheorien und andere Modelle (etwa das Salutogenese-Modell von Antonovsky [Antonovsky 1997] oder das Shareholder-Value-Modell von Rapparport [Rapparport 1995]) in den Rekonstruktionsprozess einzuführen.

Literatur

Antonovsky, A.: Salutogenese. (1997)
Rapparport, A.: Shareholder Value – Wertsteigerung als Maßstab für die Unternehmensführung, S. 1995. Schäffer-Poeschel, Stuttgart (1995)

R

Siehe Abb. 1.

Resilienz

Resilienz ist die Fähigkeit von Menschen, sich auch in Gefährdungssituationen fit, widerstandsfähig und gesund zu erhalten. Resiliente Menschen sind optimistisch, gut vernetzt, realistisch, sich ihrer Grenzen und Möglichkeiten bewusst, zukunftsorientiert, neugierig und lernhungrig, humorvoll und aufmerksam. Resiliente Menschen fassen nach Rückschlägen schnell wieder Mut und werden nach Krankheiten schneller gesund.

Aufgrund unserer Projektergebnisse lässt sich Resilienz wie folgt definieren:

Resilienz ist die Fähigkeit, Potenziale des Arbeitens so wahrzunehmen und zu nutzen, dass ein Höchstmaß an Arbeitsfreude und Selbstvertrauen erfahrbar wird, was wiederum ermöglicht, die Wahrnehmung von Gefährdungen unter Zuhilfenahme einer verstärkten Wahrnehmung von Potenzialen so einzuschränken, dass die negativen Effekte der Gefährdungswahrnehmung möglichst unterbleiben, und zwar durch die Wahrnehmung der positiv erfahrenen Indikatoren (Ressourcen: Arbeitsfreude und Selbstvertrauen) und die aktive Ausrichtung der Wahrnehmung auf weitere Potenziale.

Gefährdungen werden in diesem Verständnis von Resilienz nicht ignoriert, sondern vorhergesehen und ihre möglichen Wirkungen vermieden. Nur so gelingt es resilienten Mitarbeitern, Gefährdungen als Herausforderung zu sehen: in der Art und Weise, wie sie wahrgenommen und diese Wahrnehmungen genutzt werden. „Resilienz" so könnte man zusammenfassen „ist die Kunst der Steuerung von innerer und äußerer Wahrnehmung." Diese Kunst kann tatsächlich gelernt und gelehrt werden, gelingende Mitarbeiterführung demonstriert, wie das funktioniert. Mit der Erkenntnis, dass es

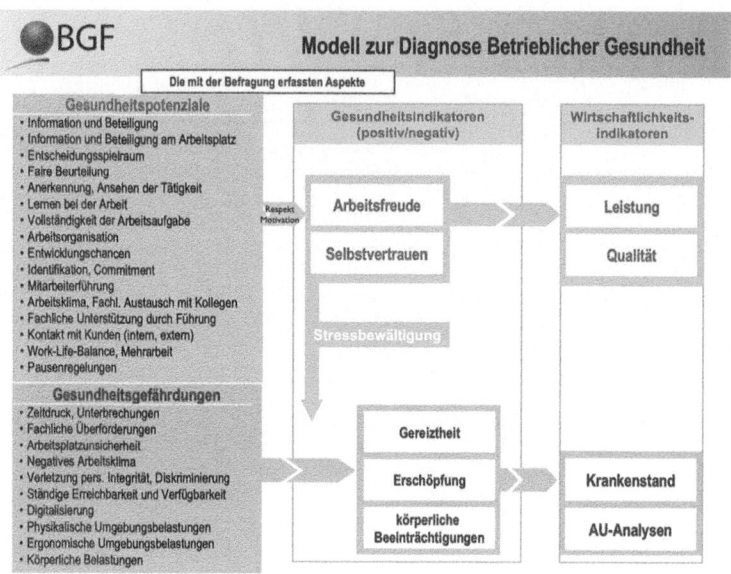

Abb. 1 BGF-Modell R

resiliente Erzieher in diesem Sinne nicht gibt, sondern dass Resilienz ein Effekt der Führungskommunikation darstellt, konzentrieren sich die für die Erziehungsbranche entwickelten Workshops auch auf die Ausbildung dieser Führungskompetenzen. Der ursprüngliche Plan, Erzieher selbst darin zu schulen, Resilienz und Widerstandsfähigkeit zu entwickeln, wurde fallen gelassen. Handbücher zu Stressbewältigung, Zeitmanagement und Arbeitsorganisation reichen völlig aus, um die Erzieher mit den wesentlichen Stressmanagementtechniken auszustatten, um den eigenen Beitrag zur Entwicklung einer resilienten Arbeitskultur zu leisten. Hinzu kamen die Manuals „Kollegiale Beratung" und „Kompetenzen der Kinder stärken", zwei Themen, die einen zentralen Stellenwert in der Erzieherbefindlichkeit haben. Die wesentlichen Führungsthemen der Manuals finden sich in den Abschnitten zur „Identifikation", „Lernen bei der Arbeit" und „Faire Beurteilung".

Führungskräfte der Branche werden durch die Konzentration ihrer Führungstätigkeit auf diese Themen schnell die Befindlichkeit ihrer Mitarbeiter positiv und nachhaltig beeinflussen, also ganz ähnlich, wie das in der Pflegebranche umgesetzt wurde.

Resiliente Unternehmen machen alles dafür, dass sich ihre Mitarbeiter aus der Unternehmens- und Führungskultur alle Mittel beschaffen können, um resilient zu bleiben. Diese Mittel nennt die BGF GmbH Potenziale. In 285 Befragungen mit mehr als 18.000 Mitarbeitern ließen sich in Übereinstimmung mit der gegenwärtigen Forschung zur Arbeitszufriedenheit 14 solcher Potenziale empirisch überprüfen. Unter den 7 Resilienzfaktoren sticht einer der Faktoren „Optimismus" besonders hervor, da nur für diesen die Wirksamkeit wissenschaftlich nachgewiesen werden konnte.

Überprüft wird dieser Faktor durch die SOC-Skala nach Antonovsky. Im BGF-System Diagnose Betriebliche Gesundheit wird er durch zwei Gesundheitsindikatoren abgebildet: Arbeitsfreude und Selbstvertrauen.

Unser Slogan „Es macht mehr Spaß, sich zu freuen als sich zu ärgern" wird durch jede Befragung aufs Neue bestätigt. Es lässt sich wissenschaftlich evident zeigen, dass diese beiden Gefühle „Arbeitsfreude" und „Selbstvertrauen" nicht nur zu höherer Resilienz und Motivation führen, sondern auch zu deutlich höherer Produktivität und besserer Gesundheit. Unser System richtig eingesetzt führt nachweislich zu einem Kosten-Nutzen-Verhältnis von mindestens 1 zu 3 (bei einigen Kunden deutlich darüber).

Ab Januar 2016 sollten die Kosten allerdings von den Krankenkassen übernommen werden. Denn dann sind die Leistungen in der Betrieblichen Gesundheitsförderung keine Kannleistungen wie bisher, sondern Sollleistungen. Dann haben die Arbeitgeber einen Anspruch auf konsequente, evidente und resiliente Unterstützung durch die Krankenkassen.

Mit der BGF GmbH als Partner können Krankenkassen und Unternehmen sehr große Erfolge in relativ kurzer Zeit erzielen. Wir sorgen für die optimale Qualitätssicherung.

Womit wir bei dem wesentlichen Punkt der Unterscheidung von Prävention und Gesundheitsförderung angelangt sind:

Jede Gefahrenvermeidung und -abwehr verlangt von uns eine Habachtstellung, eine Rückwärtsbewegung, ein Sich-in-Sicherheit- Bringen. Das entscheidende Signal heißt Stopp, nicht weiter.

Jede Gesundheitsförderung verlangt von uns ein Nach-vorne-Gehen, eine Pro-aktion, ein Wozu und eine gute anspornende Geschichte. Das entscheidende Signal heißt: Go! Jetzt geht es nach vorne!

Diese beiden mentalen Bewegungen sind gegenläufig und auch mit gegenläufigen körperlichen Prozessen verbunden, was von vielen Beratern nicht verstanden wird.

Gesundheitsförderung bedeutet: Gesundheitspotenziale wie Identifikation, Entscheidungsspielraum, Lernen, Anerkennung, Arbeitsklima, Information und Beteiligung oder Führung in einer herausfordernden Geschichte aktiv zu erleben und für sich selbst, seine Kollegen und auch die eigene Familie wie eine Romanze, ein Abenteuer, vielleicht auch eine Komödie weiterzuerzählen und zu spielen. Prävention bedeutet, sich nicht ohne Not oder anderen meist nicht nachvollziehbaren Gründen überflüssigen Gefahren auszusetzen, selbst wenn dies der netten Brünetten im Nachbarbüro imponieren könnte.

Gesundheitsförderung bedeutet, den Sinnfaktor aktivieren, der wiederum Freude und Selbstvertrauen, also den SOC aktiviert – Endorphinproduktion eingeschlossen. Prävention bedeutet, den Stressfaktor zu reduzieren, Adrenalinproduktion möglichst ausgeschlossen, was wiederum Zeit und Muße als Voraussetzung für das Erzählen von sinnvollen Arbeitsgeschichten ermöglicht. Es ist richtig: Dort, wo veraltete und nicht überprüfte Managementsysteme Menschen unter Dauerstress setzen, werden Menschen in hohem Maße psychisch krank (zurzeit sind das die Pflege- und Erziehungsbranche), und das ist auch nachvollziehbar, da würde jeder krank werden, der sich nicht schnell genug einen anderen Job sucht – aber das ist keineswegs der normale Durchschnitt.

Wir lesen dauernd, dass 48 % aller Arbeitnehmer unter Dauerstress leiden, wir lesen, dass sich der Anteil der psychisch-psychiatrischen Diagnosen verdreifacht bis versiebenfacht hat (je nach Krankenkasse: AOK verdreifacht, Barmer-Pflege versiebenfacht!), wir lesen nicht, dass selbst die Versiebenfachung des Anteils der psychisch-psychiatrischen Diagnosen einem Anteil an allen Diagnosen von 15 % entspricht und dieser bei einem Krankenstand von insgesamt 3,5 % nur bei 0,5 % aller Arbeitnehmer eine Rolle spielt.

Was ist denn eigentlich mit den anderen 99,5 % los? Das sind ja relativ viele, wie halten diese sich gesund?

Die sind offensichtlich in der Lage, die zunehmenden Gefährdungen zu kompensieren und/oder sie gar nicht auf sich wirken zu lassen. Hier können wir tatsächlich von den Unternehmen und Mitarbeitern lernen.

Individuelle Resilienz

Individuelle Resilienz, glaubt man den vielen Untersuchungen, besteht aus sieben Grundpfeilern der resilienten Persönlichkeit:

1. Optimismus
2. Akzeptanz
3. Lösungsorientierung
4. Opferrolle verlassen
5. Verantwortung übernehmen
6. Netzwerk-Orientierung
7. Zukunftsplanung

Dabei können Optimismus und Lösungsorientierung wahrscheinlich alleine auf empirische Belege hinweisen, aber auch nur dort, wo Optimismus mit Antonovskys SOC gleichgesetzt wird und auch nach seiner Skala operationalisiert wurde. In eigenen Untersuchungen haben wir mit mehr als 18.000 befragten Mitarbeitern die Validität und Reliabilität dieses Konstruktes überprüfen können.

Die anderen fünf sogenannten Eigenschaften Akzeptanz, Opferrolle verlassen, Verantwortung übernehmen, Netzwerk-Orientierung und Zukunftsplanung lassen sich schwer begrifflich trennscharf abgrenzen.

Trotzdem lohnt es sich, die inhaltliche Ausgestaltung der fünf Resilienzfaktoren zur Kenntnis zu nehmen, wie sie von Ella Amann (Amann 2015) als Minutenlektüre für Schnellleser vorgenommen wird, gerade weil diese Kurzanleitung weite Verbreitung findet.

Organisationale Resilienz

Eigenschaften von Mitarbeitern resilienter Organisationen sind nach Weick und Suttcliff (Weick and Sutcliffe 2015):

Drei Prinzipien der Antizipation
- Konzentration auf Fehler
- Abneigung gegen vereinfachende Interpretationen
- Sensibilität für betriebliche Abläufe

Zwei Prinzipien der Eindämmung
- Streben nach Resilienz
- Respekt vor fachlichem Wissen und Können

In Weick und Sutcliffs Studie über sogenannte High Responsability Organizations wird Resilienz im Prinzip als Achtsamkeit definiert, eine geistige Grundhaltung, die es ermöglicht, zwei verschiedene eigentlich sich ausschließende Formen der Wahrnehmung gleichzeitig zu organisieren. Die erste Form spezialisiert sich dabei auf die Kunst, Erwartungen, welche sich automatisch in Routinen bilden, weil sie deren Grundlage darstellen, systematisch kritisch zu hinterfragen: Welche Fehler ereignen sich gerade? Warum ereignen sie sich? Welche eigentlich als selbstverständlich geltende Regel wird hier gebrochen und durch das Auftreten des Fehlers als nicht gültig entlarvt? Eng mit dieser permanent auszuübenden Aufmerksamkeit verbunden ist die zweite Disziplin dieser Wahrnehmungsorganisation: Die ausgeübte Abneigung gegen einfache Interpretationen! Interpretationen von beobachteten Abweichungen vom normalen erwartbaren Verlauf, nach dem Motto „das war schon immer so bei uns" oder „das ist wieder typisch für Abteilung X" werden nicht geduldet. Abweichungen haben immer eine Bedeutung und ein resilienter Mitarbeiter ist erst zufrieden, wenn ihr Verständnis zufriedenstellend erklärt und dargestellt werden kann.

Die dritte Variante dieser Wahrnehmungsorganisation bezeichnen die Autoren als „Sensibilität für betriebliche Abläufe". Hier haben wir die Variante der Achtsamkeit, die eher mit andauernder Wachheit und Aufmerksamkeit für Details und kleine Veränderungen übersetzt werden sollte. Insbesondere bei Tätigkeiten im Wartungsbereich scheint die Gefahr groß, dass Mitarbeiter angesichts von Routineaktivitäten auf Autopilot umschalten und sich mehr auf innere als äußere Geschehnisse konzentrieren. Weick und Suttcliff sehen insbesondere hier ein neues Verständnis von permanenter psychologischer Wachheit angesichts eigentlich zum Erleben von Monotonie anregenden Arbeitsabläufen: Das Abschalten des Denkens beim Arbeiten führt nach ihren Erfahrungen eher zu den negativen Effekten des Monotonierlebens als das wache aufmerksame Begleiten dessen, was man gerade tut. In scheinbar sinnlosen Arbeitsabläufen entsteht durch die Fokussierung der Aufmerksamkeit auf noch zu entdeckende Fehlerquellen oder Abweichungen vom Erwartbaren eine neue Quelle der Sinnstiftung in der Arbeit. Dieser Aspekt scheint mir ganz besonders relevant für BGM-Systeme und die damit verbundenen Führungskonzepte.

Wir haben also mit diesen drei Varianten der Aufmerksamkeitsfokussierung den einen Teil der Wahrnehmungsorganisation der Achtsamkeit nach Weick und Suttcliff beschrieben. Wir wollen sie die Abweichungsachtsamkeit nennen.

Ihr gegenüber stellen Weick und Suttcliff eine zweite Achtsamkeitsbewegung, die wir mit ihnen Eindämmungsachtsamkeit nennen werden. Die zwei Eindämmungsachtsamkeitsprinzipien nennen die Autoren Streben nach Resilienz und Respekt vor fachlichem Wissen und Können.

Während Achtsamkeit Nr. 1 auf alle Abweichungen als mögliche Gefahrenquellen fokussiert bleibt, ist Achtsamkeit Nr. 2 auf nachhaltige Lösungen fokussiert. Die Quellen des Lösungswissens finden sich in zwei verschiedenen Bereichen. Einmal in der eigenen Erfahrung von Resilienzerlebnissen, zum anderen bei Kollegen, Vorgesetzten oder anderen betrieblichen Experten, von denen die Mitarbeiter wissen, dass diese über Fachkenntnisse verfügen, die ihnen selbst nicht zur Verfügung stehen. Daher ist es für eine resiliente Organisation unerlässlich, das Respekt vor diesem Wissen die Grundlage jeder Kommunikation darstellt – auch für Kommunikationen zwischen verschiedenen Hierarchieebenen.

Beim Streben nach Resilienz als Achtsamkeitsform ist interessant, dass es sich auch hier um eine Form der Kommunikation handelt, aber nicht um eine Kommunikation mit anderen, sondern um eine mit sich selbst. Resiliente Mitarbeiter sind ständig mit sich selbst darüber im Gespräch, wie sie in früheren Gefahrensituationen erfolgreich Krisen gemeistert haben. Hier kommt das eigentlich mentale Zurückspringen enger in den Fokus: Erfolgreiche Krisenbewältigung erfordert eine erfolgreich hergestellte innere Distanz zur Gefahrenquelle und damit auch die Aufrechterhaltung der Fähigkeit von Emotionssteuerung. Daniel Goleman beschreibt diesen Aspekt der Resilienzforschung sehr anschaulich mit dem Zusammenspiel von zwei Hirnbereichen: die dauernd auf Gefahrenabwehr fokussierte Amygdala sendet permanent Warnsignale an den präfrontalen Cortex, der, wenn ihm das gelingt, diese Signale zwar nutzen kann, sich dadurch aber nicht von seiner ihm zukommenden Aufgabe der proaktiven Planung abbringen lässt. Wenn diese Arbeitsteilung im Gehirn eines Mitarbeiters funktioniert, kann man ihn nach Weick und Goleman resilient nennen.

An dieser Stelle wird auch verständlich, warum sehr viele Resilienzforscher der Disziplin der Achtsamkeitsmeditation eine so große Bedeutung zuschreiben. Sie ermöglicht ganz offensichtlich, die Emotionskontrolle und damit die Überlegenheit des präfrontalen Cortex gegenüber der Panik erzeugenden Amygdala durch Üben herzustellen.

Bei den fünf Formen der Wahrnehmungsorganisation Achtsamkeit handelt es sich um mentales Training, das für BGM-Resilienztrainingsansätze und besonders die Organisation von gesunder Mitarbeiterführung systematisch genutzt werden kann. Vorher muss dieses Wissen allerdings in einer Theorie der Betrieblichen Gesundheit und einem Konzept des Managements Betrieblicher Gesundheit beschrieben und eingeordnet werden. Das ist allerdings jetzt auch gut möglich, da sich die bereits 1996 vorgeschlagene Definition des Betrieblichen Gesundheitsmanagement als Stufenkonzept und Möglichkeit der Unterscheidung von Verhaltens- und Verhältnisprävention und Gesundheitsförderung durchzusetzen scheint.

Respekt

Was hat es mit **Respekt** auf sich? Wir kommen hier zu einem sehr spannenden Thema, bei dem neuere Erkenntnisse aus ganz verschiedenen Wissenschaftsfeldern zu einem vertieften Verständnis führen können, warum bestimmte Unternehmen trotz gleich schwieriger Rahmenbedingungen deutlich erfolgreicher sind als andere Unternehmen.

Neue Erkenntnisse aus der Soziologie und den Wirtschaftswissenschaften zur Wirkung von Globalisierungsnebeneffekten wie Reorganisation von Unternehmen, Zusammenschlüsse verschiedener Unternehmen oder ganzer Wirtschaftsbereiche auf die menschliche Psyche, Leistungsfähigkeit und Identifikation von Mitarbeitern ermöglichen auch neue Verfahren zur Verbesserung der Betrieblichen Gesundheit.

Auf den folgenden Seiten möchte ich zeigen, wie diese beiden Effekte zusammenhängen und wie man sie für Unternehmen und Mitarbeiter positiv beeinflussen kann.

Respektvolle Mitarbeiterführung ist in erster Linie kunstvolle Kommunikation

Aus unseren bisherigen empirischen Erkenntnissen kann man sicher ableiten, dass eine **respektvolle Kommunikation** von Führungskräften, kunstvoll durchgeführt, die Mitarbeiter in die Lage versetzt, Gesundheitspotenziale zu nutzen.

Wenn in der Kommunikation dagegen vorhandene Gefährdungen zusätzlich als Druckmittel benutzt werden (Etwa: „Draußen warten drei Arbeitslose auf Ihren Arbeitsplatz" – Arbeitsplatzunsicherheit – oder „Trauen Sie sich das etwa nicht zu? Und das in Ihrer Position" – fachliche Überforderung), ist die Wahrscheinlichkeit hoch, dass sich ein sogenannter Stressteufelskreis entwickelt: Je stärker die Risiken empfunden werden, desto höher die Wahrscheinlichkeit, dass Fehler passieren, desto höher die Wahrscheinlichkeit, dass ungeschickte Führungskräfte den Druck erhöhen und so fort. Interessant dabei ist, dass der Teufelskreis verstärkt wird, während die eigentlich immer noch zu Verfügung stehenden, die Belastung potenziell lindernden Gesundheitspotenziale eben nicht mehr zur Verfügung gestellt und somit auch nicht mehr wahrgenommen werden. Das kommt einer doppelten Beschleunigung eines Eskalationsprozesses gleich und in den meisten Fällen ist dies völlig unnötig.

Eine Situation der „kontrollierten Autonomie" findet man dann, wenn eine solcher Stressteufelskreis aktiviert wird: Mitarbeiter bekommen Ergebnisverantwortung für das Erreichen von Zielen, der Zeitdruck wird stetig erhöht, Vorgesetzte stehen nicht oder nicht in der richtigen Weise für Gespräche zur Verfügung. Oft kommt es dann auch zu Situationen, in denen Mitarbeiter selbst keine Gespräche mehr mit Vorgesetzten suchen, da diese nicht als Unterstützung, sondern als zusätzlicher Stressfaktor empfunden werden. Die Ergebnisverantwortung bleibt, der Zeitdruck erhöht sich stetig, weil unter solchen Bedingungen sehr oft Mitarbeiter erkranken, deren Arbeit dann zusätzlich mit erledigt werden muss, Potenziale sind nicht in Sicht und Risiken werden immer stärker wahrgenommen. So etwas hält über längere Zeit kein gesunder Organismus aus. In solchen Situationen werden Mitarbeiter in der Tat häufiger krank, was heutzutage nicht unbedingt dazu führen muss, dass sie sich auch krankmelden, andere Mitarbeiter wollen sich diesem Stress nicht aussetzen und melden sich krank, weil sie gerne gesund bleiben wollen.

Das zeigt ein in der Tat aus den Fugen geratenes System, das man immer wieder auch in der Realität vorfindet.

Interessant, wenn auch traurig, ist es, in solchen Unternehmen zu beobachten, wie sich die Kommunikationskultur verändert. Es werden von allen Geschichten erzählt, wie wunderbar es früher war und wie schlecht es heute ist. Arbeitsfreude wird schleichend ersetzt durch einen mehr oder weniger zynischen oder sarkastischen Humor: „Hier musst du ein so dickes Fell haben, dass du ohne Rückgrat stehen kannst" oder „Wenn die da oben sich nicht bald zusammenreißen, werden wir genau das tun, was sie uns vorschreiben zu tun". Die letzte der beiden zitierten Interviewäußerungen wollte sagen, dass, wenn man die weltfremden Anweisungen der Führung ausführen würde, das Unternehmen noch mehr in Schieflage geraten würde, als es ohnehin schon ist.

Gerüchte kursieren, offiziellen Informationen wird misstraut, es bilden sich informelle Führungsstrukturen aus und Vorgesetzten wird jede Autorität abgesprochen, wenn dies auch nicht offen zugegeben wird. In einem solchen Klima, das in der Tat einen kollektiven Übergang von einem Dauerstresszustand zu einer Phase der Erschöpfung und Resignation und schließlich zu tatsächlichen, dann oft chronisch verlaufenden Krankheiten durchläuft, ist es sehr schwer, eine Umkehr zu organisieren.

Hier kommt es dann sehr oft zu einem Wechsel der Führungskräfte, einer Verkleinerung der Belegschaft oder tatsächlich zu einer Stilllegung des Unternehmens.

Darin sehen auch neuere Forschungen das Hauptproblem bei Unternehmenszusammenschlüssen. Was dort oft nicht bedacht wird, ist die Berücksichtigung der Tatsache, dass bei Unternehmen, die in freundlichen oder feindlichen Übernahmen zusammengeschlossen werden, auch immer Kulturen und Kommunikationskulturen zusammengeschlossen werden. Vor und während einer Übernahme kommt es fast mit an Sicherheit grenzender Wahrscheinlichkeit zu einer Situation, in der weniger Potenziale gesehen werden – auch von den Führungskräften, deren berufliche Existenz in solchen Situationen ja auch systematisch infrage gestellt wird – und Risiken und Gefährdungen steigen und auch stärker wahrgenommen werden. Nicht mehr die Potenziale, sondern die Gefährdungen sind Thema der Kommunikation zwischen Führungskräften und Mitarbeitern.

- 1999 wurden 2,5 Billionen US-Dollar für Übernahmen ausgegeben.
- Die Erwartungen, die mit Fusionen verbunden sind, können allerdings oft nicht erreicht werden.
- Mehr als zwei Drittel aller Merger und Akquisitionen erreichen ihre finanziellen und strategischen Ziele nicht.
- Terry (Terry 2001) führt das darauf zurück, dass die „menschliche Seite" solcher Prozesse bei der Vorbereitung von Fusionen im Vergleich zu strategischen oder technischen Problemen oft unterschätzt wird.

Rolf van Dick sieht in der Identität der Organisation das Haupthemmnis für erfolgreiche Übernahmen: Identität bedeutet das nach innen und außen kommunizierte und wahrgenommene Image der Organisation und ihrer Produkte bzw. Dienstleistungen. Zu diesem Image gehören auch nach innen und/oder außen dokumentierte Normen, Regeln, Umgangsweisen, die in ihrer Gesamtheit die Organisationskultur ausmachen (van Dick 2004).

Edgar Schein geht hier noch einen Schritt weiter. Für ihn sind alle Unternehmensübernahmen tendenziell zum Scheitern verurteilt, da aus seiner Sicht die Identität eines Unternehmens eben nur so lange erhalten bleibt, als die Kultur des Unternehmens sich auf ihren Ursprung rückbeziehen kann, und das sind nach Schein die Grund- bzw. Gründungsregeln eines Unternehmens, um die herum sich im Laufe der Jahre Zusatzregeln, Artefakte wie Gebäude, Verhaltensregeln der Mitarbeiter, Ausbildung, Beruf, Sprachstil etc. gebildet haben.

In Krisenzeiten wie eben Zeiten der Übernahme durch andere Unternehmen, in Zeiten der Existenzbedrohung, wir zählen hier auch einen dauerhaften überdurchschnittlichen Krankenstand dazu, tendieren die Unternehmensmitglieder dazu, sich an die alten Überlebensregeln zu erinnern. Was hätte unser Gründer in so einer Situation getan?

Nicht nur für das Unternehmen, folgt man Schein, sondern auch für die Unternehmensmitglieder scheint das Infragestellen von Grundregeln, die jahrelang gegolten haben und nun auf einmal aufgegeben werden sollen, so etwas wie eine Identitätskrise hervorrufen zu können. Unsere Kassendaten geben da deutliche Hinweise in den Diagnosemustern.

Respektmotivation ist gesund – nicht nur im Betrieblichen Gesundheitsmanagement

„Respekt" ist ein angesagtes Thema. Die Berliner Stadtreinigung wirbt mit dem Slogan „Willst Du meinen Respekt, dann kick es in die Tonne", verschiedene Beobachter der sozialen Szene in Berlin entdecken, dass die „Währung", die auf den in Verruf geratenen Schulhöfen zählt, nicht mehr aus Handys oder bestimmten Kleidungsmarken besteht, sondern aus Respekt, der bisweilen auch mal herbeigeprügelt werden muss, und auch im Nachfolgebuch von Richard Sennetts „Flexiblen Menschen" steht die Knappheit von Respekt im Mittelpunkt:

> „Wie viele Hungersnöte, so ist auch diese Knappheit von Menschen gemacht; aber im Unterschied zu Nahrungsmitteln kostet Respekt nichts. Insofern stellt sich die Frage, warum auf diesem Gebiet Knappheit herrschen sollte." (Sennett 2010, S. 15)

Warum sollte Knappheit an Respekt herrschen? Ich möchte mich diesem Thema vonseiten des Betrieblichen Gesundheitsmanagements annähern, weil ich glaube, von dieser Seite her zeigen zu können, warum Knappheit an Respekt herrscht und inwiefern diese Knappheit extrem ungesund ist für unsere Stadt und seine Menschen. Insbesondere für die Menschen, von denen zurzeit behauptet wird, sie würden nur gefördert und zu wenig gefordert.

Und ich möchte dieses Thema aufgreifen, weil es sonst möglicherweise Gefahr läuft, als Gesundheitsthema übersehen zu werden, obwohl und weil gerade ein Masterplan zur Entwicklung der Gesundheitsregion Berlin-Brandenburg umgesetzt wird.

Die Grundannahmen des Modells respektvoller und gesunder Motivation

In unserem zusammen mit der AOK Berlin entwickelten Konzept des Betrieblichen Gesundheitsmanagements versuchen wir weitgehend, „Gesundheit" aus dem Spiel zu lassen. Was „gesund", was nicht „gesund" ist, ist Privatsache und so soll es auch bleiben. Anregungen für eine gesunde Lebensweise bietet die AOK in vielfältigen Angeboten, welche die Versicherten wahrnehmen können, aber nicht müssen. Das ist eben Privatsache.

Vor oben entwickeltem Hintergrund und auf der Basis empirischer Erkenntnisse der letzten 12 Jahre lassen sich folgende Grundannahmen eines Modells betrieblichen und außerbetrieblichen Gesundheitsmanagements und Mitarbeiterführung auf der Basis respektvoller Kommunikation und Motivation entwickeln.

Es gibt m. E. drei Ansatzpunkte, die erfolgreich genutzt werden können und genutzt werden sollten:

- Potenziale,
- Führung und
- Commitment bzw. Autonomie von Mitarbeitern oder anderen Rollenträgern.

Es dürfte deutlich werden, dass in diesem Modell Führung und Anleitung eine ganz besondere Rolle spielen. So sind Entscheidungsspielräume, Information, Identifikationsmöglichkeiten etc. nur dann positiv wirksam, wenn sie, so banal das auch klingen mag, bemerkt werden.

Und dieses Bemerken muss aktiv unterstützt werden. Das Wahrnehmen von Handlungsmöglichkeiten besitzt tatsächlich die im Wort doppelt gegebene Bedeutung im Sinne von Sehen, Hören, Fühlen und aktiv Umsetzen. Diese Unterstützung nennt man im betrieblichen Zusammenhang Führung. Also eine Lenkung und Steuerung der Sinneswahrnehmung auf ganz bestimmte Ausschnitte der betrieblichen Realität (Visionen, Stellenbeschreibungen, Aushänge, Vorschriften etc. und komplexer durch Feedback auf die vorhandenen Muster der Wahrnehmung, die einer neuen Übernahme von Aufgaben im Wege stehen: Gewohnheiten etc. durch Fortbildung, Seminare etc.) und dann in einem zweiten Schritt die Erprobung von neuen Wahrnehmungsmustern durch Delegation neuer Aufgaben, deren erfolgreiche oder nicht erfolgreiche Bewältigung respektvoll zurückgemeldet wird.

Respekt, Identität, Interesse

„Respekt" vom lateinischen *respectare* oder *respectus* bedeutet einerseits, folgen wir einem Langenscheidt-Wörterbuch der lateinischen Sprache „zurücksehen, sich umschauen", andererseits „berücksichtigen, erwarten", aber auch „Rücksicht" und „Zufluchtsort".

Es lässt sich leicht sehen, dass bezogen auf eine zeitliche Dimension hier beide Zeiten, Vergangenheit und Zukunft, eine wichtige Rolle zu spielen scheinen. Respekt erfordert ein Zurückblicken und ein Nachvorneblicken und darüber hinaus bietet Respekt „Zuflucht".

„Respekt" scheint einen geschützten Ort in der Gegenwart zu bieten, von dem aus Vergangenheit so gesehen werden kann, dass eine Zukunft wünschenswert erscheint.

Dieser Ort befindet sich in der Kommunikation und stellt eine wesentliche Voraussetzung für Identität und darin für körperliche und geistige Gesundheit (im Sinne von persönlicher Unversehrtheit und Wohlbefinden, Ottawa 1983) dar.[1]

Der LSE-Professor Erik Ringmar hat hierzu eine faszinierend einfache „narrative" Handlungstheorie entwickelt: Eine Narration, eine Erzählung steht im Mittelpunkt aller Aktivitäten. Hieraus entwickelt jeder Mensch eine Identität (auch Lebensgeschichten sind nach Ringmar Erzählungen), vorausgesetzt, diese Erzählung wird mit Respekt und Anerkennung gehört, hierfür sind aber andere Menschen notwendig (wer Kinder hat, weiß wahrscheinlich unmittelbar, was Ringmar hier meint).

„What will happen, then, if our right to self-description is denied to us?" – Was passiert, so fragt Ringmar, wenn dieses Recht zur Selbstbeschreibung, das Recht, die

---

[1] Vgl. hierzu die beiden zu wenig bekannten Bücher von Ringmar: „Surviving Capitalism. How we learned to live with the market and remained almost human" (2005, Anthem Press) und „Identity, Interest and action. A cultural explanation of Sweden's intervention in the Thirty Years War" (1996, Cambridge University Press).

eigene Lebensgeschichte so zu erzählen, wie man es für richtig und angemessen hält, infrage gestellt wird?

Er spricht in diesem Zusammenhang von zwei verschiedenen „Verbrechen":

„In this respect, what we could call a ‚crime against identity' is very different from what we call a ‚crime against an interest'" (Ringmar 2007, S. 81).

Wenn jemandes Interessen verletzt wurden, dann erwarten wir lautstarken Protest, Maßnahmen, Gerichtsverfahren etc., wenn jemandes Recht auf Identitätserhaltung oder Identitätsentwicklung durch *Anerkennung* der gehörten Geschichte verletzt wurde, so Ringmar, verhält es sich ganz anders: „a crime against identity cannot be measured in terms of a loss of utilities since the crime makes it impossible to establish a relevant standard by which utilities can be measured" (Ringmar 2007, S. 82).

Ein „Verbrechen" gegen Identität kann nicht wie ein Verbrechen gegen Interessen gemessen werden am Verlust der entgangenen Möglichkeiten (Nützlichkeiten), weil das „Verbrechen" gerade darin besteht, keine Standards der Messbarkeit entstehen zu lassen.

1. Wie kann ich den Wert messen, der dadurch verloren geht, dass ich nicht respektvoll über Talente eines jungen Menschen mit diesem jungen Menschen spreche?
2. Wie kann ich den Wert messen, der dadurch verloren geht, dass ich aus Zeitdruck eine gute Leistung eines Mitarbeiters nicht sicht- und hörbar anerkenne?
3. Wie kann ich den Wert messen, der nicht entsteht, weil ich nicht neugierig bin auf die Geschichten, die mir Menschen zu erzählen haben und die deshalb nicht erzählt werden?

Respektmotivation bei Moll Marzipan

Im Folgenden beschreibe ich die Entwicklung eines nun mehr sieben Jahre andauernden Prozesses, den wir zusammen mit der Firma Moll Marzipan durchgeführt haben.

Das Unternehmen Moll Marzipan kann als gutes Beispiel für sehr erfolgreiches BGM dienen, wir haben die Erlaubnis, diese Interna darzustellen, deshalb reden wir hier über dieses Unternehmen.

An der Entwicklung des Unternehmens lässt sich auch sehr gut das sich positiv eskalierende Wechselspiel von Potenzialen und Ressourcen exemplifizieren (dazu mehr weiter unten).

Man kann an diesem Beispiel zeigen, dass es sehr wohl möglich ist, eine gesundheitsförderliche Unternehmenskultur gezielt aufzubauen und in ihr den Mitarbeitern vielfältige Gelegenheit zu einer nachhaltigen persönlichen Entwicklung zu bieten, die wiederum ganz offensichtlich den individuellen und kollektiven Sense of Coherence stärkt.

Vielleicht klingt das für das eine oder andere Ohr noch etwas befremdlich, aber wenn es gelingt, die richtige Kombination von Einflussfaktoren auf die „Gesundheit" der Mitarbeiter zu finden und als Potenziale zu organisieren, dann arbeiten Mitarbeiter hochmotiviert und halten sich genau darin gesund. Ich betreue seit knapp sieben Jahren das Unternehmen, mit dem wir von Anbeginn ein solches Optimierungssystem geplant haben, gewissermaßen als Experiment. Das Unternehmen hat dem Vorgehen zugestimmt, weil es zum damaligen Zeitpunkt eigentlich kaum mehr etwas verlieren konnte, es war tatsächlich auf einer sehr rasanten Talfahrt. Mittlerweile hat sich dort der Krankenstand von 13 % auf stabile 2–3 % gesenkt, die Produktivitätssteigerungen liegen bei über 50 %. Die Kosten für BGM-Maßnahmen liegen pro Jahr bei etwa 25.000 EUR, die direkt darauf beziehbaren Einsparungen bzw. Verbesserungen weit über einem sechsstelligen Bereich oder, wie mir Dr. Seitz, der Geschäftsführer, versichert hat, bei einem Rendite-faktor von etwa 500 %.

Aus meiner Sicht besteht der wichtigste Unterschied zwischen normaler Betrieblicher Gesundheitsförderung und einem System des Betrieblichen Gesundheitsmanagements in der Entschlossenheit und gezeigten Umsetzung der gemeinsamen Zielerreichung, die sich der Nutzung der empirisch über Befragung identifizierten Potenziale zur Motivation der Mitarbeiter bedient. Alles, was im Rahmen von BGF noch Ziel und Zweck sein kann, wird im Rahmen von BGM Mittel. Die Gesundheit der Mitarbeiter ist hier Mittel zum Zweck und nicht Ziel. Die zentrale Frage für das Managementteam bei Moll Marzipan war von Anfang an: Wie können wir unsere Mitarbeiter für die Neuausrichtung so begeistern, dass jeder Mitarbeiter sie versteht und von sich aus sein Bestes dazu beiträgt?

Es waren zu Beginn harte Verhandlungen in einem eher rauen Umfeld, die aber schließlich dazu führten, dass der Mensch Mitarbeiter nicht mehr nur als nicht zu vermeidender Kostenfaktor gesehen wurde, sondern in seiner persönlichen Weiter-entwicklung ein Produktivitätsvorteil des Unternehmens aufschien. Das anfangs eher einem militärisch geführten Betrieb ähnelnde Unternehmen fällt heute durch eine starke Konzentration auf die individuellen Lern- und Entwicklungsgeschichten der einzelnen Mitarbeiter auf. Die Anteilnahme erstreckt sich auf viele Bereiche, die früher eher als privat betrachtet wurden. So wird vom Management aufmerksam registriert, dass unter der Belegschaft wieder verstärkt Nachwuchs zu finden ist. Früher hätte das Sorgen wegen Fehlzeiten hervorgerufen, heute wird es als Zeichen gesehen, dass man auch in dieser Firma wieder so viel Vertrauen in die Zukunft gewonnen hat, dass es möglich ist, Kinder in die Welt zu setzen. Sport wird in der Firma ganz großgeschrieben, weil dieser den Zusammenhalt fördert (dass das auch gesund ist, musste dem Management erst noch mal gesagt werden). Letztes Jahr hat die Beteiligung an Sportveranstaltungen durch die Mitarbeiter 100 % erreicht.

Entscheidend bei allen durchgeführten Veränderungen waren die Ergebnisse der drei Mitarbeiterbefragungen in den letzten sechs Jahren. Von den 10 dort identi-fizierten Haupteinflussfaktoren auf die Befindlichkeit der Mitarbeiter wurden immer alle konsequent und zusammen mit den Mitarbeitern bearbeitet. Bei Moll sieht man tat-sächlich, was BGM leisten kann, und dass es nicht schwer ist, für unmöglich gehaltene Erfolge zu erzielen, wenn sofort und konsequent Analyseergebnisse in Taten und Aktivitäten umgesetzt werden, an welchen die Mitarbeiter aktiv beteiligt sind. Und hier bekommen nun verhaltensorientierte Ansätze wie Sport, Ernährungshinweise und Stressmanagement eine ganz neue Dimension. Wenn für einfache gewerbliche Mitarbeiter Stressmanagementseminare angeboten werden, ist das schon für sich genommen sehr ungewöhnlich. Diese Seminare werden in der Regel nur Mitarbeitern, die mindestens einen Angestelltenstatus haben, vorgeschlagen. Wenn sie aber mit Verweis auf das Gesundheitspotenzial „Lernen bei der Arbeit" und die Gefährdung „Zeitdruck" als schnelle Reaktion auf eine Mitarbeiterbefragung angeboten werden, erhalten die für sich schon gesundheitsförderlichen Inhalte noch einmal einen psychologisch symbolischen Potenzialcharakter. All diese Wirkungen könnten sich auch zufällig einstellen, bei Moll waren sie inklusive eines auch wegen bestimmter Befragungsergebnisse hergestellten Films zur Erneuerung der Identität der Firma alle geplant und mit dem Verdoppelungseffekt von Potenzialen verbunden. Dieser geplante Verdoppelungseffekt ist es, der BGM von BGF unterscheidet.

Der Verdoppelungseffekt meint das bei erfolgreichen Lernvorgängen bekannte Phänomen des Überganges von neu erlernten Inhalten zu quasi automatisch durchgeführten Routinen, das im Falle einer sich einstellenden Virtuosität vom Körper mit Flow-Erlebnissen belohnt wird. In der Organisationsentwicklung nennt Chris Argyris dieses Phänomen „double loop learning"; man lernt nicht nur, sondern lernt zu lernen und dieses *Lernen als Routine* auszuführen und mit Managementregeln zu sichern. Lange Zeit wurde in der Literatur zur Organisationsentwicklung „Jazz" als Feld genannt, von dem man als Organisationsentwickler lernen könnte, auch hier war es die Improvisationskunst, die sich dann ergibt, wenn man genügend Routine entwickelt hatte, um diese wiederum in ein freieres Spiel einzubringen. Ein großer Teil der Benchmark-Managementliteratur zielt darauf ab, solche Erfolgsroutinen für andere Unternehmen verfügbar zu machen. Bekannte Beispiele sind hier John Kotters Acht-Stufen-Prozess (Kotter: Chaos, Wandel, Führung), Jim Collins „From good to great" oder der Klassiker der Klassiker „In search of excellence". Allerdings ist es unmöglich, diese Fremdbeispiele auf das eigene Unternehmen zu übertragen, weil diese ja das Ende und nicht den Anfang komplexer Lernentwicklungen darstellen. Die Beispiele können bestenfalls als Inspiration dienen, nicht als Quellen von Erfolgsregeln. Eine wichtige Einschränkung, die wir in unserem Beratungsfeld von vornherein berücksichtigen müssen.

Routinen des erfolgreichen Managements müssen immer selbstbezüglich sein und das Ergebnis einer gemeinsamen Entwicklung darstellen. Im Betrieblichen Gesundheitsmanagement sollte daher ein interner Vergleich nach einer Befragung, wo die besten Ergebnisse erzielt wurden, nicht dazu führen, internen Wettbewerb einzuführen, sondern die identifizierten Erfolgsroutinen auf ihre Übertragbarkeit auf alle Bereiche des Unternehmens *gemeinsam mit den Mitarbeitern* zu prüfen. Diese Prüfung erfolgt zusammen mit den Mitarbeitern und in ihr können wiederum die identifizierten Erfolgsfaktoren der Kommunikation eingesetzt werden, die sich in der Befragungsauswertung als die Haupteinflussfaktoren für die beiden Gesundheitsindikatoren „Arbeitsfreude" und „Selbstvertrauen" identifizieren ließen. Betriebliches Gesundheitsmanagement konzentriert alle Beteiligten für einen bestimmten Zeitraum auf die wenigen in der Mitarbeiterbefragung ermittelten Gesundheitspotenziale. So wird in der Tat durch Führungskommunikation die Wahrnehmung der Mitarbeiter auf die positiven Aspekte der Arbeit gelenkt (mit dem nicht zu unterschätzenden Nebeneffekt, dass die Wahrnehmung in dieser Zeit nicht von Gefährdungen beansprucht wird). Es hat sich bei Moll Marzipan nicht nur für die Mitarbeiter gesundheitlich gelohnt, dass sich die gesamte Führungskultur neu ausgerichtet hat. Der Krankenstand fiel in den letzten sechs Jahren von mehr als 10 % auf nun seit drei Jahren stabile 2 %. Die Produktivität pro Mitarbeiter verzeichnet eine Steigerung von mehr als 50 %, und in Zahlen ausgedrückt bedeutet dies, dass pro Jahr den Kosten für betriebliches Gesundheitsmanagement in Höhe von etwa 25.000 EUR Einsparungen und Produktivitätssteigerungen in der Höhe eines Renditefaktors von etwa 500 % gegenüberstehen. Es gibt so gut wie keine Fluktuation mehr und die Loyalität zum Unternehmen, die Identifikation mit den Produkten und die Bindung der Mitarbeiter zeigt in jeder Befragung aufs Neue Steigerungen.

Literatur

Amann, E.G.: Resilienz. Haufe, Freiburg (2015)
Ringmar, E.: Identity, interest and action. Cambridge University Press, Cambridge (2007)
Sennett, R.: Respekt im Zeitalter der Ungleichheit. ebook Berlin Verlag (2010)
Terry, D.J.: Intergroup relations and organizational mergers. In: Hogg, M.A., Terry, D.J. (Hrsg) Social identity processes in organizational contexts. Psychology Press, Philadelphia (2001)
van Dick, R.: Commitment und Identifikation mit Organisationen, S. 2004. Hogrefe-Verlag, Göttingen (2004)
Weick, K.E., Sutcliffe, K.M.: Managing the unexpected. John Wiley & Sons, Hoboken (2015)

S

Siehe Abb. 1.

Selbstvertrauen

Selbstvertrauen ist eine mit positiven Emotionen verbundene Haltung, sie resultiert aus dem Vergleich der subjektiven Fähigkeiten mit den Anforderungen, mit denen sich die Persönlichkeit konfrontiert sieht. Gegenüber Anforderungen zeigt sich, wenn vorausschauend eingeschätzt wird, dass diese Situation gut gemeistert werden kann.

Selbstvertrauen bildet sich im Laufe der kindlichen Entwicklung aus
- über das Erzielen von Wirkungen – insbesondere von jenen, die beim Kind zu angenehmen, positiv erlebten Gefühlen führen;
- über das Erhalten von Wertschätzung und Anerkennung (als besondere Form sozialer Wirkung);
- durch das Identifizieren mit wichtigen Bezugspersonen, die selbst die nötige Selbstsicherheit haben und auf das Kind positiv reagieren;
- in der späteren Entwicklung durch eine Balance zwischen erlebter Freiheit und der Verbundenheit zu Bezugspersonen.

Im Fragebogen wird Selbstvertrauen erfragt mit folgenden Fragen
- Bei meiner Arbeit gelingt mir auch die Lösung schwieriger Aufgaben, wenn ich mich darum bemühe.

G. Westermayer, *Organisationsdesign 4.0 von A-Z.*,
https://doi.org/10.1007/978-3-662-63515-5_22

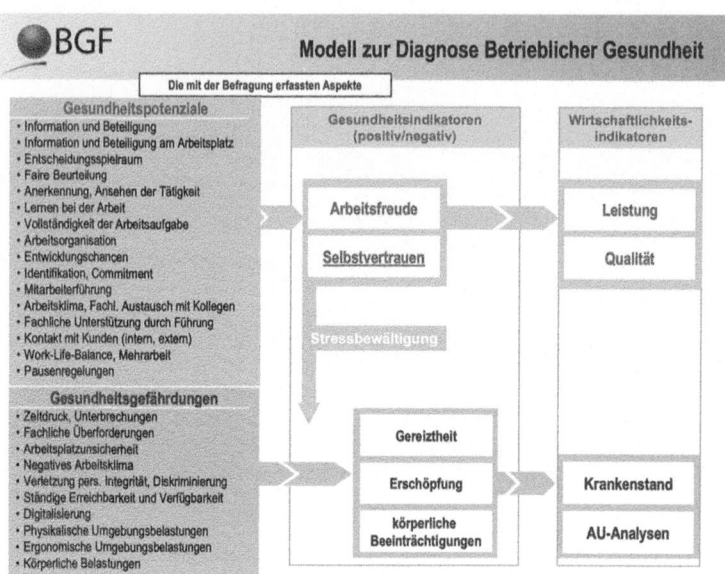

Abb. 1 BGF-Modell S

- Wenn bei meiner Arbeit unerwartete Situationen auftauchen, weiß ich immer, wie ich mich verhalten soll.
- Wenn bei meiner Arbeit unerwartete Probleme auftauchen, kann ich diese schlecht bewältigen.

Wenn ich auf jemanden eine Pistole richte und ihn auffordere, sich jetzt sofort zu freuen, stolz zu sein und Selbstvertrauen zu zeigen, seine Arbeit für sinnvoll zu halten und sich mit dem Unternehmen zu identifizieren, dann wird derjenige auch Angst, Ohnmacht, möglicherweise Wut und Aggression verspüren, diese aber angesichts meiner Forderung versuchen zu verbergen und, wem dies möglich sein sollte, der wird ebenfalls versuchen, die gewünschten Gefühle zu zeigen, indem diese wie von einem Schauspieler gespielt werden.

Betriebliches Gesundheitsmanagement wird heute in Betrieben nicht selten nach diesem absurden Szenario umgesetzt und ist deshalb auch mit aller notwendigen Skepsis zu betrachten. Menschen unter Dauerstress werden gezwungen, Freude, Motivation und Selbstvertrauen zu heucheln, bis, wie der Berliner sagt, „der Arzt kommt".

Salutogenese als betriebliche Gesundheit erfordert Kenntnisse in den Gesundheitswissenschaften, der Organisationsentwicklung, Projektmanagement, Führungskommunikation und Evaluation.

TREIBER NACH BRANCHEN

Treiber Selbstvertrauen Stand: 2020/2021	Einflussfaktoren			N
	1. Einflussfaktor	2. Einflussfaktor	3. Einflussfaktor	
Gesundheits-, Sozialwesen	fachliche Überforderungen (Es kommt häufig vor, dass mir übertragene Aufgaben mein fachliches Können übersteigen.)	Kundenkontakt (Der Umgang mit den Kunden macht mir Freude.)	Ansehen der Tätigkeit (Mit meiner Tätigkeit leiste ich einen wichtigen Beitrag für meinen Bereich.)	5244
Varianzaufklärung: 20,6%	-0,20 (-0,35)	0,18 (0,30)	0,16 (0,29)	
öffentl. Verwaltung	Ansehen der Tätigkeit (Das Ansehen meiner Tätigkeit in meinem Bereich ist hoch.)	Verletzung pers. Integrität (Es kommt häufig vor, dass ich mich von Vorgesetzten und/oder Kollegen körperlich bedrängt fühle.)	Kundenkontakt (Der Umgang/die Gespräche mit den Kunden ist für mich emotional nicht belastend.)	3264
Varianzaufklärung: 25,7%	0,37 (0,39)	-0,32 (-0,24)	0,20 (0,32)	
verarbeitendes Gewerbe	fachliche Überforderungen (Es kommt häufig vor, dass mir übertragene Aufgaben mein fachliches Können übersteigen.)	Ansehen der Tätigkeit (Mit meiner Tätigkeit leiste ich einen wichtigen Beitrag für mein Unternehmen.)	Entscheidungsspielraum (Meine Arbeit kann ich so organisieren, wie ich es für richtig halte.)	2634
Varianzaufklärung: 22,1%	-0,24 (-0,38)	0,17 (0,36)	0,14 (0,25)	
Erbringung v. sonstigen wirtschaftlichen Dienstleistungen	Kundenkontakt (Der Umgang mit den Kunden macht mir Freude.)	Ansehen der Tätigkeit (Mit meiner Tätigkeit leiste ich einen wichtigen Beitrag für mein Unternehmen.)	—	6029
Varianzaufklärung: 24,0%	0,32 (0,32)	0,24 (0,35)		
Erbringung v. sonstigen Dienstleistungen	Ansehen der Tätigkeit (Das Ansehen meiner Tätigkeit in meinem Bereich ist hoch.)	fachliche Überforderungen (Es kommt häufig vor, dass mir übertragene Aufgaben mein fachliches Können übersteigen.)	—	2422
Varianzaufklärung: 18,9%	0,29 (0,33)	-0,17 (-0,30)		
Erbringung v. Finanz- und Versicherungsdienstleistungen	fachliche Überforderungen (Es kommt häufig vor, dass mir übertragene Aufgaben mein fachliches Können übersteigen.)	Ansehen der Tätigkeit (Mit meiner Tätigkeit leiste ich einen wichtigen Beitrag für meinen Bereich.)	Kundenkontakt (Der Umgang mit den Kunden macht mir Freude.)	6464
Varianzaufklärung: 24,5%	-0,24 (-0,41)	0,21 (0,30)	0,15 (0,30)	

Interpretationshinweis:
Eine schwarze Zahl in einer Zelle zeigt einen *"je mehr, desto mehr-Zusammenhang"* an; eine rote Zahl in einer Zelle zeigt einen *"je mehr, desto weniger-Zusammenhang"* an.
Bei den Werten in den Zellen unter den Einflussfaktoren handelt es sich um die Regressionskoeffizienten (β) mit je $p < 0.01$.

Beispiel: Viele Mitarbeiter eines der von uns betreuten Unternehmen wurden quasi ein zweites Mal entlassen. Einige Jahre zuvor wurde schon einmal die Entscheidung gefällt, das Werk zu schließen. Wir sind durch die Arbeitsunfähigkeitsdatenanalyse der AOK-Daten darauf aufmerksam geworden, weil bei dem bei der AOK versicherten Teil der Belegschaft damals mehr als 20 % psychisch-psychiatrische Diagnosen bei einem sehr hohen Krankenstand festgestellt worden waren.

Als wir mit der Personalleitung die Hintergründe des enormen Anstiegs der psychisch-psychiatrischen Diagnosen diskutierten, die zu diesem Zeitpunkt ja schon ein Jahr alt waren, teilte sie uns mit, dass die Entscheidung, das Werk zu schließen, wieder rückgängig gemacht worden war und sie nun mit der sehr schwierigen Aufgabe betraut wurde, die bereits entlassenen Mitarbeiter wieder einzustellen.

Wie nach jeder Entlassungswelle zeigte sich damals bei den verbleibenden und den wieder neu zurückeingestellten Mitarbeitern das sogenannte *Survivor-Sickness-Syndrom:* der weitgehende Verlust von Vertrauen zum Arbeitsplatz mit seinen schädlichen Einflüssen auf die Gesundheit und das Selbstvertrauen.

Damals wurde ein Projekt gestartet, das Vertrauen so weit wie möglich wiederaufzubauen, einen Teil dieses Projektes konnten wir durch eine einfühlsame Workshop-Reihe für die Mitarbeiter unterstützen, in welchen sie angeleitet wurden, wie sie trotz der bestehenden Unsicherheit etwas für ihre Gesundheit, hier für ihren Rücken, tun können.

In der Tat ging der Krankenstand wieder deutlich zurück und die Diagnosemuster hatten sich wieder normalisiert.

Dann kam für die Belegschaft völlig unerwartet die Nachricht aus dem Konzern, dass nun (nicht mal aus ökonomischen Gründen) der Standort doch geschlossen werden müsse.

Abgesehen von der Tatsache, dass diese Menschen nicht nur wirklich Hilfe verdienen, sondern dringend brauchen, sah ich hier noch einen wesentlichen und anderen Punkt, weshalb gerade dieses Projekt keine Katastrophe, sondern eine Chance für alle hier angeschriebenen Institutionen darstellt.

Dazu kurz ein Überblick über aktuelle Daten aus der wirtschaftlichen Entwicklung und der Entwicklung von Gesundheitsdaten. Die Zunahme von psychischen Belastungen bei gleichzeitigem Anstieg des Altersdurchschnittes wird, so heißt es, zu unerwünschten Synergieeffekten führen: chronische Krankheiten verstärkt bei sozial schwachen Schichten, Mangel an gut ausgebildeten Fachkräften und das Fehlen von finanziellen Mitteln für Investitionen bei gleichzeitigem Rückgang von Steuereinnahmen, alles das birgt tatsächlich alle Anzeichen einer Superkrise.

Hinzu kommt: Knapp ein Drittel aller Arbeitslosen entwickeln eine Depression im ersten Jahr ihrer Arbeitslosigkeit. Im zweiten Jahr sind es bereits 38 %. Das ist nicht nur schlimm, sondern ohne Beispiel, seit man Gesundheitsstatistiken auswertet. Kombiniert mit einer zweiten Meldung zeigt sich das ganze Ausmaß an möglichen Gefahren für unser Gesellschaftssystem: In Deutschland leben ein Viertel aller Kinder – in Berlin sogar mehr als ein Drittel – in sogenannten Hartz-IV-Haushalten unter oder an der Armutsgrenze. Sind das nicht die Kinder, die wir in spätestens zehn Jahren dringend brauchen, um unser Gesellschaftssystem auch nur einigermaßen aufrechtzuerhalten?

So betrachtet, bot dieses Problem die einzigartige Gelegenheit, in einem Pilotprojekt ein Depressionspräventionsinstrument zu entwickeln, das, wenn wir den aktuellen wirtschaftlichen Nachrichten Glauben schenken müssen, sehr bald auch in vielen anderen Betrieben zum Einsatz kommen müsste. Denn der demografische Wandel verlangt, dass der zunehmende Bedarf an Arbeitskräften in ein bis zwei Jahren dann auch einsatzfähig ist. Wir wissen, dass depressive Menschen sehr geringe Chancen haben, sich erfolgreich zu bewerben bzw. selbst wenn sie Chancen haben, diese nicht ergreifen, weil sie sie krankheitsbedingt gar nicht wahrnehmen.

Insofern könnten wir mit einem auch lange genug angelegten Projekt der Depressionsprävention nicht nur für deren Mitarbeiter etwas tun, sondern ein neues wichtiges Produkt für die Gesundheitswirtschaft erstellen (übrigens die Branche mit den meisten Arbeitsunfähigkeitstagen aus der psychisch-psychiatrischen Diagnosegruppe), die, wie die Datenlage ja zeigt, über ein solches Instrument noch nicht verfügt.

Erfolgreiche Maßnahmen zur Stärkung des Selbstvertrauens waren

- Information ist in der aktuellen Situation wesentlich, die Mitarbeiter möchten wissen, wie der Stand der Dinge ist. Dafür sind Betriebs- und Abteilungsversammlungen zu gestalten.
- Ernst gemeinte Anerkennung der geleisteten Arbeit ist wichtig für das Selbstvertrauen der Beschäftigten.
- Identifikation ist wichtig, damit der Betrieb nicht bereits vor der Schließung „auseinanderfällt".

- Unterstützung der Führungskräfte ist wesentlich, damit diese mit ihrer eigenen Unsicherheit und der der Mitarbeiter klarkommen.

Empfehlungen

- Workshops mit Schulungsaspekt für die Koordinatoren, wie sie mit eigenem Stress durch Unsicherheit und dem Stress der Mitarbeiter umgehen können.
- Workshop im Leitungsteam zur Bedeutung und Stärkung der Identifikation mit dem Unternehmen.
- Gespräche mit Mitarbeitern (insbesondere zum Umgang mit beruflichen Veränderungen).
- Zur Vermeidung eines weiteren Anstiegs der Herz-Kreislauf-Erkrankungen eine Bestimmung von BMI, Blutdruck, Blutfettwerten (Gesamtcholesterin) und Bauchumfang, um den sogenannten SCORE Deutschland zu berechnen und individuell zu beraten (Der SCORE Deutschland ist eine anerkannte, epidemiologisch abgesicherte und für die Primärprävention entwickelte Risikotabelle zur Vorhersage des 10-Jahres-Risikos für tödliche Herz-Kreislauf-Krankheiten).

Salutogenese

Theoretisch wird hier auf die Gesundheitstheorie von Aaron Antonovsky Bezug genommen. Antonovsky hat mit seiner Theorie der Salutogenese eine wichtige Voraussetzung erfüllt, die dem vorliegenden Theorienbildungsprozess als Regelansatz entspricht. Mit Anotovskys Konzept des Sense of Coherence wird eine distinktive Wahrnehmungsveränderung als Gefühlsqualität intersubjektiv beschreib- und nachvollziehbar als Folge der Anwendung deskriptiver Regeln empirischer Forschung als zentrales theoretisches Konstrukt einer neuen Theorie der Gesundheit bestätigt: Die Kunst, trotz widriger Bedingungen in der Umwelt gesund zu bleiben, so Antonovsky, besteht in der Kunst, genau jene Umweltbedingungen als Orientierung für eine innere Wahrnehmungssteuerung zu nutzen, die sich dann als Orientierung am Sense of Coherence überindividuell und interkulturell beschreiben lässt. Antonovsky verweist in diesem Zusammenhang darauf, dass der Sense of Coherence keineswegs mit Copingstilen verwechselt werden dürfe, sondern vielmehr seine zentrale Kompetenz darin zeige, in der Lage zu sein, in den entsprechenden Situationen aus einem Arsenal unterschiedlicher Copingstile den jeweils passenden auszuwählen. Aus einer ersten Irritation der Forschungsergebnisse entwickelt sich in der Forschungsgruppe um Antonovsky nach und nach eine komplexe Theorie von gefühlsgeleitetem kompetenten Wahrnehmungsmanagement.

Bei Antonovsky zeigt sich auch ein ganz wesentlicher Aspekt der Kunst der Theorienbildung, die man seit Charles Sanders Peirce als Schlussmodus der „Abduktion" bezeichnen kann.*Derabduktive Schluss* auf eine neue Gefühlsqualität und mit diesem auf eine neue menschliche Grundkonstante, eine Conditio humanis, kurz *die Erfindung* des Sense of Coherence durch Antonovsky, muss der **Entdeckung** vorausgehen. Entdeckt werden kann der Sense of Coherence erst dann, wenn er zuvor erfunden worden ist, empirisch bestätigt in seiner für die gesamte Gesundheitsforschung bahnbrechenden Bedeutung erst, wenn er nach seiner Entdeckung ausreichend untersucht wurde.

Nun kann man sich heute eine Zeit vor dem „Sense of Coherence" kaum mehr vorstellen, obgleich sicher ist, dass es sie gegeben haben muss. Da der abduktive Schluss auf eine neue Realität immer auch die Möglichkeit von Irrtum und besonders auch Wahnsinn einschließt (daher hat die Abduktion oder, wie Peirce sie auch nennt, „Hypothese" anders als Deduktion und Induktion keine Akzeptanz bei den führenden Wissenschaftstheoretikern: Popper sagt, wie eine Hypothese entsteht, sei nicht Gegenstand einer wissenschaftstheoretischen Erörterung), sind erfolgreiche abduktive Schlüsse bzw. Theoriebildungsprozesse immer auch mit hohem persönlichen Engagement, Commitment und Risiko verbunden. Abduzieren ist gefährlich für die eigene Karriere und möglicherweise auch für die eigene psychische Gesundheit. Das scheint den abenteuerlichen Anteil der Legendenbildung bei jedem Pionier in Forschung und Wissenschaft auszumachen:

Das geradezu heldenhafte Festhalten an der persönlichen Überzeugung in einer Zeit, in der alle Zeichen gegen die Gültigkeit der neuen Theorie und der persönlichen Überzeugung sprechen. Welch harte Schicksale manche der Wissenschaftspioniere zu ertragen hatten, mag das Beispiel von William Harvey, der im Jahre 1628 erstmals eine zutreffende Beschreibung des menschlichen Blutkreislaufes verfasst hatte, illustrieren. Unter dem damals als Spottnamen bekannten Begriff „the circulator" wurde er lange Zeit in London als einer der größten Spinner seiner Zeit betrachtet und beschimpft. Immerhin bestätigte sich seine Theorie noch zu seinen Lebzeiten und der Spott wich der angemesseneren Bewunderung und Anerkennung.

Außerdem sei hier darauf hingewiesen, dass ein abduktiver Schluss, nach Peirce ist das *das Schließen von einem Ereignis auf die Gültigkeit einer noch zu formulierenden Regel unter der Bedingung der Annahme der Geltung einer noch vorläufigen Theorie,* nicht nur für sich genommen schon ein geistiges Kunststück, sondern geschieht im Allgemeinen unter Bedingungen der ganz offensichtlichen *Nichtgeltung* einer bewährten Theorie:

So waren im Falle Antonovskys die Ergebnisse der Untersuchung der Gesundheit von einem Teil der ehemaligen Häftlinge von Konzentrationslagern alles andere als theoriekonform, sie widersprachen jeder Theorie und jeder empirischen Erwartung der beteiligten Forscher. Aus einer solchen Irritation der Erwartungs- und Wahrnehmungsgewohnheiten ein neues theoretisches Konstrukt zu schaffen, also tatsächlich die Durchführung eines Schlusses von einem Ereignis auf eine Regel vorzunehmen (die beobachteten Personen verhalten sich anders) und darin gleichzeitig eine neue Theorie zu testen (die beobachteten Personen nutzen den *nun erst von Antonovsky zu (er)findenden Sense of Coherence* anders als die anderen Personen), erweitert die Erwartungs- und Wahrnehmungsgewohnheiten um neue Möglichkeiten der Erklärung: Das macht wissenschaftlichen Fortschritt aus und erfordert enorme Selbstdisziplin innerhalb eines sehr unsicher gewordenen allgemeinen Erfahrungsraumes, der ja solch neue Erklärungen eben nicht wahrscheinlich macht.

Und eins ist sicher: Ohne den Sense of Coherence gäbe es heute keine um Gesundheitsförderung erweiterte Prävention.

Der sogenannte Sense of Coherence wird in seinen drei psychologisch emotionalen Erscheinungsformen der Meaningfulness, der Manageability und der Comprehensibility durch das von Antonovsky und Forscherkollegen zur Verfügung gestellte empirische Datenmaterial allgemeinen Überprüfungsprozeduren zugänglich gemacht. Die Überprüfung der in der Theorie enthaltenen Hypothesen kann hierdurch einerseits zu einer Erweiterung der Theorie, andererseits zu einer Zurückweisung von anderen Aspekten der Theorie führen.

Im Zuge der oben begonnenen Theorienbildung zum Verständnis von Betrieblicher Gesundheit lassen sich weitere Erkenntnisse der jüngeren Vergangenheit verwenden, um das Gebilde persönlicher betrieblicher Gesundheit besser zu verstehen. Die Anteile der persönlichen betrieblichen Gesundheit sind diejenigen Anteile des Sich-gesund-Erhaltens, die den Mitarbeiterinnen und Mitarbeitern eines Betriebes von diesem Betrieb zur Verfügung gestellt werden. Doch worum kann es sich dabei handeln? Was kann ein Betrieb seinen Mitarbeitern so zur Verfügung stellen, dass diese es so nutzen können, dass die eigene Gesundheit eher erhalten wird, als wenn diese Mittel nicht zur Verfügung stünden?

Es handelt sich hierbei um sogenannte Gesundheitspotenziale: Kommunikationsangebote, die in jedem Unternehmen den Mitarbeiterinnen und Mitarbeitern neben dem Gehalt als Gratifikation zur Verfügung gestellt werden, in der Regel von eigens dafür eingestellten Kommunikatoren, die im betrieblichen Alltag oft Führungskräfte genannt werden. (Es kann sich dabei auch um andere relevante Schlüsselpersonen handeln, sie müssen allerdings ähnlich wie Führungskräfte über einen privilegierten Zugang zur Deutungshoheit darüber verfügen, was in der betrieblichen Realität als sinnvoll und was als nicht sinnvoll zu betrachten sei.)

Diese Kommunikationsangebote, sofern es sich um positiv wirksame Potenziale handelt, sind an wechselseitig zu erfüllende Erwartungen gebunden. Ebenso die ebenfalls im Betrieb zur Verfügung gestellten Gefährdungen, die in der Regel dann statt der Potenziale angeboten werden, wenn die Verhaltenserwartungen an die Mitarbeiter aus Sicht der Schlüsselpersonen nicht genügend erfüllt werden. Gesundheitsgefährdungen als Kommunikationsangebote formuliert, sind immer auch Warnsignale an die Mitarbeiter: Wenn ihr weiterhin nicht die Erwartungen erfüllt, gestalten wir die innerbetriebliche Kommunikation mehr und mehr sinnfrei und das wird eurer Gesundheit schaden, denn wie Antonovsky gezeigt hat, macht sinnfreie Kommunikation auf Dauer krank (das sagt natürlich niemand explizit, die Botschaft kommt jedoch nichtsdestotrotz bei jedem an).

Es ist bemerkenswert, wie wenig bewusst sich die Beteiligten an diesen komplexen Kommunikationsverhältnissen sehr aktiv beteiligen. Aus meiner Sicht erklärt sich die geringe Bewusstheit zum großen Teil aus einem allgemein geteilten Tabu über das Sprechen über Gesundheit. Hans Jürgen Gadamer hat in seinem sehr lesenswerten Essay „Über die Verborgenheit der Gesundheit" die wesentlichen Begründungen für dieses

Tabu geliefert, Fritz Simon in seinem nicht weniger lesenswerten Buch „Die andere Seite der Gesundheit" zusätzliche politische Argumente für das Tabu entwickelt. Kurz zusammengefasst lässt sich das Sprechverbot über Gesundheit so formulieren: Nach Gadamer kann kein Arzt oder irgendein anderer Experte eine Letztbestimmung für die Gesundheit eines Menschen liefern, da immer nur dieser bestimmen könne, was für ihn Gesundheit sei und was nicht. Fritz Simon erläutert scharfsinnig den Unterschied zwischen totalitären Systemen und freiheitlich demokratischen am in den Systemen geltenden Verständnissen von Gesundheit: In totalitären Systemen sei alles, was nicht explizit erlaubt oder vorgeschrieben sei, verboten. In freiheitlich demokratischen Systemen sei alles, was nicht ausdrücklich verboten ist, erlaubt. Daraus folgt fast zwangsläufig, dass auch für die Gesunderhaltung in totalitären Systemen genaue Vorschriften bestehen und Verbote und Gebote alles um das Thema Gesundheit regeln dürften. In einem solchen System liegt es dann auch nahe – so wie es sich historisch in Deutschland tatsächlich unter der Herrschaft der Nationalsozialisten ereignet hat, dass der Gesundheitsbegriff vom Einzelnen auf den „Volkskörper" erweitert wird und über diesen hinaus zu einer Definition von „lebenswert" und „lebensunwert" fortschreitet. Insbesondere auch vor diesem Hintergrund muss jede positive Definition von Gesundheit sehr kritisch betrachtet werden, selbst dann, wenn sie von der scheinbar unverdächtigen Weltgesundheitsorganisation in der berühmten Ottawa Charta von 1984 vorgeschlagen wird. Allerdings scheint bei der dort vorgeschlagenen Definition eines „umfassenden alle psychosozialen Bereiche einschließenden vollständigen Wohlgefühls" für Gesundheit die Gefahr des diktatorischen Vorschreibens mangels irgendeines Realitätsbezuges (abgesehen von möglicherweise einem aberwitzig winzigen Teil der Weltbevölkerung) relativ gering zu sein.

Die Frage, was gesund erhält, ist strukturell völlig verschieden von der Frage, was krank macht. Die letztere Frage lässt sich nicht nur beantworten, dafür gibt es sogar ein von der WHO zur Verfügung gestelltes und dauernd erneuertes Antwortsystem: den ICD-Schlüssel der derzeit existierenden Krankheiten, welche sich in den letzten 20 Jahren dramatisch in Auftretungshäufigkeit und Dauer verändert haben, weil sie in ein sich dramatisch veränderndes wirtschaftliches und politisches System eingebunden sind. Was früher der Herzinfarkt war, ist heute die Depression und der verbrauchte Rücken. Betroffen sind heute nicht mehr die Manager, sondern die „normalen" Menschen. Die vielbeschworene Schere der Einkommensentwicklung lässt sich auch anhand der gestellten ICD-Diagnosemuster nachzeichnen.

Aber die Frage „Was macht mit welcher Krankheit krank?" wird erst nach Versagen einer Antwort auf die präventive Frage „Was hält gesund?" relevant. Gerade deshalb wird diese präventive Frage immer wichtiger – nicht nur für die Gesundheitswissenschaften, sondern auch für Wirtschaft und Politik.

Das Problem in der Gesundheitsforschung besteht weniger darin, herauszufinden, welche Teilsysteme unseres Körpers wie funktionieren, auch nicht darin, welche Ursachefaktoren in der äußeren, persönlichen, sozialen, wirtschaftlichen und betrieblichen Umwelt wie auf den Körper wirken, das ist bzw. wird erfolgreich erforscht, sondern das

Problem besteht darin, wie solche Erkenntnisse von den Menschen zur Förderung ihrer Gesundheit genutzt werden können. Es handelt sich hier um ein Kommunikationsproblem und nicht um ein Wissens- oder Forschungsproblem.

Was genau ist also mit **Salutogenese** bezeichnet? Der Unterschied zwischen einer Krankheits- und einer Gesundheitsorientierung besteht a) im Gegenstand und b) in einer unterschiedlichen zeitlichen Orientierung.

Eine **Krankheit** muss und kann behandelt werden, wenn sie vorhanden ist, also durch Diagnosen, die man voneinander abgrenzen kann, beschreibbar ist. Da ist bereits etwas entstanden, was nicht mehr zu verhindern ist, sondern behandelt werden muss.

Gesundheit kann weder so eindeutig beschrieben werden wie eine Krankheit, noch ist sie etwas, was jetzt gerade entstanden ist.

Und ein präventives, gesundheitsförderliches Verhalten ist dann erfolgreich, wenn keine Krankheit entsteht. Das ist allerdings exakt das wissenschaftliche Messproblem in der Prävention als Gesundheitsförderung. Wenn nichts entsteht, dann kann man auch nichts identifizieren, was dazu beigetragen hat, dass etwas anderes nicht entstanden ist.

Was hier übersehen wird, ist eine simple Erkenntnis: Man kann und soll Gesundheit zwar nicht messen, aber man kann sehr wohl Faktoren, die den **Prozess** der Gesundheitserhaltung empirisch nachweisbar unterstützen, identifizieren und diese Faktoren dann organisieren.

Um das zu tun, verwenden wir das bereits mehrfach erwähnte Modell, das drei Größen systematisch zueinander in Beziehung setzt: **Gefährdungen, Potenziale und subjektive Beschreibungen des Wohlbefindens und von Befindlichkeitsstörungen:** Arbeitsfreude und Selbstvertrauen auf der positiven Seite, körperliche Beeinträchtigungen, Gereiztheit und Erschöpfung bzw. Burn-out auf der negativen Seite (vgl. Beck 2003; Ducki 2000; Ducki & Greiner 1992; Westermayer & Stein 2006). Dabei wird in der Tat ein ursächlich wirkender Mechanismus unterstellt: Je höher ausgeprägt die Gefährdungen empfunden werden, desto höher ausgeprägt werden die negativen psychischen und körperlichen Befindlichkeiten sein, die wiederum eine Vorstufe zu Krankheiten darstellen. Auf der anderen Seite können wir einen positiven Mechanismus identifizieren. **Je höher ausgeprägt Gesundheitspotenziale in einem Unternehmen oder einem anderen sozialen System ausgeprägt sind und als solche wahrgenommen werden, desto mehr positive Emotionen wie Arbeitsfreude und Selbstvertrauen werden empfunden.**

Diese Empfindungen gehen offensichtlich mit der körpereigenen Produktion von Stoffen einher, die Schutz vor Krankheit bieten und gleichzeitig wiederum eine positive Erwartungshaltung an die Umwelt und darin Lernbereitschaft fördern, was wiederum die verstärkte Wahrnehmung von Potenzialen fördert und so fort. Und offensichtlich führen diese positiven Empfindungen auch dazu, dass sich Menschen (durch Sport, Ernährung, erfüllendes Sozial- und/oder Liebesleben, was auch immer – das ist privat und geht niemanden etwas an) fit für die Herausforderungen in Beruf und Gesellschaft halten, weil sie in diesen Sinn erkennen können. Unternehmen und andere soziale Systeme haben nach diesem Modell die Wahl zwischen der Herstellung eines sich eskalierenden Teufelskreises im Zusammenspiel von Gefährdungen und gesundheitsbeeinträchtigenden und Leistung reduzierenden Befindlichkeiten und einer positiven Eskalation von Lern- und Entwicklungsmöglichkeiten, den damit verbundenen Emotionen von Freude, Stolz und Selbstvertrauen etc. **Das eine macht krank und eskaliert die Kosten, das andere erhält und fördert die Gesundheit der Menschen, schafft Produktivität, Qualität und Profit.** Ich wähle sehr bewusst diese extrem polarisierenden Beschreibungen, weil sie in der Tat reale Wirkungen beschreiben. Diese lassen sich in Reinform selten in den Extremen beobachten, weil jede Organisation über beide Wirkfaktoren – Gefährdungen und Potenziale – verfügt.

Jedes soziale System kann Gefährdungen oder Potenziale als Motor nutzen. Dahinter stehen verschiedene Grundüberzeugungen und Menschenbilder, also eher weiche Faktoren, die Wirkungen aber können in der Tat gemessen werden. Sie werden nur selten durch Messungen überprüft.

Salutogenese im Betrieb

Das Modell der Betrieblichen Gesundheit wird als Operationalisierung der Antonovsky'schen Salutogenese vorgestellt, Arbeitsfreude und Selbstvertrauen als Operationalisierungen eines betrieblichen Sense of Coherence erklärt, die Unterscheidung von Ressourcen, Potenzialen und Gefährdungen empirisch und theoretisch erläutert und seine handlungspraktische Wirksamkeit anhand der mit mittlerweile 17.000 Menschen durchgeführten Befragungen an Beispielen erläutert.

Auf einer so entwickelten Basis kann gezeigt werden, dass in „schlecht" (dies wird erläutert werden) durchgeführten Reorganisationen von Unternehmen bestimmte Gefährdungsmuster in Kombination mit dem Entzug von Gesundheitspotenzialen tatsächlich vorhersagbare Prävalenzen von Krankenständen und Diagnosemustern entstehen (psychisch-psychiatrische, Symptome, Muskel-Skelett-Erkrankungen).

Es wird danach argumentiert, dass diese negativen Effekte einhergehen mit bestimmten Führungs- und Kommunikationsstilen während Restrukturierungen. Zurzeit sind nach aktueller Datenlage davon insbesondere zwei Branchen betroffen: Verwaltungen und die Gesundheitswirtschaft, die negativen Effekte werden anhand der Ergebnisse eines Kassen- und länderübergreifenden Gesundheitsberichts aufgezeigt und anhand des Modells Betrieblicher Gesundheit erklärt. Am Beispiel eines Branchenprojektes aus der Gesundheitswirtschaft, der Pflegebranche, wird gezeigt, wie im Dreischritt von Analyse, Treiber/Benchmark-Identifikation und auf Datenfeedback basierender Organisationsentwicklung gesundheitsförderliche Veränderungen auch und insbesondere für große Systeme erfolgreich umgesetzt werden können. Dass trotz dieser allgemein verfügbaren Erkenntnisse regelmäßig andere durch ausreichend empirische Überprüfungen als nicht wirksame Gesundheitsförderungsmaßnahmen ermittelte Präventionsansätze von den verantwortlichen Entscheidungsträgern in Management und Politik vorgezogen werden, liegt nicht an der Unkenntnis des Salutogeneseansatzes, der ist den Entscheidungsträgen bekannt, sondern daran, dass die Entscheidungen nicht auf

Basis rationaler Erwägungen getroffen werden, sondern auf der Basis persönlicher und interessengruppenbezogener Vorteilsnahme. Die Durchsetzung des Salutgeneseansatzes hat wenig mit wissenschaftlicher Erkenntnis, aber viel mit Machtverhältnissen zu tun: Nicht die Wissenschaft muss noch mehr Erkenntnisse und Beweise erbringen, die politischen Entscheidungen müssen sich verändern, um dem Salutogeneseansatz den ihm entsprechenden Stellenwert beizumessen. Dieser Artikel möchte einen Beitrag zur Veränderung dieser Verhältnisse leisten.

Als Fazit werden wir deshalb darauf drängen, dass im Sinne des EU-geförderten Ansatzes „Hires" zur Entwicklung nationaler Leitlinien zum Erhalt der Gesundheit der Beschäftigten bei Restrukturierungen solche Leitlinien besonders in Deutschland sehr bald verbindlich umgesetzt werden müssen, weil andernfalls in der Kombination von demografischem Wandel und durch Reorganisationsstress zunehmender chronisch degenerativen Krankheiten eine sehr ernsthafte Bedrohung für unser Gesundheits- und Wirtschaftssystem entsteht. Man sollte in diesem Zusammenhang durchaus auch über Schadensersatzansprüche gegen Beratungsfirmen diskutieren, die mit nachweislich nicht einlösbaren wirtschaftlichen Erfolgsversprechungen wider besseren Wissens immer dieselben Gefährdungsmuster in Unternehmen herstellen helfen und dabei enormen wirtschaftlichen Schaden sowie eine statistisch signifikant messbare Zunahme an chronisch degenerativen Krankheiten von betroffenen Mitarbeitern herbeiführen. Wir werden die in solchen Reorganisationsprojekten erzeugten Kommunikationsmuster im Rahmen des Salutogenesemodells als neue Form der Gesundheitsgefährdung beschreiben. Diese neue Art der Bedrohung ist in der Pflegebranche bereits zur alltäglichen Wirklichkeit geworden, nächste Berufsgruppen werden Lehrer und Erzieher sein sowie alle Berufsgruppen in Dienstleistungssektoren, sofern die dort tätigen Führungskräfte nicht geschult wurden, mit diesen neuen modernen Formen von Stressgefährdung aktiv umzugehen.

Exkurs: Salutogenese als paradigmatischer Wendepunkt der Stressforschung

Der Salutogeneseansatz nach Antonovsky ist ein Ansatz aus der Stressforschung und hat darin alle dem Stressansatz eigenen begrifflichen Probleme des ungeklärten Verhältnisses von Theorie, Gegenstand, Forschungsmethode und daraus abgeleiteten Handlungsvorschlägen (Interventionen) als implizite Problemlösungsaufgabe in sich. Die Stressforschung hat seit Selye immer wieder versucht, den Beobachtungs- und Beschreibungsstandpunkt (*Theorein* = Beobachten) so zu definieren, dass handlungspraktische Konsequenzen entweder für betroffene Individuen oder für Akteure, die auf die Umweltbedingungen dieser Individuen Einfluss nehmen können, als allgemeine und nachvollziehbare Vorschriften formuliert werden können. Hier lassen sich m. E. mindestens fünf verschiedene Handlungsmaximen finden, deren jeweils unterschiedlichen Ausprägungen auf der Individuumsseite (Verhaltensprävention) und Umweltseite

(Verhältnisprävention) sich mit dem jeweiligen historischen Verständnis des Verhältnisses von Natur(wissenschaft) und Individuum (Psychologie) veränderten.

In diesem Verständnis von Stress (Stress-und-Strain-Paradigma) werden automatische Reaktionen des Körpers als Reaktion der Gefahrenabwehr gesehen (ähnlich wie Antikörper), denen das gestresste Individuum ähnlich ausgesetzt ist wie der äußeren Gefahr. In diesem Ansatz gibt es keine Verhaltensprävention, sondern lediglich Hinweise, wie Gefahrensituationen möglichst vermieden werden können bzw. wie die Folgen der Stressreaktion im Körper durch Therapie u. U. geheilt werden können. Hier führt eine zu lange Stressreaktion im Prinzip zum Tode des Organismus. Handlungsmaxime in diesem Ansatz ist: Halte dich fern von Stress, wenn das nicht geht, hoffe auf deine starken Gene und stirb langsam.

Salutogenese und Systemtheorie

Mit Antonovskys Salutogenese hat in der Tat ein völlig neues Denksystem Einzug in die Stressforschung gehalten. Dieses neue Denksystem lässt sich aber nicht gesondert von der damals in sehr vielen Wissenschaften vollzogenen „systemischen" Wende nachvollziehen, die Systemveränderungen in sehr vielen verschiedenen Wissenschaftsfeldern beschrieben. Stichworte sind hier: Chaosforschung, Entropie, Autopoiesis, systemische Familientherapie, systemische Diagnostik.

Die Wende, die sich in diesen Ansätzen vollzogen hat, ist eine **dreifache:**

Während in der **kognitiven Wende** die Kognition als Tätigkeit dem von Stresseffekten und sich dagegen zur Wehr setzenden Individuum zugeschrieben wurde, wird sie in den systemischen Ansätzen dem Naturgeschehen selbst zugeschrieben: Biokybernetik wird als eine Form der Kognition betrachtet, die sich gewissermaßen durch den Menschen und andere biologische Wesen hindurch als Autopoeisis, strukturelle Kopplung oder strukturelle Schließung manifestiert. Neben dem Grundlagenwerk von Maturana und Varela zur biologischen Autopoeiesis, hat Niklas Luhman mit Bezug auf Spencer Brown zunächst für die Soziologie eine eigene Sprache entwickelt, innerhalb derer Systempioniere wie Stierlin, Simon, Baeker, Schmidt, von Foerster wirklich bahnbrechende neue Erkenntnisse für die Psychosomatik und eine neue Form von Stressforschung ermöglichten (vgl. besonders Simon: Unterschiede, die Unterschiede machen). Handlungsmaxime dieser ersten systemischen Wende dürfte sein: Da es per systemischer Theorie und Definition der operativen Geschlossenheit keine Möglichkeit gibt, aus der Psyche die Körperumwelt zu beeinflussen, lass es einfach sein und hoffe auf nicht vorhersehbare, aber glückliche Wirkungen von Irritationen, die sich selbst leider auch nicht richtig steuern lassen. Erstmal Tee trinken und abwarten ist nicht die schlechteste Handlungsmaxime. Man könnte aber auch eine neue Umweltbewegung gründen.

Die zweite Wende vollzog sich nicht von der Biologie über die Soziologie zur Psychosomatik, sondern nahm den anderen Weg der **Chaosforschung.** Hier erschien nun auf einmal die physikalische Welt auf den Kopf gestellt: Während man früher annahm, dass Ordnung Ausdruck einer natürlichen Harmonie in der Natur sei, kommt man nun zur Erkenntnis, dass alle natürlichen Prozesse sich mit hoher Energie auf einen Zustand der Entropie zu bewegen, in dem alles gleich geordnet und darin auch nicht lebensfähig sei, weil – und das ist die neue Erkenntnis – „Leben" immer auf einem Ungleichgewicht beruhen muss (auch eine zentrale Erkenntnis im System Luhmanns). Ordnung in einem lebendigen Sinne meint nun plötzlich Unordnung in einem physikalischen Sinne. Forschungsprogramme, die sich diesem neuen Paradigma verschrieben haben wie die „Synergetik" (Hermann Haken) oder die Richtung der „dissipativen Strukturen" (Prigogine), haben den größten Einfluss auf Antonovskys Arbeiten zur Salutogenese gehabt. Antonovskys Begriff der Kohärenz leitet sich direkt aus dem Ansatz der Chaosforschung ab, da Kohärenz in der Physik die sich selbst verstärkende Tendenz in einer bestimmten Richtung wie etwa bei einem sich selbst antreibenden Schwungrad oder in der Sprache der Synergetik (Haken 2013, S. 1981–1990) das Sich-Ausrichten verschiedener Elemente eines Systems unter einen bestimmten „Ordner" meint. Hier wird in der Tat davon abstrahiert, ob das die Richtung des Wassers in einem sich bildenden Strudel, das Verhalten vieler Menschen auf Massenkundgebungen oder die Koordination eines nach Süden fliegenden Vogelschwarms ist, weil die Verhaltensweisen den Gesetzmäßigkeiten des Systems und nicht den ihnen folgenden Elementen zugeschrieben werden. Die besondere Art und Weise, in der Antonovsky diese Gedanken aus der Physik auf die Stressforschung überträgt, macht seinen Ansatz der Salutogenese aus. Handlungsmaxime hier könnte sein: Das, was ist, ist so wie es ist, weil enorme Anstrengungen auf allen möglichen Ebenen dazu führen, dass etwas, was in Wirklichkeit Ergebnis dauernder Veränderung ist, als Zustand erscheint.

Du musst dich nicht noch mehr anstrengen, du tust es bereits die ganze Zeit: Finde heraus wie du das tust, dann kriegst du vielleicht den Nobelpreis.

Die dritte Wende unter dem Zeichen des „Chaos" vollzog sich angesichts der beiden ersten im Selbstverständnis der Wissenschaften und des wissenschaftlichen Handelns selbst: Nun wurde **die wissenschaftliche Tätigkeit selbst** zum Gegenstand kritischer systemtheoretischer (hier durchaus doppeldeutig zu verstehen) Analysen. Nach einem heute kaum mehr nachvollziehbaren sogenannten Positivismusstreit in den 1960ern wurde mit Feyerabends „Anything goes"

1. der Weg zu einer gestaltpsychologisch/sozioevolutionären Beschreibung aller Wissenschaft unter dem Begriff „Paradigma" freigegeben (Thomas Kuhn versteht unter Paradigma in der Tat eine Gleichschaltung von Denken, Wahrnehmen, Lernen und Verwenden von Begriffen in einer geteilten Sprache und Kultur von Wissenschaftlern, die dem Ablauf eines Gestaltzyklus gleicht),
2. die Aufgabe einer letzten der Wissenschaft eigenen Definition darin gesehen, was Wissenschaft denn von anderen Formen des Denkens und Handelns unterscheide, nämlich diejenige, die Jürgen Habermas als „Handlungsentlastetheit" bezeichnete.

Nun hat sich „Anything goes" in einer anderen, als von Feyerabend erhofften Form verwirklicht. Es geht wissenschaftlich wirklich alles, immer vorausgesetzt, es wird bezahlt.
Handlungsmaxime hier: Forsche, was immer du willst, Hauptsache, du holst Geld rein.

Sense of Coherence (Antonovsky)

Das wohl populärste und am meisten entwickelte (und kritisierte) Konzept für eine
solche Gesundheitsforschung stammt von Aaron Antonovsky. Antonovsky hat mit dem
sogenannten *Sense of Coherence* eine Idee formuliert, nach der es für Menschen möglich sein soll, dass ein bestimmtes *Gefühl* des Vertrauens (in kognitiver, emotionaler
und pragmatischer Hinsicht) sie in die Lage versetzt, in Situationen von Gesundheitsgefährdungen gewissermaßen instinktiv die richtige gesundheitsförderliche Handlungsalternative zu wählen und auch einen dauerhaften Lernprozess zu aktivieren. Nach dem
Motto „Erfolgreiches Handeln bietet immer mehr Handlungsalternativen, die wiederum
mit mehr Erfolg verknüpft sind als nicht erfolgreiches Handeln" scheinen diese
Menschen eine Art Sammlung von erfolgreichen Bewältigungstechniken für schwierige
Situationen zu haben, die – als „Ressourcen" gespeichert – immer dann aktiviert werden
können, wenn die Situation es erfordert. Sie sind so gesehen als Fähigkeiten nicht
beobachtbar, lediglich ihre gefühlsmäßige Begleiterscheinung, ein Gefühl des „Vertrauens" in die Verfügbarkeit dieser Ressourcen, wird sichtbar und messbar:

> „Eine globale Orientierung, die das Ausmaß ausdrückt, in dem jemand ein durch-
> dringendes, überdauerndes und dennoch dynamisches Gefühl des Vertrauens hat, dass
> erstens die Anforderungen aus der internalen oder externalen Umwelt im Verlauf des Lebens
> strukturiert, vorhersagbar und erklärbar sind, und dass zweitens die Ressourcen verfügbar
> sind, die nötig sind, um den Anforderungen gerecht zu werden. Und drittens, dass diese
> Anforderungen Herausforderungen sind, die Investitionen und Engagement verdienen"
> (Antonovsky 1993, S. 12).

Das Kohärenzgefühl (Sense of Coherence) setzt sich nach Antonovsky also aus drei
Aspekten menschlichen Vertrauens zusammen:

- der kognitive Aspekt von Vertrauen als das Gefühl von Verstehbarkeit *(Sense of
  Comprehensibility)*
- der pragmatische Aspekt von Vertrauen als das Gefühl der Machbarkeit *(Sense of
  Manageability)*
- der emotionale Aspekt von Vertrauen als Gefühl von Bedeutsamkeit *(Sense of
  Meaningfulness)* (Westermayer und Stein 1997, S. S. 62)

An dieser Stelle ist es wichtig, Antonovsky wörtlich zu nehmen: Es geht hier nicht um
Vertrauen im herkömmlichen Sinne, sondern um Gefühle des Vertrauens, die sich ange-

sichts einer zunächst als potenziell bedrohlich bewerteten Situation einstellen und in dieser Einstellung den Handelnden befähigen, „erfolgreich" zu handeln.

Vielleicht sollte man es auch als allgemein optimistische und positiv orientierte Weltsicht beschreiben. Es ist nicht nur theoretisch von Bedeutung, wie man sich das Zustandekommen eines solchen „Gefühls", das offensichtlich mit Gesundheit einhergeht, vorstellt. Welche verallgemeinerbaren Wirkungsketten sind hier mit im Spiel? Wer kann hier eigentlich Einfluss nehmen?

Betriebliches Gesundheitsmanagement sollte sich auf betriebliche Aspekte der Gesunderhaltung konzentrieren, und das bedeutet im Kontakt mit betrieblichen Verantwortlichen und den Mitarbeitern (in der Regel sind das erwachsene Menschen, die es nicht mögen, wenn sie durch pädagogische Vorgehensweisen auf den Status eines unmündigen Kindes reduziert werden) gemeinsam herauszufinden, was „gesund" und was „ungesund" ist.

Schlafstörungen

Schlafstörungen haben eine Bedeutung in der Arbeitswelt. Schlechter Schlaf führt zu eingeschränkter Leistungsfähigkeit, Fehlern am Arbeitsplatz und Unfällen. Die Arbeitsbedingungen wie Schichtarbeit können sich negativ auf den Schlaf auswirken. Weithin nicht bekannt ist, in welchem Zusammenhang konkrete Potenziale und Gefährdungen am Arbeitsplatz im Zusammenhang mit Schlafproblemen stehen.

Im Rahmen des betrieblichen Gesundheitsmanagements haben 28.457 Arbeitnehmer verschiedener Betriebe unterschiedlicher Branchen in Deutschland einen 163 Fragen umfassenden Fragebogen ausgefüllt. Aus den Antworten werden die wahrgenommenen Potenziale und Gefährdungen der Arbeit sowie die subjektive Gesundheit der Befragten (inklusive Schlafstörungen) ermittelt und anhand von Zusammenhangsanalysen geprüft, welche Arbeitsbedingungen einen signifikanten Einfluss auf die Gesundheit haben.

71,3 % der Beschäftigten gaben an, wenig bis ausgeprägte Schlafstörungen zu haben. Zunehmendes Alter und das weibliche Geschlecht sind Prädikatoren für die Schlafstörung. Den größten Einfluss auf die Insomnie hat unabhängig vom Geschlecht die Work-Life-Balance. Bei den Männern folgen der Kontakt mit Kunden, physikalische Umgebungsbelastungen sowie häufige Arbeitsunterbrechungen, bei den Frauen sind es die körperlichen Belastungen, physikalische Umgebungsbelastungen und häufige Arbeitsunterbrechungen. Vergleicht man Schlafgestörte und gute Schläfer, dann ergeben sich unterschiedliche Angaben zur Bedeutung einzelner Gesundheitspotenziale und -gefährdungen, wie zum Beispiel Kontakt mit den Kunden, Lernen bei der Arbeit, das Ansehen der eigenen Tätigkeit, Mobbing und fachliche Überforderungen.

Im betrieblichen Gesundheitsmanagement ist die Ermittlung von insomnischen Beschwerden ein wesentlicher Gesundheitsindikator und enorm wichtig, um konkrete Handlungsempfehlungen zur Änderung der Arbeitsbedingungen auszusprechen.

Unsere Ergebnisse geben einen neuen Ausblick in die Erfassung von Daten zum Betrieblichen Gesundheitsmanagement und Einblick in die Zusammenhänge zwischen Arbeitsbelastung/Arbeitsbedingungen und der Schlafgesundheit. Die Berücksichtigung von Schlafstörungen im Rahmen von Befragungen der Arbeitnehmer gibt den Arbeitgebern neue Ideen und Ansatzpunkte für das konkrete betriebliche Gesundheitsmanagement, zum Beispiel die Änderung der Arbeitsbedingungen oder des Arbeitsumfeldes oder der Arbeitsbelastung u.v. a.m. insbesondere mit Fokus auf einen besseren Schlaf.

Stressbewältigung

Mit neuen Erkenntnissen aus der Stressforschung kommen verstärkt die Ansätze zu Gesundheitsressourcen in den Blick, die Gesundheitsrisiken nicht nur von der individuellen Verhaltensweise von Personen abhängig sehen, sondern insbesondere von den Gesundheitschancen/-ressourcen, die in der Umwelt und insbesondere in der betrieblichen Umwelt verfügbar sind.

Der Begriff „Stress" wird auf den folgenden Seiten verwendet, um ein spezifisches Erleben zu beschreiben, das Arbeitnehmer zunehmend äußern. Er bezeichnet eine subjektive Befindlichkeit und nicht die komplexen biopsychologischen Wechselwirkungsprozesse, wenn auch diese den beschriebenen Erlebensweisen zugrunde liegen mögen. Am nächsten scheint die von Lenhardt gegebene Definition für „chronischen Distress" dem zu entsprechen, was im betrieblichen Alltag als „Stress" beschrieben wird:

> „Erfahrung fortgesetzter Erfolglosigkeit bzw. mangelnder Kontrolle in Situationen, die als Herausforderung oder Bedrohung erlebt werden.
> Zwei Formen:
> *aktiver Distress:* Erfolglosigkeit/Kontrolldefizit bei fortgesetzter Verausgabung (dauerhafte angstbetonte Gespanntheit, psychische und physiologische Überaktiviertheit).
> *passiver Distress:* Erfolglosigkeit/Kontrolldefizit bei blockiertem bzw. aufgegebenem Handeln (Hilflosigkeit, Depression, Verzweiflung)" (Lenhardt 2000)

Wenn von betrieblicher Stressprävention gesprochen wird, dann sind damit Aktivitäten gemeint, die geeignet sind, die Ursachen für die „Erfahrung fortgesetzter Erfolglosigkeit und mangelnder Kontrolle" systematisch zu beschreiben, zu analysieren und nachhaltig auszuschalten.

Evaluation betrieblicher Stressprävention

Mit Evaluation sind im vorliegenden Abschnitt alle Aktivitäten gemeint, die geeignet sind, den Einsatz von Präventionsinstrumenten mit Blick auf ihre Effektivität (Zielgerichtetheit), Effizienz (Sparsamkeit, Zeit und Geld), Akzeptanz (Erfassung des Ausmaßes von Konsens über Effektivität und Effizienz bei den verschiedenen betrieblichen Akteuren und Status-gruppen) zu bewerten.

Auf den ersten Blick fällt es manchmal schwer, bei den auf dem Markt angebotenen Stressmanagement- oder Stresspräventionstrainings einen gemeinsamen Nenner zu finden. Von Sportveranstaltungen über Meditationswochenenden, von Rückenkursen bis zu Konflikt- oder Zeitmanagementseminaren, von der Konzentration auf die spirituelle Ebene bis hin zur Reduzierung von Organisationsstress durch Prozessoptimierung oder Businessredesign lässt sich hier alles finden.

Aus unserer Sicht ist betriebliche Stressprävention im Prinzip ein systematischer Aktions- und Evaluationsprozess, der ein als Stress beschriebenes, aufgrund von Daten-analysen identifiziertes Phänomen zum Ausgangspunkt eines systematischen Problem-löseprozesses macht (s. hierzu auch Wagner-Link 2000). Die Datenanalyse soll dabei nach den Kriterien betrieblicher Gesundheitsförderung möglichst viele Datenquellen mit einbeziehen:

1. Ist-Analyse
2. Zielfestlegung
3. Definition des Wegs vom Ist zum Ziel
4. Auswahl der Instrumente (kognitiv, emotional, körperlich, betrieblich etc.)
5. Anwendung der Instrumente mit Prozessbeschreibung und Dokumentation
6. Regelmäßige Überprüfung des Zielerreichungsgrades
7. Analyse der Ursachen von Abweichung vom festgelegten Ziel
8. Zielüberprüfung
9. Maßnahmen zur Korrektur der Zielabweichungsprozesse
10. Neue Ist-Analyse
11. Neue Zielfestlegung.

Dieses Vorgehen lässt sich auf jeder Betrachtungs- bzw. Interventionsebene durchführen. Wir unterscheiden vier Ebenen:

- körperliche Ebene
- kognitive, geistige, emotionale Ebene der Person
- Team-/Gruppen-/Klimaebene
- Ebene der Organisation (physikalische, ergonomische Umgebungsbedingungen, Regeln der Aufbau- und Ablauforganisation, Führungskräfte, Informations-management etc.).

Jeder Ebene entsprechen andere Formen der Datenerhebung, wobei der Befragung hier eine besondere Rolle zukommt. Jeder Ebene entsprechen ferner im betrieblichen Alltag andere Formen der Zuständigkeiten, Kompetenzen und Verantwortlichkeiten.

Alle Maßnahmen, ob diese nun Stressprävention, Gesundheitszirkel, Rückenschule, Führungskräftetraining oder Ernährungsberatung heißen, werden darauf geprüft, inwiefern sie von Unternehmensleitung und Mitarbeitern, den Fachvertretern von Krankenkassen und Unfallversicherungsträgern, den anderen mit Fragen der Gesundheit befassten betrieblichen Akteuren gleichermaßen als Unterstützung erlebt werden und auf eine gemeinsame Analyse des Istzustandes und Zielzustandes zurückgeführt werden können.

Stresspräventionsmaßnahmen für einzelne Personen werden nur nach Bedarfsanalyse durchgeführt. Die Prinzipien der Stressprävention: Istanalyse, Distanzierung von der belastenden Situation, Analyse der eigenen Bewältigungsmöglichkeiten, systematischer Problemlöseprozess, Planung der Vermeidung von zukünftigen Stresssituationen werden jedoch in einem umfassenden zyklischen Prozess von Analysen, Interventionen und Interventionsbewertungen auch auf anderen Ebenen des Betriebes umgesetzt.

Hierdurch lässt sich kurz-, mittel- und langfristig tatsächlich eine Gesundheitskultur aufbauen, die darüber hinaus auch den Bedarfen des Betriebes nach höherer Flexibilität, Kosteneinsparungen und besserer Steuerungsfähigkeit entgegenkommt.

Denn, hat der Betrieb einmal eine solche Analyse- und Interventionskette etabliert und die Vorteile des zyklischen, zielorientierten Vorgehens angenommen, verfügt er über ein ausgezeichnetes Controllingsystem, das nicht nur an Kennzahlen orientiert ist, sondern systematisch auch sogenannte „weiche" Daten integrieren kann.

Literatur

Antonovsky, A.: Gesundheitsforschung vs. Krankheitsforschung. In: Franke A., Broda M. (Hrsg.) Psychosomatische Gesundheit. DGVT, Tübingen. (1993).

Haken, H.: Synergetik. Springer-Verlag, (2013)

Lenhardt, U.: Neue Arbeitsformen zwischen Gesundheitsrisiken und -ressourcen: Anforderungen an eine gesundheitsförderliche Arbeitspolitik, Handout zum Vortrag (2000)

Westermayer, G., Stein, B.: Gesundheit, Vertrauen, Führung: Rückkehrgespräche als Instrument der betrieblichen Gesundheitsförderung. In: RB (Hrsg.) Arbeitsmotivation und Gesundheit. Rückkehrgespräche in der betrieblichen Praxis. FU-Berlin, Referat Weiterbildung, Berlin (1997)

T

Siehe Abb. 1.

Teamgeist – Town Meeting: Die Eskalation von Potenzialen, Arbeitsfreude und Selbstvertrauen

Die positiven Effekte, die viele Town-Meeting-Teilnehmer oder „Behind-the-Scenes-Gäste" berichten, lassen sich aus der geschickten und geplanten Interaktion von gezielt mit enormem technischem Aufwand hergestellten Potenzialen und der positiven emotionalen und kognitiven Reaktion auf die Wahrnehmung dieser Potenziale erklären.

Die technische Infrastruktur und Logistik von Town Meetings ermöglicht die Entwicklung einer positiven Eskalation im Rahmen von sehr großen sozialen Systemen, indem Potenziale hergestellt werden, die emotionalen und kognitiven Reaktionen der beteiligten Menschen durch verschiedene Feedback-Verfahren sichtbar gemacht werden in „realtime" und somit zu neuen Potenzialen umgewandelt werden. Dabei lebt diese neue psychosoziale Methode von den Fortschritten der Technologie: Internet, wireless Laptops, synchrone Datenverarbeitung, Konferenzschaltungen zu parallel abgehaltenen Town Meetings mit Satellitenübertragungstechnik sowie last but not least Erfahrungen mit der Organisation von Kampagnen unter Einbeziehung aller verfügbaren Medien (Filmproduktion, lokale Fernseh- und Radiostationen, Printmedien, Einsatz der Technik „Tracing") und modernen Erkenntnissen zur Rolle des Dialogs zwischen Führenden und Mitarbeitern bzw. Bürgern. Town Meetings inszenieren einen Dialog zwischen Entscheidern und den Menschen, die von diesen Entscheidungen in ihrem Leben betroffen werden in einer Art und Weise, die sonst nur zwischen zwei Personen in Gesprächen oder sehr kleinen Gruppen möglich ist. Indem sie das tun, schaffen sie als Nebeneffekt

G. Westermayer, *Organisationsdesign 4.0 von A-Z.,*
https://doi.org/10.1007/978-3-662-63515-5_23

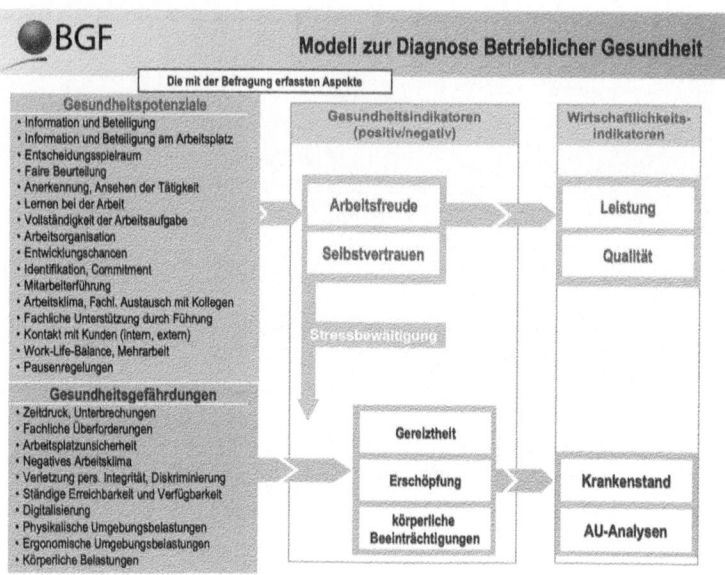

Abb. 1 BGF-Modell T

nicht nur Gesundheitspotenziale für die beteiligten Menschen, sondern auch nachhaltige Veränderungen in den sozialen Systemen selbst.

New Orleans, 2.2. 2006

Am 2.12.2006 fanden in New Orleans und fünf anderen großen Städten im Süden der USA parallel durchgeführte Town Meetings statt, an der in New Orleans konnten wir teilnehmen. Ziel dieser Meetings war es, einen gemeinsamen Plan zum Wiederaufbau der stark zerstörten Stadt zu entwickeln und bei dieser Entwicklung der betroffenen Bevölkerung eine Stimme zu geben, die von den verantwortlichen Entscheidern bei ihren Entscheidungen berücksichtigt werden kann. Diesem unter normalen Umständen möglicherweise banal klingenden Vorhaben stellten sich in New Orleans schier unüberwindliche Hindernisse entgegen.

Dem Vorhaben, einer Bevölkerung eine Stimme zu geben, deren Zusammensetzung sich durch die Folgen des Hurrikans Katrina komplett verändert hat, standen nicht nur praktisch technische Probleme entgegen (Wo ist die Bevölkerung?), sondern auch massive psychologische Probleme.

Die technischen Probleme haben Luckensmeyer und ihre Truppe in nur sechs Wochen gelöst, was mir wie ein logistisches Wunderwerk vorkam. Zunächst mussten für die geplanten Town Meetings Menschen rekrutiert werden, die insgesamt eine repräsentative Stichprobe des New Orleans vor dem Hurrikan bilden können. So hatte sich die Bevölkerungszusammensetzung vor und nach der Katastrophe massiv in einigen soziodemografischen Variablen verändert.[1] Es musste eine Stichprobe gebildet werden, die in ihrer Zusammensetzung in Bezug auf Rasse, Religion, Einkommen, Alter, Geschlecht, Berufe weitestgehend der Situation vor dem Hurrikan entsprach.

Dass sich die Zusammensetzung der relevanten soziodemografischen Variablen so stark verändert hatte, führte eben auch besonders bei den besonders hart betroffenen Bevölkerungsschichten zu einer extrem starken andauernden Traumatisierung. Sie waren nicht nur von dem Unglück besonders stark betroffen, sondern eben auch besonders stark ausgeschlossen von den materiellen Möglichkeiten, sich der Folgen des Unglücks zu erwehren. Nur wer es sich im wahrsten Sinne des Wortes leisten konnte, galt sozusagen noch als Bürger New Orleans.

Hier, glaube ich, hat „America Speaks" etwas wirklich Einmaliges geleistet, was sich nicht in konkreten Hilfsprojekten, die aus der Koordinationsleistung für die Wiederaufbaupläne entstanden sind, zeigen lässt.

Am 2.12.2006 hat America Speaks mit einer tatsächlich repräsentativ zusammengesetzten Gruppe der Bevölkerung New Orleans (allein in New Orleans selbst waren es 1500 Menschen in einem Saal) die Identität *des Bürgers* von New Orleans psychologisch neu definiert.

Abgesehen von der faszinierenden Präzision des zeitlichen Ablaufs dieses Tages war es für mich die seh-/hör-/und spürbare emotionale Veränderung von 1500 Menschen innerhalb von sieben Stunden.

Am Morgen kamen die Menschen teilweise von weit her, mit organisierten Busreisen zu dem Konferenzcenter, in dem sich zur Zeit der Flut wahrlich Horrorszenen abgespielt hatten. Auch deshalb wurde dieser Ort gewählt, um aus dem Ort der „Schande", wie er seit der Flut in New Orleans hieß, wieder einen Ort der Begegnung zu machen. Es war für Kinderbetreuung gesorgt, es standen für die 1500 Teilnehmer 150 Tische zur Verfügung mit 300 Betreuern (pro Tisch ein Moderator und ein Protokollant). Es gab eine große Bühne mit drei riesigen Screens, die später die Satelliten-Liveübertragungen von und zu und von den anderen Town Meetings herstellen sollten, nach Dallas, Baton Rouge etc. Es wurde eine Auswahl der kulturellen, religiösen und politischen Elite der Stadt in einem ausgewogenen Programm von Instruktionen, künstlerischen Darbietungen, politischen Statements und vor allen Dingen der Abstimmungen zu detailliert und präzise aufbereiteten Themen, zu Schul- und Gesundheitssystem, Wiederaufbau, Reorganisation der Polizei, finanziellen und sozialen Hilfsprojekten etc. durchgeführt. Leichtigkeit, Humor, Trauer, Hoffnung, Verbundenheit mit der Stadt und ihrer Vielfalt sowie Präzision, enorme Zeitdisziplin und klare sichtbare Führung und Steuerung des ganzen Ablaufs.

Es wurde in der Tat ein Dialog zwischen den politischen und kulturellen Repräsentanten der Stadt und einer repräsentativen Auswahl ihrer Bürger durchgeführt.

---

[1] Um nur eine der in Frage kommenden Variablen zu nennen: Vor dem Hurrikan gab es ca. 2/3 afroamerikanische Bürger, nach dem Hurrikan nur noch 1/3.

Zynismus, Ärger, ja, Hass waren zu Beginn der Veranstaltung diejenigen Emotionen, die einzeln spürbar wurden, gewissermaßen herausragten aus einer breiten Decke von Resignation.

Am Ende der Veranstaltung waren es in der Tat Freude, Stolz, ernst genommen und gehört worden zu sein, ja, verbunden zu sein mit einer am Morgen noch unbekannten Menge von anderen Menschen. Über die präzise, detaillierte und öffentliche Feststellung, wer sich im Saale befindet (Einkommen, Alter, Rasse, Berufe), über die verschiedenen Beiträge von Künstlern auf der Bühne, über die an jedem Tisch gemeinsam anhand einer Karte von New Orleans vollzogene Feststellung, wo man in dieser Stadt lebt oder lebte, schaffte America Speaks eine gemeinsame Identifikation mit dem Anliegen, sich aktiv am Wiederaufbau der Stadt beteiligen zu wollen. Aus dieser Identifikation wurde mit den statistischen Hilfsmitteln der Repräsentativität und den modernen Medien wie der Satellitenübertragung zu den anderen Meetings in den anderen Städten tatsächlich eine neue Identität geschaffen: Die Geschichte der Katastrophe, die verbunden mit den tausendfachen Tragödien der einzelnen Opfer immer wieder mit Trauer, Aggression, Zynismus und Ärger erzählt wurde und so die Identität des Bürgers als Opfer von Natur- und Politikgewalten stabilisiert hatte, bekam an diesem Tag eine neue hoffnungsvolle und zukunftsgewandte Ausrichtung. Aus einer Tragödie wurde eine Art Romanze: Egal aus welcher Schicht, egal mit welcher Hautfarbe, egal mit welchem Alter, alle konnten sich einigen darauf, dass New Orleans gerade wegen dieser Unterschiede liebens- und lebenswert sei.

Mein letzter Eindruck dieses Tages war die Kombination von zwei für mich typischen Kennzeichen, vielleicht könnte man sagen, das Markenzeichen von America Speaks: positive Stimmung und Präzision.

Nach Beendigung der letzten Abstimmung präzise 10 min vor dem geplanten Ende der Veranstaltung wurde die logistische Herausforderung, einen geregelten Abzug der vielen Menschen ohne Gefährdungen zu organisieren, mit viel Liebe, Humor und Effizienz geregelt: Eine Hip-Hop-Dixieland-Band führte die Menschen mit zu Tanzschritten animierender Musik sicher zu den Ausgängen. Die immer positiver werdende Stimmung des ganzen Tages wurde darin sozusagen noch einmal körperlich verankert. Bei den Ausgängen selbst wurden wir mit einer exakten Dokumentation des gesamten Tages von America-Speaks-Mitarbeitern versorgt – 10 min zur Herstellung, Druck und Verteilung des Berichts: Präzision, Disziplin und Effektivität.

Diese Kombination von sonst nur getrennt zu habenden Aspekten der Organisation schafft Vertrauen, das zusammen mit Beteiligung der Menschen im Respekt vor ihrer Unterschiedlichkeit neue Möglichkeiten erzeugt, gemeinsam für politische, persönliche und wirtschaftliche Gesundheit zu arbeiten, wobei hier Gesundheit so vage bleiben muss wie oben definiert. Freude, Stolz, Selbstvertrauen können hergestellt werden, ohne dabei auf fragwürdige Techniken zurückgreifen zu müssen, wie es Sekten oder fundamentalistische Gruppen tun.

Der Aufwand ist groß und lohnt sich.

U

Siehe Abb. 1.

Unternehmenskultur nach Schein

Nach Schein lässt sich eine Unternehmenskultur auf drei Ebenen beschreiben (Schein 1996):

Die Basis oder besser der innerste Kern einer Unternehmenskultur stellt nach Schein die Grundregel bzw. Gründerregel dar:

1. Ein Unternehmensgründer hat eine Idee für ein Geschäft. In dieser Idee beschreibt er zunächst deskriptiv, welches Produkt oder Serviceangebot er auf den Markt bringen möchte. Findet er Unterstützer für diese Idee, etwa Banken, Partner oder sonstige Förderer, wird er in der Regel finanzielle Mittel zur Umsetzung der Idee erhalten.
2. Hier geht nun der Kern der Unternehmenskultur, die Gründungsidee, bereits dazu über, etwas zu schaffen, was Schein die ersten Artefakte nennt. Artefakte sind die meist materiellen Folgen und Nebenprodukte der Gründeridee: etwa Büros, die gemietet werden, Mitarbeiter, die eingestellt werden, Abteilungen, die gegründet werden, Technologie, die angeschafft wird, Qualitätsstandards, die übernommen, eingeübt und zertifiziert werden. Wenn eine Idee schnell erfolgreich ist, lässt sie sich – von einer Vielzahl von Artefakten schnell umringt – kaum mehr original irgendwo im geschäftigen Treiben des betrieblichen Alltags wiederentdecken.
3. Die dritte Größe, die Edgar Schein als konstituierend für jede Unternehmenskultur beschreibt, ist die Krise. In seiner Unternehmenslehre sind Krisen ambivalente Geschöpfe:

G. Westermayer, *Organisationsdesign 4.0 von A-Z.*,
https://doi.org/10.1007/978-3-662-63515-5_24

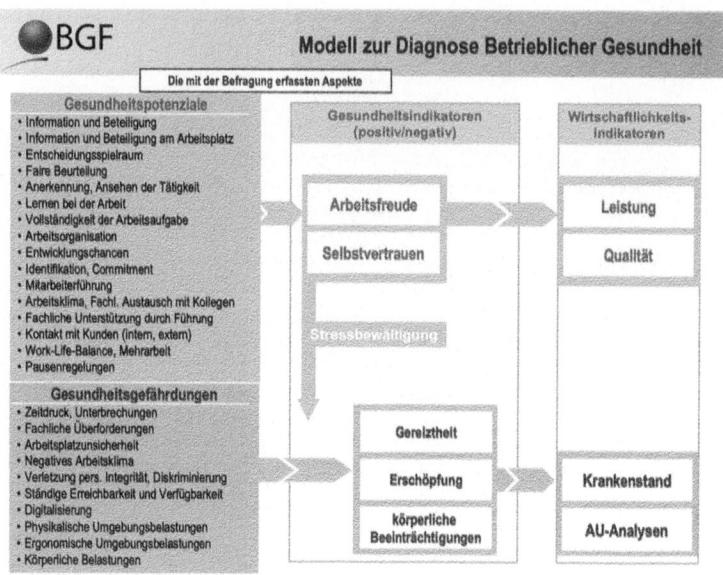

Abb. 1 BGF-Modell U

a) Einerseits zeigen sie dem Unternehmen an, wenn es riskiert, seine Unternehmensidentität zu gefährden (denn nach Schein kann kein Unternehmen gegen die
Grundregeln seiner Gründer, also gegen die eigentliche Identität des Unternehmens
agierend auf dem Markt überleben),

b) andererseits, so Schein, entwickeln sich wirkliche Krisen nur, wenn das Unternehmen tatsächlich mit einem Überlebensproblem konfrontiert ist. In dieser
Hinsicht könnte beispielsweise ein extrem hoher sprunghaft angestiegener
Krankenstand als Krisensymptom für das Management von der Kultur produziert
worden sein, damit dieses endlich mal die richtigen Entscheidungen gemäß der
dann wieder ins allgemeine Bewusstsein tretenden Grundregeln treffe. Hier habe
ich tatsächlich nie verstanden, wie Schein sich die Kommunikation zwischen
Kultur, Management und Belegschaft denkt, was aber in diesem Denken deutlich
wird, ist, dass Schein ein engagierter Gegner aller Kulturtransformationsansätze ist.

Mit diesen drei Beschreibungsmaximen lassen sich tatsächlich Unternehmenskulturen
gestalten.

Literatur

Schein, E.H.: The three cultures of management: Implications for organizational learning. Sloan
Management Review **38**, 9–20 (1996)

V

Siehe Abb. 1.

Verstehen, Sichtbarmachung

Fangen wir an mit dem in der Organisationsentwicklung so beliebten Bild des Eisbergs. Ob nun die „Heuschrecke", der „Eisberg" oder Fitness im Slogan „Fit for Globalisation", die „depressive Wirtschaft", die „Energie", das „Schwungrad" oder gar „Gott" als Metapher bemüht wird, um entweder Organisationsaspekte zu beschreiben oder mehr oder weniger gesunde Aspekte von Veränderungsprozessen zu illustrieren, interessant erscheint uns dabei ein gewisses Muster: Metaphern und Bilder werden immer dann benutzt, wenn entweder Begriffe fehlen, um deshalb das, was zu beschreiben ist, durch ein Bild zu ersetzen, oder die Begriffe fehlten eigentlich nicht, aber das, was zu beschreiben ist, ist so unangenehm, dass das ersetzende Bild benutzt wird, um eine Situation zu beschönigen. Hier haben wir es dann mit einer besonderen Form von Demagogie zu tun.

Bilder und Metaphern haben daher aus meiner Sicht im Betrieblichen Gesundheitsmanagement zwei Funktionen: Situationen zu entdecken, die unverstanden sind und daher mit einem Bild überdeckt werden; der fehlende Begriff wartet gewissermaßen auf seine Entdeckung: Dies ist die heuristische Funktion. Aus einem Bild könnten nach seiner Ent-Deckung Handlungsregeln abgeleitet werden. Die zweite Funktion betrifft eine andere Variante: Etwas in der Tat nicht Gesundheitsförderliches soll schöngeredet werden („Wir sitzen doch alle in einem Boot" – wirklich?), hier lässt sich auch viel Kreativität in Literatur und Praxis entdecken (da gibt es Gärtner, Köche und Götter, die in Betrieben tätig werden). Hier soll Gesundheitsmanagement tatsächlich (wie das in der Tat Mitarbeiter oft vermuten) als Narkotikum oder „Alibiaktion" genutzt werden.

G. Westermayer, *Organisationsdesign 4.0 von A-Z,*
https://doi.org/10.1007/978-3-662-63515-5_25

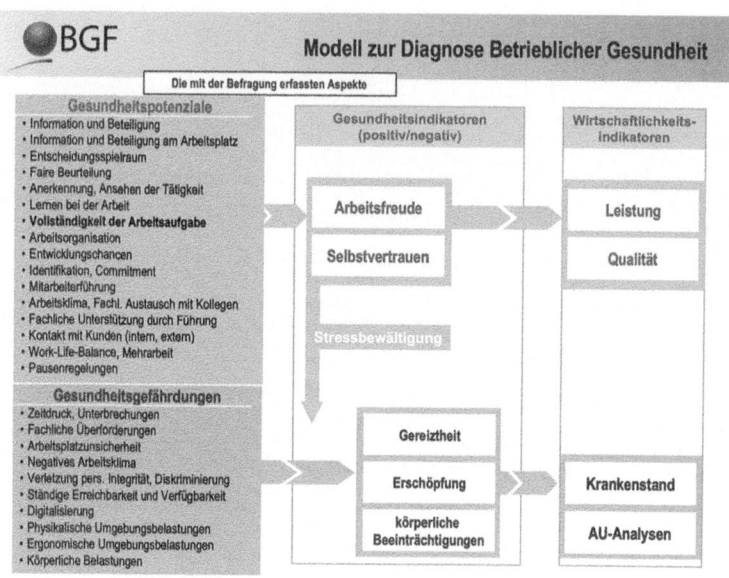

Abb. 1 BGF-Modell V

Vor dieser zweiten Verwendungsweise sollten sich nicht nur Firmen, sondern auch deren institutionelle und private Berater schützen (also Krankenkassen, Berufsgenossenschaften, Beratungsfirmen). Dies ist jedoch nicht immer einfach, besonders dann, wenn Bilder oder Metaphern bereits so selbstverständlich gebraucht werden, dass ihre Begriffslosigkeit nicht mehr auffällt.

Dass mit der Wahl von Bildern und ihrem Gebrauch in der betrieblichen Sprache bestimmte Richtungen von Veränderungen festgelegt werden, darauf weist Fritz Simon hin: „Kybernetik ist die Wissenschaft von vertretbaren Metaphern", zitiert er Gordon Pask, einen der Gründerväter der Steuerungswissenschaft (Simon 2004, S. 63). Bilder spielen jedoch noch in mehrfacher Hinsicht eine Rolle. So ist die Visualisierung von Begriffen, welche komplexe Zusammenhänge beschreiben, mittlerweile so selbstverständlich geworden, dass man sich darüber im betrieblichen Alltag nicht mehr bewusst ist (Empowerment durch Powerpoint?).

Alles, was sichtbar gemacht wird, scheint danach wirklich zu sein, alles, was sich diesem Prozess entzieht, scheint nicht zu existieren.

Eine dritte Bedeutung von Bildern, vielleicht die spannendste, wird angesichts zunehmender subtiler Belastungen und Gesundheitsgefährdungen (wie etwa die der kontrollierten Autonomie) in nächster Zeit größeres Interesse verdienen: Sprachbilder können nach dieser Auffassung so etwas wie verdichtete und geronnene Geschichten sein, die jemand erzählt und die durch das anerkennende Zuhören von wichtigen Gesprächspartnern eine identitätsstiftende und identitätserhaltende Funktion bekommen. Umgekehrt kann das gezielte Ignorieren und Nichtzuhören die gegensätzliche Wirkung haben: Menschen verlieren durch den Entzug von sogenannten Gesundheitspotenzialen die betrieblichen Möglichkeiten der Identitätserhaltung, sie geraten in einen sogenannten „objektiven Regressionsdruck" (Leithäuser und Volmerg 1988).

Ringmars Theorie einer narrativen Identität kann hier Hinweise geben, weshalb durch moderne Managementmethoden, die sich ihrerseits eher mit der geplanten Veränderung von Metaphern als Steuerungsinstrument von Reorganisationsprozessen beschäftigen, zunehmend die Identität bedrohende Effekte entstehen, die sich dann in der Veränderung des Diagnosespektrums von Krankheiten der Belegschaften in solcher Art reorganisierten Betrieben wiederfinden lassen. Auch hier gilt es, die in nicht vertretbaren, weil als Zuschreibung reduzierten Metaphern aufgehobenen Geschichten zu explizieren und zu ihrem vollen Recht kommen zu lassen; oft handelt es sich hierbei dann bereits um Krankengeschichten.

Offen bleibt dabei die Frage, ob es solche „gesunden" Wege überhaupt geben kann. Wenn es sie nicht gibt, kann uns zumindest diese Entdeckung helfen, uns von solchen Prozessen als Gesundheitsmanager fernzuhalten oder, wo das möglich ist, solche Prozesse zu verhindern. Inwiefern die Metapher des Eisbergs hier hilfreich oder hinderlich ist, soll im Folgenden anhand dreier verschiedener Vorschläge diskutiert werden.[1]

Unfreezing, freezing

Auf den folgenden Seiten möchte ich zeigen, wie gut gemeinte, aber schlecht verstandene Ansätze der Organisationsentwicklung das Gegenteil dessen hervorbringen, was sie angezielt haben: gesunde Unternehmen und gesunde Mitarbeiter, die tatkräftig an einem gemeinsamen Ziel arbeiten, nämlich in einer globalisierten Welt des Wettbewerbs nicht nur zu bestehen, sondern dabei kreativ, verantwortungsbewusst, leistungsstark und gesund zu sein.

Die derzeit stark polemisch geführten Diskussionen über träge, veränderungsunwillige Belegschaften mit zu hohem Anspruchsdenken und zu hohem Krankenstand einerseits, über die „Heuschrecken" gleichenden nimmersatten Profiteure auf dem globalen Markt andererseits, die sich ein Unternehmen nach dem anderen einverleiben und gegebenenfalls (selbstverständlich kahl gefressen) wieder von sich geben, um dann nach dieser Verwüstung weiterzuziehen, um anderswo ihr garstig Spiel weiterzutreiben, benutzen in der Regel „Bilder", die, da sie dort eingesetzt werden, wo Begriffe fehlen, wenig zu einem tieferen Verständnis der Situation beitragen, was jedoch für eine Deeskalation von durch objektive Widersprüche hervorgerufenen Konflikten notwendig wäre. Noch einmal kurz zusammengefasst: „Bilder", kaum „vertretbare Metaphern" (vgl.

---

[1] Wobei der letzte nicht ganz unsuggestiv unser eigener sein wird. Womit jedoch kein Anspruch auf Allgemeingültigkeit formuliert sein soll. Wir sind gespannt auf viele verschiedene Vorschläge.

Simon 2004) in der Kommunikation eskalieren Konflikte, die wiederum verhindern, dass ein Konsens (wörtlich: zusammen überlegen), eine Handlung des gemeinsamen Problemanalysierens und Problemlösens gefunden werden kann.

Diese durch Bilder beförderte Eskalation findet in der Regel in den Menschen statt (Dauerstress) und hat gravierende Folgen für die Gesundheit.

Das berühmte Bild des Eisbergs, das wir zur Beschreibung von Organisationen nutzen, hat zwei wichtige Bestandteile, die sich auf der einen Seite auf die Struktur, auf der anderen Seite auf die Dynamik von Organisationen beziehen lassen. Auf die Struktur von Organisationen bezogen sehen wir eine *Ähnlichkeit* zwischen Organisation und Eisberg in der relativen Sichtbarkeit des Ganzen: Nur ein Siebentel sowohl des Eisbergs als auch der Organisation seien *sichtbar.*

Die Ähnlichkeit bezieht sich also auf die Beschreibung eines nur teilweise erkennbaren Ganzen. Jedoch hört hier auch die Ähnlichkeit auf: Während das eine Siebentel des Eisbergs über dem Wasser ebenso aus Eis besteht wie die anderen sechs Siebentel unter Wasser, kann diese Annahme im Falle der Organisation nicht einfach übernommen werden (hier wird die Grenze zur Unvertretbarkeit des Bildes überschritten). Das, was von der Organisation sichtbar ist, etwa das Gebäude, in welchem dieselbe untergebracht ist, die Menschen, die in ihr arbeiten, die in Papier- oder Elektronikform sichtbaren Stellenbeschreibungen etc., stehen nicht etwa für unterirdische Gebäude oder Menschen, die irgendwo im Geheimen wirken, oder andere Beschreibungen von Aufgaben, die nicht sichtbar sind, sondern für ein Regelsystem, das es ermöglicht, das Ganze der Organisation zu beschreiben, und das eben nicht auf den ersten Blick oder das erste Hören verständlich wird. Dieses weiter unten näher zu beschreibende komplette Regelsystem, das ich durchaus in Kenntnis und Abgrenzung zu kritischen Anmerkungen zum Gebrauch des Begriffes in der Literatur die *Kultur* eines Unternehmens nenne, kann ganz im Sinne der zweiten Lewin'schen, dynamischen Bedeutung des Eises, nämlich im Sinne des Prozesses des „Auftauens, Stabilisierens und Einfrierens" sinnvoll genutzt werden.

Offensichtlich müssen wir irgendetwas „unter Wasser" tun, damit sich oben „sichtbar" etwas verändert, nur bleibt sowohl unklar, wie es auf der Organisationsseite des vergleichenden Bildes „unter Wasser" aussieht, und welche Tätigkeit gefragt ist, die Veränderungen herstellen kann. Trotz dieser sehr unscharfen Ähnlichkeiten wird die Metapher „Auftauen" oft benutzt. Sehen wir uns zwei Beispiele an.

Mehr oder weniger vertretbare „Auftau"-Metaphern

In Zeiten von Reorganisationen, freundlichen und feindlichen Übernahmen, Globalisierung, also in Zeiten der „Heu-*Schrecken*" glaubt man, Unternehmen besonders schnell verändern zu müssen. Turbo-Auftaukonzepte sind gefragt. Spätestens jetzt sollte man ein Modell dafür haben, was sich, um im Eisbergbild zu bleiben, da eigentlich unter der Oberfläche verbirgt.

Folgt man einem besonders forschen Beraterguru der Reorganisation, dann bekommt man hier die Antwort: Es ist Trägheit und Beharrlichkeit, welche aufgestört werden müsse.

Es geht hier um menschliche Eigenschaften und Gewohnheiten, die nach Kotters Analyse dafür verantwortlich gemacht werden können, dass eine Organisation sich nicht verändert. Hier sei es dann offensichtlich durchaus legitim, Aktivitäten zu initiieren, die in einem anderen Zusammenhang durchaus als eine Art „Mobbing" verstanden werden dürften. „Auftauen" wird verstanden als Er- und Aufschrecken.

Selbstverständlich ist dieser erste Schritt nicht der einzige, den Kotter vorschlägt. Doch bleibt hier zu bedenken, dass nach diesem ersten Schritt des Erschreckens die Glaubwürdigkeit der Change Agents dahin sein dürfte. Vielleicht kann man sich auch so erklären, dass Kotter ein paar Jahre später den Ergänzungsband *The Heart of Change* nachgeschoben hat, in dem sozusagen das „Herz", das im ersten Band fehlte, nachgeliefert wird. Das grundsätzliche Problem Kotters besteht darin, dass er retrospektiv aufgrund von Veränderungsprojektanalysen deskriptive Regeln für erfolgreiches Change Management formuliert, die nun normativ für die Zukunft angewendet werden sollen. Ein grundlegender methodischer Fehler, den wir in zukünftigen Workshops diskutieren wollen.

Auch bei einem anderen sehr prominenten Vertreter der Organisationsentwicklung aus der humanistischen Tradition lässt sich erstaunlicherweise ein ähnliches Verständnis von „Auftauen" entdecken. So beschreibt Edgar Schein das Auftauen als das Balancieren von zwei verschiedenen Formen der Angst: der Angst vor Existenzverlust und der Angst davor, etwas Neues zu lernen. Als eine Art feststehende Grundregel formuliert er dann, dass, um Organisationsveränderung erreichen zu können (in seinem Verständnis besteht diese darin, dass die Organisation das **Lernen** lernt als einen anhaltenden und dauerhaften Prozess und eine bleibende Fähigkeit), die Existenzangst auch dadurch verstärkt werden könnte, dass man die Angst davor, Neues zu lernen, durch geeignete Führungsaktivitäten vermindere.

Während bei Kotter als erster Schritt das Initiieren von Existenzangst alleine genügt, um die Organisation aufzutauen, braucht es bei Schein ein differenzierteres Ausbalancieren von Ängsten. Schein begründet dieses Primat einer Steuerung durch Angstinduzierung bzw. Angstreduktion mit dem Hinweis auf kulturelle Hemmnisse, die sich insbesondere in der amerikanischen Variante von Managementkultur auffinden lassen (etwa das Primat der Sachebene vor der Beziehungsebene oder das Bild des einsamen Helden, der alles aus eigener Kraft bewerkstelligen könne etc.). In seiner Argumentation lässt er durchblicken, dass er selbst auch nichts von Angst als Lernmotor hält, sein Klientel jedoch, also typische amerikanische Manager, so sehr in dieser Überzeugung verhaftet seien, dass man als Berater diese Überzeugung zunächst respektieren solle, um überhaupt eine Chance zur Erzeugung von Veränderungsbereitschaft zu erhalten. Ich zweifle sehr daran, dass dies ein Vorgehen im Sinne der Organisationsentwicklung sein kann, keinesfalls ist es eines im Rahmen Betrieblichen Gesundheitsmanagements.

Die Eismetapher aus Sicht des Betrieblichen Gesundheitsmanagements

Drei Größen spielen hier eine Rolle: Gefährdungen, Potenziale und Gesundheitsindikatoren. Diese werden per Befragung erfasst und in Datenfeedbackprozessen Mitarbeitern rückgemeldet. Hier können auch durch Korrelationsverfahren mögliche Ursache-Wirkungs-Beziehungen in Rückmeldeveranstaltungen auf ihre aus Sicht von Mitarbeitern geltende Richtigkeit geprüft werden.

Wenn man die Richtung einhält, können Potenziale des Unternehmens von Mitarbeitern genutzt werden, um eigene Ressourcen zu stärken und nachhaltig zum Erhalt der eigenen Gesundheit und der Leistungsfähigkeit des Betriebes zu nutzen.

Wenn wir hier die Eismetapher verwenden, könnte man formulieren, dass über den Prozess der Befragung selbst zunächst einmal Interesse über mögliche Zusammenhänge zwischen Potenzialen und Gesundheitsindikatoren, also etwa körperliche Befindlichkeitsstörungen oder Gefühlszustände wie Arbeitsfreude oder Selbstvertrauen oder Gesundheitsgefährdungen und Gesundheitsindikatoren, etwa Angst vor Arbeitsplatzverlust und Resignation geweckt wird. **Einerster Schritt im „Auftauprozess" ist getan.** In einem zweiten Schritt, nämlich der Diskussion aller Beteiligten über die durch die Befragung und ihre statistische Auswertung nahe gelegten Ursache-Wirkungs-Beziehungen, erhalten die Beteiligten die Möglichkeit, sich für oder gegen die durch die Analyse beschriebene Wirklichkeitsdarstellung zu entscheiden, ihr zuzustimmen oder sie abzulehnen. Hier wird Partizipation umgesetzt, und zwar in Lewin'schen Sinne.

Historisch interessant mag in diesem Zusammenhang sein, dass Lewin das „Auftauen" ja in der Tat mehr oder weniger zufällig im Rahmen eines ungeplanten Treffens zwischen Forschergruppe und befragten Mitarbeitern „entdeckt" hat. Mitarbeiter, die zufällig die Diskussion über die Bedeutung einzelner Befragungsergebnisse zwischen den Forschern verfolgt hatten, entwickelten ein ungewöhnliches Engagement und das große Bedürfnis, sich an der Diskussion zu beteiligen, was Lewin ihnen dann auch gestattete. Die Erfahrung, wie mächtig das in diesem Moment zum ersten Mal zufällig angewandte Verfahren des Datenfeedbacks auf Bewusstheit und Emotionen von befragten Mitarbeitern wirken kann, hat wohl mit zur Etablierung der Eismetapher beigetragen. Datenfeedback kann sozusagen ungeahnte Energien freisetzen, die dann sogar Eisberge zum Schmelzen bringen können. Wie die Metapher nahelegt, geht es bei den Gefühlen, die solche Energien freilegen, wohl nicht um Angst und Schrecken, sondern eher um Neugier, Engagement, Stolz, an etwas Wichtigem mitzuwirken.

Reorganisationen durch Angst zu befördern, ist ein Widerspruch in sich

Offensichtlich hat sich diese Erkenntnis noch nicht richtig herumgesprochen, zumindest bekommt man diesen Eindruck, wenn man verschiedene Reorganisationsaktivitäten betrachtet. Diese scheinen eher einer Vorgehensweise zu folgen, die systematisch durch bestimmte Kommunikationen Gefährdungen erhöht, während Potentiale reduziert werden. In Reorganisationen, so legt es zumindest für uns die Eisberg- und Auftaumetapher nahe, ist man schlecht beraten, die ohnehin vorhandenen modernen Gefährdungen wie Zeitdruck, fachliche Überforderung, Angst vor Arbeitsplatzverlust und Unterbrechungen durch ihre Steigerung dahin lenken zu wollen, dass sich Mitarbeiter nun endlich verändern. Das werden diese dann nicht tun, sondern eher irgendwann einmal erschöpft oder erkrankt resignieren oder aktiv gegen Unternehmensziele agieren (vgl. Gallup-Studie 2004). Nicht der Schaden, den deutsche Mitarbeiter zurzeit ohnehin zu ertragen haben, lässt Mitarbeiter resignieren, sondern der Spott, mit dem sie dann durch nicht vertretbare Bilder überzogen werden.

Unser Auftaurezept besteht tatsächlich mehr in der kontrafaktischen Forderung nach und Förderung von Potenzialen, die Mitarbeiter dann nutzen können, um mit Gefährdungen in einer gesunden Art und Weise umzugehen. Diese Potenziale sind theoretisch und empirisch gut fundiert, erfordern kaum Aufwand und sind umsonst zu haben. Und dazu braucht es keine „Bombenabwurfmethode", sondern klare, sensible und verlässliche Führung, die es nicht nötig hat, falsche Bilder zu verwenden oder pseudopädagogischen Konzepten nachzuhängen, die in anderen Ländern Europas bereits seit mehreren Jahrzehnten ausgedient haben.

Unser Gesundheits-Informations-System könnte man dann, um im Eisbergbild zu bleiben, als Taucherbrille bezeichnen. Dezent, unter Wahrung von Respekt, bisweilen unter Verwendung von Amnes(t)ie werden mit Mitarbeitern und Führungskräften auf der Basis von Befragungsergebnissen Regeln formuliert, die es wahrscheinlicher machen, dass Gefährdungen vermieden und Potenziale genutzt werden können. Da es hier durchaus um schwierige Konfliktsituationen gehen kann, ist eine sensible Strategie der Moderation und der Variation verschiedener Formen der Vertraulichkeitssicherung angesagt. Alles geschieht sozusagen „unter Wasser", hier verstanden als Vertraulichkeit, die sich schützend über die Integrität der beteiligten Personen legt. Was an die Oberfläche gelangen soll, wird gemeinsam und einvernehmlich festgelegt. Öffentliche Konfrontationen, möglicherweise gewürzt mit Schuldzuweisungen und Abwertungen, dienen nicht nur nicht dem Wohlbefinden, sondern verzögern oder verunmöglichen Reorganisationen und gefährden Gesundheit und Leistungsfähigkeit.

Vollständigkeit der Arbeitsaufgabe

Im Fragebogen wird dieser Themenkomplex wie folgt erfragt:

- Bei meiner Arbeit kann ich ein Produkt oder einen Auftrag von A bis Z herstellen bzw. ausführen.
- Ich erledige vor allem Teilaufgaben.

In Workshops haben wir u. a. folgende Fragen gestellt:

* Welche Merkmale bestimmen den Grad der Vollständigkeit einer Arbeitsaufgabe?
* Welchen Stellenwert nimmt die Vollständigkeit der Arbeitsaufgabe mit anderen Merkmalen der Gestaltung der Arbeitstätigkeit ein?
* Wie lässt sich die Vollständigkeit von Arbeitsaufgaben auch bei einfachen Tätigkeiten erhöhen?
* Welchen Stellenwert hat das Gesundheitspotenzial Vollständigkeit der Arbeitsaufgabe, auch im Zusammenhang mit den Altersstrukturveränderungen in Unternehmen infolge des demografischen Wandels (Stichwort Gestaltung von Erwerbsbiografien)?

Im Sinne einer zukunftsorientierten Unternehmensführung erscheint es wichtig, das sogenannte Humankapital optimal zu nutzen.

Merkmale vollständiger Aufgaben sind nach Hellpach (Lang und Hellpach 2013):
* das selbstständige Setzen von Zielen, die in übergeordnete Ziele eingebettet werden können,
* selbstständige Handlungsvorbereitung im Sinne der Wahrnehmung von Planungsfunktionen,
* Auswahl der Mittel einschließlich der erforderlichen Interaktion zur adäquaten Zielerreichung,
* Ausführungsvorschriften mit Ablauffeedback zur allfälligen Handlungskorrektur,
* Kontrolle mit Resultatfeedback und der Möglichkeit, Ergebnisse der eigenen Handlungen auf Übereinstimmung mit den gesetzten Zielen zu überprüfen.

Sequenzielle und hierarchische Vollständigkeit (Hacker 2013):
* Sequenzielle Vollständigkeit:
  - Vorbereitungsfunktion (Zielsetzung, Auswahl zweckmäßiger Vorgehensweisen)
  - Organisationsfunktion (Abstimmen von Aufgaben, horizontal/vertikal)
  - Kontrollfunktion (sich Rückmeldung über die Zielerreichung verschaffen)
  - Hierarchische Vollständigkeit:
  - Anforderungen auf verschiedenen sich abwechselnden Ebenen der psychischen Handlungsregulation
  - Sowohl motorische als auch intellektuelle Problemlösung

Merkmale der Unvollständigkeit dagegen sind:
* Fehlen ausreichender Aktivität (passive Überwachungszeiten)
* Fehlen von Zielsetzungs- und Entscheidungsmöglichkeiten (keine differenzierte Rückmeldung)
* Fehlen von Denkanforderungen (algorithmisch, schöpferisch)
* Fehlen von Kooperationsmöglichkeiten (soziale Unterstützung)
* Fehlen von Lernanforderungen

Wie lässt sich die Vollständigkeit von Aufgaben auch bei einfachen Tätigkeiten Ihrer Erfahrung nach erhöhen? Teilnehmer und Teilnehmerinnen der Seminare haben dazu vorgeschlagen:

- Mischarbeitsplätze
- Arbeitsgruppen
- Dezentralisierung von Aufgaben
- Voraussetzung für „Vervollständigung" von Tätigkeiten: Entscheidung des oberen Managements
- Prozesse erst einmal vollständig abbilden, um Möglichkeiten der „Vervollständigung" sichtbar zu machen
- Revierbildung
- Job Rotation
- Job Enrichment

Verantwortungsdilemma

Die Veränderung des Krankheitspanoramas weg von den körperlichen hin zu den psychisch-psychiatrischen Diagnosen birgt enorme Risiken für die Stabilität unseres Wirtschafts- und Sozialsystems, und das ist keine Übertreibung, sondern eher eine moderate Beschreibung der zukünftigen Entwicklungen.

Wie sieht die aktuelle Situation aus? In Deutschland steigen die Krankenstände seit 2006 wieder an und dieser Anstieg ist offensichtlich Folge eines Kippeffektes, der sich im wahrsten Sinne des Wortes in den Gemütern und Körpern von Millionen Menschen ereignet. Es ist sehr präzise beobachtet der Übergang von Gereiztheit (konstruktive Unzufriedenheit) zu Erschöpfung. In Alltagssprache formuliert: Die Menschen haben die Nase voll, sehen keinen Sinn in ihrer Arbeit und gehen über in einen Zustand von Erschöpfung, Resignation und Demotivation. Man kann kaum ermessen, wie sich dieser Übergang auf eine Verringerung der kollektiven Produktivität auswirkt. Was für Arbeitnehmervertreter als Leistungsverdichtung erscheint, imponiert Arbeitgebern als Produktivitätsverlust.

Hintergrund dieser Entwicklung ist der zunehmende und sich beschleunigende Wettbewerb zwischen und in den Unternehmen. Mitarbeiter starten mit Jahreszielen versehen gegeneinander ins Rennen. Hierdurch werden die eigentlich Gefährdungen eindämmenden Potenziale für alle verringert. Das Arbeitsklima wird als schlecht empfunden, Führungskräfte als ungerecht, die finanzielle Anerkennung als nicht ausreichend für das Überleben, man sieht sich nicht in der Lage, sich mit den Produkten zu identifizieren, es gibt keine Lernmöglichkeiten und wenig Entscheidungsspielräume, obwohl die Jahresziele eigenverantwortlich erreicht werden müssen. Hier hat sich zum Verlust der Potenziale eine neue Gefährdung gesellt: das Verantwortungsdilemma. Es beschreibt die Situation von Arbeitnehmern, die sich einerseits dazu verpflichtet haben, vorgegebene Ziele zu erreichen, aber andererseits die Mittel, die sie dafür benötigen, nicht zur Verfügung gestellt bekommen. Wenn sie auf dieses Dilemma hinweisen, reagieren Vorgesetzte mit Killerphrasen, die sie sich in Rhetorikseminaren angeeignet haben: Ich will keine Problembeschreibungen, ich will Lösungen! Wird es Ihnen etwa zu viel? Andere sehen das hier eher als Herausforderung und nicht als Belastung! Sie zweifeln an Ihrer Kompetenz, das Jahresziel zu erreichen, wir haben das gemeinsam vereinbart! etc. Das Gemeinsame an solchen Killerphrasen ist eine Rhetorikfigur, die in verschiedenen Variationen immer wieder benutzt wird und von Richard Sennett in verschiedenen Veröffentlichungen zu Führungsstilen als Umkehrreaktion beschrieben wird.

Sie erzielt fast immer eine demütigende Wirkung, weil sich Arbeitnehmer sehr selten selbst klarmachen können, wie ihnen gerade geschieht. Diese Kommunikationsfigur funktioniert in drei Schritten:

1. Reduzierung des Kommunikationspartners auf eine Funktion (etwa Zielerreichungsmittel)
2. Distanzierung
3. Instrumentalisierung: Statt Kontaktaufnahme Entwicklung einer Theorie der Funktionsoptimierung

Bei dem Partner in einer solchen Kommunikation entstehen verschiedene Effekte: Die Reduzierung auf eine Funktion bewirkt ein Gefühl des Nichternstgenommenwerdens, man ist offensichtlich keine vollwertige Person, man wird sprichwörtlich übersehen. Die Distanzierung verstärkt dieses Gefühl noch: „Wie heißen Sie nochmal? Kennen wir uns? Warum erzählen Sie mir das? Einzelheiten interessieren mich nicht. Da hab ich keinen Bock drauf! Wenn dieser Vorschlag gut wäre, wäre er wohl nicht von Ihnen gekommen, oder?" Mit dieser Art von Killerphrasen wird nachhaltig Distanz hergestellt und jeder Kontakt vermieden.

Hier fühlt sich der Mitarbeiter bereits eher als Opfer. Was will der Chef eigentlich von ihm? Kann er sich nicht klar ausdrücken und klare Anweisungen geben? etc. Es ist wichtig zu verstehen, dass der Hauptzweck dieser rhetorischen Figur darin besteht, Unklarheit zu erzeugen. Oder mit anderen Worten ausgedrückt, dass sie massiven Stress bei den Gesprächspartnern hervorruft. Unklarheit ist nämlich Stress, was nicht allen Menschen bewusst ist. (Die meisten Menschen denken bei Stress an Zeitdruck. Zeitdruck ist aber für sich genommen keineswegs belastend, nur in Zusammenhang mit einer unklaren Arbeitsanforderung wird er als Stress erlebt.)

Im dritten Schritt der Kommunikation der Instrumentalisierung bietet man ihm, nachdem man den Mitarbeiter gewissermaßen seiner Identität beraubt hat (wenn Leute über Wochen solchen Kommunikationen ausgesetzt sind, fangen sie tatsächlich an zu zweifeln, wer sie denn nun eigentlich seien), eine Ersatzidentität als Instrument an. Dann ist man wenigstens, und das ist hier der entlastende Effekt, nicht mehr gar nichts, sondern für das Große und Ganze irgendwie wichtig als Instrument und Funktion. Man ist Teil des Gesamtfunktionierens und kann, darf seinen Beitrag leisten.

Hier entstehen dann Zuschreibungen und Spitznamen wie „Verkaufskanone", „Loser", „Teflon – an dem perlt alles ab" etc. Oder er ist ein guter Techniker, nur darf er nie mit einem Kunden sprechen etc.

Zwei Hauptzwecke erfüllt diese rhetorische Figur in der Kommunikation: Einmal stellt sie sicher, dass sich die Mitarbeiter dauerhaft in Abhängigkeit fühlen und aus dieser auch keinen Weg mehr herausfinden. Der zweite Zweck scheint dabei aber interessanter, weil er weniger offensichtlich ist. Diese rhetorische Figur stellt sicher, dass Mitarbeiter es als persönliches Versagen bewerten, wenn sie die gemeinsam vereinbarten Ziele nicht erreichen – auch und gerade dann, wenn ihnen die Mittel zur Zielerreichung vorenthalten werden. Sie sind inzwischen so zermürbt, dass sie die mangelnde Zielerreichung tatsächlich als eigenen Mangel erfahren, und zwar auch dann, wenn sie objektiv gar keinen Einfluss auf Zielerreichung und Mittelwahl hatten.

Wir erfragen diese Problematik unter dem Begriff „Verantwortungsdilemma" wie folgt:

- Ich bin für die Erfüllung/das Ergebnis meiner Arbeitsaufgaben voll/allein verantwortlich.
- Um meine Arbeitsaufgabe zu erfüllen, stehen mir ausreichend Mittel und Ressourcen (z. B.: Zeit, Budget, Arbeitsmittel etc.) zur Verfügung.
- Alternativ: Ich bin für die Erfüllung meiner Aufgabe voll verantwortlich und habe keinen/geringen Einfluss auf die dafür notwendigen Mittel.

Die Wettbewerbssituation zu Kollegen schränkt ja gerade in dieser Hinsicht einen offenen Austausch darüber ein, wie diese im Ranking stehen. Sehr oft gibt es in Unternehmen das Verbot, über das eigene Gehalt zu sprechen. Individualisierung der Verantwortung für die Zielerreichung, Personalisierung des Individuums als funktionale Identität, schon läuft die Wettbewerbsmaschine wie von selbst. Hier bleiben aber viele auf der Strecke, die später schmerzlich fehlen werden. Später ist dann, wenn die Manager ihre Boni kassiert haben und die Berater schon dabei sind, das nächste Unternehmen seiner Produktivität und Motivationspotenziale zu berauben. Das System erhält sich dank der Institutionalisierung des Wettbewerbs mit seinen Nebeneffekten des Informationsverlustes und gegenseitigen Misstrauens selbst am Laufen. In dieser psychischen Situation sind Mitarbeiter bereit, beliebig viele Überstunden zu fahren – auch ohne dafür bezahlt zu werden. Man könnte diesen Kommunikationsstil tatsächlich zu Recht als moderne Form eines Sklavenmanagements bezeichnen. Hauptsache ist es, dazu zu gehören und *als jemand* beachtet zu werden.

Hier wird massiver psychischer Druck ausgeübt, der sich irgendwann tatsächlich in höheren Krankheitszeiten und entsprechenden Diagnosen niederschlägt. Beim Thema „Management by Stress" finden sich zahlreiche Beispiele für diese eigenartige Form der Mitarbeiterführung: Mittel- und langfristig führen diese Kommunikationen zu einem enormen Kostenanstieg und Produktivitätsverlusten. Die zu Beginn des Prozesses ebenfalls zu beobachtenden Produktivitätssteigerungen sind rein angstmotiviert und daher nicht nachhaltig.

Es dürfte klar sein, dass eine solche Kommunikation von den Mitarbeitern als wenig hilfreich empfunden wird.

In solchen Situationen steigen viele Mitarbeiter innerlich aus, gehen in die innere Immigration, wo sie versuchen – oft hier schon mit therapeutischer Unterstützung – sich gegen den wachsenden und massiven psychischen Druck zu schützen. Andere versuchen die dauernd steigenden Anforderungen (in vielen dieser Managementsysteme gibt es einen Automatismus der Zielsteigerung) zu bewältigen, scheitern aber an mangelhafter Technik (Softwaresysteme, die eben nicht so funktionieren wie erwartet), mangelnder Motivation und unfähigen Vorgesetzten. Sie werden nach einem etwa einjährigen Verschleißprozess krank, oft dauerhaft.

Am deutlichsten können diese Veränderungen bei drei Berufsgruppen beobachtet werden: Lehrern, Erziehern, Pflegekräften. Angesichts der demografischen Herausforderungen, welche diese Berufsgruppen zu leisten haben: Erziehung und Ausbildung zukünftiger Arbeitnehmer, welche die Garanten für das Sozialversicherungssystem in Deutschland darstellen und die Schulden bezahlen sollen, welche die gegenwärtige Generation gerade aufnimmt. Diese künftige Arbeitnehmergeneration muss etwa 30 % produktiver sein als die heutigen Arbeitnehmer, um beides zu leisten: Schuldendienst und Finanzierung einer überalterten Gesellschaft. Wollen wir deren Ausbilder wirklich durch blödsinnige Managementsysteme verschleißen lassen?

Auf der anderen Seite der demografischen Herausforderung erwarten wir von Pflegekräften, dass sie unsere Eltern bei einem menschenwürdigen Altern unterstützen, nur zu dumm aber auch, dass diese Kräfte gerade dafür wenig Zeit einplanen können. Hier handelt es sich im besten Fall um die Verwaltung von Körpern, wie der Autor Markus Breitscheidel in „Gewaschen, gefüttert, abgehakt" (Breitscheidel 2011) eindrucksvoll beschreibt.

Literatur

Breitscheidel, M.: Gewaschen, gefüttert, abgehakt. Ullstein eBooks , Berlin (2011)
Hacker, W.: Psychologische Bewertung von Arbeitsgestaltungsmaßnahmen. Springer, Berlin (2013)
Lang, R., Hellpach, W.: Gruppenfabrikation. Springer, Berin (2013)
Leithäuser, T., Volmerg, B.: Psychoanalyse in der Sozialforschung. Westdeutscher Verlag, Opladen (1988)
Simon, F.B.: Gemeinsam sind wir blöd, S. 2004. Carl-Auer, Heidelberg (2004)

W

Siehe Abb. 1.

Wirtschaftlichkeitsindikatoren

Unter Wirtschaftlichkeitsindikatoren bildet das System die wirtschaftlichen Kennzahlen (Leistung, Kundenzufriedenheit, Krankenstand etc.) ab, die – das konnten wir in unseren Projekten zeigen – abhängig von der Ausprägung der Gesundheitsindikatoren sind.

Sowohl **Gesundheitspotenziale** als auch **Gesundheitsgefährdungen** wirken sich über die entsprechenden **Gesundheitsindikatoren** auf die Wirtschaftlichkeit eines Unternehmens aus. Als **Wirtschaftlichkeitsindikatoren** sehe ich hier die Leistung und die Qualität auf der positiven Seite und den Krankenstand und die Arbeitsunfähigkeit auf der anderen Seite.

Ich bin überzeugt, Resilienz rechnet sich in Euro und Engagement, Arbeitsfähigkeit und Arbeitsfreude lassen sich in Echtzeit messen und steuern.

Science Fiction? Lassen sich die Effekte von Resilienz wirklich auf das Unternehmensergebnis übertragen? Können die Effekte auf Produktivität, Qualität oder Fehlzeiten in Echtzeit gemessen und gesteuert werden? Für uns ist das schon längst keine Utopie mehr, sondern erprobte Praxis!

Es ist schon lange kein Geheimnis mehr, dass eine verfehlte Personalpolitik oder auch gescheiterte Reorganisationsprojekte richtig ins Geld gehen und sowohl kleine Unternehmen als auch weltweit agierende Konzerne gefährden. So sind auch die Effekte von Personalabbau auf die Survivor bekannt und in Euro bemessen oder die Kosten unerwünschter Fluktuation bei Fachkräftemangel bekannt. Doch immer noch wagt nur eine kleine Zahl von Unternehmen, mit **Investitionen in Arbeitsfreude und Arbeits-**

G. Westermayer, *Organisationsdesign 4.0 von A-Z.*, https://doi.org/10.1007/978-3-662-63515-5_26

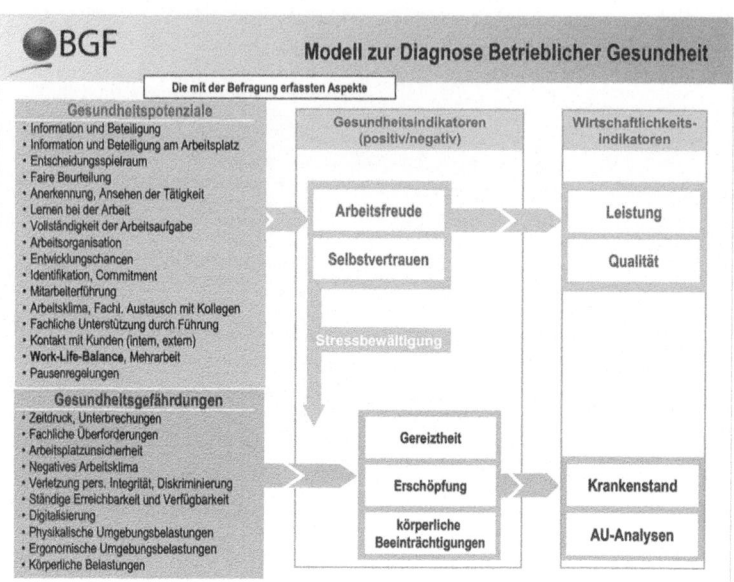

Abb. 1 BGF-Modell W

fähigkeit die zentralen Hebel für Produktivität, Qualität, Agilität, Engagement und damit auch in die Profitabilität des Unternehmens zu nutzen.

Zu tief verwurzelt scheint das alte Verständnis von Mitarbeiterinnen und Mitarbeitern als den „Kosten auf zwei Beinen" noch das Denken und Handeln in Unternehmen und Verwaltungen zu prägen. Die Vorstellung, dass jeder investierte Euro in die Gesundheit und Köpfe der Mitarbeiter die Rendite gefährdet, scheint noch allgegenwärtig.

Dieses Denken basiert aber nur scheinbar auf dem Mangel an nachweislichen Fakten. Viel häufiger haben wir es mit einer Art „Angst" zu tun, dass der investierte Euro keine Wirkung zeige oder die Wirkung nicht messbar sei. An manchen Stellen haben wir es aber auch geradezu mit einem vermeintlich ethischen „No Go" zu tun, da man befürchtet, dass der Wert des Menschen dadurch messbar werde.

Aber was wäre, wenn eine Messung der Arbeitsfähigkeit und der Arbeitsfreude Hinweise liefert, wie man diese steigert? Wie man den Mitarbeitern eine Arbeitswelt bietet, in der die Gesundheit gefördert und die Freude an der Arbeit gesteigert wird?

Natürlich unterscheiden sich die Ergebnisse solcher Messungen von Unternehmen zu Unternehmen oder innerhalb der Unternehmen von Abteilung zu Abteilung. Doch die Hauptfaktoren mit dem stärksten Impact sind in allen Organisationen dieselben:

- Lernen
- Identifikation
- Soziale Kontakte

Investiert ein Unternehmen in eine lernförderliche Arbeitsgestaltung, ermöglicht darüber hinaus die Identifikation des Mitarbeiters mit den Zielen des Unternehmens und gestaltet die Regeln der Kommunikation und der sozialen Kontakte, so steigert es damit die Zukunftsfähigkeit des gesamten Unternehmens. Wäre das nicht eine Win-win-Situation für alle?

Arbeitsunfähigkeitsanalysen als Wirtschaftlichkeitsindikator

Gesundheit als Folge der erfolgreichen Abwehr von Krankheitssymptomen (Schutz vor Muskel-Skelett-Erkrankungen durch gelungene Auswahl von passenden Arbeitsmitteln, etwa Hebehilfen in der Pflege) wird einerseits durch Gefährdungsanalysen, andererseits durch **Arbeitsunfähigkeitsanalysen** in sogenannten Gesundheitsberichten von Krankenkassen festgestellt und gemessen. Hier geht es immer um die Identifikation von Gefährdungen und deren Folgen, die sich in Diagnoseart, Fallhäufigkeit und Falldauern niederschlagen. Bei dieser einseitigen Konzentration auf die für Prävention und Gefährdungsanalyse relevanten Faktoren entstehen immer drei praktische Probleme:

1. Sowohl Gesundheitsberichte als auch die Ergebnisse von Gefährdungsanalysen kommen für Präventionszwecke zu spät, da sie mit der Feststellung der Gefährdungen und mit der Feststellung der Diagnosemuster per Definition hier nicht mehr präventiv wirksam werden können (bestenfalls einer weiteren Verschlechterung vorbeugen können: siehe Gefährdung durch Stress, der in der großen Erhebung der Bundesanstalt für Arbeitsschutz und Arbeitsmedizin [BAuA] seit 14 Jahren diese Gefährdung bei 50 % der Arbeitnehmer feststellt und gerade deshalb nicht erklären kann, weshalb erst 5 Jahre später ein enormer Anstieg an psychisch psychiatrischen Diagnosen erfolgte)
2. Das Ausmaß der Gefährdungen in einem Betrieb lässt keinen Schluss auf eine ursächliche Wirkung dieser Gefährdungen auf die im Arbeitsunfähigkeits(AU)-Bericht festgestellten Krankheitsmuster im Unternehmen zu. Gerade die auch von uns intensiv durchgeführten Studien zu Best-Practice-Beispielen und Resilienzfaktoren zeigen, dass Gefährdungen alleine nicht ausreichend sind, um Krankheitsentstehung zu erklären: Es müssen auch betriebliche Potenziale und Ressourcen systematisch erfasst werden.
3. Schließlich stellt sich im Anschluss an eine Gefährdungsanalyse und einen AU-Bericht aus betrieblicher Sicht immer die Frage nach der Verantwortlichkeit der Verursachung: Bringt der Arbeitnehmer nicht selbst den Stress von zu Hause mit in die Arbeit, wie ist sein privater Lebenswandel, treibt er Sport, ernährt er sich richtig, hält er sich von gesundheitsschädigenden Einflüssen fern (Nikotin, Alkohol etc.)? Anders gefragt: Was kann denn der Betrieb tatsächlich nachhaltig leisten, um einen hohen Krankenstand, eine kritische Gefährdungssituation und ein kritisches Krankheitspanorama positiv zu beeinflussen?

Um mit diesen Problemen konstruktiv umzugehen, schlagen wir vor, den Schwerpunkt der Analyse nicht nur auf die Feststellung der aktuellen Gefährdungen, sondern besonders auf die der Potenziale durch Befragungen zu legen und harte Daten (wirtschaftliche Kennzahlen zur Produktivität, Krankenstand etc. sowie AU-Berichte der Krankenkassen) zur Prüfung der Validität und Reliabilität des eingesetzten Befragungssystems zu nutzen. Aus Befragungsdaten lassen sich Vorhersagen ableiten auf die aktuelle, vergangene[1] und zukünftige Arbeitsunfähigkeitssituation, die durch Krankenkassenberichte für jeden Betrieb abgebildet werden kann.

Außerdem lässt sich durch die von uns so erstellte Software der Einfluss des Betriebes auf die Befindlichkeit der Mitarbeiter sehr präzise feststellen.

Dieses Vorgehen wird kombiniert mit einer Best-Practice-Ausrichtung, die bereits während des Projektes zur Zielanpassungsoptimierung genutzt werden kann (Sind in den Abteilungen, in denen die besten Gesundheitsindikatoren festgestellt werden, auch die besten Werte aus AU-Daten, Krankenstandsdaten und anderen wirtschaftlichen Kennzahlen wie Produktivität, Qualitätskennziffern und anderen Größen zu finden? Und, was wird dort anders gemacht und wie wird dort anders kommuniziert?). Wenn man während der Projektdurchführung ein Kommunikationssystem etabliert etwa unter Nutzung bewährter Formate (Workshops, Gesundheitszirkel, Steuerkreissitzungen, Datenfeedbackveranstaltungen) oder diese zielgerichtete Kommunikation direkt on the job durch Führungskräfte gesteuert wird, können sowohl AU-Daten als auch Befragungsergebnisse Gegenstände von gemeinsam durchgeführten Veränderungsaktivitäten definieren, die ihrerseits wiederum sofort als Potenziale wirksam werden können. Chris Argyris nennt diese Art von Organisationsentwicklungsintervention Double Loop Learning. Anders ausgedrückt: In der gemeinsam von Führungskräften und Mitarbeitern in gegenseitigem Respekt unternommenen Anstrengung zur Verbesserung von empirisch festgestellten Defiziten findet wiederum ganz konkret und praktisch Gesundheitsförderung darin statt, dass Potenziale wie Information und Beteiligung, Führung, Identifikationsmöglichkeiten, Entscheidungsspielräume, Lernen bei der Arbeit in kommunikativen Akten hergestellt werden. Genau dann werden individuelle Ressourcen gestärkt, die sich empirisch im Erleben von Arbeitsfreude und Selbstvertrauen messen lassen. Gesunde Führung ist das kommunikative Herstellen von Potenzialen. BGM als systematisch durchgeführtes BGF-Projekt ebenfalls.

---

[1] Es mag sich seltsam anhören, dass man Vorhersagen in die Vergangenheit macht, das geht aber sehr wohl mit den verschiedenen Datenarten: Ein Unternehmen zeigt in den Befragungsdaten nach einer Reorganisation hohe Erschöpfungswerte, hieraus lässt sich die Vorhersage treffen, dass es in der Vergangenheit in den entsprechenden AU-Daten zu einem Anstieg der Einzeldiagnose Anpassungsstörungen gekommen sein dürfte und in der Zukunft zu einem Anstieg der depressiven Verstimmung kommen wird – es sei denn man macht nun endlich BGF.

XY

Siehe Abb. 1.

Generation X, Y und Z: Wer ist wer?

Verschiedene Generationen sind geprägt durch Generationserlebnisse, wie Kriege oder Wirtschaftskrisen. Seit den 1920ern werden so bereits 5 Generationen unterschieden. Der Arbeitsmarkt wird insbesondere von den Generationen X, Y und Z geprägt, denn sie stellen die aktuellen und zukünftigen Arbeits- wie auch Führungskräfte dar.

- Generation X: Jahrgänge 1965 bis 1980
- Generation Y: Jahrgänge 1980 bis 2000 – man unterscheidet zwischen Studenten und Berufstätigen
- Generation Z: Jahrgänge 1995 bis 2010

Die Generation X stellt vor allem Senior- und C-Level-Fachkräfte, während die Generation Y die jungen Fachkräfte und zukünftiges Fachpersonal repräsentiert. Die Generation Z wird als Zukunft des Arbeitsmarkts gesehen und befindet sich noch in der Ausbildung, nimmt aber bereits mit ihren Erwartungen Einfluss auf Entwicklungen im Personalwesen und Employer Branding.

© Der/die Autor(en), exklusiv lizenziert durch Springer-Verlag GmbH, DE, ein Teil von Springer Nature 2021
G. Westermayer, *Organisationsdesign 4.0 von A-Z.*,
https://doi.org/10.1007/978-3-662-63515-5_27

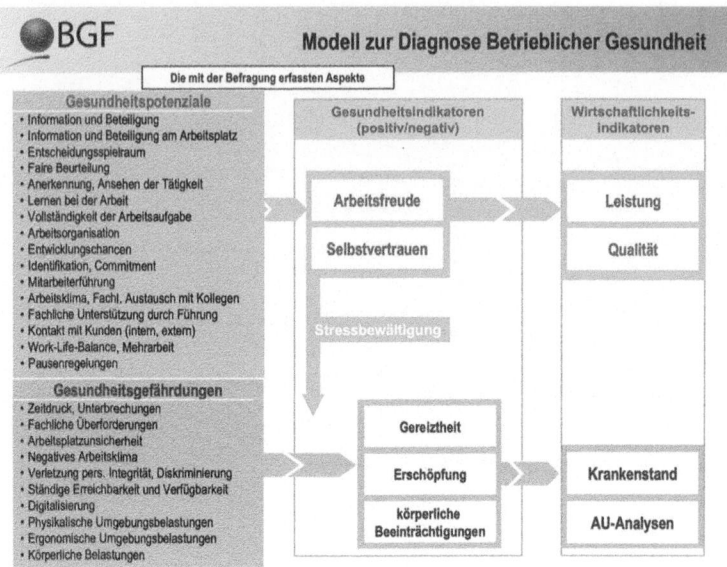

Abb. 1 BGF-Modell X, Y

Werte und Motivation: Das erwarten die Generationen vom Arbeitsleben

Die Generation X ist durch die Wirtschaftskrise geprägt und stellt daher den beruflichen Aufstieg in den Mittelpunkt. Doch dabei soll auch eine ausgeglichene Work-Life-Balance nicht zu kurz kommen. Sie schätzen Unabhängigkeit und Individualismus in der Arbeitsgestaltung.

Für die Generation Y nehmen Work-Life-Balance und Selbstverwirklichung einen noch wichtigeren Stellenwert ein – war es für die Vorgängergeneration noch ein Bonus, ist es für die Millennials ein Muss. Sie suchen nach einem Job, der Spaß macht und ihrer Persönlichkeit entspricht. Außerdem legen sie Wert auf Vernetzung am Arbeitsplatz, sowohl auf sozialer als auch auf digitaler Ebene.

Die Generation Z wird die höchsten Ansprüche an Werte wie Unabhängigkeit und freie Entfaltung stellen. Die Selbstverwirklichung soll dabei nicht nur im Arbeitsleben, sondern auch im Privatleben stattfinden. Daher ist Flexibilität besonders wichtig – dies gilt für Arbeitszeiten, Arbeitsort wie auch für den Arbeitgeber selbst. Die Arbeit ist nicht mehr gebunden an ein Unternehmen, sondern an die eigene Fachkraft. Soweit die gängigen Klischees zu den Unterschieden in den Grundhaltungen der Generationen, welche sich in unseren eigenen Untersuchungen nicht bestätigen ließen.

BGF der Zukunft

Wie halten wir uns fit trotz stark steigender Leistungserwartungen? Ein paar Tipps für die zukünftige Arbeitnehmergeneration
Den oben beschriebenen Grundhaltungen stehen bedingt durch die faktischen Unterschiede in der jeweiligen Anzahl der Arbeitnehmer in den verschiedenen Generationen Herausforderungen gegenüber, systemisch bedingte Leistungserwartungen, deren Voraussetzungen zu organisieren sind bzw. längst hätten organisiert werden müssen. Wie gut oder schlecht dies gelungen ist, lässt sich angesichts der aktuellen Pandemie an der Leistungsfähigkeit der beiden am stärksten vom demografischen Wandel betroffenen Branchen beobachten: Pflege- und Verwaltungsbranche. Übereinstimmend scheint die Einschätzung zu sein, dass die Leistungsfähigkeit dieser Branchen sehr schnell an ihre Grenzen gekommen, ja darüber hinaus durch den Demografiewandel beeinträchtigt worden ist.

Welche Zusammenhänge zwischen Leistungserwartungen und ihren demografischen Voraussetzungen sind zu beachten?

Die **Gesundheitsindikatoren** (Freude, Selbstvertrauen, Gereiztheit, Erschöpfung und körperliche Beeinträchtigung) werden erklärt als **Folge von Gefährdungen und Potenzialen für den Gemütszustand.**

Hier geht es also um Gefühle wie Selbstvertrauen, Freude, Niedergeschlagenheit und Resignation, Gereiztheit, körperliche Schmerzen, die sich alters- und branchenspezifisch unterscheiden dürften.

Wenn Arbeitsbedingungen so organisiert sind, dass die Mitarbeiter den Sinn ihrer Arbeit verstehen, bleiben sie gesund, weil sie mehr Potenziale wahrnehmen als Gefährdungen, was wiederum zu Arbeitsfreude und Selbstvertrauen beiträgt. Dies wiederum ermöglicht ihnen, noch mehr Potenziale wahrzunehmen und so fort. Es geht also immer darum, **Potenziale zu verstärken und Gefährdungen zurückzudrängen** und dies hat mit Wahrnehmung zu tun. Welche Erkenntnisse belegen diesen Sachverhalt?

Beispiel Arbeitslosigkeit: Ein Arbeitsloser kann den Sinn seiner Arbeit nicht verstehen, weil er keine Arbeit hat. Arbeitslose haben deshalb deutlich geringere Gesundheitschancen als Arbeitnehmer. Ihnen fehlen die in der Arbeit enthaltenen Gesundheitspotenziale: Anerkennung, Arbeitsklima, Identifikationsmöglichkeiten, gerechte Behandlung etc. Gefährdungen werden allerdings trotzdem empfunden: Zeitdruck, fachliche Überforderung (bei Bewerbungen), Angst vor Arbeitslosigkeit (stetig zunehmend), kontrollierte Autonomie (Druck, Arbeit zu finden, bei gleichzeitigem Erleben von nicht vorhandenen Mitteln dafür). Arbeitslose werden zu einem Drittel nach einem Jahr psychisch krank (Depression), nach zwei Jahren sind es bereits 40 %.

Aber auch bei Arbeitnehmern nehmen psychisch-psychiatrische Diagnosen enorm zu. Es scheint also so zu sein, dass Potenziale immer mehr abnehmen, während Gefährdungen zunehmen. Warum ist das so? (Abb. 2).

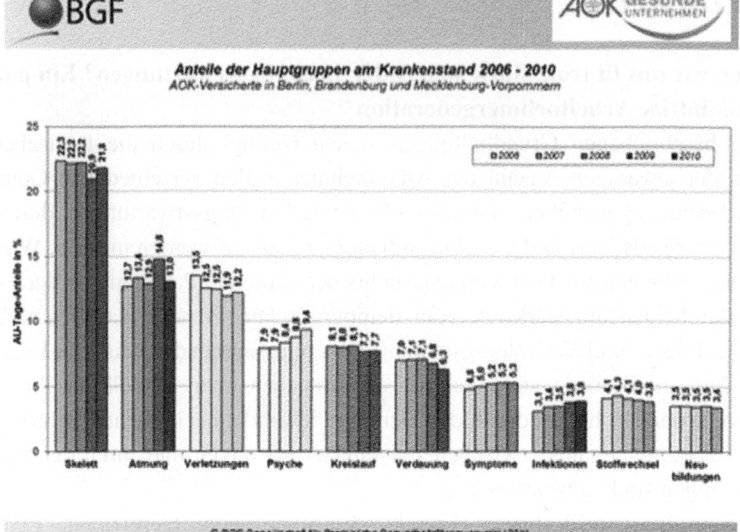

Abb. 2 Anteile am Krankenstand

Exkurs: Gebäudereinigungsbranche – Man arbeitet nicht für Geld, sondern für Potenziale!

Sehr viele Arbeitnehmer können im Billiglohnbereich nicht mal so viel verdienen, dass sie sich selbst ernähren könnten. Sie erhalten an staatlicher Unterstützung ebenso viel wie für ihre Arbeit. Warum arbeiten diese Arbeitnehmer dann eigentlich? Weil die Arbeit neben Bezahlung die gesund erhaltenden Potenziale bietet. Das ist der eigentliche Grund.

Mit diesen Erkenntnissen ausgestattet, können wir die Faktoren sammeln, welche eine gesunde Lebensführung möglich machen.

Demografie beschreibt die Veränderung der Altersstruktur in der Gesellschaft. Aktuell haben wir die Situation, dass sehr wenigen jungen Leuten sehr viele alte Leute gegenüberstehen. Das führt dazu, dass immer mehr ältere Arbeitnehmer ausfallen oder in Rente gehen und ihre Arbeit von den noch vorhandenen Arbeitnehmern mit erledigt werden muss, weil die älteren nicht ersetzt werden können. Das führt zu einer deutlichen Mehrbelastung dieser Arbeitnehmer und das wiederum zu mehr Krankheit. Ein Teufelskreis, aus dem wir zurzeit noch keinen Ausweg kennen. Aber auch hier stellen wir fest, dass dort, wo Mitarbeiter Potenziale zur Verfügung gestellt bekommen, diese Potenziale positiv wirken: Die Mitarbeiter sind motiviert und werden nicht krank.

In der Pflegebranche sind dies fünf Potenziale:

1. Der Umgang mit Klienten macht Freude,
2. Fähigkeiten und Fertigkeiten können in der Arbeit entfaltet werden,
3. die Mitarbeiter können selbstständig planen, wie die Arbeit ausgeführt wird,
4. es kommt selten vor, dass übertragene Aufgaben das Können eines Mitarbeiters übersteigen, und
5. die Beschäftigten sind davon überzeugt, dass die in der Einrichtung erzeugten Leistungen sinnvoll sind.

© Der/die Autor(en), exklusiv lizenziert durch Springer-Verlag GmbH, DE, ein Teil von Springer Nature 2021
G. Westermayer, *Organisationsdesign 4.0 von A-Z.,*
https://doi.org/10.1007/978-3-662-63515-5_28

Gesund bleiben trotz Leistungssteigerung

Wir wissen: Wir bleiben gesund, wenn wir unser Leben so führen, dass die Zeit, die wir erfahren, mehr mit Freude als mit Erschöpfung erfüllt ist. Wir können zwar den Verlauf der Zeit und die objektiven Gegebenheiten der Welt nicht steuern, aber **wir können entscheiden, was wir wie wahrnehmen.**

Lenke ich meine Wahrnehmung auf die positiven Aspekte der Welt oder auf die negativen? Wenn wir sie auf die positiven Aspekte lenken, erhöhen wir die Wahrscheinlichkeit einer freudigen Erfahrung und damit werfen wir unser körpereigene Drogenproduktion an: Dopamin, Oxytocin und andere sogenannte Endorphine werden im Körper hergestellt und halten uns ähnlich wie der Zaubertrank im Asterix-Comic gesund und fit. Wenn wir also mehr positive Dinge wahrnehmen, steigen wir die innere Gesundheitsleiter weg von den körperlichen Beschwerden über die Stufen von Erschöpfung, Gereiztheit, Selbstvertrauen, Identifikation zur Freude hinauf.

Ein bekannter moderner Philosoph, Peter Sloterdijk, hat für diese innere Aufstiegsbewegung den Begriff „Vertikalspannung" geprägt. Allerdings sind bisher alle Versuche – und das waren einige – daran gescheitert, die Menschen mit Zwang zur Freude zu nötigen.

Wie verschafft man sich also die gesunden Potenziale, das heißt, wie steuert man eigentlich seine Wahrnehmung auf positive Aspekte der Welt?

Zum Beispiel Sport: Warum ist Sport gesund?

Auch im Sport steuern wir unsere Wahrnehmung in Richtung der Erhöhung der Wahrscheinlichkeit für freudige Erfahrungen. Das „Runner's High" kennt jeder Marathonläufer, die Euphorie nach einem guten Mannschaftsspiel kennen alle Ballsportler.

Aber auch Nordic Walking, Schwimmen, Fahrradfahren, Wandern lenken unsere Wahrnehmung wohin? Auf unseren Körper. Allein das macht schon die positive Hauptwirkung des Sports aus, wir denken nicht mehr an stressvolle Situationen, sondern sind im wahrsten Sinne des Wortes ganz bei uns. Positive Nebeneffekte des Sports gibt es auch noch: Der Kreislauf und der Herzmuskel werden trainiert, es wird Fett verbrannt, die Atmung bekommt ihren natürlichen Rhythmus zurück, Muskeln werden aufgebaut, Stoffwechsel und Durchblutung aktiviert. Wir wissen heute, dass ein tägliches Training von einer halben Stunde das Leben deutlich verlängert. Also, ran, nebenbei wird ein weiteres Potenzial aktiviert: Anerkennung.

Und dass wir uns diese Anerkennung verdienen müssen, indem wir etwas Besonderes tun oder darstellen. Auch kann es ganz unterschiedliche Weisen der Anerkennung geben, was einem Schwein gefällt, muss nicht unbedingt einem Ochsen gefallen etc. Das heißt, wir müssen uns immer überlegen, wen wir mit was beeindrucken wollen.

Abraham Maslow hat fünf globale Werte entdeckt, die alle Menschen zusammenhalten:

1. physische Unversehrtheit,
2. Sicherheit,
3. Zugehörigkeit,
4. Achtung und
5. Selbstverwirklichung

Man kann sich merken, dass diese Werte allen Menschen gemeinsam sind, gewissermaßen unsere Zivilisation begründen. Überall dort, wo diese Werte missachtet werden, entsteht Unglück und Krankheit.

Vor eineinhalb Jahren gab es eine Meldung, die uns alle betrifft und etwas mit der Missachtung von Werten zu tun hat. In Deutschland sinkt – und das ist weltweit einzigartig – die Lebenserwartung von Menschen mit geringem Einkommen um weitere vier Jahre, jetzt auf einen Unterschied von 15 Jahren zwischen sozial schlecht gestellten und sozial gut gestellten Bürgern. Das ist eine beschämende Tatsache, die nicht akzeptiert werden darf. Hier zeigt sich für Angehörige der Generation Z eine ganz wichtige Zukunftsaufgabe: die Welt wieder so gerecht zu gestalten, dass alle Menschen unabhängig von ihrem Einkommen eine faire Chance haben, gesund zu bleiben, was inzwischen auch eine anerkannte Voraussetzung für die Erreichung der Klimaziele ist.

Stressmanagement: Was Sport und Religion gemeinsam haben

Wir haben bisher verstanden, dass eine gesunde Lebensführung mit der Steuerung unserer Wahrnehmung hin auf positive Aspekte der Welt zu tun hat. Weiterhin können wir zusammenfassen, dass positive Aspekte der Welt mit Werten zu tun haben, überindividuellen und ideellen Werten.

Stressmanagement ist nun nichts anderes als die Kunst der Wahrnehmungssteuerung. Ob wir sonntags in die Kirche gehen oder in das Fitnessstudio, hängt von unserer Sozialisation und unseren Vorlieben ab. Gemeinsam ist beiden Tätigkeiten jedoch das Abschalten, das Insichgehen und die Regeneration. Beim Stressmanagement haben wir immer drei Möglichkeiten: Erkennen der Stresssituation, Vermeiden der Stresssituation, Abbau der Folgen von erlebtem Stress. Eine resiliente Lebensführung integriert alle drei Möglichkeiten zu individuell unterschiedlich ausgestalteten Routinen und Lebensführungsgewohnheiten.

Besonders die erste Möglichkeit des Stressmanagements wird gerne in ihrer Bedeutung zu gering eingeschätzt. Das Erkennen einer Stresssituation ist gar nicht so einfach, wie man glaubt. Sehr oft bemerken wir erst sehr spät, wenn wir unter Stress stehen, weil Stress die Wahrnehmung nachhaltig verändert und uns glauben macht, dass wir keinen Einfluss auf die Situation haben. Stress wird gerade dadurch definiert, dass wir glauben, keine Wahl zu haben. Egal, was wir tun, es scheint schlecht zu sein. Dann ist es wichtig, sich auf seinen Körper, seinen Gott, seine Freunde oder etwas anderes Schönes bzw. Starkes zu konzentrieren, weil diese Konzentration uns buchstäblich herausholt aus der erlebten Stresssituation. Und erst dann sind wir in der Lage, zu überlegen, wie wir in Zukunft solche Situationen vermeiden oder die Folgen abbauen können, zum Beispiel durch Sport. Arbeitnehmer, die viel leisten müssen, das unter Zeitdruck tun und keine Möglichkeit haben, sich einen anderen Job zu suchen, gehen gerne nach Arbeitsende zum „Workout" ins Fitnessstudio: zum Stressabbau.

Generation Z, suchen Sie sich einen Job, der Ihnen täglich die Möglichkeit eröffnet, etwas Sinnvolles zu tun. Dann werden Sie mehr Freude als Erschöpfung erfahren und dann werden Sie sehr produktiv und gesund bleiben. Sie werden sehr viel leisten müssen, da wir, also meine Generation – lange vor X – Ihnen einen großen abzubauenden Schuldenberg hinterlassen werden. Auch der Klimawandel wird von Ihnen bewältigt werden müssen. Ganz wesentlich wird es aber Ihre Aufgabe sein, ausgegrenzte Menschen Ihrer Generation zurück in die Arbeitsgemeinschaft zu holen, wir und Sie brauchen diese Menschen, denn sie fehlen für die großen Herausforderungen der Zukunft ja schon jetzt

Fallbeispiel: Gesund arbeiten und altern im Bezirksamt Tempelhof-Schöneberg

Die Thematik „gesund altern" interessiert heute angesichts des demografischen Wandels die meisten Unternehmen Deutschlands. Die Berliner Behörden waren angesichts des Personalüberhangs und dem dadurch bedingten Einstellungsstopp um die Jahrtausendwende und die Nullerjahre besonders von einer Alterung der Belegschaft betroffen. Damals erlagen die verantwortlichen Politiker einer epochalen Fehleinschätzung, was die Bevölkerungsentwicklung in Berlin betraf.

Daher hat sich das Bezirksamt Tempelhof-Schöneberg in Berlin früh dazu entschlossen, mit Unterstützung der AOK Berlin und der Unfallkasse Berlin im Rahmen eines Gesundheitsförderungsprojektes der Thematik der Zunahme der Anzahl älterer Arbeitnehmer besondere Aufmerksamkeit zu widmen.

Der Start des betrieblichen Gesundheitsförderungsprojekts beim Bezirksamt Tempelhof-Schöneberg folgte dem grundlegenden Prinzip **„Analyse vor Aktion"**.

So konnte bereits zu Beginn des Projektes auf Basis der Analyse der Arbeitsunfähigkeitsdaten der AOK-Versicherten anhand des Diagnosemusters (vergleichsweise viele psychische Erkrankungen) geschlossen werden, dass die Arbeitsbedingungen im Bezirksamt wahrscheinlich überdurchschnittlich häufig als belastend von den Beschäftigten wahrgenommen werden. Darüber hinaus gab es einen alterstypischen Anstieg bei der Dauer der Erkrankungen. Um genaueren Aufschluss über die Gründe zu erhalten und eine Grundlage für ein zielgerichtetes Gesundheitsmanagement zu erhalten, wurden alle Beschäftigten von der BGF GmbH mithilfe des Fragebogens zur „Diagnose Betrieblicher Gesundheit" zu ihrem Gesundheitszustand, gesundheitsförderlichen Potenzialen und gesundheitsschädlichen Gefährdungen bei der Arbeit befragt. Die Befragungsdaten wurden nach Altersgruppen spezifiziert ausgewertet. Die schnelle Befragung hatte den Vorteil, dass gleich zu Beginn des Projektes alle Beschäftigten eingebunden und informiert wurden und sich mit der Thematik Arbeit und Gesundheit auseinandergesetzt haben.

Überraschenderweise zeigte sich bei der Auswertung der einzelnen Organisationseinheiten, dass der Benchmark-Bereich mit den besten Ergebnissen einen ungewöhnlich hohen Anteil (63,8 %) an 50-jährigen und älteren Beschäftigten hatte.

Bei der Untersuchung, wie dieser Bereich, der auch angesichts anderer Produktivitätskennzahlen an der Berliner Spitze steht, trotz eines hohen Durchschnittsalters in der Belegschaft zu so guten Ergebnissen kommt, konnten einige Best-Practice-Vorgehensweisen abgeleitet werden. So wurde zum Beispiel sehr schnell deutlich, dass die hohe Ausprägung des Gesundheitspotenzials „Identifikation mit der Arbeit und dem Unternehmen" durch eine offensive Darstellung und Veröffentlichung von Erfolgen des Bereiches zustande kommt. Die Veröffentlichungen führen zu einem Empfinden von Stolz bei den Beschäftigten, dem Bereich anzugehören. Der Stolz führt zu Identifikation und Motivation, weiterhin gute Ergebnisse zu erzielen.

In anderen Bereichen konnte dagegen gezeigt werden, dass eine Nicht-Veröffentlichung dazu führt, dass externes Feedback nicht wahrgenommen und somit auch nicht zu einem Motivationsfaktor werden kann. Die Veröffentlichung nach außen hat außerdem einen förderlichen Effekt auf das Image des Benchmark-Bereichs, was sich wiederum positiv auf die Arbeitsfreude und die Selbstzuschreibung der Mitarbeiter auswirkt. Die Ergebnisse der Workshoparbeit mit den Mitarbeitern stimmten hierbei in hohem Grad mit den entsprechenden Befunden aus der Mitarbeiterbefragung überein.

Trotz der bereits guten Ergebnisse ist es dem Bereichsleiter ein besonderes Anliegen, die Gesundheit der älteren Mitarbeiter noch gezielter zu fördern. Daher wurde speziell an den Arbeitsplätzen, an denen vor allem die älteren Mitarbeiter arbeiten, eine Arbeitsanalyse durchgeführt, die neben den Gefährdungen aus der Umgebung und der Arbeit auch die Potenziale mitberücksichtigte.

Fazit: Eine gezielte Förderung von Gesundheitspotenzialen nach vorheriger Analyse ermöglicht allen Beschäftigten nicht nur ein gesundes Arbeiten, sondern auch ein gesundes Altern.

Von der Fehlzeitenanalyse zur Förderung der Arbeitsfreude

Mit den fortschreitenden Folgen des demografischen Wandels bei zunehmendem Fachkräfte- und Arbeitskräftemangel, die dazu führen werden, dass Arbeitnehmer vermehrt auch im fortgeschrittenen Alter arbeiten müssen, ist es an der Zeit, die Arbeit selbst in gesundheitlicher Hinsicht neu zu bewerten.

Man möchte zum Beispiel den Zeitdruck für ältere Arbeitnehmer vermeiden und erspart ihnen zusätzliche Schulungen. Doch gerade diese Schulungen hätten die Motivation der betroffenen älteren Mitarbeiter gestärkt und ihre Gesundheit gefördert!

Das Modell zur Diagnose Betriebliche Gesundheit ermöglicht eine differenzierte Erfassung von erwünschten Potenzialen und zu vermeidenden Gefährdungen. Die Differenzierung kann auf alle soziodemografischen Parameter (Alter, Geschlecht, Tätigkeit, Teilzeit etc.) ausgeweitet werden, sodass es den Unternehmen ermöglicht wird, tatsächlich passgenaue Veränderungsmaßnahmen für und mit den Mitarbeitern gemeinsam umzusetzen. Im Beitrag werden Beispiele dafür beschrieben.

Folgende Ergebnisse einer Analyse von Daten unseres Datenpools zeigen, welche Arbeitsbedingungen Produktionsmitarbeiter über 50 gesund erhalten, welche sie krank machen.

Über einen Zeitraum von gut 20 Jahren hat die Gesellschaft für Betriebliche Gesundheitsförderung mbH Befragungen mit ihrem Tool zur Diagnose Betrieblicher Gesundheit durchgeführt. Die Datenbasis für die nachfolgende Analyse ist entsprechend ein ständig wachsender Datensatz, der sich mittlerweile aus über 100 Befragungen mit rund 25.000 Befragten zusammensetzt.

Methode und Stichprobe

In diesem Report werden diejenigen Mitarbeiter näher betrachtet, die in der Produktion arbeiten und 50 Jahre und älter sind. Es handelt sich hierbei insgesamt um 639 Befragte, die in Betrieben, die dem Wirtschaftszweig des verarbeitenden Gewerbes zuzuordnen sind, arbeiten. Die nachfolgende Untersuchung erhebt nicht den Anspruch, repräsentativ zu sein, sondern sie ermöglicht die Entwicklung von empirisch begründeten Hypothesen zum Zusammenhang von Alter, Arbeitsbedingungen und Gesundheit. Der Fragebogen zur Diagnose Betrieblicher Gesundheit umfasst ca. 120 Einzelfragen, die jeweils inhaltlich nach Themen zusammengefasst werden. Diese sogenannten Skalen wiederum können dann einer der drei Oberkategorien Gesundheitsindikatoren, -potenziale oder -gefährdungen zugeordnet werden.

Fragestellung: Gibt es altersbedingte Unterschiede hinsichtlich der Arbeitsbedingungen und der Gesundheit?
(Abb. 1).

Es kann davon ausgegangen werden, dass ältere Arbeitnehmer in der Produktion andere Potenziale und Gefährdungen wahrnehmen als jüngere. So gibt diese Gruppe vielleicht mehr gesundheitliche Beschwerden an, hat dafür aber eventuell anspruchsvollere Tätigkeiten mit mehr Verantwortung. In diesem Abschnitt wird entsprechend bei allen Befragten in Produktionsunternehmen (N = 2,282) geprüft, ob sich bezüglich des Alters statistische Auffälligkeiten in den Antworten zeigen.

	abgefragte Themen (fett: signifikanter Unterschied)	Mittelwert in % (0% = stimme nicht zu; 100% = stimme voll zu)			
		bis 29 Jahre	30 bis 39 Jahre	40 bis 49 Jahre	50 Jahre und älter
Gesundheits-indikatoren	Arbeitsfreude	65,7	61,8	63,5	67,3
	Selbstvertrauen	74,0	73,7	75,0	76,3
	Gereiztheit	24,9	28,8	29,5	25,5
	Erschöpfung	35,1	35,7	36,7	34,0
	körperliche Beeinträchtigungen	21,8	22,5	24,0	25,6
Gesundheitspotenziale	Identifikation	79,3	79,9	83,0	84,9
	Information und Beteiligung im Unternehmen	47,8	42,8	42,9	44,2
	Information und Beteiligung am Arbeitsplatz	55,3	51,6	50,6	53,9
	Arbeitsorganisation	59,6	56,6	58,6	60,7
	Entscheidungsspielraum	52,1	50,1	47,7	45,7
	Vollständigkeit der Arbeitsaufgabe	51,6	50,2	48,9	51,5
	Lernen bei der Arbeit	60,7	55,7	58,3	61,5
	Entwicklungschancen	45,0	38,1	41,2	46,3
	Anerkennung	48,9	43,3	43,1	44,5
	Ansehen der Tätigkeit	66,1	71,9	77,1	76,9
	faire Beurteilung	65,7	63,7	61,7	62,4
	Mitarbeiterführung	56,5	54,1	52,0	55,3
	fachl. Unterstützung durch Führung	67,1	63,1	61,4	64,3
	fachl. Austausch mit Kollegen	67,4	62,4	62,5	63,4
	Arbeitsklima	55,3	51,8	49,9	51,1
	Work-Life-Balance	62,7	60,3	63,8	63,8
	Kontakt mit Kunden, Klienten	76,0	73,6	76,7	72,0
	Pausenregelungen	83,6	78,2	82,7	85,1
Gesundheitsgefährdungen	Zeitdruck	45,5	48,6	47,0	45,6
	Unterbrechungen	42,7	43,0	36,9	32,2
	fachliche Überforderungen	28,5	26,2	24,0	20,6
	Arbeitsplatzunsicherheit	23,4	19,8	20,2	17,3
	Neuerungen vs. Bürokratie	35,2	35,2	31,2	29,7
	Mobbing	11,6	11,1	11,4	9,6
	Verletzung persönlicher Integrität	3,4	3,4	2,0	2,0
	physikalische Umgebungsbelastungen	40,1	40,0	40,7	39,0
	ergonomische Umgebungsbelastungen	28,4	26,7	25,0	24,2
	körperliche Belastungen	43,6	42,4	44,0	41,6

Abb. 1 Skalenmittelwerte differenziert nach Alter

Ein eindeutiger Trend ist in der Tabelle Abb. 1 nicht zu erkennen. So nehmen die ältesten Mitarbeiter zwar erwartungsgemäß die meisten körperlichen Beschwerden wahr, geben im Gegensatz aber auch die größte Arbeitsfreude und das größte Selbstvertrauen an. Hinsichtlich der positiven Arbeitsbedingungen zeigt sich, dass die ältesten Mitarbeiter ab 50 Jahren am stärksten mit ihrem Unternehmen identifiziert sind, die meisten Lernmöglichkeiten angeben und außerdem die Themen Arbeitsorganisation, Entwicklungschancen und Ansehen der Tätigkeit im Vergleich der Altersgruppen am positivsten bewerten.

Die jüngsten Produktionsmitarbeiter hingegen beurteilen ihre Vorgesetzten und Kollegen positiver, nehmen statistisch signifikant mehr Anerkennung und höhere Entscheidungsspielräume wahr als die älteren Befragten.

Geht man davon aus, dass die älteren Befragten auch entsprechend länger dem Unternehmen zugehören, können die genannten positiveren Ergebnisse der jüngeren Befragten u. a. mit der Unvoreingenommenheit, Naivität und einem jugendlichen Elan erklärt werden. Umgekehrt wissen vielleicht die älteren Produktionsmitarbeiter eher, „wo der Hase langläuft", aber auch „wo der Schuh drückt", und konnten über Jahre beobachten, wie eingefahrene Strukturen immer eingefahrener wurden, ohne dass sich etwas verändert hat.

Betrachtet man hingegen die Gefährdungen, zeigt sich deutlich, dass die 50-Jährigen und älteren Produktionsmitarbeiter statistisch signifikant am wenigsten Unterbrechungen, fachliche Überforderungen und Arbeitsplatzunsicherheit wahrnehmen und auch die übrigen Gefährdungen tendenziell eine geringere Rolle spielen als bei den jüngeren Beschäftigten.

Welche Einflussfaktoren auf die Gesundheit der 50-Jährigen und Älteren in der Produktion sind am relevantesten?

Nachfolgend ist die Treiberanalyse für die 50-Jährigen und älteren Produktionsmitarbeiter dargestellt. Es handelt sich hierbei um eine Zusammenhangsanalyse, die das Antwortverhalten der Befragten bezüglich der einzelnen Themenbereiche untersucht. Die in der Diagnose für Betriebliche Gesundheit abgefragten Themenbereiche lassen sich im groben unterteilen in „Gesundheit" der Befragten und wahrgenommene Arbeitsbedingungen, wobei hier zwischen positiven (zum Beispiel Anerkennung) und negativen (zum Beispiel Zeitdruck) Bedingungen unterschieden wird. In der Analyse wird nun untersucht, welche Arbeitsbedingungen sich am stärksten auf die 50-jährigen und älteren Produktionsmitarbeiter bzw. deren subjektiv angegebene Gesundheit auswirken.

Erklärungen zu den Abb. 2 und 3

Bei den Einflussfaktoren bedeutet eine schwarze Schrift einen positiven (je mehr, desto mehr) und eine rote Schrift einen negativen Zusammenhang (je mehr, desto weniger).

Die Varianzaufklärung gibt an, wie viel % des Ergebnisses des jeweiligen Indikators durch die aufgeführten Einflussfaktoren aufgeklärt wird.

Die Zahlen unter den jeweiligen Einflussfaktoren – sogenannte Beta-Gewichte – geben a) die Stärke des Einflusses und b) bei mehreren Faktoren auch eine entsprechende Gewichtung untereinander an.

In Abb. 3 sind analog zu Abb. 2 die gleichen Themen in der gleichen Reihenfolge abgebildet („Unser Unternehmen hat Zukunft." ist entsprechend Teil des Themenbereichs [der Skala] Identifikation). Bei den Zahlen unter den einzelnen Einflussfaktoren auf Itemebene handelt es sich um bivariate Korrelationen nach Pearson.

Treiber: 50-Jährige und Ältere, die in der Produktion arbeiten *Stand März 2017*	Einflussfaktoren		
	1. Einflussfaktor	2. Einflussfaktor	3. Einflussfaktor
Arbeitsfreude	Lernen bei der Arbeit	Work-Life-Balance	Identifikation
Varianzaufklärung: **35,4%**	0,31	0,27	0,21
Selbstvertrauen	fachliche Überforderungen	Entscheidungsspielraum	—
Varianzaufklärung: **17,0%**	-0,24	0,22	
Gereiztheit	Mobbing	Unterbrechungen	—
Varianzaufklärung: **25,0%**	0,36	0,24	
Erschöpfung	Mobbing	physikalische Umgebungsbelastungen	Work-Life-Balance
Varianzaufklärung: **37,7%**	0,32	0,31	-0,21
körperliche Beeinträchtigungen	körperliche Belastungen	Mobbing	Kundenkontakt
Varianzaufklärung: **45,6%**	0,44	0,34	-0,18

Abb. 2 Einflussfaktoren auf die Gesundheit der 50-Jährigen und älteren Produktionsmitarbeiter (auf Skalenebene)

Treiber: 50-Jährige und Ältere, die in der Produktion arbeiten *Stand März 2017*	Einflussfaktoren		
	1. Einflussfaktor	2. Einflussfaktor	3. Einflussfaktor
Arbeitsfreude	Meine Fähigkeiten und Fertigkeiten kann ich in meiner Arbeit entfalten. .427**	Unser Unternehmen ist ein familienfreundlicher Arbeitgeber. .466**	Unser Unternehmen hat Zukunft. .400**
Selbstvertrauen	Es kommt häufig vor, dass mir übertragene Aufgaben mein fachliches Können übersteigen. -.351**	Die Arbeit erlaubt es mir, eine Menge eigener Entscheidungen zu treffen. .223**	—
Gereiztheit	Über mich werden im Kreise der Vorgesetzten und/oder Kollegen Gerüchte und Unwahrheiten verbreitet. .401**	Es kommt häufig vor, dass ich durch Personen oder Telefonate in meiner Arbeit unterbrochen werde. .312**	—
Erschöpfung	Über mich werden im Kreise der Vorgesetzten und/oder Kollegen Gerüchte und Unwahrheiten verbreitet. .428**	Kälte .370**	Nach meiner Arbeit habe ich noch genügend Kraft/Energie, um private Aufgaben zu erledigen. -.411**
körperliche Beeinträchtigungen	Hocken, Knien, gebückte Haltung .470**	Meine Arbeit wird von meinen Vorgesetzten und/oder Kollegen ständig massiv und ungerechtfertigt kritisiert. .401**	Der Umgang mit den Kunden macht mir Freude. -.331**

Abb. 3 Einflussfaktoren auf die Gesundheit der 50-Jährigen und älteren Produktionsmitarbeiter (auf Itemebene)

Gut ein Drittel der Arbeitsfreude der 50-Jährigen und älteren Produktionsmitarbeiter lässt sich bereits mit den Faktoren Lernen bei der Arbeit, Work-Life-Balance und Identifikation erklären. Das heißt, je mehr diese Gruppe ihre Fähig- und Fertigkeiten entfalten kann, davon ausgeht, dass das Unternehmen familienfreundlich ist und Zukunft hat, desto höher ist auch die empfundene Arbeitsfreude. Das Selbstvertrauen steigt entsprechend, wenn die Aufgaben auch dem fachlichen Können entsprechen und man zusätzlich eine Menge eigener Entscheidungen treffen kann.

Andersherum betrachtet bedeutet das allerdings auch, dass zwei Drittel der gemessenen Arbeitsfreude nicht durch die hier operationalisierten betrieblichen Einflussfaktoren erklärt werden können.

Das kann ganz verschiedene Gründe haben: Die Arbeit selbst hat für das Wohlbefinden der Produktionsmitarbeiter nicht den wichtigsten Stellenwert (hier kann die Varianzaufklärung tatsächlich als Maß für die Stärke des betrieblichen Einflusses verstanden werden). In verschiedenen Projekten konnten wir über den Verlauf der Jahre und der Veränderung von Unternehmenskulturen deutliche Steigerungen feststellen. Bei einer Firma der Lebensmittelproduktion starteten wir im Jahr 2007 mit einer Varianzaufklärung für Arbeitsfreude von 27 %, im Jahr 2013 waren es bereits 64 %. Dort diskutieren wir diese Steigerungen durchaus auch kritisch: Wenn wir mal bei 90 % Varianzaufklärung angekommen sind, handelt es sich dann noch um einen traditionellen Produktionsbetrieb oder doch schon um eine Sekte? Gibt es eine sinnvolle und vernünftige Grenze des betrieblichen Einflusses? Ja, die gibt es: Sie liegt im Respekt vor der persönlichen Integrität eines jeden Mitarbeiters. Wie die Stärke der Einflüsse auch interpretiert werden mag, die Information über das Ausmaß des betrieblichen Einflusses ist verlässlich. Über die Varianzaufklärung erhält der Betrieb zwei wesentliche Informationen: 1) Wie stark ist unser Einfluss auf die Mitarbeiter? 2) Wie weit lässt sich dieser Einfluss sinnvollerweise noch ausbauen?

Die negativen Indikatoren für Gesundheit (Gereiztheit, Erschöpfung und körperliche Beeinträchtigungen) werden stark durch das Thema Mobbing (hier besonders Gerüchte/Unwahrheiten, aber auch als ungerechtfertigt empfundene Kritik) beeinflusst.

Von der Krankenstandsanalyse zur Diagnose der Betrieblichen Gesundheit

Es gibt sehr viele statistisch gut nachgewiesene Auffälligkeiten, die dem herkömmlichen Alltagsverständnis von Alter, Produktion, Krankheit und Gesundheit widersprechen. Dieses Alltagsverständnis ist geprägt durch den Glauben an systematische Leistungseinbußen im Alter, häufigere und längere Krankheitszeiten, schnellere Ermüdung und weniger Ausdauer. Ein erweitertes Verständnis von Gesundheit in der Arbeitswelt scheint dringend erforderlich zu sein. Die Arbeit nur als Risiko für die Gesundheit zu sehen muss um die Perspektive von Arbeit als Potenzial für Gesundheit erweitert werden. Für diese neue Perspektive brauchen wir ein um Gesundheitspotenziale und positive Gesundheitsindikatoren erweitertes Belastungs-Beanspruchungs-Modell, das wir „Diagnose Betriebliche Gesundheit" nennen.

In diesem Modell machen allein die Mengenverhältnisse der positiven und negativen Einflussfaktoren – 15 Gesundheitspotenziale und 8 Gesundheitsgefährdungen – deutlich, dass ein reines Belastungs-Beanspruchungs-Modell allein nicht ausreicht, um wesentliche Einflüsse der Arbeitswelt auf die Gesundheit von Mitarbeitern abzubilden und zu verstehen.

Es werden hier eben nicht nur Gefährdungen identifiziert, in ihrer Wirkung eingestuft und Maßnahmen zu deren Prävention vorgeschlagen. Neu ist die Analyse von Potenzialen: Auch diese werden identifiziert, in ihrer Wirkung eingestuft und Maßnahmen zu deren Stärkung vorgeschlagen.

Einer der wahrscheinlich interessantesten Aspekte von Gesundheitspotenzialen ist folgender: Sie sind oder stiften Kommunikationen, die einen wichtigen Beitrag dazu leisten, den Sinn der Arbeit zu begründen – ohne dass sich Sender oder Empfänger über diesen Sinnaspekt der in diesen Kommunikationen enthaltenen Nachrichten bewusst sein müssen.

Ein Beispiel mag diesen vielleicht nicht ganz einfach zu verstehenden Sachverhalt erläutern. In einem großen Produktionsunternehmen haben wir in einer Befragung das Thema Identifikation und dort besonders das Item „Unser Unternehmen hat Zukunft" als Haupteinflussfaktor für die Arbeitsfreude der Mitarbeiter ermittelt. Beim Vergleich der Ergebnisse dieses Faktors in den verschiedenen Abteilungen stellte sich heraus, dass in einer Abteilung nahezu doppelt so hohe Zustimmungswerte zu diesem Faktor erzielt wurden wie in den anderen fünf Abteilungen. Das ist auch deshalb interessant, weil keine der Abteilungen in Zukunft geschlossen werden sollte, also alle Mitarbeiter objektiv eigentlich die Zukunft des Unternehmens ähnlich einschätzen sollten. Eine über 80 % liegende Zustimmung gab es aber tatsächlich nur in einer Abteilung. Auch die Nachfrage bei der Abteilungsleiterin in einem Datenfeedback-Workshop blieb zunächst erfolglos: Auf die Frage, wie sie sich diesen Unterschied erkläre, wusste sie auch keine Antwort. Nach einer Weile allerdings meldete sie sich: „Oh, mir ist da doch noch etwas eingefallen." Sie erzählte daraufhin, dass sie ihre Teamsitzungen alle zwei Wochen regelmäßig mit einem Ausblick in die Zukunft eröffnete. Da sie diese Praxis seit langer Zeit routiniert, also gewissermaßen automatisch, umsetzte, hatte sie dieser Kommunikation keine weitergehende Bedeutung zugemessen. Auch die Mitarbeiter, würde man sie im Gespräch nach dem wichtigsten Einfluss auf ihre positive Stimmung fragen, würden sicher nicht den Bericht der Vorgesetzten über die Unternehmenszukunft zu Beginn jeder Teamsitzung nennen.

Wie die Gesundheit selbst erscheinen Gesundheitspotenziale wenig greifbar, nur wenn sie abwesend sind, wird ihre essenzielle Wirkung vermisst: Eine nicht vollzogene und daher auch nicht wahrnehmbare Anerkennung, die eigentlich selbstverständlich erwartet wurde, kann zum Beispiel einen höheren Verlust an Arbeitsfreude erzeugen als hoher Zeitdruck Stress herstellen kann.

Wenn die Arbeit nur als Risiko für die Gesundheit gesehen wird, stellen sich uns folgende Fragen: Warum setzen sich Menschen permanent und gehäuft extremem Zeitdruck und Stresssituationen aus? Weil diese Situationen nicht nur Stress und Zeitdruck bieten, sondern eben auch zum Beispiel Identifikations-, Lern- und Anerkennungs-möglichkeiten. Warum erkranken nicht viel mehr Arbeitnehmer als die durch-schnittlichen 3–4 %? Eben weil die meisten Menschen bei der Arbeit nicht nur Gefährdungen erfahren, sondern viel mehr und viel stärker die psychisch so wichtigen Gesundheitspotenziale, welche sich bei genauerer Betrachtung als arbeitsbezogene Kommunikationen herausstellen. Wenn diese nicht vom Betrieb zur Verfügung gestellt werden, fehlt Mitarbeitern ein ganz wesentliches Element, sich trotz Gefährdungen gesund erhalten zu können.

Erst vor diesem Hintergrund machen unseres Erachtens statistische Untersuchungen zum Einfluss von Arbeit auf die Gesundheit bestimmter Mitarbeitergruppen Sinn.

Ein notwendiger Perspektivwechsel – Diskussion und Ausblick

Bedeutung der Ergebnisse für die Praxis
„Meine Fähigkeiten und Fertigkeiten kann ich in meiner Arbeit entfalten", „Unser Unternehmen ist ein familienfreundlicher Arbeitgeber" und „Unser Unternehmen hat Zukunft", das erklärt mehr als ein Drittel der Arbeitsfreude.

Das Selbstvertrauen wird stark eingeschränkt, wenn Mitarbeiter Arbeiten ausführen müssen, die ihr fachliches Können übersteigen, und es wird gestärkt, wenn sie hohen Entscheidungsspielraum empfinden. Auch bei den negativen Befindlichkeiten über-wiegen kommunikative Themen: Gerüchte und Kritik durch Vorgesetzte und Kollegen kommen dreimal als signifikante Einflussfaktoren vor, Work-Life-Balance und der als positiv empfundene Umgang mit Kunden spielen ebenfalls eine wichtige Rolle. Physikalische Umgebungsbelastungen und ergonomische Bedingungen kommen nur jeweils einmal als Einflüsse für körperliche Beeinträchtigungen und Erschöpfung vor. Von 15 möglichen, hoch signifikanten Einflussfaktoren sind es gerade einmal zwei, die als physikalische oder ergonomische Gefährdungen eine Rolle spielen. Alle anderen Ein-flussfaktoren entstammen dem psychisch-kommunikativen Bereich.

Wer hätte vermutet, dass Lernen für Produktionsarbeitnehmer ab 50 den wichtigsten Haupteinflussfaktor für Arbeitsfreude darstellt? In einem von uns betreuten Produktions-unternehmen, der Moll Marzipan GmbH, hatten wir ähnliche Befragungsergebnisse. Die Tätigkeiten der Produktionsmitarbeiter dort umfassten in erster Linie Maschinenführung, Materialbestückung und Lagerarbeiten. Bei den Mitarbeitern handelte es sich zu zwei Dritteln um ungelernte Produktionsmitarbeiter und zu einem Drittel um Verwaltungs-kräfte. Auch hier stand Lernen in der Einflussmatrix an erster Stelle.

In den Rückmeldeveranstaltungen zu den Befragungsergebnissen führte das beim Topmanagement in erster Line zu Unverständnis: Was wollen Produktionsmitarbeiter denn lernen, insbesondere ungelernte, das war dort eine große Gruppe. „Die sollen ihre Arbeit machen!", das war der allgemeine Tenor in der Reaktion auf die Befragungs-ergebnisse.

Eine kleine Anekdote aus diesem Unternehmen mag veranschaulichen, wie wichtig das Ernstnehmen dieser Ergebnisse durch das Management, das später dann doch erfolgte, für die weitere Unternehmensentwicklung war. In einem der vielen Workshops, die wir in dem Unternehmen durchführten, kam der Geschäftsführer, Dr. Amin Seitz, ziemlich erbost über eine Begebenheit in der Produktion an. Ein Mitarbeiter hatte trotz Kenntnis der sehr rigorosen Hygienevorschriften in der Produktionshalle seinen Kolleginnen und Kollegen stolz den selbst entworfenen und dann auch selbst gebauten Modellhubschrauber vorgeführt. Er ließ ihn über der Marzipanrohmasse kreisen, was den Chef des Unternehmens völlig fassungslos machte: Hatte er nicht gerade der Belegschaft erläutert, dass nicht einmal staubkorngroße Fremdkörper in die Nähe der Marzipanmasse geraten dürften? Der Ärger über den Mitarbeiter war verständlicherweise groß, und so ging zunächst die Tatsache völlig unter, dass dieser Mitarbeiter offensichtlich Talente besaß, die sich das Unternehmen vielleicht auch zunutze machen könnte. Die Befragung hatte ja deutliche Hinweise darauf gegeben, dass Lernmöglichkeiten an erster Stelle der positiven Einflussfaktoren stehen und damit für die erlebte Arbeitsfreude am wichtigsten sind.

Diese nicht beabsichtigte Erfahrung veränderte zunächst im Management und dann im gesamten Unternehmen den Umgang mit den Mitarbeitern maßgeblich. Eine erste wesentliche Veränderung bestand darin, keinen Unterschied mehr zwischen jungen und älteren Mitarbeitern zu machen. Die älteren Mitarbeiter wurden nicht mehr dadurch geschont, dass ihnen keine neuen Lernerfahrungen zugemutet wurden. Es wurden Stressmanagementkurse für einfache Produktionsmitarbeiter angeboten. Bei Bedarf konnten außerdem Englischkurse und Wissensmanagementworkshops, die in Zusammenarbeit mit dem Fraunhofer-Institut durchgeführt wurden, besucht werden. Das Unternehmen hat seinen Krankenstand von 12 % auf 2,5 % dauerhaft senken können und die personenbezogene Produktivität stieg in den letzten Jahren um durchschnittlich 62 %. Bei den letzten beiden Befragungen sind die älteren Mitarbeiter die zufriedensten.

Ausblick und Vorschläge
Der bei Moll Marzipan umgesetzte Vorschlag, keinen Unterschied zwischen jungen und älteren Mitarbeitern zu machen, kann nach unserer Meinung verallgemeinert werden.

Die Mitarbeiter im mittleren Alter zwischen 30 und 40 treten als die Gruppe hervor, die wohl der größten Unterstützung bedarf. Eine altersspezifische Gefährdungs- und Potenzialanalyse lässt sich ohne großen Aufwand durchführen. Diese Analyse kann auch als eine um Potenziale erweiterte Gefährdungsbeurteilung psychischer Belastung(en) durchgeführt werden. Damit würde nicht einmal mehr Aufwand entstehen als ohnehin gesetzlich vorgeschrieben.

Nach den uns vorliegenden Ergebnissen besteht Handlungsbedarf in der Sicherstellung eines ausreichenden Entscheidungsspielraums für ältere Mitarbeiter, die Ermöglichung des Ausdrucks der eigenen Fähig- und Fertigkeiten, eine ausgewogene Work-Life-Balance und insbesondere der Schutz der persönlichen Integrität vor

Gerüchten und Herabsetzungen durch Vorgesetzte und Kollegen. Schutz vor Kälte und Zwangshaltungen müssen ebenfalls gewährleistet werden.

Zum Abschluss ein vorbildliches Beispiel für gesundheitsförderliches Management-handeln unserer Firma Moll Marzipan: Bei der vorletzten Befragung wurde als Haupt-einflussfaktor für körperliche Beeinträchtigungen Kälte identifiziert. Lernmöglichkeiten, Identifikation und funktionierende Arbeitsorganisation waren Haupteinflussfaktoren für Arbeitsfreude und Selbstvertrauen.

An einem Donnerstagnachmittag wurden der Geschäftsführung die Befragungsergeb-nisse präsentiert. Am Montagmorgen darauf (schnelle Arbeitsorganisation) erhielten die von Kälte betroffenen Mitarbeiter Daunenjacken, in die das Moll-Logo und die Namen der Mitarbeiter eingenäht waren (Identifikation) mit einer ausführlichen Erklärung der Zusammenhänge, warum die Ursachen für die Kälte erst später nachhaltig angegangen werden können, allerdings hatte bereits diese Erklärung einen positiven Effekt, nämlich das in der Treiberanalyse auch als Gesundheitspotenzial identifizierte „Lernen".

Inzwischen haben übrigens bauliche Veränderungen die Kälte behoben. Sie war in einer nachfolgenden Befragung auch kein Thema mehr.

Z

Siehe Abb. 1.

Zeitdruck

Unter den Rahmenbedingungen neuer Produktionskonzepte wird deutlich, dass traditionelle Hinweise des Arbeitsschutzes auf Reduzierung der klassischen Belastungsformen Zeitdruck, Unterbrechungen und Störungen, ergonomische und physikalische Umgebungsbedingungen sowie – eine immer wichtiger werdende Gesundheitsgefährdung – qualifikatorische Unter-/Überforderung oft mit einem im günstigen Falle mitleidigen Lächeln quittiert werden. „Zeitdruck? Warten Sie mal aufs nächste Jahr!" Oder: „Wir müssen eine Belastungsanalyse durchführen!"

Unter dem Stichwort „Subjektivierung der Arbeit", früher „kontrollierte Autonomie" werden die psychischen, psychosomatischen und sozialen Folgen und die Chancen der Steuerbarkeit diskutiert.

In eigenen Untersuchungen haben wir drei wichtige Faktoren identifiziert, die Mitarbeiter unter Dauerstress halten: die Unterlassung von Führung, die Konfrontation der Mitarbeiter mit den Marktnotwendigkeiten über Kennzahlen sowie eine Kommunikationskultur, die sich weitestgehend aus Gerüchten und Sprachbildern (Powerpoint) zusammensetzt. Insbesondere das Unterlassen von Führung verunsichert Mitarbeiter in einer extremen Weise. Mitarbeiter ohne Führung sind dann aufgrund von Angst bereit, Höchstleistungen zu erbringen, halten dies jedoch nur eine sehr begrenzte Zeit aus. Sie sind dann im wahrsten Sinne des Wortes „gebrochen" (Rückenkrankheiten entstehen tatsächlich bei fehlender „Rückendeckung") oder „psychisch erschöpft".

Die Kolleginnen und Kollegen solcher Flexibilisierungsopfer sind dann laut Gallup-Studie zu 70 % „innerlich emigriert", zu keiner Leistung mehr bereit.

G. Westermayer, *Organisationsdesign 4.0 von A-Z.*,
https://doi.org/10.1007/978-3-662-63515-5_29

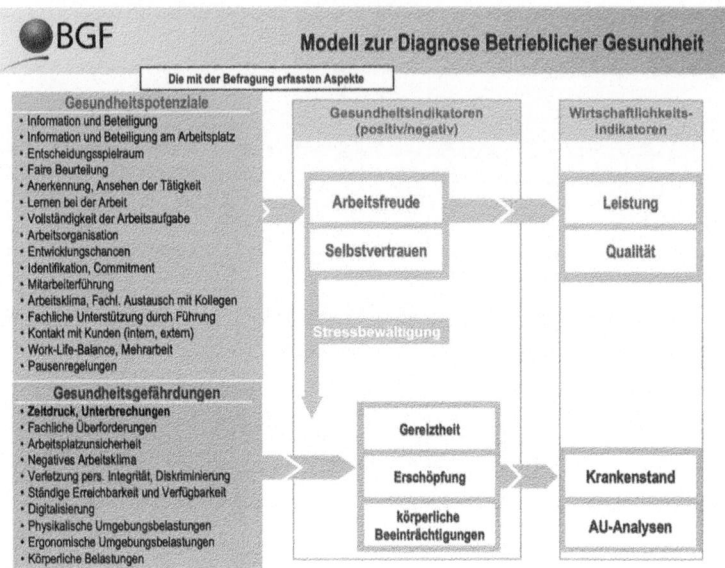

Abb. 1 BGF-Modell Z

Nun ließe sich vermuten, dass solche Unternehmen wie oben beschrieben Ausnahmen sind oder dass diese von einer wilden Bande Sadisten gelenkt werden. Dies ist nicht der Fall. Diese Unternehmen werden von professionellen Managern gesteuert, die sich nach allen Regeln der Kunst konsequent an Kennzahlen orientieren und darin zwei wesentliche Strategien der Unternehmensflexibilisierung verfolgen, die gemeinhin als Ausweis modernen Change Managements gelten.

Untersuchungen zum Zeitdruck kommen immer wieder zu ähnlichen Ergebnissen:
- 50 % aller Arbeitnehmer geben an, dass sie während eines Viertels ihres Arbeitstags mit hohem Arbeitstempo oder unter großem Zeitdruck arbeiten müssen.
- Ein Drittel der Arbeitnehmer gibt an, keinen bis wenig Einfluss auf ihre Arbeit zu haben.
- 9 % der Arbeitnehmer geben an, Einschüchterungen ausgesetzt zu sein.

Dies geht aus einer Untersuchung hervor, die über einen langen Zeitraum europäische Arbeitnehmer aus 11 Ländern beobachtete. Auch die AOK-Krankenkassendaten stellen eine erhebliche Zunahme von stressbedingten Arbeitsunfähigkeitstagen fest. Das ist bedenklich, da Stress oft erst der Anfang einer längeren Krankengeschichte sein kann. Was können wir tun?

Stress kann im Prinzip auf zwei Arten bekämpft werden: Man kann *Stress vermeiden* und man kann *Stress abbauen.*

Stresssituationen sind Situationen, in denen wir glauben, gefangen zu sein, nicht weg zu können und gleichzeitig nicht wissen, was wir tun können, um dem Druck zu entkommen. Zeitdruck, Verantwortungsdruck, Konflikte, Ärger mit dem Chef oder dem Kollegen, manchmal sind es auch die eigenen Kinder oder andere, die einem eigentlich in Drucksituationen beistehen sollten, die Stress erzeugen. Weiteres Kennzeichen von Stress sind seltsame Reaktionen des eigenen Körpers: Der Mund ist trocken, die Sprache versagt, man verliert den Faden. Man stellt sich gerade dann, wenn es wichtiger wäre, einen klaren Kopf zu haben, ziemlich ungeschickt an, was wieder zu neuem Stress führen kann. Das Gemeinsame an allen unterschiedlichen Stresssituationen besteht darin, dass sie so etwas wie einen Sog oder Druck erzeugen, der uns aus unserer inneren Balance herausbringt. In der Steinzeit hat das auch Sinn gemacht: da wollte man einfach nicht innerlich gelassen von einem wilden Tier gefressen werden. Stressreaktionen des Körpers sind Reaktionen auf äußere Gefahr, in der man alle Körperfunktionen auf Flucht oder Angriff einstellt. Aber was nützt es uns heute in einem Konfliktgespräch mit unserem Chef oder einem Kollegen, wenn wir jetzt zwar schnell laufen *könnten, dies aber nicht tun und gleichzeitig vor lauter Aufregung kein klares Wort herausbringen.*

Erfolgreiches Stressmanagement bedeutet, erfolgreich mit der eigenen Steinzeitausrüstung umzugehen und sich zu fragen, wie man den Neandertaler in sich überlisten kann!

Hier gibt es in der Tat viele Möglichkeiten des Stressvermeidens und des Stressabbaus.

Die beste Möglichkeit, Stress zu vermeiden, ist es, die objektiven Ursachen des Stresses zu beseitigen. Stressquellen wie etwa Zeitdruck, monotone Arbeit, geringer Handlungsspielraum etc. können in Projekten der betrieblichen Gesundheitsförderung in Gesundheitszirkeln oder Befragungen erkannt und durch Veränderungsvorschläge von Führungskräften und Mitarbeitern abgeschafft werden, wenn es die betrieblichen Voraussetzungen erlauben. Manchmal ist dies möglich, oft aber nicht.

Was kann man also selbst tun, um sich zu schützen?

Neben der objektiven Problembeseitigung haben wir als Menschen noch drei Ebenen zur Verfügung, auf denen wir Stress vermeiden und abbauen können: die körperliche Ebene, die seelische Ebene und die Ebene der zwischenmenschlichen Kommunikation.

Nicht umsonst wird Sport in seinen vielen verschiedenen Varianten als Möglichkeit der Stressbewältigung und Stressvermeidung genannt. Fast alle Sportarten helfen dem Körper und damit auch der Seele, zurückzufinden zu dem eigenen natürlichen Anspannungs-Entspannungs-Rhythmus, der in einer Stresssituation typischerweise gestört ist (Daueranspannung). Nebenbei wird auch meist Energie abgebaut, die sich dann nicht mehr gegen den eigenen Körper richten kann. Neben Sport finden wir auf der körperlichen Ebene verschiedene Entspannungstechniken, die ähnlich hilfreich sein können (Progressive Muskelentspannung, autogenes Training und verschiedene andere). Aber auch viele „rein" psychologische Techniken wie mentales Training, aktive Gedankenveränderung, systematische Ursachenanalyse, Entwicklung von Lösungen und das gezielte Konzentrieren auf positive Aspekte der Situation helfen uns, die in der

Stresssituation gefährdete innere Balance zu erhalten und darin handlungs- und entscheidungsfähig zu bleiben. Mit anderen Worten: Das Suchen nach einer Lösung in einem gemeinsamen Gespräch führt nicht nur sehr oft tatsächlich zu einer dauerhaften Lösung für ein Problem, sondern lenkt auch von dem mit dem Problem verbundenen Stress selbst ab, weil man sich bei der Suche nach einer Lösung eben nicht mehr nur als Opfer einer Situation sieht. Stress kann auf der seelischen Eben tatsächlich gut beeinflusst werden. Das für eine Stresssituation typische Gefühl der Hilflosigkeit kann damit überwunden werden. Es gibt also nicht die eine Methode des Stressabbaus, sondern jeder muss die eigene für ihn passende Kombination von Methoden finden.

Neuerdings wissen wir auch aus der Wissenschaft, dass alle Varianten der Zuneigung, Freundschaft, Solidarität, Liebe, aber auch Stolz und das Gefühl, etwas Sinnvolles zu tun, uns trotz Stress gesund erhalten können. Gerade da haben wir also viele kaum vermutete Möglichkeiten, Kraft zu schöpfen, um gemeinsam betriebliche Quellen von Stress systematisch und effektiv abzubauen.

Weiterführende Literatur

Ahrens, S.: Die instrumentelle Forschung am instrumentellen Objekt. PSYCHE 42, Stuttgart. S. 225–241 (1988)

Amann, E.G.: Resilienz. Haufe, Freiburg (2015)

Antonovsky, A.: Health, stress and coping. New perspectives on mental and physical well-being, Jossey Bass, San Francisco (1979)

Antonovsky, A.: Unraveling the mystery of health - How people manage stress and stay well, Jossey Bass, San Francisco (1987)

Antonovsky, A.: Gesundheitsforschung vs. Krankheitsforschung. In: Franke, A., Broda, M. (Hrsg.) Psychosomatische Gesundheit. DGVT, Tübingen (1993)

Antonovsky, A.: Health, stress, and coping, Jossey Bass, San Francisco (1982)

Antonovsky, A.: The sociology of health and health care in Israel, New Brunswick, NJ (1990)

Antonovsky, A.: Salutogenese, dgtv-Verlag, Tübingen (1997)

Atiker, Ö.: Das Survival-Handbuch digitale Transformation. Campus, Frankfurt, New York (2018)

Badura B, Litsch M, Vetter C (eds) (2000) Fehlzeiten-Report 1999. Springer, Berlin, Heidelberg

Bateson, G.: Ökologie des Geistes. Suhrkamp, Frankfurt a. M. (1981)

Bateson, G.: Schizophrenie und Familie. Suhrkamp, Frankfurt a. M. (2002)

Bauer, J.: Wie wir werden, wer wir sind. Blessing, München (2019)

Beck, D.: Sense of Coherence (SOC). Ein brauchbares Analysekonzept in der betrieblichen Gesundheitsförderung? Gütebeurteilung des Sense of Coherence (SOC)-Messkonzeptes von Aaron Antonovsky anhand einer Querschnittsuntersuchung bei Angestellten eines Berliner Dienstleistungsunternehmens. Unveröffentlichte Diplomarbeit.

Beckhard, R., Harris, R.T.: Organizational transitions. Addison-Wesley, Massachuetts (1987)

Boehle, F.: Arbeit als Subjektivierendes Handeln. Springer, Berlin, Heidelberg (2017)

Böhle, F., Busch, S.: Management von Ungewissheit. transcript, Bielefeld (2014)

Briggs, J., Peat, D.: Die Entdeckung des Chaos – Eine Reise durch die Chaostheorie. Hansen, München (1990)

Bude, H.: Die Rekonstruktion kultureller Sinnsysteme. In: Flick, U., Kardorff, E.V., Keupp, H., Rosenstiel, L.V., Wolff, S. (Hrsg.) Handbuch qualitative Sozialforschung, Beltz, Psychologie-Verl.-Union, Weinheim (1991)

Bund, K.: Glück schlägt Geld. Generation Y: Was wir wirklich wollen. Murmann, Hamburg (2014)

Bericht zur Risikoanalyse im Bevölkerungsschutz 2012. Deutscher Bundestag 17 Wahlperiode Drucksache 17/1205: https://dipbt.bundestag.de/dip21/btd/17/120/1712051.pdf (2013)

Draeger, M.: Moll Marzipan, der Film. https://vimeo.com/143859088

Dreyfus, H.L.: Die Grenzen künstlicher Intelligenz, Springer, Berlin, Heidelberg (1985)

G. Westermayer, *Organisationsdesign 4.0 von A-Z,*
https://doi.org/10.1007/978-3-662-63515-5

Ducki, A.: Arbeits- und organisationspsychologische Gesundheitsanalysen – Entwicklung und Erprobung eines Befragungsinstrumentes im Rahmen eines Mehr-Ebenen-Ansatzes zur betrieblichen Gesundheitsanalyse. Dissertation, Universität Leipzig (1998)

Ducki, A., Greiner, B.: Gesundheit als Entwicklung von Handlungsfähigkeit – Ein „arbeitspsychologischer Baustein" zu einem allgemeinen Gesundheitsmodell. Z. Arbeits- und Organisationspsychologie **4**, 184–189 (1992)

Ducki, A.: Diagnose gesundheitsförderlicher Arbeit. vdf Hochschulverlag AG (2000)

Ehrenreich, B.: Smile or die. Kunstmann, München (2010)

Eisert, O., Gottschalk, K.: Salutogenese und positive Psychotherapie. Erfahrungsheilkunde **61**, 338–344 (2012)

Elbe, M.: Organisationsdiagnose, Schneider-Verlag Hohengehren (2015)

Elbe, M.: Berufskarrieren ehemaliger Zeitoffiziere: Erfahrungen und Erfolgsfaktoren, Forschungsbericht / Zentrum für Militärgeschichte und Sozialwissenschaften der Bundeswehr (2018)

Elbe, M.: Motivation und Karriereorientierung von Soldatinnen und Soldaten: Dienstgradgruppen im Vergleich, Forschungsbericht / Zentrum für Militärgeschichte und Sozialwissenschaften der Bundeswehr (2019)

Elbe, M., Erhardt, U.: Konstruktive Organisationsentwicklung, Schneider Verlag GmbH (2020)

Elbe, M., Peters, S.: Die temporäre Organisation. Springer, Berlin, Heidelberg (2016)

Elbe, M., Zinner, J., Lange, D.: Handbuch Gesundheitscoaching. epubli (2015)

Fabritius, F., Hagemann, H.W.: The leading brain. Penguin (2017)

Ferber, L.V.: Psychosoziale Belastungen im Berufsleben. In: Schlaudraff, U.H. (Hrsg.) Gesundheit am Arbeitsplatz. Erfahrungen mit dem Arbeitssicherheitsgesetz. Loccum (1977)

Gadamer, H.-G.: Über die Verborgenheit der Gesundheit. Suhrkamp, Frankfurt a. M. (2010)

Gairing, F.: Organisationsentwicklung. Kohlhammer, Stuttgart (2017)

Goethe, J.W.V.: Schriften zur Naturwissenschaft. Reclam, Stuttgart (1999)

Graumann, C.F., Métraux, A., Schneider, G.: Ansätze des Sinnverstehens. In: Flick, U., Kardorff, E.V., Keupp, H., Rosenstiel, L.V., Wolff, S. (Hrsg.) Handbuch qualitative Sozialforschung. Psychologische Verlagsunion, München (1991)

Haken, H.: Synergetik. Springer, Berlin (2013)

Henzler, H.: Cambridge analytica und das ocean-modell. https://www.smart-digits.com/2017/02/cambridge-analytica-und-das-ocean-modell/ (2017)

Hirschhausen, DMEV: Glück kommt selten allein. Rowohlt Verlag GmbH (2016)

Hüther, G.: Biologie der Angst. Vandenhoeck & Ruprecht, Stuttgart (2016)

Knorr-Cetina, K., Harré, R.: Die Fabrikation von Erkenntnis. Suhrkamp, Frankfurt a. M. (1981)

Kotter, J.: Leading change. Harvard Business Press, Boston, Massachusetts (1996)

Kotter, J., Rathgeber, H.: Das Pinguin-Prinzip. Droemer eBook (2011)

Kotter, J.P.: A sense of urgency. Harvard Business Press (2008a)

Kotter, J.P.: Das Prinzip Dringlichkeit. Campus (2009)

Kotter, J.P., Cohen, D.S.: The heart of change. Harvard Business Press (2012)

Krankenkassen, S.D.: Gemeinsame und einheitliche Handlungsfelder und Kriterien der Spitzenverbände der Krankenkassen zur Umsetzung von § 20 Abs. 1 und 2 SGB V vom 21. Juni 2000. (2000)

Kuhn, T.S.: Die Struktur wissenschaftlicher Revolutionen. Suhrkamp, Frankfurt a. M. (1973)

Leithäuser, T., Volmerg, B.: Psychoanalyse in der Sozialforschung. Opladen (1988)

Lenhardt, U.: Bewertung der Wirksamkeit betrieblicher Gesundheitsförderung. Z. Gesundheitswissenschaften **11**,18–37 (2003)

Lenhardt, U.: Neue Arbeitsformen zwischen Gesundheitsrisiken und -ressourcen: Anforderungen an eine gesundheitsförderliche Arbeitspolitik, Handout zum Vortrag (2000)

Lewin, K.: Experimente über den sozialen Raum. In: (Hrsg.) Die Lösung sozialer Konflikte. Christian-Verlag, Bad Nauheim (1953)

Lewin, K.: Feldtheorie in den Sozialwissenschaften. Huber, Hogrefe AG, Bern (2012)

Lewin, K.: Principles of topological psychology. Read Books Ltd (2013)

Leymann, H.: Mobbing. Rowohlt, Hamburg (1993)

Luhmann, N.: Soziale Systeme. Grundriß einer allgemeinen Theorie. Suhrkamp, Frankfurt a. M. (1984)

Nevis, E.C.: Organisationsberatung. Edition Humanistische Psychologie, Köln (2005)

Nevis, E.C., Lancourt, J., Vassallo, H.C., Vassallo, H.G.: Intentional revolutions. Jossey-Bass (1996)

Osterholz, U.: Der Einfluß psycho-sozialer Faktoren am Arbeitsplatz auf die Genese von Muskel- und Skeletterkrankunge. In: (Hrsg.) Fehlzeiten-Report 1999. Springer Berlin Heidelberg, Berlin (2000)

Peirce, C.S.: Collected papers of Charles Sanders Peirce. Harvard University Press (1960)

Pratt, M.G.: To be or not to be: Central questions in organizational identification. In: Whetten, D.A., Godfrey, P.C. (Hrsg.) Identity in organizations. Building theory through conversations. Sage, Thousands Oaks (1998)

Precht, R.D.: Liebe. Goldmann, München (2009)

Precht, R.D.: Jäger, Hirten, Kritiker. Goldmann (2018)

Precht, R.D., Roth, G.: „Die Ratio allein bewegt überhaupt nichts" (2009)

Der Philosoph Richard David Precht und der Hirnforscher Gerhard Roth über das Ich-Bewusst-sein, die Willensfreiheit und die Schwierigkeit, sich zu ändern. https://www.spiegel.de/spiegel/spiegelwissen/d-65115053.html (2009)

Rapparport, A.: Shareholder Value – Wertsteigerung als Maßstab für die Unternehmensführung. Schäffer-Poeschel, Stuttgart (1995)

Review, H.B.: HBR's 10 must reads on change. Harvard Business Press (2011)

Ringmar, E.: Identity, interest and action. Cambridge University Press, Cambridge (2007)

RKI: Nationaler Pandemieplan Teil II. Wissenschaftliche Grundlagen. https://www.rki.de/DE/Content/InfAZ/I/Influenza/Pandemieplanung/Downloads/Pandemieplan_Teil_II_gesamt.pdf?__blob=publicationFile (2016)

RKI: Soziale Unterschiede in der COVID-19-Sterblichkeit während der zweiten Infektionswelle in Deutschland. https://www.rki.de/DE/Content/GesundAZ/S/Sozialer_Status_Ungleichheit/Faktenblatt_COVID-19-Sterblichkeit.html (2021)

Rosa, H.: Resonanz. Suhrkamp, Frankfurt a. Main (2016)

Rosa, H.: Unverfügbarkeit. Residenz Verlag (2018)

Schein, E.: The corporate culture survival guide (2009a)

Schein, E.: Organizational culture and leadership, Fourth Edition (2010)

Schein, E., Kampas, P.: DEC is dead, long live DEC. Berrett-Koehler Publishers (2004)

Schein, E.H.: Three cultures of management: The key to organizational learning.

Schein, E.H.: How to break in the college graduate (1964)

Schein, E.H.: Career rehabilitation for ex-prisoners of war (1972)

Schein, E.H.: In defense of theory Y (1975)

Schein, E.H.: Career anchors, Workbook. Pfeiffer (1985a)

Schein, E.H.: Career anchors. Pfeiffer & Company (1985b)

Schein, E.H.: Process consulting - Its role in organization develoment (1988a)

Schein, E.H.: Organizational psychology (1988c)

Schein, E.H.: Process consultation: Its role in organization development. Prentice Hall (1988d)

Schein, E.H.: Organization development (1989)

Schein, E.H.: Unternehmenskultur, ein Handbuch für Führungskräfte. Campus, Frankfurt a. M. (1995a)

Schein, E.H.: The leader of the future (1995b)

Schein, E.H.: Unternehmenskultur (1995c)

Schein, E.H.: Career survival. Pfeiffer (1995d)

Schein, E.H.: The three cultures of management: Implications for organizational learning. Sloan Manag. Rev. **38**, 9–20 (1996a)

Schein, E.H.: Organisationsentwicklung und die Organisation der Zukunft. Organisationsentwicklung **3**(98), 40–49@@ (1998a)

Schein, E.H.: Organisationskultur (2003)

Schein, E.H.: Organizational culture and leadership, Third Edition (2004)

Schein, E.H.: Dec is dead, long live dec: The lasting legacy of digital equiment corporation (Large Print 16pt). ReadHowYouWant.com (2010)

Schein, E.H.: Organisationspsychologie. Springer (2013a)

Schein, E.H., Management SSO: Sense and nonsense about culture and climate (1999)

Schirrmacher, F.: Ego. Wiley, New York (2015)

Sennett, R.: The fall of public man. W. W. Norton & Company, London (1992a)

Sennett, R.: The conscience of the eye: The design and social life of cities. W. W. Norton & Company, London (1992b)

Sennett, R.: The uses of disorder: Personal identity and city life. W. W. Norton & Company, London (1992c)

Sennett, R.: Authority. W. W. Norton & Company, London (1993)

Sennett, R.: Setting the scene. Harry N Abrams Incorporated, New York (1994b)

Sennett, R.: Fleisch und Stein, Suhrkamp, Frankfurt a. Main (1997)

Sennett, R.: Der flexible Mensch. Die Kultur des neuen Kapitalismus. Berlin Verlag, Berlin (1998a)

Sennett, R.: The spaces of democracy. University of Michigan College of (1998b)

Sennett, R.: The fall of public man. Penguin UK, London (2003)

Sennett, R.: Respect. Penguin UK, London (2004)

Sennett, R.: Die Kultur des neuen Kapitalismus, Berliner Taschenbuch-Verlag (2007a)

Sennett, R.: The culture of the new capitalism. Yale University Press (2007b)

Sennett, R.: Autorität. Fischer, Frankfurt a. M. (2008)

Sennett, R.: The craftsman. Penguin UK, London (2009)

Sennett, R.: Respekt im Zeitalter der Ungleichheit. ebook Berlin Verlag (2010)

Sennett, R.: Respect in a world of inequality. W. W. Norton & Company, London (2011a)

Sennett, R.: The corrosion of character: The personal consequences of work in the new capitalism. W. W. Norton & Company, London (2011b)

Sennett, R.: Zusammenarbeit: was unsere Gesellschaft zusammenhält. Hanser, Berlin (2012a)

Sennett, R.: Die offene Stadt. Eine Ethik des Bauens und Bewohnens. Hanser, Berlin (2018b)

Sennett, R., Cobb, J.: The hidden injuries of class. Knopf, New York (1972)

Sennett, R., Kaiser, R.: Civitas, Berliner Taschenbuch-Verlag (2009)

Siegrist, J.: Psychosoziale Arbeitsbelastungen und Herz-Kreislauf-Risiken: internationale Erkenntnisse zu neuen Stressmodellen. In: Badura, B., Litsch, M., Vetter, C. (Hrsg.) Fehlzeiten-Report 1999. Psychische Belastung am Arbeitsplatz. Springer, Berlin (2000)

Simon, F.B.: Die Kunst, nicht zu lernen. Carl-Auer, Heidelberg (1997)

Simon, F.B.: Die andere Seite der Gesundheit. Carl-Auer, Heidelberg (2001)

Simon, F.B.: Gemeinsam sind wir blöd. Carl-Auer, Heidelberg (2004a)

Simon, F.B.: Meine Psychose, mein Fahrrad und ich, Carl-Auer, Heidelberg (2004b)

Simon, F.B.: Die Familie des Familienunternehmens, Carl-Auer, Heidelberg (2005)

Simon, F.B.: Einführung in die systemische Organisationstheorie, Carl-Auer, Heidelberg (2007)

Simon, F.B.: Formen, Carl-Auer, Heidelberg (2018)

Simon, F.B.: Anleitung zum Populismus, Carl-Auer, Heidelberg (2019)

Simon, F.B.: Einführung in Systemtheorie und Konstruktivismus, Carl-Auer, Heidelberg (2020)

Slesina, W., Krüger, H.: Zur Theorie und Praxis der Organisationsentwicklung. Z. Arbeitswissenschaft **32**, 165–185@@ (1978)

Sloterdijk, P.: Du mußt dein Leben ändern: über Anthropotechnik. Suhrkamp, Berlin (2013)

Sloterdijk, P.: Sphären. Suhrkamp, Frankfurt a. Main (1999)

Sprenger, R.K.: Radikal digital. DVA (2018)

Steinmeier, F.-W.: „Kritik ist nicht reserviert für coronafreie Zeiten". Süddeutsche Zeitung (2020)

Thun, FSV: Miteinander reden 1. Rowohlt Verlag GmbH, Hamburg (2013)

Thun. FSV: Miteinander reden 2. Rowohlt Verlag GmbH, Hamburg (2013)

van Dick, R.: Commitment und Identifikation mit Organisationen. Hogrefe, Göttingen (2004)

Wagner-Link, A.: Betriebliches Streßmanagementtraining. In: (Hrsg.) Fehlzeiten-Report 1999. Springer Berlin Heidelberg, Berlin (2000)

Waldhauser, S.: Mindful leadership and productivity. Maunskript (2018)

Wehling, E.: Politisches Framing. Ullstein Buchverlage (2018)

Wehrle, M.: Bin ich hier der Depp? Mosaik Verlag (2013)

Weick, K.E., Sutcliffe, K.M.: Managing the unexpected. Wiley, Hoboken (2015)

Wellendorf, J., Westermayer, G., Riese, I.: Die Aktion „Sicher und Gesund" der Firma Storck. In: (Hrsg.) Fehlzeiten-Report 2000. Springer Berlin Heidelberg, Berlin (2001)

Werner, E.E., Smith, R.S.: Kauai's children come of age. University of Hawaii Press (1977)

Werner, E.E., Smith, R.S.: Vulnerable but invincible, Adams, Bannister, Cox, 1998

Werner, E.E., Smith, R.S.: Overcoming the odds. Cornell University Press (2019)

Westermayer, G.: Der Aufbau von Vertrauensorganisationen durch Betriebliche Gesundheitsförderung. In: Busch, R.H. (Hrsg.) Vom Fehlzeitenmanagement zur Betrieblichen Gesundheitsförderung. Referat Weiterbildung, FU, Berlin (1996)

Westermayer, G.: Lean Management – Lean life, zur Rationalisierung von Lebensentwürfen. In: Dammer, I., Franzkowiak, P. (Hrsg.) Lebenskonstruktion und Verwandlung. Bouvier Verlag (1998a)

Westermayer, G.: Organisationsentwicklung und betriebliche Gesundheitsförderung. In: Bamberg, E., Ducki, A., Metz, A.-M. (Hrsg.) Handbuch Betriebliche Gesundheitsförderung. Verlag für angewandte Psychologie, Göttingen (1998b)

Westermayer, G.: Qualitative Krankenstandsanalyse. Der Unterschied zwischen Kontrolle und Controlling heißt Vertrauen: Betriebliche Gesundheitsberichterstattung als Controllinginstrument für Unternehmen, Führungskräfte und Mitarbeiter. In: Brandenburg, U., Kuhn, K., Marschall, B. (Hrsg.) Verbesserung der Anwesenheit im Betrieb. Dortmund – Berlin (1998c)

Westermayer, G.: „Sympathy for the devil" oder: Warum es sich bei Shareholder Value und Salutogenic Management tatsächlich um unversöhnliche Gegensätze handelt. In: Busch, R. (Hrsg.) Shareholder Value - neue Unternehmensmoral. FU, Referat für Weiterbildung, Kooperationsstelle FU-DGB, Berlin (1998d)

Westermayer, G.: Die Rolle der Führung im Betrieblichen Gesundheitsmanagement. In: Busch, R., Senatsverwaltung für Inneres (Hrsg.) Gesundheitsforum 82–113@@ (2005)

Westermayer, G., Kauffeldt, H.: Recherche von Maßnahmen zur Förderung psychosozialer Resilienz- und Schutzfaktoren in der Gesundheitsförderung im Erwachsenalter (Proj-Nr 31.12). BZGA, unveröffentlichter Projektbericht (2014)

Westermayer, G., BGF-Team, Wohlfeil, J.: Zehn Jahre Betriebliche Gesundheitsförderung durch die AOK Berlin. State of the Art und Zukunftsweisendes. In: Busch, R., Berlin AOK (Hrsg.) Unternehmensziel Gesundheit. Betriebliches Gesundheitsmanagement in der Praxis - Bilanz und Perspektiven. Hampp, München (2004)

Westermayer, G., Stein, B.: Gesundheit, Vertrauen, Führung: Rückkehrgespräche als Instrument der betrieblichen Gesundheitsförderung. In: Busch, R. (Hrsg.) Arbeitsmotivation und Gesundheit. Rückkehrgespräche in der betrieblichen Praxis. FU-Berlin, Referat Weiterbildung, Berlin (1997)

Westermayer, G., Wellendorf, J.: Evaluation betrieblicher Stressprävention. In: Pfaff, H., Slesina, W. (Hrsg.) Effektive betriebliche Gesundheitsförderung. Juventa Verlag, Weinheim (2001)

Westermayer, G.: Betriebliche Gesundheitszirkel. Göttingen Stuttgart Verl. Für Angewandte Psycologie (1994)

Westermayer, G., Brand, D.: Länderübergreifender Gesundheitsbericht für Berlin und Brandenburg 2009. Berlin Healthcapital Berlin-Brandenburg (2009)

Westermayer, G., Brand, D.: Länderübergreifender Gesundheitsbericht für Berlin und Brandenburg 2009–2011. Berlin Tsb Innovationsagentur Berlin (2012)

Westermayer, G., Schilder, M.: Einblick: Reorganisation im Zuge der Digitalisierung – BGM im Unternehmen Moll Marzipan Fehlzeiten-Report 2019: Digitalisierung – gesundes Arbeiten ermöglichen. In: Badura, B., Ducki, A., Schröder, H., Klose, J., Meyer, M. (Hrsg.) Springer Berlin Heidelberg, Berlin (2019)

Westermayer, G., Stein, B.: Aspekte einer qualitativen Organisationsdiagnostik in der betrieblichen Gesundheitsförderung. Dissertation, Technische Universität Berlin (1996)

Westermayer, G., Stein, B.A.: Produktivitätsfaktor Betriebliche Gesundheit. Hogrefe, Göttingen (2006)

The manufacturer's authorised representative in the EU is Springer
Nature Customer Service Centre GmbH, Europaplatz 3, 69115 Heidelberg,
Germany. If you have any concerns regarding our products, please
contact ProductSafety@springernature.com

Printed and bound by CPI Group (UK) Ltd, Croydon, CR0 4YY
24/04/2026
02096345-0014